18 प्रैक्टिस सेट्स *for*

RRB

Group D Level 1 परीक्षा 2019

(15 in Book + 3 Online Tests)

- **Corporate Office :** 45, 2nd Floor, Maharishi Dayanand Marg, Corner Market,
  Malviya Nagar, New Delhi-110017
  Tel. : 011-49842349 / 49842350

Typeset by Disha DTP Team

Printed at : Repro Knowledgecast Limited, Thane

DISHA PUBLICATION

ALL RIGHTS RESERVED

For further information about the books from DISHA,
Log on to **www.dishapublication.com** or email to **info@dishapublication.com**

CONTENTS

1 प्रैक्टिस सेट

समय : 90 मिनट | **अधिकतम अंक: 100**

निर्देश (1-2) : निम्नलिखित संख्या श्रृंखला में केवल एक संख्या **गलत** है। उस गलत संख्या का पता लगाइए।

1. 8 5 6.5 11 26 68 207.5
   (a) 68 (b) 6.5 (c) 11 (d) 26

2. 4.5 16 25 33 38.5 42 43.5
   (a) 33 (b) 38.5 (c) 42 (d) 25

3. $1\dfrac{1}{4}+1\dfrac{1}{6}-1\dfrac{1}{8} = ?+1\dfrac{1}{12}$

   (a) $\dfrac{5}{24}$ (b) $\dfrac{7}{24}$ (c) $\dfrac{5}{12}$ (d) $\dfrac{7}{12}$

4. 1285 का 76% = 1256 का 35%+?
   (a) 543 (b) 537 (c) 547 (d) 533

5. पाँच कुर्सियों और तीन टेबलों की कीमत ₹ 3,110 है। एक कुर्सी की कीमत, एक टेबल की कीमत से ₹ 210 अधिक कम है। दो टेबलों और दो कुर्सियों की कीमत क्या है ?
   (a) ₹ 1,660
   (b) ₹ 1,8601
   (c) ₹ 2,600
   (d) निर्धारित नहीं किया जा सकता

6. राम, रोहन और राज की वर्तमान आयु के बीच क्रमशः अनुपात 3:4:5 है। उनकी वर्तमान आयु का औसत 28 वर्ष है। 5 वर्ष बाद राम और रोहन की आयु का मिलकर योग क्या होगा ?
   (a) 45 वर्ष (b) 55 वर्ष
   (c) 52 वर्ष (d) 59 वर्ष

7. एक वृत्त और एक आयत का क्षेत्रफल 1166 वर्ग सेमी, है। वृत्त का व्यास 28 सेमी है। अगर आयत की लंबाई 25 सेमी है तो वृत्त की परिधि और आयत के परिमाप का योग क्या है ?
   (a) 186 सेमी.
   (b) 182 सेमी.
   (c) 184 सेमी.
   (d) निर्धारित नहीं किया जा सकता

8. रमण को एक परीक्षा में 456 अंक मिले हैं। इसी परीक्षा में सीता को 5 % अंक मिले हैं जो रमण से 24 अंक कम है। परीक्षा में न्यूनतम पासिंग अंक 34 % हैं, तो रमण को न्यूनतम पासिंग अंक से कितने अधिक अंक मिले हैं ?
   (a) 184 (b) 196
   (c) 190 (d) 180

9. एक त्रिभुज का सबसे छोटा कोण एक चतुर्भुज के सबसे छोटे कोण का दो तिहाई है। चतुर्भुज के कोणों के बीच 3:4:5:6 का अनुपात है। त्रिभुज का सबसे बड़ा कोण सबसे छोटे कोण से दुगुना है। त्रिभुज के दूसरे सबसे बड़े कोण और चतुर्भुज के सबसे बड़े कोण का योग क्या है ?
   (a) 160° (b) 180°
   (c) 190° (d) 170°

10. 120 किमी / घंटा की गति से चलती हुई 320 मीटर लंबी एक ट्रेन 24 सेकंड में एक प्लेटफार्म पार करती है। एक आदमी इसी प्लेटफार्म को 4 मिनट में पार करता है। मीटर/सेकंड में इस आदमी की गति क्या है ?
    (a) 2.4 (b) 1.5 (c) 1.6 (d) 2.0

11. मूलधन की अमुक राशि पर 6 वर्ष में 12 प्रतिशत वार्षिक की दर से उचित साधारण ब्याज ₹ 7,200 हैं इस मूलधन पर 5 प्रतिशत वार्षिक की दर से 2 वर्ष में उचित चक्रवृद्धि ब्याज कितना होगा ?
    (a) ₹1,020 (b) ₹1,055 (c) ₹1,050 (d) ₹1,025

12. पहली संख्या के वर्ग और दूसरी संख्या के घन का योग 568 है। दूसरी संख्या का वर्ग 8 के वर्ग से 15 कम है। पहली संख्या के 3/5 का मूल्य क्या है ? (दोनों संख्याओं का धनात्मक मानते हुए।)
    (a) 18   (b) 8   (c) 9   (d) 16

13. सतत 8 विषम संख्याओं का योग 656 है। सतत 4 सम संख्याओं का औसत 87 है। सबसे छोटी विषम संख्या और दूसरी सबसे बड़ी सम संख्या का योग क्या है ?
    (a) 165   (b) 175   (c) 163
    (d) निर्धारित नहीं किया जा सकता

14. सीमा ने एक वस्तु ₹ 9,6009 में खरीद 5 प्रतिशत घाटे पर उसे बेच दिया। इस धन से उसने एक वस्तु खरीदी उसे 5 प्रतिशत लाभ पर बेच दिया। उसका कुल लाभ/हानि क्या है?
    (a) ₹ 36 हानि   (b) ₹ 24 लाभ
    (c) ₹ 54 हानि   (d) इनमें से कोई नहीं

15. यदि ₹ 50,176 की राशि को 32 व्यक्तियों के बीच बराबर-बराबर बांटा जाय तो प्रत्येक व्यक्ति को कितनी राशि मिलेगी?
    (a) ₹ 1,555   (b) ₹ 1,478   (c) ₹ 1,460   (d) ₹ 1,568

16. ₹ 1,72,850 की राशि 25 लोगों में समानत: बांटी जाए, तो प्रत्येक को कितने रुपये मिलेंगे?
    (a) ₹ 8912.50   (b) ₹ 8642.50
    (c) ₹ 7130   (d) ₹ 6914

17. 3986 को पूर्ण वर्ग बनाने के लिए उसमें सबसे छोटी कौन सी संख्या जोड़ी जाए?
    (a) 118   (b) 95   (c) 110   (d) 100

18. एक संगठन में कर्मचारियों की कुल संख्या 1225 है। इसमें से 40% का अलग-अलग संस्थानों पर तबादला हो गया है। ऐसे कितने कर्मचारियों का तबादला हो गया है?
    (a) 540   (b) 490   (c) 630   (d) 710

19. एक संख्या के 89% और 73% के बीच 448 का अंतर है। इस संख्या का 49% क्या है?
    (a) 1275   (b) 1372   (c) 1560   (d) 1600

20. विक्रय कीमत पर 25% बट्टा से मोहन ने एक घड़ी खरीदी। घड़ी की कीमत ₹ 1,545 रुपए पड़ी तो घड़ी की मूल विक्रय कीमत क्या है?
    (a) ₹ 2,050   (b) ₹ 2,000
    (c) ₹ 2,040   (d) इनमें से कोई नहीं

21. एक इलेक्ट्रॉनिक की दुकान का मालिक अपने ग्राहक को लागत कीमत से 22% अधिक प्रभार लगाता है। एक ग्राहक ने एक DVD प्लेयर के लिए ₹ 10980 अदा किए, तो DVD प्लेयर की लागत कीमत क्या है?
    (a) ₹ 8000   (b) ₹ 8800
    (c) ₹ 9500   (d) इनमें से कोई नहीं

22. पांच संख्याओं का औसत 281 है। पहली दो संख्याओं का औसत 280 और अंतिम दो संख्याओं का औसत 178.5 है। तीसरी संख्या क्या है?
    (a) 488   (b) 336   (c) 228   (d) 464

23. तीन मित्रों की औसत आयु 32 वर्ष है। चौथे मित्र की आयु जोड़ने पर उनकी औसत आयु 31 वर्ष हो जाती है। चौथे मित्र की आयु क्या है?
    (a) 32 वर्ष   (b) 28 वर्ष
    (c) 24 वर्ष   (d) 26 वर्ष

24. एक स्कूल में विद्यार्थियों की कुल संख्या 819 है। स्कूल में लड़कियों की संख्या 364 है। स्कूल में लड़कों की कुल संख्या का लड़कियों की कुल संख्या से क्रमशः अनुपात क्या है?
    (a) 26 : 25   (b) 21 : 17
    (c) 18 : 13   (d) 5 : 4

25. 15 व्यक्ति एक काम को 3 दिन में पूरा करते हैं। 10 व्यक्तियों को उसी काम को पूरा करने के लिए कितने दिन लगेंगे?
    (a) 2   (b) 5   (c) $2\frac{2}{3}$ (d) $4\frac{1}{2}$

निर्देश (26-29) : दिये गए विकल्पों में से संबंधित अक्षरों / शब्दों / अंको का चुनाव करें–

26. NPRT : MNOP : : ? : EFGH
    (a) FHJL   (b) FHIK
    (c) FHKM   (d) FGKL

27. LIME : 20 : : LEMON : ?
    (a) 60   (b) 30   (c) 40   (d) 50

28. 678 : U : : 456 : ?
    (a) P   (b) O   (c) Q   (d) R

29. पंजाब : चड़ीगढ़ :: असम
    (a) दिसपुर   (b) गोआहाटी
    (c) शिलांग   (d) इंफाल

निर्देश (30-33) : दिये गए विकल्पों में से उस शब्द/संख्या/अक्षर को चुनिए जो अन्य से भिन्न है-

30. (a) गाय   (b) मुर्गी
    (c) शेरनी   (d) घोड़ा

31. (a) चेन्नई   (b) हैदराबाद
    (c) मोहाली   (d) कोलकाता

32. (a) BCE   (b) PQT
    (c) GHJ   (d) VWY

33. (a) असम   (b) मिजोरम
    (c) पश्चिम बंगाल   (d) नागालैण्ड

निर्देश (34-36) : दिये गए विकल्पों में से छुटे हुए अंकों/ अक्षरों को चुनिए-

34. AB, FG, KL, PQ, ?
    (a) TU   (b) UV   (c) VU   (d) ST

35. 11, 15, 21, 29, 39, ?
    (a) 51   (b) 43   (c) 47   (d) 53

36. AC, FH, KM, PR, ?
    (a) UW   (b) UV   (c) TV   (d) TW

निर्देश (37) : अक्षरों का कौन-सा एक समूह दी गई अक्षर श्रृंखला के रिक्त स्थानों को क्रमानुसार रखने पर उसे पूरा करेगा?

37. ab_accab_acc_bba_cabba_c
    (a) bbacc   (b) acbcc
    (c) bcabb   (d) bcbba

38. यदि FUTURE को UFTUER के रूप में कूटबद्ध किया जाता है तो NATURE को किस प्रकार कूटबद्ध किया जाएगा?
(a) ANUTER
(b) ANTURE
(c) ANTUER
(d) ANUTRE

39. यदि TEA को 100 के रूप में कूटबद्ध किया जाता है तो आप FAT को किस प्रकार कूटबद्ध करेंगे?
(a) 120
(b) 150
(c) 140
(d) 130

40. यदि A, '×', को निरूपित करता है, B, '÷' को निरूपित करता है, C, '+' को निरूपित करता है तथा D, '–' को निरूपित करता है तो 2 A 8 D 5 C 9 B 3 का मान ज्ञात करें?
(a) 11
(b) 13
(c) 15
(d) 14

41. शब्द 'APPROPRIATE' के अक्षरों का उपयोग करके निम्नलिखित में से कौन सा शब्द नहीं बनाया जा सकता है?
(a) PIRATE
(b) APPROVE
(c) PROPER
(d) RAPPORT

42. यदि 63@81=2; 54@51=3, तो 69@21=?
(a) 4
(b) 5
(c) 8
(d) 9

निर्देश 43–44 के लिए-60 विद्यार्थियों की एक कक्षा में, लड़कों की संख्या, लड़कियों की संख्या का दोगुना है। एक जांच परीक्षा में कपिल का क्रम उपर से 10वां है और उससे उपर के क्रम में तीन लड़कियां है।

43. उससे नीचे के क्रम में कितने लड़के हैं?
(a) 31
(b) 32
(c) 33
(d) 34

44. उससे नीचे के क्रम में कितनी लड़कियां हैं?
(a) 14
(b) 15
(c) 16
(d) 17

45. दिये गये विकल्पों में से उस शब्द का चुनाव करें जिसे शब्द LACKADAISICAL के अक्षरों का उपयोग करके बनाया जा सकता है।
(a) LACHES
(b) DELICT
(c) KIDDLE
(d) SCALD

46. शब्द FLOWERBED के अक्षरों का उपयोग करके कौन सा शब्द नहीं बनाया जा सकता?
(a) WOLF
(b) LOWER
(c) FOLLOWER
(d) FREED

निर्देश (47-48) : अक्षरों का कौन-सा एक समूह दी गई अक्षर श्रृंखला के रिक्त स्थानों पर क्रमानुसार रखने पर उसे पूरा करेगा

47. c_ab_ca_bc_a
(a) b c a b
(b) a b c b
(c) b a c b
(d) c b a c

48. _ba_bab_babb_b
(a) b a a a
(b) a b b b
(c) b a b b
(d) a b a b

निर्देश (49-50) : दिये गए विकल्पों में से छुटी हुई संख्या ज्ञात करें-

49.

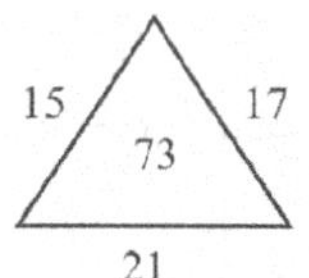

15	17	19
11	13	15
104	120	?

(a) 136
(b) 148
(c) 150
(d) 164

50.

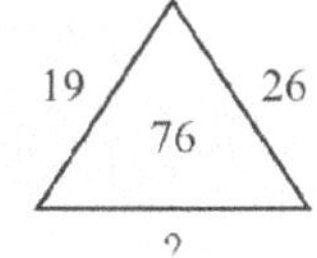

(a) 21
(b) 31
(c) 41
(d) 51

51. बहमनी साम्राज्य की स्थापना की गई थी-
(a) अहमद शाह I द्वारा
(b) अलाउद्दीन हसन द्वारा
(c) महमूद गावां द्वारा
(d) फिरोज शाह बहमनी

52. राजस्थान के माउंट आबू के दिलबारा के. मंदिर का निर्माण किसके अनुयायों द्वारा किया गया था?
(a) बौद्ध
(b) जैन
(c) हिन्दू
(d) सिक्ख

53. सत्ति प्रथा किसके द्वारा प्रतिबंधित की गई थी?
(a) वारेन हेस्टिंगस
(b) लार्ड वेलेजली
(c) लार्ड विलियम बेटिंक
(d) लार्ड डलहौजी

54. भारत का सबसे महत्वपूर्ण यूरेनियम का खान अवस्थित है-
(a) मानवाला कुरूची
(b) गौरी विदानुर
(c) वाशी
(d) जादूगोड़ा

55. मानव शरीर में डिहाइड्रेशन किसकी कमी के कारण होता है?
(a) विटामिन
(b) नमक
(c) हार्मोन
(d) जल

56. निम्नलिखित में से किस कोयले में 90% कार्बन होता है?
(a) एन्थ्रासाइट
(b) विटुमिनस
(c) लिग्नाइट
(d) पीट

57. निम्नलिखित में से कौन सा एकीकृत लौहा इस्पात कारखाना, भारतीय इस्पात प्राधिकरण लिमिटेड के प्रबंधान के अन्तर्गत नहीं आता है?
(a) भिलाई
(b) दुर्गापुर
(c) राउरकेला
(d) जमशेदपुर

58. रावी नदी पर निर्मित सबसे ऊंचा बहुउद्देशीय बांध है-
(a) भाखड़ा नांगल
(b) कहलगांव
(c) रणजीत सागर बांध
(d) रिहन्द बांध

59. मैराथन दौड़ की दूरी है-
(a) 28 मील 385 यार्ड
(b) 24 मील 385 यार्ड
(c) 26 मील 385 यार्ड
(d) 25 मील 385 यार्ड

60. हैमवर्गर प्रभाव को अन्यथा किस रूप में जाना जाता है?
   - (a) सोडियम पंप
   - (b) अनाक्सीय उपापन्चय
   - (c) क्लोरोइड शिफट
   - (d) श्वसन उत्पाद

61. निम्नलिखित में से किस राज्य को भारत का 'टाईगर स्टेट' कहा जाता है?
   - (a) हिमाचल प्रदेश
   - (b) गुजरात
   - (c) मध्य प्रदेश
   - (d) असम

62. एक नाव डूब जाएगा, जब यह अपने .... के बराबर जल को विस्थापित करेगा-
   - (a) आयतन
   - (b) वजन
   - (c) पृष्ठ क्षेत्रफल
   - (d) घनत्व

63. न खत्म होने वाली कहानी' एक आत्मकथा है-
   - (a) टी.एन. शेषण की
   - (b) अमिताभ बच्चन की
   - (c) सोनिया गांधी की
   - (d) वी.पी. सिंह की

64. हड़प्पा सभ्यता के संदर्भ में कौन सा कथन सत्य है-
   - (a) अश्व बली उनके लिए ज्ञात था।
   - (b) गाय उनके लिए पवित्र थी।
   - (c) उनके द्वारा पशुपति की पूजा की जाती थी।
   - (d) संस्कृति सामान्यत: स्थाई नहीं थी।

65. जैन के पहले तीर्थंकर थे-
   - (a) अरिष्टनेमी
   - (b) पार्श्वनाथ
   - (c) अजितनाथ
   - (d) ऋषभ

66. टाइफाइड बुखार का कारण है-
   - (a) विषाणु
   - (b) जीवाणु
   - (c) फफूंद
   - (d) अलर्जी

67. मानव अंडाणु में क्रोमोजोम की संख्या क्या है?
   - (a) 24
   - (b) 46
   - (c) 48
   - (d) इनमें से कोई नहीं

68. निम्नलिखित में से कौन सी नदी जर्मनी में बहती है?
   - (a) सीन
   - (b) वोल्गा
   - (c) डेन्युब
   - (d) थेम्स

69. किट्टी हॉक क्या है?
   - (a) एक पनडुब्बी
   - (b) एक लडाकू विमान
   - (c) एक विमान वाहक
   - (d) एक महिला अमेरिकी सिनेटर

70. बांदीपुर राष्ट्रीय उद्यान कहां है?
   - (a) राजस्थान
   - (b) आन्ध्र प्रदेश
   - (c) कर्नाटक
   - (d) असम

71. एक कॉम्पैक्ट डिस्क (CD) किस प्रकार की डाटा संग्रहण प्रणाली है?
   - (a) चुंबकीय
   - (b) ऑप्टिकल
   - (c) इलेक्ट्रीकल
   - (d) विद्युत-यांत्रिक

72. ELISA' परीक्षण किसके निदान के लिए होता है?
   - (a) पोलियो वायरस
   - (b) एड्स एंटीबॉटी
   - (c) टी.वी. जीवाणु
   - (d) कैंसर

73. मानव शरीर में सबसे बड़ी कोशिका कौन-सी है?
   - (a) ओवम
   - (b) मांसपेशी कोशिका
   - (c) लिवर कोशिका
   - (d) यकृत कोशिका

74. दूध को किसके अभाव में अब संतुलित आहार नहीं माना जाता?
   - (a) मैग्नीजम और विटामिन डी
   - (b) आयरन और विटामिन डी
   - (c) कैल्शियम और विटामिन सी
   - (d) आयरन और विटामिन ए

75. निर्जलीकरण के दौरान कौन-सा पदार्थ शरीर में कम हो जाता है?
   - (c) शुगर
   - (b) सोडियम क्लोराइड
   - (c) कैल्शियम फोस्फेट
   - (d) पोटाशियम क्लोराइड

76. जलवाष्प किसके द्वारा जल बिन्दुओं में परिवर्तित होता है-
   - (a) वाष्पीकरण
   - (b) द्रवीकरण
   - (c) संवहन
   - (d) संघनन

77. यदि ओसांक, हिमांक से नीचे है तो इसे कहा जाता है-
   - (a) ओसांक
   - (b) विशिष्ट आर्द्रता
   - (c) हिम बिन्दु
   - (d) वर्षा के दौरान आर्दता

78. नाइट्रोजन गैसें वायुमंडल में किस प्रक्रिया द्वारा लौटाई जाती है?
   - (a) नाइट्रोजन स्थरी जीवाणु
   - (b) डीनाइट्रीफाइंग बैक्टीरिया
   - (c) नाइट्रीफाइंग बैक्टीरिया
   - (d) नाइट्रेट फर्टीलाइजर

79. शब्द वायोडाइवर्सटी किन दो शब्दों का संयोजन है?
   - (a) बायोलॉजी और डाइवर्सटी
   - (b) बायोमास और डाइवर्सटी
   - (c) बायोस्फेयर और डाइवर्सटी
   - (d) इनमें से कोई नहीं

80. एक भूस्थैतिक उपग्रह की कक्षीय अवधि होती है-
   - (a) 2 घंटा
   - (b) 6 घंटा
   - (c) 12 घंटा
   - (d) 24 घंटा

81. गैस द्वारा उत्पन्न दाब है-
   - (a) गैस के घनत्व से स्वतंत्र
   - (b) गैस के घनत्व का व्युत्क्रमानुपाती
   - (c) गैस के घनत्व का सीधा समानुपाती
   - (d) गैस के घनत्व के वर्ग का सीधा समानुपाती

82. निम्नलिखित में से किस विद्युत चुम्बकीय तरंग का तरंगदैर्घ्य सबसे लम्बा है?
   - (a) अवरक्त किरणें
   - (b) गामा किरणें
   - (c) प्रकाश किरण
   - (d) पराबैंगनी किरणें

83. कंप्यूटर के प्राथमिक आउटपुट डिवाइस है-
   - (a) वीडियो मानीटर
   - (b) प्रिंटर
   - (c) कीबोर्ड
   - (d) माउस

84. जब लोहे में जंग लगता है यह-
   - (a) ऑक्सीकृत होता है
   - (b) अवकृत होता है
   - (c) वाष्पीकृत होता है
   - (d) अपघटित होता है

85. इस्पात में होता है-
   - (a) Fe+Mn
   - (b) Fe+Cr+Mn
   - (c) Fe+Mn+C
   - (d) Fe+C+AI

86. विषाणुजनित बीमारी चेचक के लिए पहला सफल वैक्सीन की खोज की गई थी-
   - (a) लुईस पाश्चर द्वारा
   - (b) एडवर्ड जेनर द्वारा
   - (c) इवानोवस्कि
   - (d) डब्लू एम स्टैनले

87. श्वसन है–
    (a) उष्माशोषी प्रक्रिया (b) उष्माक्षेपी प्रक्रिया
    (c) उपचय क्रिया (d) अन्तर्जात प्रक्रिया
88. X-किरण की खोज किसने की?
    (a) रोस रोनाल्ड (b) एच डी उरी
    (c) डब्लू के रोएन्टजेन (d) जी मार्कोनी
89. सौर मंडल की खोज किसने की?
    (a) कोपरनिकस (b) केपलर
    (c) आर्य भट्ट (d) न्यूटन
90. निम्न में कौन-सी बीमारी वायरस के कारण होती है?
    (a) ट्यूबरकूलोसिस (b) टायफाइड
    (c) इन्लूएंजा (d) डिप्थेरिया
91. निम्न में दूध को दही में परिवर्तित होने का कारण है?
    (a) फंगी (b) बैक्टीरिया
    (c) वायरस (d) इनमें से कोई नहीं
92. निम्न में से किस तकनीक के प्रयोग के द्वारा DNA का फिगंर प्रिंट लिया जाता है?
    (a) ELISA (b) RIA
    (c) उत्तरी धब्बा (d) दक्षिणी धब्बा
93. LASER का आविष्कार किसने किया?
    (a) सर रैंक व्हीटल ने (b) रेड मोरिसन ने
    (c) चार्ल्स एच टाउनस ने (d) सीमोर क्रे
94. निम्न में कौन सा तत्व क्लोरोफिल में उपस्थित होता है, जो पौधों के पत्तों को हरा रंग प्रदान करता है?

    (a) कैल्सियम (b) मैग्नीशियम
    (c) आयरन (d) मैंगनीज
95. हीटर में लगा तार बना होता है?
    (a) नोक्रोम (b) टंगस्टन
    (c) तांबा (d) लोहा
96. भारत ने दूसरी बार ब्लाइंड विश्व कप 2018 जितने के लिए किस टीम को हराया था?
    (a) बांग्लादेश (b) श्रीलंका
    (c) नेपाल (b) पाकिस्तान
97. 6 वें फिल्मफेयर अवार्ड 2018 में, किसे अग्रणी भूमिका (महिला) श्रेणी में सर्वश्रेष्ठ अभिनेत्री के रुप में घोषित किया गया था?
    (a) दीपिका पादुकोण (b) अनुष्का शर्मा
    (c) विद्या बालन (d) ऐश्वर्या राय
98. पश्चिम बंगाल के वर्तमान गवर्नर कौन है?
    (a) जगदीश मुखी (b) सत्यपाल मलिक
    (c) गंगा प्रसाद (d) केशरी नाथ त्रिपाठी
99. किस पूर्व फुटबॉल स्टार को हाल ही में लाइबेरिया के राष्ट्रपति के रूप में चुना गया है।
    (a) क्रिश्चियाना तेह (b) जॉनसन सिरनफ
    (c) अगस्टिन नैफुआन (d) जॉर्ज वेह
100. किसान विकास पत्र (KPV) पर वर्तमान वार्षिक ब्याज दर क्या है?
    (a) 8.4% (b) 7.8%
    (c) 7.5% (d) 7.3%

RESPONSE SHEET

1. ⓐⓑⓒⓓ	2. ⓐⓑⓒⓓ	3. ⓐⓑⓒⓓ	4. ⓐⓑⓒⓓ	5. ⓐⓑⓒⓓ
6. ⓐⓑⓒⓓ	7. ⓐⓑⓒⓓ	8. ⓐⓑⓒⓓ	9. ⓐⓑⓒⓓ	10. ⓐⓑⓒⓓ
11. ⓐⓑⓒⓓ	12. ⓐⓑⓒⓓ	13. ⓐⓑⓒⓓ	14. ⓐⓑⓒⓓ	15. ⓐⓑⓒⓓ
16. ⓐⓑⓒⓓ	17. ⓐⓑⓒⓓ	18. ⓐⓑⓒⓓ	19. ⓐⓑⓒⓓ	20. ⓐⓑⓒⓓ
21. ⓐⓑⓒⓓ	22. ⓐⓑⓒⓓ	23. ⓐⓑⓒⓓ	24. ⓐⓑⓒⓓ	25. ⓐⓑⓒⓓ
26. ⓐⓑⓒⓓ	27. ⓐⓑⓒⓓ	28. ⓐⓑⓒⓓ	29. ⓐⓑⓒⓓ	30. ⓐⓑⓒⓓ
31. ⓐⓑⓒⓓ	32. ⓐⓑⓒⓓ	33. ⓐⓑⓒⓓ	34. ⓐⓑⓒⓓ	35. ⓐⓑⓒⓓ
36. ⓐⓑⓒⓓ	37. ⓐⓑⓒⓓ	38. ⓐⓑⓒⓓ	39. ⓐⓑⓒⓓ	40. ⓐⓑⓒⓓ
41. ⓐⓑⓒⓓ	42. ⓐⓑⓒⓓ	43. ⓐⓑⓒⓓ	44. ⓐⓑⓒⓓ	45. ⓐⓑⓒⓓ
46. ⓐⓑⓒⓓ	47. ⓐⓑⓒⓓ	48. ⓐⓑⓒⓓ	49. ⓐⓑⓒⓓ	50. ⓐⓑⓒⓓ
51. ⓐⓑⓒⓓ	52. ⓐⓑⓒⓓ	53. ⓐⓑⓒⓓ	54. ⓐⓑⓒⓓ	55. ⓐⓑⓒⓓ
56. ⓐⓑⓒⓓ	57. ⓐⓑⓒⓓ	58. ⓐⓑⓒⓓ	59. ⓐⓑⓒⓓ	60. ⓐⓑⓒⓓ
61. ⓐⓑⓒⓓ	62. ⓐⓑⓒⓓ	63. ⓐⓑⓒⓓ	64. ⓐⓑⓒⓓ	65. ⓐⓑⓒⓓ
66. ⓐⓑⓒⓓ	67. ⓐⓑⓒⓓ	68. ⓐⓑⓒⓓ	69. ⓐⓑⓒⓓ	70. ⓐⓑⓒⓓ
71. ⓐⓑⓒⓓ	72. ⓐⓑⓒⓓ	73. ⓐⓑⓒⓓ	74. ⓐⓑⓒⓓ	75. ⓐⓑⓒⓓ
76. ⓐⓑⓒⓓ	77. ⓐⓑⓒⓓ	78. ⓐⓑⓒⓓ	79. ⓐⓑⓒⓓ	80. ⓐⓑⓒⓓ
81. ⓐⓑⓒⓓ	82. ⓐⓑⓒⓓ	83. ⓐⓑⓒⓓ	84. ⓐⓑⓒⓓ	85. ⓐⓑⓒⓓ
86. ⓐⓑⓒⓓ	87. ⓐⓑⓒⓓ	88. ⓐⓑⓒⓓ	89. ⓐⓑⓒⓓ	90. ⓐⓑⓒⓓ
91. ⓐⓑⓒⓓ	92. ⓐⓑⓒⓓ	93. ⓐⓑⓒⓓ	94. ⓐⓑⓒⓓ	95. ⓐⓑⓒⓓ
96. ⓐⓑⓒⓓ	97. ⓐⓑⓒⓓ	98. ⓐⓑⓒⓓ	99. ⓐⓑⓒⓓ	100. ⓐⓑⓒⓓ

संकेत और हल

1. **(c)** श्रृंखला इस प्रकार है : × 0.5 + 1, × 1 + 1.5, × 1.5 + 2, × 2 + 2.5, × 2.5 + 3, × 3 + 3.5

   गलत संख्या 11 है। इसके स्थान पर

   6.5 × 1.5 + 2 = 11.75 होना चाहिए।

2. **(d)** श्रृंखला इस प्रकार है : + 11.5, + 9.5, + 7.5, + 5.5, + 3.5, + 1.5

   गलत संख्या 25 है। इसके स्थान पर 16 + 9.5 = 25.5 होना चाहिए।

3. **(a)** $1\frac{1}{4} + 1\frac{1}{6} - 1\frac{1}{8}$

   $= ? + 1\frac{1}{12}$

   $\Rightarrow ? = (1 + 1 - 1 - 1)$

   $\quad + \left(\frac{1}{4} + \frac{1}{6} - \frac{1}{8} - \frac{1}{12}\right)$

   $\Rightarrow ? = \frac{6 + 4 - 3 - 2}{24} = \frac{5}{24}$

4. **(b)** $\frac{76 \times 1285}{100} - \frac{35 \times 1256}{100} = ?$

   $\Rightarrow ? = 976.6 - 439.6 = 537$

5. **(a)** माना एक कुर्सी और एक टेबल की कीमत क्रमशः x और y है।

   अतः x = y + 210 ...(i)

   और 5x + 3y = 3110 ...(ii)

   समीकरण (i) और (ii) से,

   y = 520, x = 310

   ∴ अभीष्ट कीमत = 2x + 2y

   = 2(520 + 310) = ₹1660

6. **(d)** अभीष्ट योग

   $= \frac{(3+4)}{12} \times (28 \times 3) + (5 \times 2)$

   = 59 वर्ष

7. **(b)** वृत्त का क्षेत्रफल,

   $\pi r^2 = \frac{22}{7} \times 14 \times 14$

   = 616 वर्ग सेमी

   आयत का क्षेत्रफल = 1166 – 616

   = 550 वर्ग सेमी

   आयत की चौड़ाई = $\frac{550}{25}$ = 22 सेमी

   ∴ अभीष्ट योग = 2πr + 2 (लं. + चौ.)

   $= 2 \times \frac{22}{7} \times 14 + 2 (25 + 22)$

   = 88 + 94 = 182 सेमी

8. **(a)** सीता के अंक = 456 – 24 = 432

   न्यूनतम पासिंग अंक

   $= \frac{432 \times 34}{54} = 272$

   ∴ अभीष्ट अंक = 456 – 272 = 184

9. **(b)** चतुर्भुज का सबसे छोटा कोण

   $= \frac{3}{18} \times 360 = 60°$

   त्रिभुज का सबसे छोटा कोण

   $= 60 \times \frac{2}{3} = 40°$

   त्रिभुज का सबसे बड़ा कोण

   = 40 × 2 = 80°

   त्रिभुज का दूसरा सबसे बड़ा कोण

   = 180 – (40 + 80) = 60°

   चतुर्भुज का सबसे बड़ा कोण

   $= \frac{6}{18} \times 360 = 120°$

   ∴ अभीष्ट योग = 60 + 120 = 180°

10. **(d)** प्लेटफार्म की लंबाई

    $= 120 \times \frac{5}{18} \times 24 - 320$

    = 800 – 320 = 480 मी.

    आदमी की गति

    $= \frac{480}{4 \times 60} = 2$ मी./से.

11. **(d)** मूलधन $= \frac{7200 \times 100}{12 \times 6} = ₹\ 10,000$

    चक्रवृद्धि ब्याज

    $= 10000 \left\{ \left(1 + \frac{5}{100}\right)^2 - 1 \right\}$

    $= 10000 \times \frac{41}{400} = ₹\ 1025$

12. (c) माना दोनों संख्याए क्रमशः x और y हैं।

अतः $x^2 + y^3 = 568$

और $y^2 = 8^2 - 15$

$\Rightarrow \quad y^2 = 49$

$\Rightarrow \quad y = 7$

अतः $x^2 = 568 - 343 = 225$

$x = 15$

अभीष्ट मान $= \dfrac{3}{5} \times 15 = 9$

13. (c) विषम संख्याओं का औसत

$= \dfrac{656}{8} = 82$

तब विषम संख्याएं हैं:

75, 77, 79, 81, 83, 85, 87, 89

सम संख्याएं है :

84, 86, 88, 90

अभीष्ट योग $= 75 + 88 = 163$

14. (d) अंतिम विक्रय मूल्य

$= 9600 \times \dfrac{19}{20} \times \dfrac{21}{20} = ₹\,9576$

हानि $= 9600 - 9576 = ₹\,24$

15. (d) प्रत्येक व्यक्ति को प्राप्त धनराशि

$= ₹\,\dfrac{50176}{32} = 1578$

16. (d) प्रत्येक को मिलने वाली राशि

$= \dfrac{172850}{25} = ₹\,6914$

17. (c)

```
  6 | 3986 | 63
  6 |  36  |
 ---+------+
123 | 386  |
  3 | 369  |
 ---+------+
126 |  17  |
```

$\therefore$ स्पष्ट: $63^2 < 3986 < 64^2$

$\therefore \quad 64^2 = 4096$

$\therefore$ अभीष्ट संख्या $= 4096 - 3986 = 110$

18. (b) तबादला किए गए कर्मचारियों की संख्या

$= 1225$ का 40%

$= \dfrac{1225 \times 40}{100} = 490$

19. (b) माना कि संख्या $= x$

$\therefore$ x का $(89 - 73)\% = 448$

$\Rightarrow \dfrac{x \times 16}{100} = 448$

$\Rightarrow x = \dfrac{448 \times 100}{16} = 2800$

$\therefore 2800$ का $49\% = \dfrac{2800 \times 49}{100} = 1372$

20. (d) माना कि अंकित मूल्य (विक्रय मूल्य) $= ₹\,x$

प्रश्नानुसार,

x का $75\% = 1545$

या, $x = \dfrac{1545 \times 100}{75} = ₹\,2060$

21. (d) माना DVD प्लेयर की लागत कीमत $= x$

तब प्रश्नानुसार,

$\because \quad x\left(1 + \dfrac{22}{100}\right) = ₹\,10980$

$\therefore \quad x = 10980 \times \dfrac{50}{61} = ₹\,9000$

22. (a) माना कि तीसरी संख्या $= x$

प्रश्नानुसार,

$2 \times 280 + x + 178.5 \times 2 = 281 \times 5$

या, $560 + x + 357 = 1405$

या, $x + 917 = 1405$

या, $x = 1405 - 917 = 488$

23. (b) चौथे मित्र की आयु $= 31 \times 4 - 32 \times 3$

$= 124 - 96 = 28$ वर्ष

24. (d) स्कूल में विद्यार्थियों की कुल संख्या $= 819$

लड़कियों की संख्या $= 364$

∴ लड़कों की संख्या = 819 - 364 = 435

∴ अभीष्ट अनुपात = 435 : 364 = 5 : 4

25. (d) ∵ 15 आदमी 1 काम को 3 दिन में पूरा करते हैं।

∴ 1 आदमी 1 काम को 3×15 दिन में पूरा करेगा।

∴ 10 आदमी उस काम को $\dfrac{3 \times 15}{10} = \dfrac{9}{2} = 4\dfrac{1}{2}$ दिन में पूरा करेंगे।

26. (a) जिस प्रकार,

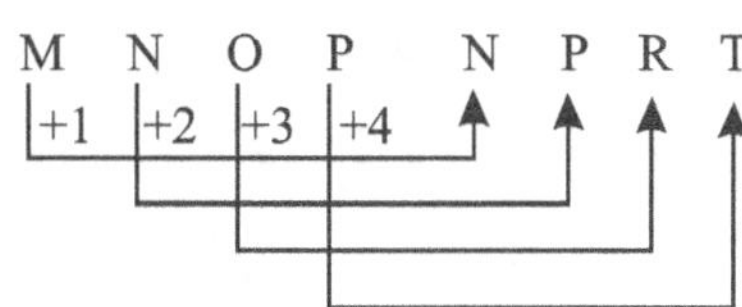

उस प्रकार,

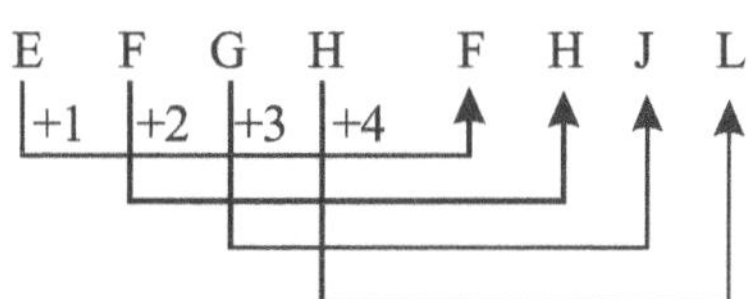

27. (b) L I M E की वर्णानुक्रमिक स्थिति का योग = 12 + 9 + 13 + 5

$= 39 + 1 = \dfrac{40}{2} = 20$

L E M O N की वर्णानुक्रमिक स्थिति का योग

$= 12 + 5 + 13 + 15 + 14 = 59 + 1 = \dfrac{60}{2} = 30$

28. (b) $678 = 6 + 7 + 8 = 21$

जिस प्रकार, वर्णमाला के क्रम के अनुसार U का स्थान 21 है।

$456 = 4 + 5 + 6 = 15$

उसी प्रकार वर्णमाला के क्रम के अनुसार O का 15 होगा।

29. (a) जिस प्रकार, पंजाब का राजधानी चन्डीगढ़ है, उसी प्रकार असम की राजधानी दिसपुर होगा।

30. (d) घोड़ा को छोड़कर, अन्य सभी मादा हैं।

31. (c) मोहाली को छोड़कर, अन्य सभी राजधानी हैं।

32. (b) $B \xrightarrow{+1} C \xrightarrow{+2} E$

$P \xrightarrow{+1} Q \xrightarrow{+3} T$

$G \xrightarrow{+1} H \xrightarrow{+2} J$

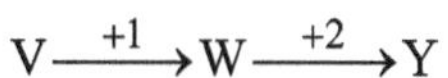

$V \xrightarrow{+1} W \xrightarrow{+2} Y$

अत: PQT अन्य सभी से भिन्न है।

33. (c) पश्चिम बंगाल को छोड़कर, अन्य सभी भारत के उत्तर पूर्वी राज्य हैं।

34. (b) 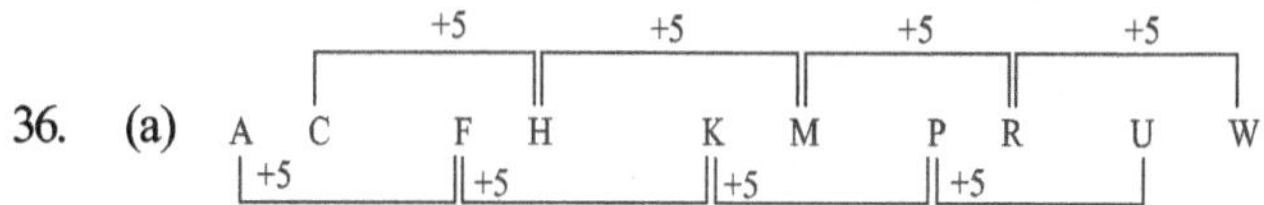

35. (a) 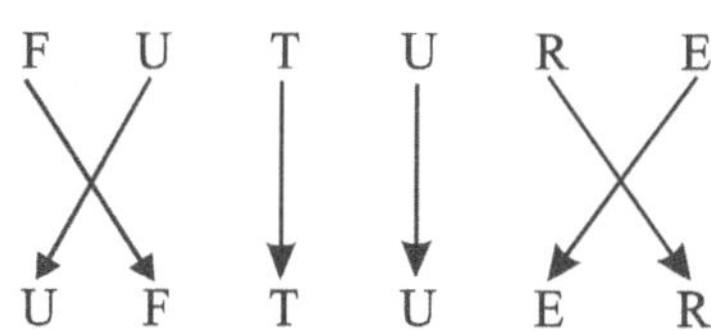

36. (a) 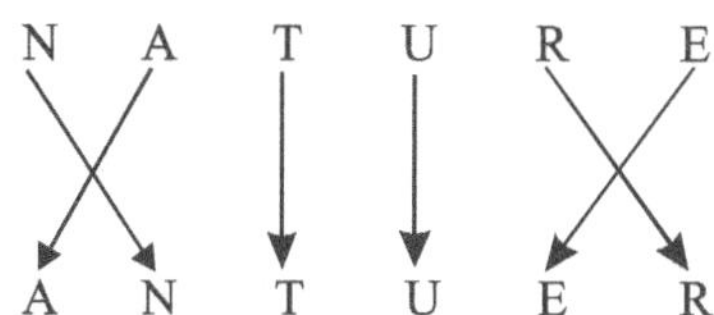

37. (a)

38. (c) जिस प्रकार,

उसी प्रकार,

39. (a) जिस प्रकार वर्णमाला क्रम के अनुसार,

T = 20

E = 5

A = 1

∴ TEA = $20 \times 5 \times 1 = 100$

उसी प्रकार,

F A T = $6 \times 1 \times 20 = 120$

40. (d) यदि A = ×, B = ÷, C = +, तथा D = −

2 A 8 D 5 C 9 B 3

⇒ $2 \times 8 - 5 + 9 \div 3$

⇒ $16 - 5 + 3 = 14$

41. (b)

42. (c) जिस प्रकार,

$$63 \, @ \, 81 = 36 \div 18 = 2$$

$$54 \, @ \, 51 = 45 \div 15 = 3$$

उसी प्रकार,

$$69 \, @ \, 21 = 96 \div 12 = 8$$

43. (c)　44. (d)　45. (d)　46. (c)　47. (c)　48. (b)

49. (a) $15^2 - 11^2 = 104$

$$17^2 - 13^2 = 120$$

$$19^2 - 15^2 = 136$$

50. (b) $(11)^2 + (14)^2 - (15)^2 = 92$

$$(15)^2 + (17)^2 - (21)^2 = 73$$

$$(19)^2 + (26)^2 - (?)^2 = 76$$

$$\therefore \quad ? = 31$$

51. (b)　52. (b)　53. (c)　54. (d)　55. (d)

56. (a)　57. (d)　58. (c)　59. (c)　60. (c)

61. (c)　62. (b)　63. (d)　64. (c)　65. (d)

66. (b)　67. (b)　68. (c)　69. (b)　70. (c)

71. (b)　72. (b)　73. (a)　74. (c)　75. (b)

76. (d)　77. (c)　78. (a)　79. (a)　80. (d)

81. (c)　82. (a)　83. (a)　84. (a)　85. (b)

86. (b)　87. (b)　88. (c)　89. (a)　90. (c)

91. (b)　92. (d)　93. (c)　94. (c)　95. (a)

96. (d)　97. (c)　98. (d)　99. (d)　100. (d)

निर्देश

1. इस प्रैक्टिस सेट में 100 वस्तुनिष्ठ बहुविकल्पीय प्रश्न दिए गए हैं।
2. प्रैक्टिस सेट में गणित, सामान्य बुद्धि और तर्कशक्ति, सामान्य विज्ञान, सामान्य ज्ञान और सामयिक विषय से सम्बन्धित बहुविकल्पीय प्रश्न दिए गए हैं।
3. प्रैक्टिस सेट को हल करने की अवधि 90 मिनट है।

समय : 90 मिनट | **अधिकतम अंक: 100**

निर्देश (1-2) : निम्नलिखित संख्या शृंखला में केवल एक संख्या **गलत** है। उस गलत संख्या का पता लगाइए।

1. 15   21   39   77   143   ?
   - (a) 243   (b) 240   (c) 253   (d) 245

2. 33   39   57   87   129   ?
   - (a) 183   (b) 177   (c) 189   (d) 199

3. (650) के $1\frac{1}{23}$ के $(92)\%$ का $\frac{1}{6} = 85 + ?$
   - (a) 18   (b) 21   (c) 19   (d) 28

4. $3\frac{1}{4} + 2\frac{1}{2} - 1\frac{5}{6} = \frac{(?)^2}{10} + 1\frac{5}{12}$
   - (a) 25   (b) $\sqrt{5}$ (c) 625   (d) 15

5. राम और राकेश की वर्तमान आयु के बीच क्रमशः 6 : 11 का अनुपात है। चार वर्ष पहले उनकी आयु का क्रमशः 1 : 2 था। पांच वर्ष बाद राकेश की आयु क्या होगी ?
   - (a) 45 वर्ष   (b) 29 वर्ष
   - (c) 49 वर्ष   (d) निर्धारित नहीं किया जा सकता

6. दो वृत्तों की परिधि क्रमशः 88 मीटर और 220 मीटर हैं। बड़े वृत्त और छोटे वृत्त के क्षेत्रफल के बीच कितना अंतर है ?
   - (a) 3422 वर्ग मीटर   (b) 3244 वर्ग मीटर
   - (c) 3244 वर्ग मीटर   (d) 3234 वर्ग मीटर

7. एक त्रिभुज का एक कोण समान्तर चतुर्भुज के निकटवर्ती कोणों के योग का दो तिहाई है। त्रिभुज के शेष कोणों का अनुपात क्रमशः 5 : 7 है। त्रिभुज के दूसरे सबसे बड़े कोण का मान कितना है ?
   - (a) 25°   (b) 40°
   - (c) 35°   (d) निर्धारित नहीं किया जा सकता

8. प्रदीप ने मोहित से 20% अधिक निवेश किया। मोहित ने रघु से 10% कम निवेश किया। यदि उनके निवेश का कुल योग ₹ 17,880/- है तो रघु ने कितनी रकम का निवेश किया ?
   - (a) ₹ 6,000/-   (b) ₹ 8,000/-
   - (c) ₹ 7,000/-   (d) ₹ 5,000/-

9. राहुल, मनीष और सुरेश के औसत अंक 63 हैं। राहुल के अंक अजय से 15 कम और मनीष से 10 अधिक हैं। यदि अजय को राहुल, मनीष और सुरेश के औसत अंकों से 30 अंक अधिक मिले तो मनीष और सुरेश के अंकों का योग कितना है ?
   - (a) 120
   - (b) 111
   - (c) 117
   - (d) निर्धारित नहीं किया जा सकता

10. सुरेश को एक राशि पर दो वर्ष के अंत में 8% वार्षिक ब्याज की दर से ₹ 1,414.4 का चक्रवृद्धि ब्याज मिला। सुरेश को दो वर्ष बाद मूलधन और ब्याज के रूप में वापस कितनी रकम मिली ?
    - (a) ₹ 9,414.4   (b) ₹ 9,914.4
    - (c) ₹ 9,014.4   (d) ₹ 8,914.4

11. एक माता और पुत्री की वर्तमान आयु का क्रमशः अनुपात 7 : 1 है। चार वर्ष पहले उनकी आयु का क्रमशः अनुपात 19 : 1 था। अब से चार वर्ष बाद माता की आयु कितनी होगी ?
    - (a) 42 वर्ष   (b) 38 वर्ष
    - (c) 46 वर्ष   (d) 36 वर्ष

12. J, K और L तीन मित्र एक वृत्ताकार स्टेडियम में जॉगिंग करते हैं और एक चक्कर क्रमशः 12, 18 और 20 सेकंड में लगा लेते हैं। तीनों फिर से आरंभिक बिंदु पर कितने मिनट में मिलेंगे ?
    - (a) 5   (b) 8   (c) 12   (d) 3

13. 4 पुरुष एक काम को 2 दिन में पूरा करते हैं। उसी काम को 4 महिलाएं 4 दिन में पूरा करती हैं जबकि उसी काम को 5 बच्चे 4 दिन में पूरा कर सकते हैं। यदि 2 पुरुष, 4 महिलाएं और 10 बच्चे एक साथ काम करें तो यह काम कितने दिन में पूरा हो सकता है?

   (a) 1 दिन   (b) 3 दिन   (c) 2 दिन   (d) 4 दिन

14. धारा के साथ चलते हुए एक नाव की गति 32 किमी/घंटा है, जबकि धारा के विरुद्ध चलते हुए उसकी गति 28 किमी/घंटा है। स्थिर पानी में नाव की गति क्या होगी ?

   (a) 27 किमी/घंटा

   (b) 29 किमी/घंटा

   (c) 30 किमी/घंटा

   (d) निर्धारित नहीं किया जा सकता

15. लगातार चार सम संख्या A, B, C और D का योग 180 है। अगली चार लगातार सम संख्याओं के समूह का योग क्या होगा?

   (a) 214   (b) 212

   (c) 196   (d) 204

16. परीक्षा में 34% विद्यार्थी गणित में और 42% अंग्रेजी में असफल हो जाते है। यदि 20% विद्यार्थी दोनों विषयों में असफल होते है तो दोनों विषयों में उत्तीर्ण होने वाले विद्यार्थियों का प्रतिशत ज्ञात कीजिए?

   (a)   (b)

   (c)   (d)

17. एक द्विअंकीय संख्या और इस द्विअंकीय संख्या के दोनों अंकों को परस्पर बदलने के बाद प्राप्त संख्या के बीच का अंतर 18 है। इस संख्या के दोनों अंकों का योग 12 है। इस द्विअंकीय संख्या के दोनों अंकों का गुणनफल क्या है?

   (a) 35   (b) 27

   (c) 32   (d) निर्धारित नहीं किया जा सकता

18. एक संख्या के वर्ग में $(26)^2$ घटाने पर प्राप्त उत्तर 549 है। वह संख्या क्या है?

   (a) 35   (b) 33

   (c) 29   (d) 41

19. एक संख्या के 64% और 48% के बीच 448 का अंतर है। इस संख्या का 49% क्या है?

   (a) 1426   (b) 1372

   (c) 1218   (d) 1124

20. स्टेशनरी की दुकान वाला अपने ग्राहकों से लागत कीमत से 28% अधिक लेता है। यदि एक ग्राहक ने स्कूल की किताबों के लिए ₹4544 अदा किए, तो स्कूल की पुस्तकों की लागत कीमत कितनी थी?

   (a) ₹3550   (b) ₹3500

   (c) ₹3450   (d) ₹3400

21. 9 किग्रा. चीनी की कीमत ₹279 है। 153 किग्रा. चीनी की कीमत कितनी होगी ?

   (a) ₹3,377   (b) ₹4,473

   (c) ₹4,377   (d) ₹4,743

   (e) ₹4,347

22. निम्नलिखित स्कोरों के समुच्चय के औसत का पता लगाइए।

   965, 362, 189, 248, 461, 825, 524, 234

   (a) 476   (b) 504

   (c) 461   (d) 524

23. यदि $21a + 21b = 1134$, तो $a + b$ का औसत क्या होगा।

   (a) 29   (b) 27

   (c) 58   (d) 54

24. यदि ₹57,834 के लाभांश को मीना, उर्मिला और वैशाली के बीच 3 : 2 : 1 के अनुपात में बांटना हो, तो उर्मिला के हिस्से का पता लगाइए।

   (a) ₹19,281   (b) ₹17,350

   (c) ₹23,133   (d) ₹19,278

25. 16 पुरुष एक काम 8 दिन में पूरा करते हैं इसी काम को 12 पुरुष कितने दिन में पूरा करेंगे?

   (a) 10   (b) $9\dfrac{1}{3}$

   (c) $10\dfrac{2}{3}$ (d) निर्धारित नहीं किया जा सकता

निर्देश (26-30) : दिये गए विकल्पों में से संबंधित अक्षर / शब्द / संख्या को चुनिए।

26. 17 : 144.5 :: 13 : ?

   (a) 87.5   (b) 86.25

   (c) 84.5   (d) 81.25

27. भारत : मोर :: यू.एस.ए. : ?

   (a) लाल पतंग   (b) चूहा पक्षी

   (c) यूक हंस   (d) रॉबिन

28. मनुष्य : भोजन : : मोटर : ?

   (a) भारी जल   (b) स्टीयरिंग

   (c) ईंधन   (d) विअरिंग

29. RANDOM : ADMNOR :: PROJECT : ?

   (a) PJORTC   (b) PORJCET

   (c) CEOPRTJ   (d) CEJOPRT

30. CAMP : XZNK :: ? : HZOG

   (a) SALT   (b) ALSO

   (c) SOUR   (d) ARMY

निर्देश (31-34) : दिये गये विकल्पों में से उस शब्द / संख्या / अक्षर को चुने जो अन्य से भिन्न है?

31. (a) कोपेनहेगेन   (b) ब्राजिलिया

   (c) बुडापेस्ट   (d) संघाई

32. (a) शुक्र   (b) पृथ्वी

   (c) मंगल   (d) बृहस्पति

33. (a) BDFG   (b) MNRS

   (c) GHDP   (d) AEIO

34. (a) 71   (b) 31   (c) 59   (d) 29

निर्देश (35) : अक्षरों का कौन सा एक समूह दी गई अक्षर श्रृंखला के रिक्त स्थानों पर क्रमानुसार रखने पर इसे पूरा करेगा?

35. _qqp_rpqqprr_qqprr_qq
    (a) prrp   (b) ppqp   (c) prpp   (d) qppq

निर्देश (36-37) : दिये गए विकल्पों में से छुटी हुई संख्या / अक्षर का चुनाव करें।

36. 10, 5, 13, 10, 16, 20, 19, ?
    (a) 22   (b) 40
    (c) 38   (d) 23

37. BG, JO, RW, ?
    (a) AF   (b) ZU
    (c) ZE   (d) YT

38. 40 लड़कों की एक पंक्ति में सतीश को रोहन के दायें 10 स्थान स्थानांतरित किया गया और केवल को विलास के बायें 10 स्थान स्थानांतरित किया गया। यदि विलास बायें से छब्बीसवां है तथा स्थानांतरण के बाद केवल और सतीश के बीच तीन लड़के हैं, तो पंक्ति में रोहन का स्थान क्या है?

    (a) दायें किनारे से 10वां

    (b) बायें किनारे से 10वां

    (c) दायें किनारे से 39वां

    (d) आंकड़ा अपर्याप्त

39. बैठक के स्थान पर 8 : 50 बजे से 20 मिनट पहले पहुंचकर सुमित अपने आपको उस व्यक्ति से तीस मिनट पहले पाता है जो 40 मिनट की देरी से आता है। बैठक का तय समय क्या था?

    (a) 8.00   (b) 8.05
    (c) 8.10   (d) 8.20

40. यदि SUMMER को RUNNER के रूप में कूटबद्ध किया जाता है, तो WINTER का कूट होगा–

    (a) SUITER   (b) VIOUER
    (c) WALKER   (d) SUFER

41. एक निश्चित कूट में PRODUCTIONS को QQPCVEUHPMT के रूप में लिखा जाता है तो उस कूटभाषा में ORIENTATION को किस प्रकार लिखा जाएगा?

    (a) PQJDOVBSJNO

    (b) PQJDOUBUJPO

    (c) PSJFOVBSJNO

    (d) NESHFMVBSJNO

42. रीता ने मनी से कहा, वह लड़की जिससे मै कल बीच पर मिली थी, मेरे मित्र की मां के ब्रदर–इन–लॉ की सबसे छोटी बेटी थी। रीता के मित्र से वह लड़की किस प्रकार संबंधित है?

    (a) बेटी   (b) कजिन
    (c) भतीजी   (d) आंट

43. केतन की ओर इशारा करते हुए नमन ने कहा 'वह मेरे पिता के एकमात्र पुत्र का पुत्र है'। केतन की मां नमन से किस प्रकार संबंधित है?

    (a) पुत्री   (b) बहन
    (c) पत्नी   (d) मैटरनल आंट

44. एक गांववाला अपने चाचा से मिलने दूसरे गांव गया जो उसके गांव से उत्तर पूर्व दिशा में 5 किमी की दूरी पर है। वहां से वह अपने ससुर से मिलने गया जो उसके चाचा के गांव से 4 किमी दक्षिण स्थित एक गांव में रहते हैं। अब वह कितनी दूर और किस दिशा में हैं?

    (a) 3 किमी उत्तर में   (b) 3 किमी पूर्व में
    (c) 4 किमी पूर्व में   (d) 4 km किमी पश्चिम में

45. एक व्यक्ति बिन्दू A से प्रारंभ करता है और पूर्व की ओर 3 किमी B तक जाता है और उसके बाद बायें मुड़ता है और दूरी के तीन गुना C तक जाता है। वह पुनः बायें मुड़ता है और A तथा B की दूरी का पांच गुना तय करके अपने गन्तव्य D पर पहुंचता है। प्रारंभिक बिन्दु और गन्तव्य के बीच की लघुतम दूरी है–

    (a) 12 किमी   (b) 15 किमी
    (c) 16 किमी   (d) 8 किमी

निर्देश (46-100) : दिये गए विकल्पों में से छुटी हुई संख्या ज्ञात करें–

46.

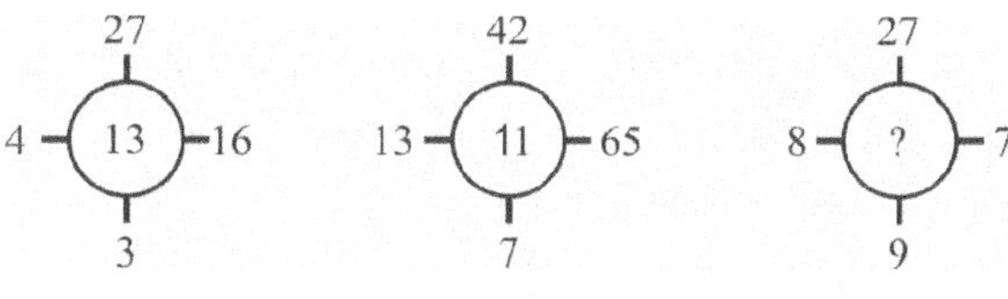

    (a) 6   (b) 9
    (c) 12   (d) 18

47.

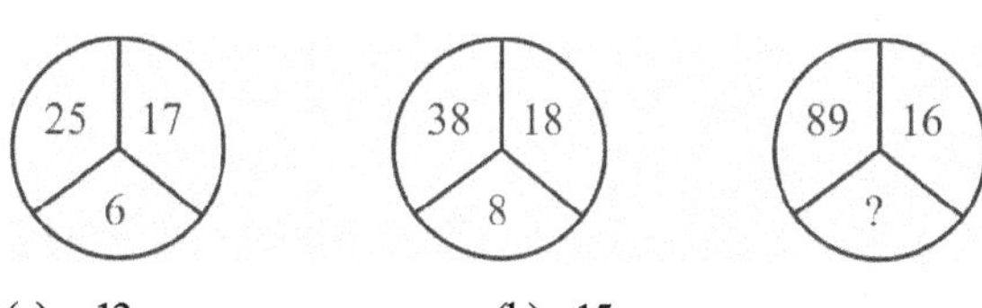

    (a) 13   (b) 15
    (c) 17   (d) 19

48. निम्नलिखित में से कौन सा शब्द, शब्दकोष के क्रमानुसार दूसरे अंतिम आएगा?
    (a) Simplification   (b) Similarity
    (c) Single   (d) Simple

49. एक निश्चित कूट में RAIL को KCTN और SPEAK को CGRUM के रूप में लिखा जाता है, तो उस कूट भाषा में AVOID को किस प्रकार लिखा जाएगा?
    (a) FKQXC   (b) KQXCF
    (c) KRXCF   (d) KQVCB

50. एक निश्चित कूट में CERTAIN को XVIGZRM के रूप में कूटबद्ध किया जाता है, SEQUENCE को HVJFVMXY के रूप में कूटबद्ध किया जाता है तो MUNDANE को किस प्रकार कूटबद्ध किया जाएगा?
   (a) NFMWZMX   (b) NFMWZMV
   (c) NFMXZMV   (d) NFMYZMX

51. सांची का महान स्तूप है–
   (a) उत्तर प्रदेश में   (b) मध्य प्रदेश में
   (c) अरूणाचल प्रदेश में   (d) आन्ध्र प्रदेश में

52. भारत में किस राज्य में नालंदा विष्व विद्यालय अवस्थित है?
   (a) बंगाल   (b) बिहार
   (c) ओडिशा   (d) उत्तर प्रदेश

53. भारत का उपग्रह भाष्कर-II प्रक्षेपित किया गया था?
   (a) 19 अप्रैल 1975
   (b) 20 नवम्बर 1981
   (c) 7 जून 1979
   (d) 18 जुलाई 1980

54. दिल्ली के खिलजी सुल्तान थे–
   (a) मंगोल   (b) अफगान
   (c) तुर्क   (d) एक जाट जनजाति

55. भारत की खोज किसने लिखी है?
   (a) जवाहर लाल नेहरु   (b) बाल गंगाधर तिलक
   (c) रविन्द्रनाथ टेगौर   (d) मोहनदास करमचन्द गांधी

56. भारत का उपराष्ट्रपति–
   (a) संसद का सदस्य नहीं है
   (b) राज्यसभा के सदस्य हैं
   (c) लोकसभा के सदस्य हैं
   (d) किसी एक सदन का सदस्य है।

57. उत्तरी गोलार्द्ध में सूर्य की किरणों का आपतन कोण अधिकतम आप कब रिकार्ड करेंगे?
   (a) मार्च 21
   (b) सितम्बर 21
   (c) जब सूर्य की किरणें कर्क रेखा पर लम्बवत होती हैं।
   (d) जब सूर्य की किरणें मकर रेखा पर लम्बवत होती हैं।

58. पृथ्वी सूर्य से अधिकतम दूरी पर होती है (अपसौर)
   (a) 21 जून   (b) 3 जनवरी
   (c) 4 जुलाई   (d) 23 सितम्बर

59. सौर मंडल की खोज किसने की–
   (a) कोपरनिकस   (b) केपलर
   (c) आर्यभट्ट   (d) न्यूटन

60. 1 डिग्री अक्षांश द्वारा कितना किलोमीटर निरूपित होता है?
   (a) 321 किमी   (b) 211 किमी
   (c) 111 किमी   (d) 91 किमी

61. आधारभूत SI इकाइयों की संख्या है–
   (a) 4   (b) 7
   (c) 6   (d) 5

62. एक प्रकाश वर्ष लगभग बराबर है–
   (a) 10^{11} किमी.   (b) 10^{15} मी.
   (c) 10^{16} मी.   (d) 10^{16} मी.

63. परमाणु की त्रिज्या को व्यक्त करने का सबसे उपयुक्त इकाई है–
   (a) माइक्रोन   (b) नेनोमीटर
   (c) फर्मी   (d) एग्सट्रम

64. उष्मा सम्बद्ध होता है–
   (a) अणुओं की अनियमित गति की गतिज ऊर्जा
   (b) अणुओं की अनुशसित गति की गतिज ऊर्जा
   (c) अणुओं की अनियमित और अनुशासित गति की कुल गतिज ऊर्जा
   (d) इनमें से कोई नहीं

65. इलेक्ट्रान पर आवेश के निरपेक्ष मान का निर्धारण हुआ था–
   (a) जे.जे. थामसन द्वारा   (b) आर.ए. निलिकन द्वारा
   (c) रदरफोर्ड द्वारा   (d) चेडविक द्वारा

66. न्युक्लियोन है–
   (a) प्रोटोन और न्यूट्रान
   (b) न्यूट्रान और इलेक्ट्रान
   (c) प्रोटोन और इलेक्ट्रान
   (d) प्रोटोन, न्यूट्रान और इलेक्ट्रान

67. निम्नलिखित में से कौन एक लौह मिश्रधातु है–
   (a) इन्वार   (b) सोल्डर
   (c) मैग्नेलियम   (d) टाउप स्टील

68. किसमें सर्वाधिक लौह चुम्बकीय गुण है–
   (a) 21 जून   (b) 3 जनवरी
   (c) 4 जुलाई   (d) 23 सितम्बर

69. लौहे का शुद्धतम रूप है–
   (a) सफेद कच्चा लौहा   (b) भूरा कच्चा लौहा
   (c) ढलवा लौहा   (d) इस्पात

70. डीएनए का डबल हेलिक्स माडल दिया गया था?
   (a) म्यूलर द्वारा   (b) मेघानाथ द्वारा
   (c) स्टीफान हाकिन्स द्वारा   (d) वाटसन एण्ड क्रिक द्वारा

71. स्ट्रेप्टोमाइसीन एन्टीबायोटिक की खोज की गई थी?
   (a) सालेमन वाक्समैन   (b) एलेक्जेन्डर फ्लेमिंग
   (c) बैटस आन   (d) इनमें से कोई नहीं

72. वह जीव विज्ञानी जिन्होंने जर्म प्लाज्म का सिद्धान्त दिया–
   (a) विजमान   (b) जे.सी. वोस
   (c) बाटसेन   (d) लेडरवर्ग

73. वृद्धि हार्मोन स्रावित होता है–
    (a) थायराइड
    (b) अड्रीनल से
    (c) गोनाडस से
    (d) पिट्युटरी से

74. मनुष्यों में त्वचा सबसे मोटी होती है?
    (a) हथेली
    (b) एडी
    (c) स्कन्ध
    (d) सिर

75. सर्वाधिक कोशिकाएं पाई जाती हैं–
    (a) संयोजी उत्तक में
    (b) मांशपेशियों के उत्तक में
    (c) तंत्रिका उत्तक में
    (d) रक्त उत्तक में

76. निम्न में से कौन–सी बीमारी के लिए अब तक टीका उपलब्ध नहीं है?
    (a) टेट्नस
    (b) मलेरिया
    (c) खसरा
    (d) मम्प्स

77. बार निम्न में से किसकी इकाई है?
    (a) बल
    (b) ऊर्जा
    (c) दबाव
    (d) आवृत्ति

78. निम्न में से एक महिला सेक्स हार्मोन है–
    (a) एस्ट्रोजन
    (b) एण्ड्रोजन
    (c) ऑक्सीटोसिन
    (d) इन्स्यूलिन

79. बेकिंग सोडा का रसायनिक नाम क्या है?
    (a) सोडियम कार्बोनेट
    (b) सोडियम बाई कार्बोनेट
    (c) सोडियम नाइट्रेट
    (d) सोडियम सल्फेट

80. परमाणु का ढेर प्रयोग किया जाता है–
    (a) एक्स–किरणों के निर्माण के लिए
    (b) परमाणु का आयोजन करने के लिए
    (c) थर्मोन्यूक्लियर के आयोजन के लिए
    (d) परमाणुओं की तीव्र करने के लिए।

81. लौंग का प्रयोग आमतौर पर मसाले के लिए किया जाता है, यह प्राप्त किया जाता है–
    (a) जड़
    (b) तना
    (c) कली
    (d) फल

82. निम्न में से बीमा क्षेत्र का नियंत्रण कौन करता है?
    (a) TRAI
    (b) IBA
    (c) SEBI
    (d) IRDA

83. अधिकतम संश्लेषित गतिविधि होती है:
    (a) प्रकाष के नीले और लाल क्षेत्र में
    (b) प्रकाष के हरे और पीले क्षेत्र में
    (c) प्रकाष के नीले और नारंगी क्षेत्र में
    (d) प्रकाष के बैंगनी और नारंगी क्षेत्र में

84. AIDS में वायरस होता है–
    (a) सिंगल–स्ट्रेनडेड RNA
    (b) डबल स्ट्रेनडेड RNA
    (c) सिंगल स्ट्रेनडेड DNA
    (d) डबल स्ट्रेनडेड DNA

85. आंग्लो न्यूबियन एक नस्ल है:
    (a) भेड
    (b) बकरी
    (c) मुर्गी
    (d) जानवर

86. सबसे स्वच्छ जल वाली झील, 'लेक सुपीरियर' विश्व में कहां स्थित है?
    (a) यू एस ए
    (b) ब्राजील
    (c) कनाडा
    (d) रूस

86. सबसे स्वच्छ जल वाली झील, 'लेक सुपीरियर' विश्व में कहां स्थित है?
    (a) यू एस ए
    (b) ब्राजील
    (c) कनाडा
    (d) रूस

87. सेक्स हार्मोन्स की खोज किसने की?
    (a) ड्रेज़र
    (b) युजेन स्तानेच
    (c) एडवर्ड कैल्विन
    (d) सेम्युअल कोहन

88. किण्वन, कार्बनिक यौगिक द्वारा किसके विघटन की प्रक्रिया है:
    (a) उत्प्रेरक
    (b) एन्ज़ायिम
    (c) कर्बेनियंस
    (d) मुक्त मूलक

89. जब दो परमाणु एक ही कक्षा में होते हैं तो वें–
    (a) एक ही प्रकार से घूमते हैं
    (b) विपरीत प्रकार से घूमते हैं
    (c) एक ही अथवा विपरीत प्रकार से घूमते हैं
    (d) नहीं घूमते

90. गैल्विनीकरण है:
    (a) जिंक और लोहे का निक्षेपण
    (b) तिन और लोहे का निक्षेपण
    (c) ताम्बे और लोहे का निक्षेपण
    (d) अल्यूमीनियम और लोहे का निक्षेपण

91. किण्वन प्रक्रिया द्वारा दूध का दही बनना कारण है:
    (a) मईकोबैक्टीरियम
    (b) स्टेफेलोकोकस
    (c) लैक्टोबैसिलस
    (d) खमीर

92. गर्भाशय की जाँच एक प्रक्रिया है:
    (a) भ्रूण के स्वास्थ्य की स्थिति के निर्धारण के लिए
    (b) अमीनो एसिड अनुक्रम के निश्चय के लिए
    (c) उत्प्रेरक गर्भपात
    (d) कृत्रिम गर्भाधान

93. प्रकाश संश्लेषण की प्रक्रिया में मुक्त होने वाली गैस का नाम है–
    (a) कार्बन डाइऑक्साइड
    (b) ऑक्सीजन
    (c) नाइट्रोजन
    (d) हाइड्रोजन

94. पेनीसिलीन प्राप्त किया जाता है–
    (a) यीस्ट
    (b) शैवाल
    (c) फफूंदी
    (d) कवक

95. एक बीमार व्यक्ति में प्रतिजन का प्रभाव है?
   - (a) यह W.B.C. के उत्पादन में वृद्धि करता है।
   - (b) यह एंटीबायोटिक के उत्पादन में वृद्धि करता है।
   - (c) यह बैक्टीरिया के विरुद्ध एंटी सीरम के उत्पादन में वृद्धि करता है।
   - (d) यह बैक्टीरिया के विकास को रोकता है।

96. उस महिला का नाम बताइए, जिसे भारतीय नौसेना में पहली महिला पायलट के रूप में शामिल किया गया है?
   - (a) शुभांगी स्वरूप
   - (b) आस्था सेगा
   - (c) शक्ति माया एस
   - (d) भारती प्रधान

97. जिम्बाब्वे के राष्ट्रपति के रूप में किसने शपथ ग्रहण की?
   - (a) रॉबर्ट मुगाबे
   - (b) एम्मर्सन मन्नगागावा
   - (c) क्वाईसा अब्दुल करीम
   - (d) मॉर्गन स्वांगिराई
   - (e) याकूब जुमा

98. प्रधानमंत्री नरेंद्र मोदी की अध्यक्षता में केंद्रीय मंत्रिमंडल ने EBRD के लिए भारत की सदस्यता को मंजूरी दी है। EBRD से तात्पर्य है–
   - (a) Eastern Bank for Reconstruction & Development
   - (b) European Bank for Rural & Development
   - (c) European Bank for Reconstruction & Devision
   - (d) European Bank for Reconstruction & Development

99. प्रधानमंत्री नरेंद्र मोदी ने ______ मोबाइल एप्लिकेशन लॉन्च किया है, जोकि नागरिक सेवाओं के लिए सरकार के लिए एकीकृत मंच है।
   - (a) Ubern
   - (b) Upwan
   - (c) Umang
   - (d) Utsah

100. हाल ही में भारत आए, श्रीलंका के प्रधानमंत्री का नाम बताइए?
   - (a) मैथिपाल सिरीसेना
   - (b) डीएम जर्थेन
   - (c) महिन्ंडा राजपक्षे
   - (d) रानिल विक्रमसिंघे

RESPONSE SHEET

1. ⓐⓑⓒⓓ	2. ⓐⓑⓒⓓ	3. ⓐⓑⓒⓓ	4. ⓐⓑⓒⓓ	5. ⓐⓑⓒⓓ
6. ⓐⓑⓒⓓ	7. ⓐⓑⓒⓓ	8. ⓐⓑⓒⓓ	9. ⓐⓑⓒⓓ	10. ⓐⓑⓒⓓ
11. ⓐⓑⓒⓓ	12. ⓐⓑⓒⓓ	13. ⓐⓑⓒⓓ	14. ⓐⓑⓒⓓ	15. ⓐⓑⓒⓓ
16. ⓐⓑⓒⓓ	17. ⓐⓑⓒⓓ	18. ⓐⓑⓒⓓ	19. ⓐⓑⓒⓓ	20. ⓐⓑⓒⓓ
21. ⓐⓑⓒⓓ	22. ⓐⓑⓒⓓ	23. ⓐⓑⓒⓓ	24. ⓐⓑⓒⓓ	25. ⓐⓑⓒⓓ
26. ⓐⓑⓒⓓ	27. ⓐⓑⓒⓓ	28. ⓐⓑⓒⓓ	29. ⓐⓑⓒⓓ	30. ⓐⓑⓒⓓ
31. ⓐⓑⓒⓓ	32. ⓐⓑⓒⓓ	33. ⓐⓑⓒⓓ	34. ⓐⓑⓒⓓ	35. ⓐⓑⓒⓓ
36. ⓐⓑⓒⓓ	37. ⓐⓑⓒⓓ	38. ⓐⓑⓒⓓ	39. ⓐⓑⓒⓓ	40. ⓐⓑⓒⓓ
41. ⓐⓑⓒⓓ	42. ⓐⓑⓒⓓ	43. ⓐⓑⓒⓓ	44. ⓐⓑⓒⓓ	45. ⓐⓑⓒⓓ
46. ⓐⓑⓒⓓ	47. ⓐⓑⓒⓓ	48. ⓐⓑⓒⓓ	49. ⓐⓑⓒⓓ	50. ⓐⓑⓒⓓ
51. ⓐⓑⓒⓓ	52. ⓐⓑⓒⓓ	53. ⓐⓑⓒⓓ	54. ⓐⓑⓒⓓ	55. ⓐⓑⓒⓓ
56. ⓐⓑⓒⓓ	57. ⓐⓑⓒⓓ	58. ⓐⓑⓒⓓ	59. ⓐⓑⓒⓓ	60. ⓐⓑⓒⓓ
61. ⓐⓑⓒⓓ	62. ⓐⓑⓒⓓ	63. ⓐⓑⓒⓓ	64. ⓐⓑⓒⓓ	65. ⓐⓑⓒⓓ
66. ⓐⓑⓒⓓ	67. ⓐⓑⓒⓓ	68. ⓐⓑⓒⓓ	69. ⓐⓑⓒⓓ	70. ⓐⓑⓒⓓ
71. ⓐⓑⓒⓓ	72. ⓐⓑⓒⓓ	73. ⓐⓑⓒⓓ	74. ⓐⓑⓒⓓ	75. ⓐⓑⓒⓓ
76. ⓐⓑⓒⓓ	77. ⓐⓑⓒⓓ	78. ⓐⓑⓒⓓ	79. ⓐⓑⓒⓓ	80. ⓐⓑⓒⓓ
81. ⓐⓑⓒⓓ	82. ⓐⓑⓒⓓ	83. ⓐⓑⓒⓓ	84. ⓐⓑⓒⓓ	85. ⓐⓑⓒⓓ
86. ⓐⓑⓒⓓ	87. ⓐⓑⓒⓓ	88. ⓐⓑⓒⓓ	89. ⓐⓑⓒⓓ	90. ⓐⓑⓒⓓ
91. ⓐⓑⓒⓓ	92. ⓐⓑⓒⓓ	93. ⓐⓑⓒⓓ	94. ⓐⓑⓒⓓ	95. ⓐⓑⓒⓓ
96. ⓐⓑⓒⓓ	97. ⓐⓑⓒⓓ	98. ⓐⓑⓒⓓ	99. ⓐⓑⓒⓓ	100. ⓐⓑⓒⓓ

संकेत और हल

1. (d) 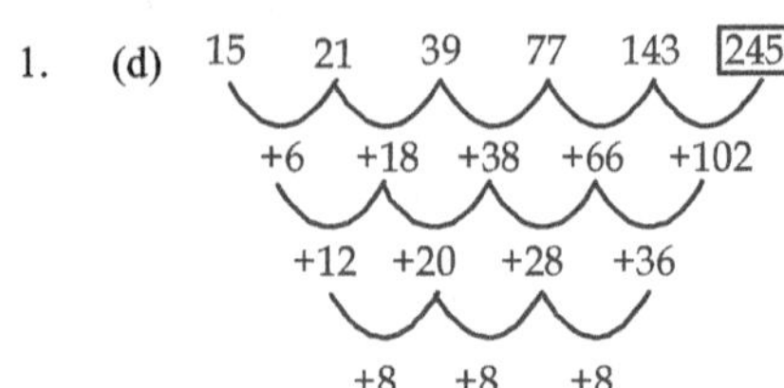

2. (a) $33 \quad 39 \quad 57 \quad 87 \quad 129 \quad \boxed{183}$

   $+6 \quad +18 \quad +30 \quad +42 \quad +54$

   $+12 \quad +12 \quad +12 \quad +12$

3. (c) $\dfrac{1}{6} \times \dfrac{92}{100} \times \dfrac{24}{23} \times 650 = 85 +?$

   $\Rightarrow 104 = 85 + ?$

   $\Rightarrow ? = 104 - 85 = 19$

4. (e) $3\dfrac{1}{4} + 2\dfrac{1}{2} - 1\dfrac{5}{6} = \dfrac{(?)^2}{10} + 1\dfrac{5}{12}$

   $\Rightarrow \dfrac{13}{4} + \dfrac{5}{2} - \dfrac{11}{6} - \dfrac{17}{12} = \dfrac{(?)^2}{10}$

   $\Rightarrow \dfrac{39 + 30 - 22 - 17}{12} = \dfrac{(?)^2}{10}$

   $\Rightarrow (?)^2 = \dfrac{30 \times 10}{12} = 25$

   $\Rightarrow ? = 5$

5. (c) माना औसत x है तो $\dfrac{6x - 4}{11x - 4} = \dfrac{1}{2}$

   $\Rightarrow x = 4$

   $\therefore$ 5 वर्ष बाद राकेश की आयु

   $= 11 \times 4 + 5 = 49$ वर्ष

6. (d) $2\pi r = 88$

   $\Rightarrow r = \dfrac{88 \times 7}{2 \times 22} = 14$ मीटर

   और $2\pi R = 220$

   $R = \dfrac{220 \times 7}{2 \times 22} = 35$ मीटर

   $\therefore$ क्षेत्रफल में अंतर $= \pi (35^2 - 14^2)$

   $= \dfrac{22}{7} \times 49 \times 21 = 3234$ वर्ग मीटर

7. (c) त्रिभुज का एक कोण $= \dfrac{2}{3} \times 180 = 120°$

   शेष दो कोण $= \dfrac{5}{12} \times 60$ और $\dfrac{7}{12} \times 60$

   $= 25°$ और $35°$

8. (a) माना रघु की निवेश राशि ₹ x है।

   तो $x + \dfrac{9x}{10} + \dfrac{6}{5} \times \dfrac{9x}{10} = 17880$

   $\Rightarrow x = ₹ 6000$

9. (b) अजय के अंक $= 63 + 30 = 93$

   राहुल के अंक $= 93 - 15 = 78$

   मनीष के अंक $= 78 - 10 = 68$

   सुरेश के अंक $= (63 \times 3) - (78 + 68)$

   $= 189 - 146 = 43$

   $\therefore$ अभीष्ट योग $= 68 + 43 = 111$

10. (b) माना कि मूलधन ₹ x है।

    अब,

    $x\left(1 + \dfrac{8}{100}\right)^2 - x = 1414.4$

    $\Rightarrow x\left(\dfrac{27}{25}\right)^2 - x = 1414.4$

    $\Rightarrow x = \dfrac{1414.4 \times 625}{104} = 8500$

    $\therefore$ मिश्रधन $= 8500 + 1414.4$

    $= ₹ 9914.4$

11. (c) माना माता और पुत्री की वर्तमान आयु क्रमशः $7x$ और x है।

    अब, $\dfrac{7x - 4}{x - 4} = \dfrac{19}{1}$

    $\Rightarrow 19x - 7x = 76 - 4$

    $\Rightarrow x = \dfrac{72}{12} = 6$

    $\therefore$ 4 वर्ष बाद माता की आयु

    $= 7 \times 6 + 4 = 46$ वर्ष

12. (d) आरम्भिक बिन्दु पर पुनः मिलने में लगा समय $= 12, 18$ और 20 का ल.स.प.

    $= 180$ सेकन्ड $= 3$ मिनट

13. (a) 4×2 पुरुष $= 4 \times 4$ महिला $= 5 \times 4$ बच्चे

    या 2 पुरुष $= 4$ महिला $= 5$ बच्चे

    2 पुरुष $+ 4$ महिला $+ 10$ बच्चे

    $= 5$ बच्चे $+ 5$ बच्चे $+ 10$ बच्चे $= 20$ बच्चे

    $\therefore$ अभीष्ट समय $= \dfrac{5 \times 4}{20} = 1$ दिन

14. (d) स्थिर पानी में नाव की गति $= \dfrac{32+28}{2}$

$= 30$ किमी / घंटा

15. (b)   16. (d)

17. (a) माना कि संख्या $= 10x + y$ जहां $x > y$

प्रश्नानुसार,

$10x + y - 10y - x = 18$

या, $9x - 9y = 18$

या, $9(x - y) = 18$

या, $x - y = \dfrac{18}{9} = 2$ ...(i)

एवं, $x + y = 12$ ...(ii)

समीकरण (i) एवं (ii) से

$2x = 14 \Rightarrow x = \dfrac{14}{2} = 7$

समीकरण (i) से

$y = 7 - 2 = 5$

$\therefore$ अभीष्ट गुणनफल $= xy = 7 \times 5 = 35$

18. (a) माना कि संख्या $= x$

प्रश्नानुसार,

$x^2 - 26^2 = 549$

या, $x^2 - 676 = 549$

या, $x^2 = 549 + 676 = 1225$

या, $x = \sqrt{1225} = 35$

19. (b) माना कि संख्या $= x$

$\therefore$ x का $(64 - 48)\% = 448$

$\Rightarrow \dfrac{x \times 16}{100} = 448$

$\Rightarrow x = \dfrac{448 \times 100}{16} = 2800$

$\therefore$ 2800 का $49\% = \dfrac{2800 \times 49}{100} = 1372$

20. (a) माना लागत कीमत ₹ x है।

$\therefore$ $x \times \dfrac{128}{100} = 4544$

$\therefore x = \dfrac{4544 \times 100}{128}$

$= ₹ 3550$

21. (d) 9 किग्रा. चीनी का मूल्य $= ₹ 279$

$\therefore$ 1 किग्रा. चीनी का मूल्य $= ₹ \dfrac{279}{9}$

$\therefore$ 153 किग्रा. चीनी का मूल्य $= ₹ \left(\dfrac{279}{9} \times 153 \right) = ₹ 4743$

22. (a) अभीष्ट औसत

$= \dfrac{965 + 362 + 189 + 248 + 461 + 825 + 524 + 234}{8}$

$= \dfrac{3808}{8} = 476$

23. (b) $21a + 21b = 1134$

या, $21(a + b) = 1134$

$a + b = \dfrac{1134}{21} = 54$

$\therefore$ अभीष्ट औसत $= \dfrac{a + b}{2} = \dfrac{54}{2} = 27$

24. (d) लाभांश में उर्मिला का हिस्सा

$= \left(\dfrac{2}{6} \times 57834 \right) = ₹ 19278$

25. (c) $\because$ 16 पुरुष 1 काम को 8 दिन में पूरा करते हैं।

$\therefore$ 1 पुरुष 1 काम को 16×8 दिन में पूरा करेगा।

$\therefore$ 12 पुरुष उसी काम को $\dfrac{16 \times 8}{12}$

$= \dfrac{32}{3} = 10\dfrac{2}{3}$ दिन में पूरा करेंगे।

26. (c) $(17)^2 = \dfrac{289}{2} = 144.5$

$(13)^2 = \dfrac{169}{2} = 84.5$

27. (b) जिस प्रकार, भारत का राष्ट्रीय पंक्षी मोर है। उसी प्रकार यू.एस. ए. का राष्ट्रीय पंक्षी चहा पंक्षी है।

28. (c)

29. (d) जिस प्रकार, RANDOM को अंग्रेजी वर्णमाला के क्रम में रखने पर ADMNUR प्राप्त होता है। उसी प्रकार PROJECT को अंग्रेजी वर्णमाला के क्रम में रखने पर CEJOPRT प्राप्त होगा।

30. (a)

31. (d) संघाई को छोड़कर, अन्य सभी देश की राजधानी हैं।

32. (a) शुक्र को छोड़कर, अन्य सभी के पास उपग्रह हैं।

33. (d) AEIO को छोड़कर अन्य सभी समूह में केवल व्यंजन वर्ण है।

34. (b) सभी अभाज्य संख्या $(6K-1)$ के रूप में है, जबकि 31, $(6K + 1)$ के रूप में हैं।

35. (c)

36. (b) 10   5   13   10   16   20   19   40

37. (c)

38. (d)

39. (d)

40. (b) जिस प्रकार,

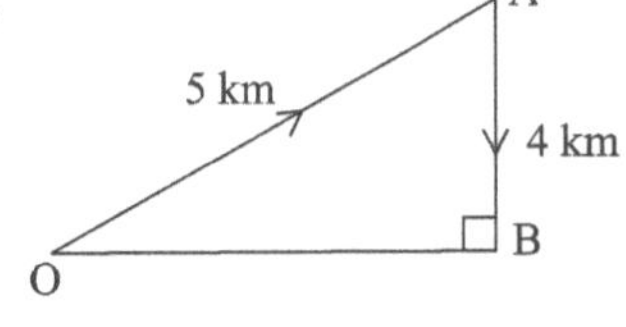

उसी प्रकार

41. (a)

42. (b)

43. (c)

44. (b) प्रश्नानुसार,

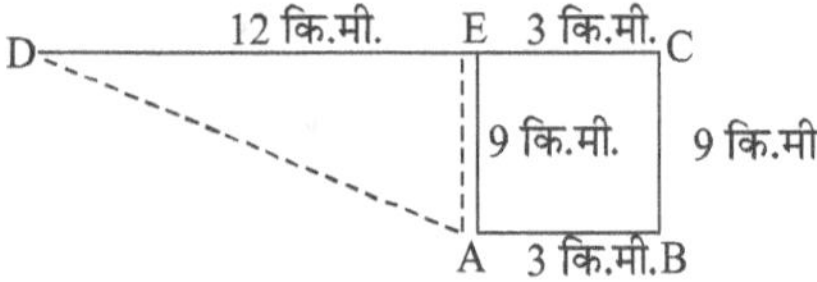

∴ आवश्यक दूरी $(OB) = \sqrt{(5)^2 - (4)^2} = \sqrt{9} = 3$ किमी.

इस प्रकार, B अपने आरंभिक बिन्दु O से 3 किमी. पूर्व दिशा में है।

45. (b) प्रश्न के अनुसार,

दिये गए चित्र के अनुसार,

AB = 3 किमी.

$CD = 3 \times 5 = 15$ किमी.

AE ⊥ CD रेखा खींचा गया।

इस प्रकार, CE = AB = 3 किमी. और AE = BC = 9 किमी.

∴ DE = 15–3 12 किमी.

त्रिभुज AED में

∴ $AD^2 = AE^2 + DE^2$

∴ $AD = \sqrt{(9)^2 + (12)^2} = \sqrt{225} = 15$ किमी.

∴ लघुत्तम दूरी 15 किमी.

46. (c) प्रश्न के अनुसार

$(27 \div 3) + (16 \div 4) = 13$

$(42 \div 7) + (65 \div 13) = 11$

$(27 \div 9) + (72 \div 8) = 12$

47. (b) $(25 \div 17) \div 7 = 6$

$(38 \div 18) \div 7 = 8$

$(89 \div 16) \div 7 = 15$

48. (a)		49. (b)	50. (b)	
51. (b)	52. (b)	53. (d)	54. (c)	55. (a)
56. (a)	57. (c)	58. (c)	59. (a)	60. (c)
61. (b)	62. (c)	63. (c)	64. (a)	65. (b)
66. (a)	67. (a)	68. (b)	69. (b)	70. (d)
71. (a)	72. (a)	73. (d)	74. (b)	75. (a)
76. (b)	77. (c)	78. (a)	79. (b)	80. (c)
81. (c)	82. (d)	83. (a)	84. (d)	85. (b)
86. (a)	87. (b)	88. (b)	89. (b)	90. (a)
91. (c)	92. (a)	93. (b)	94. (c)	95. (b)
96. (a)	97. (b)	98. (d)	99. (c)	100. (d)

3 — प्रैक्टिस सेट

निर्देश

1. इस प्रैक्टिस सेट में 100 वस्तुनिष्ठ बहुविकल्पीय प्रश्न दिए गए हैं।
2. प्रैक्टिस सेट में गणित, सामान्य बुद्धि और तर्कशक्ति, सामान्य विज्ञान, सामान्य ज्ञान और सामयिक विषय से सम्बन्धित बहुविल्पीय प्रश्न दिए गए हैं।
3. प्रैक्टिस सेट को हल करने की अवधि 90 मिनट है।

समय : 90 मिनट　　　　　　　　　　　　　　**अधिकतम अंक: 100**

निर्देश (1-2) : *निम्नलिखित प्रश्नों में प्रश्नचिह्न (?) के स्थान पर लगभग क्या मूल्य आयेगा ? (तथ्यतः मूल्य की गणना अपेक्षित नहीं है)*

1. 499 का 30.06% + 799 का 39.99% = ?
   - (a) 420
   - (b) 380
   - (c) 440
   - (d) 470

2. $\dfrac{150}{17} \times \dfrac{199}{13} \div \dfrac{16}{91} = ?$
   - (a) 650
   - (b) 700
   - (c) 770
   - (d) 820

निर्देश (3-4) : *निम्नलिखित संख्या शृंखला में प्रश्नचिह्न (?) के स्थान पर क्या आयेगा ?*

3. 32　36　52　88　152　?
   - (a) 266
   - (b) 232
   - (d) 242
   - (d) इनमें से कोई नहीं

4. 13　27　55　97　153　?
   - (a) 243
   - (b) 265
   - (c) 215
   - (d) 223

5. मीना और फिओना की वर्तमान आयु का क्रमशः अनुपात 16 : 13 है। चार वर्ष पूर्व इनकी आयु का क्रमशः अनुपात 14 : 11 था। चार वर्ष बाद फिओना की आयु कितनी होगी ?
   - (a) 28 वर्ष
   - (b) 32 वर्ष
   - (c) 26 वर्ष
   - (d) इनमें से कोई नहीं

6. ₹ 14 प्रति फुट की दर से एक वृत्ताकार खेत के गिर्द बाड़ बनाने की लागत ₹ 7,700/- है। इस वृत्ताकार खेत का क्षेत्रफल क्या है ?
   - (a) 24062.5 वर्ग फुट
   - (b) 23864.4 वर्ग फुट
   - (c) 24644.5 वर्ग फुट
   - (d) निर्धारित नहीं किया जा सकता है

7. एक त्रिअंकी संख्या में इकाई के स्थान का अंक दहाई के स्थान के अंक से तिगुना है और सैकड़े के स्थान का अंक दहाई के स्थान के अंक का दो-तिहाई है। संख्या के तीनों अंकों का योग 14 है तो यह त्रिअंकी संख्या क्या है ?
   - (a) 932
   - (b) 239
   - (c) 326
   - (d) निर्धारित नहीं किया जा सकता है

8. एक कमरा 22 मीटर लंबा और 24 मीटर चौड़ा है। इसके बाहर चारों ओर 2.5 मीटर चौड़ी लॉन है। इस लॉन में (3 डेसी मीटर × 5 डेसी मीटर के साइज वाले) कितने पत्थर लगेंगे?
   - (a) 1,200
   - (b) 1,400
   - (c) 1,600
   - (d) 1,700

9. 49 मीटर भुजा वाले एक वर्गाकार भूखंड के चारों शीर्षों पर चार घोड़े इस प्रकार बांधे गए हैं कि वे ठीक एक-दूसरे तक नहीं पहुँच सकते। वह क्षेत्रफल कितना होगा जिसे ये चर न पाएं ?
   - (a) 514.5 वर्ग मीटर
   - (b) 6500 वर्ग मीटर
   - (c) 725.6 वर्ग मीटर
   - (d) 825.4 वर्ग मीटर

10. एक पहिए का अर्द्धव्यास 14 सेमी है। 22 किमी दूरी तय करने में यह कितने चक्कर लगाएगा?
    - (a) 22000
    - (b) 25000
    - (c) 32000
    - (d) 34500

11. किसी शंकु की त्रिज्या तथा ऊंचाई में से प्रत्येक को दोगुना कर दिया जाए तो नए शंकु तथा पुराने शंकु के आयतनों का अनुपात क्या होगा?
    - (a) 3 : 5
    - (b) 6 : 1
    - (c) 8 : 1
    - (d) 8 : 9

12. 5 लीटर चीनी और पानी के घोल में 20% चीनी है, 2 लीटर पानी डालने पर नये घोल में कितने प्रतिशत चीनी होगी ?

(a) $12\dfrac{1}{7}\%$　　　　(b) $14\dfrac{2}{7}\%$

(c) $16\dfrac{1}{7}\%$　　　　(d) $35\dfrac{1}{9}\%$

13. एक संख्या का 53%, 26 के वर्ग से 358 कम है। उस संख्या के 23% के $\dfrac{3}{4}$ का मूल्य कितना है ?

(a) 101　　　　(b) 109.5

(c) 113　　　　(d) 103.5

14. एक कार की औसत गति एक बस की औसत गति की $1\dfrac{4}{5}$ गुना है। एक ट्रैक्टर 575 किमी की दूरी 23 घंटे में तय करता है। यदि बस की गति ट्रैक्टर की गति से दुगनी हो तो कार 4 घंटे में कितनी दूरी तय करेगी ?

(a) 340 किमी　　　　(b) 480 किमी

(c) 360 किमी　　　　(d) 450 किमी

15. एक खास मूलधन पर 4% वार्षिक ब्याज की दर से पाँच वर्ष में ₹ 2,000/- का साधारण ब्याज उपचित हुआ। उसी मूलधन पर उस दर से दो वर्ष में कितना चक्रवृद्धि ब्याज उपचित होगा ?

(a) ₹ 716/-　　　　(b) ₹ 724/-

(c) ₹ 824/-　　　　(d) ₹ 816/-

16. रेहान ने ₹ 54,000/- में एक बाइक खरीदी। उसने इसे 8% नुकसान पर बेचा। उस धन से उसने फिर से एक बाइक खरीदी और उसे 10% लाभ पर बेचा। उसका कुल हानि/लाभ क्या है ?

(a) ₹ 657/- की हानि　　　　(b) ₹ 567/- का लाभ

(c) ₹ 648/- की हानि　　　　(d) ₹ 648/- का लाभ

17. केवल दो पुरुष या केवल तीन महिलाएं एक काम को 4 दिन में पूरा करते हैं। इसी काम को एक महिला और एक पुरुष मिलकर कितने दिन में पूरा कर सकते हैं ?

(a) 6 दिन

(b) $\dfrac{24}{5}$ दिन

(c) $\dfrac{12}{1.75}$ दिन

(d) निर्धारित नहीं किया जा सकता

18. वर्षगांठ के दिन स्कूल के 600 बच्चों में समानतः मिठाई बांटी जानी थी। किन्तु उस खास दिन 120 बच्चे अनुपस्थित थे। ऐसे प्रत्येक बच्चे को 2 अतिरिक्त मिठाइयां मिलीं। मूलतः प्रत्येक बच्चे को कितनी मिठाइयां मिलने वाली थीं ?

(a) 8　　(b) 14　　(c) 10　　(d) 6

19. मेहुल का मासिक वेतन शैलेश के मासिक वेतन से डेढ़ गुना है। प्रशांत का मासिक वेतन मेहुल के मासिक वेतन का 5/4 है। इन तीनों के मासिक वेतन का योग ₹ 1,83,750/- है तो प्रशांत का मासिक वेतन कितना है ?

(a) ₹ 42,000　　　　(b) ₹ 68,500

(c) ₹ 78,750　　　　(d) ₹ 63,000

20. एक बॉक्स में 15 दर्जन मोमबत्तियां हैं। ऐसे 39 बॉक्स हैं। सभी बॉक्सों में मिलकर कितनी मोमबत्तियां हैं?

(a) 7020　　　　(b) 6660

(c) 6552　　　　(d) 3510

21. मोनिका, वेरोनिका और रेचल एक वृत्ताकार स्टेडियम के गिर्द दौड़ना शुरू करती हैं। वे अपनी परिक्रमाएं क्रमशः 42, 56 और 63 सेकंड में पूरी करती हैं। कितने सेकण्ड के बाद से प्रस्थान बिन्दु पर एक साथ होंगी ?

(a) 336　　　　(b) 252

(c) 504　　　　(d) निर्धारित नहीं किया जा सकता

22. एक संख्या के वर्ग में $(61)^2$ जोड़ने पर उत्तर 5242 आता है। यह संख्या क्या है?

(a) 40　　　　(b) 39

(c) 37　　　　(d) 43

23. यदि एक फैक्ट्री का उत्पादन 8% प्र.व. की दर से बढ़ता है और 2004 में यदि इसका उत्पादन 70 लाख टन था तो वर्ष 2006 में, इसका उत्पादन कितना होगा?

(a) 63.48 लाख टन　　　　(b) 81.68 लाख टन

(c) 81 लाख टन　　　　(d) इनमें से कोई नहीं

24. एक केले की कीमत ₹ 2.25 और एक सेब की कीमत ₹ 3.00 है। 4 दर्जन केलों और 3 दर्जन सेबों की कुल कीमत क्या होगी?

(a) ₹ 216　　　　(b) ₹ 108

(c) ₹ 189　　　　(d) ₹ 225

25. जब एक खिलौने की मूल कीमत में 25% की वृद्धि की गई, तो एक दर्जन खिलौनों की कीमत ₹ 300 थी। एक खिलौने की मूल कीमत क्या थी?

(a) ₹ 120　　　　(b) ₹ 29

(c) ₹ 30　　　　(d) ₹ 20

निर्देश (26–29): दिये गए विकल्पों में से संबंधित अक्षर/शब्द/संख्या को चुनिए।

26. LIME : 20 : : LEMON : ?

(a) 60　　　　(b) 30

(c) 40　　　　(d) 50

27. ABCD : MNOP : : CFIL : ?

(a) ORUX　　　　(b) CRUX

(c) ORUY　　　　(d) DROY

28. EFGH : NOPQ : : IJKL : ?

(a) PQRS　　　　(b) RSTU

(c) VWXY　　　　(d) WXYZ

29. CM : 39 : : PC : ?

(a) 36　　　　(b) 42

(c) 48　　　　(d) 96

निर्देश (30-32): दिये गए विकल्पों में से भिन्न शब्द/संख्या/अक्षर को चुनिए।

30. (a) शर्मीला　　　　(b) विनम्र

(c) विनीत　　　　(d) अभिमानी

31. (a) HIJ　　　　(b) STU

(c) DEF　　　　(d) NOP

32. (a) किलोग्राम　　　　(b) टन

(c) मिलीग्राम　　　　(d) वजन

निर्देश (33-34): अक्षरों का कौन सा एक समूह दी गई अक्षर श्रृंखला के रिक्त स्थानों को क्रमानुसार रखने पर उसे पूरा करेगा?

33. abb_ccabb_ccabba_cab_
    (a) aacb
    (b) acbc
    (c) babb
    (d) bcbb

34. _a_abba_babb_ab_b_
    (a) abaaab
    (b) abaaba
    (c) aababa
    (d) ababaa

35. यदि SOUND को OSUDN के रूप में कूटबद्ध किया जाता है तो LIGHT को कैसे कूटबद्ध किया जाएगा?
    (a) ILHTG
    (b) ILGHT
    (c) ILGTH
    (d) THGIL

36. यदि RIDDLE को 994435 के रूप में कूटबद्ध किया जाता है तो PUZZLE को कैसे कूटबद्ध किया जाएगा?
    (a) 738835
    (b) 638835
    (c) 743385
    (d) 738853

37. एक निश्चित कूट में 'He Is A Boy' को '2649' के रूप में कूटबद्ध किया जाता है। 'He Is Not Well' को '4670' के रूप में कूटबद्ध किया जाता है। 'He Was Being Polite' को '6138' के रूप में कूटबद्ध किया जाता है, तो 'Is' का कूट क्या है?
    (a) 2
    (b) 4
    (c) 6
    (d) 9

38. यदि A, B के पिता के पिता का एकमात्र पुत्र है तो A, B से किस प्रकार संबंधित है?
    (a) भाई
    (b) कजिन ब्रदर
    (c) पुत्र
    (d) अंकल

39. P, Q, R, S और T, 5 विद्यार्थी उत्तर की ओर मुंह करके बैठे हैं। P, Q और T के मध्य में है। T, S के दायें है। यदि R और S अंतिम किनारों पर है तो R के तुरंत बायें कौन है?
    (a) P
    (b) T
    (c) Q
    (d) S

40. अमित, व्योम से चार गुणा बड़ा है जो चेतन से 5 वर्ष बड़ा है। यदि अमित चेतन से 8 गुणा बड़ा है तो व्योम कितने वर्ष का है?
    (a) 10 वर्ष
    (b) 5 वर्ष
    (c) 15 वर्ष
    (d) 6 वर्ष

41. यदि 24×18=15; 35×23=13; 28×10=11, तो 19×12=?
    (a) 17
    (b) 13
    (c) 16
    (d) 19

42. निम्नलिखित में से कौन सा शब्द शब्दकोष में अंतिम में आएगा?
    (a) Lemon
    (b) Lemonade
    (c) Lemma
    (d) Lempa

43. श्रीमति पोंगल ने अपना जन्मदिन मंगलवार, 30 सितम्बर 1997 को मनाया, उसी दिवस को वह अपना अगला जन्मदिन कब मनाएगी?
    (a) 30 सितम्बर 2003
    (b) 30 सितम्बर 2004
    (c) 30 सितम्बर 2002
    (d) 30 अक्टूबर 2003

44. मेरे पास बांटने के लिए कुछ फल हैं। यदि में प्रत्येक पैक में 6 रखता हूं तो मेरे पास 5 फल बचता है। यदि मैं प्रत्येक में तीन रखता हूं तो मेरे पास दो बचते हैं। यदि में प्रत्येक पैक में 5 रखता हूं तो मेरे पास कोई फल नहीं बचता। फलों की न्यूनतम संख्या क्या है जिसे मुझे पैक करना है और बांटना है?

    (a) 30
    (b) 35
    (c) 25
    (d) 32

45. Q, P से दोगुना भारी है लेकिन U से दोगुना हल्का है। R का वजन P से आधा है लेकिन S से दोगुना भारी है। कौन दूसरा सबसे भारी है?
    (a) Q
    (b) U
    (c) S
    (d) R

46. एक कक्षा में उत्तीर्ण विद्यार्थियों की सूची में राम को उपर से 13वां क्रम मिला और वह नीचे से 41वां है। 10 विद्यार्थियों ने परीक्षा नहीं दी और 2 अनुत्तीर्ण हो गए। कक्षा में कुल कितने विद्यार्थी हैं?
    (a) 63
    (b) 62
    (c) 65
    (d) 66

47. मीरा की आयु दमन की आयु से दोगुना है। फेनी, मीरा से 10 वर्ष बड़ी है। वोमन मीरा से 20 वर्ष छोटा है और दमन से 5 वर्ष बड़ा। फेनी की आयु क्या है?
    (a) 62 वर्ष
    (b) 60 वर्ष
    (c) 58 वर्ष
    (d) 55 वर्ष

48. P, Q, R, S, T और U, में से उनमें केवल दो Q, U से छोटा है। R, P से लम्बा है लेकिन U और Q से छोटा है। दूसरा सबसे लम्बा कौन है?
    (a) P
    (b) Q
    (c) T
    (d) U

निर्देश (49–50): दिये गए विकल्पों में से विलुप्त अंक ज्ञात करें।

49.
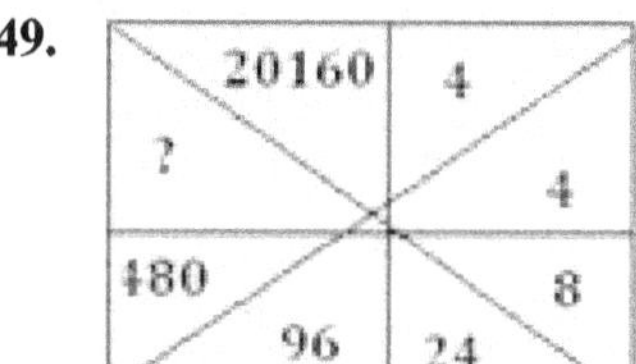

    (a) 860
    (b) 1140
    (c) 2880
    (d) 3240

50.
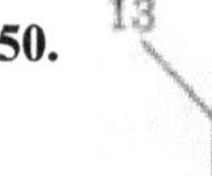
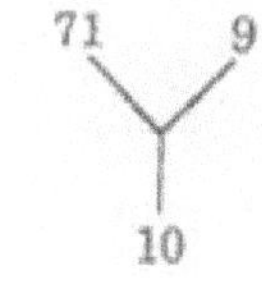
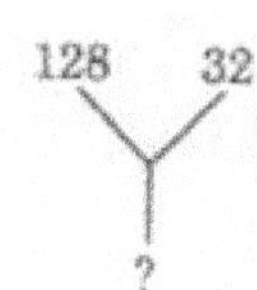

    (a) 10
    (b) 15
    (c) 20
    (d) 25

51. निम्नलिखित में से कौन भारत के पहले रक्षा मंत्री है?
    (a) केएम करियप्पा
    (b) सरदार पटेल
    (c) एन गोपालस्वामी अयंगर
    (d) मोलाना आजाद

52. कौन–सा यंत्र समुद्र की गहराई मापने के लिए ध्वनि तरंगों का उपयोग करता है?
    (a) रडार
    (b) सोनार
    (c) अल्टीमीटर
    (d) वेन्चुरीमीटर

53. कौन–सा भारतीय राज्य सुनहरे रंग के 'मुंगा' तसर का विश्व में सबसे बड़ा उत्पादक है?

(a) असम   (b) उड़ीसा

(c) पश्चिम बंगाल   (d) कर्नाटक

54. कौन सा देश अन्डमान द्वीप समूह के सबसे नजदीक है?

(a) श्रीलंका   (b) म्यंमार

(c) इंडोनेशिया   (d) पाकिस्तान

55. लेजर का आविष्कार किसने किया?

(a) सर फ्रेक ह्वीटल   (b) फ्रेड मारीसन

(c) टीएच मैमन   (d) डॉ. चार्ल्स एच जॉन

56. प्रकाशीय तंतु का उपयोग किसमें होता है?

(a) कैट (CAT) स्कैन   (b) एक्स-रे फोटो

(c) अल्ट्रा साउण्ड स्कैन   (d) एण्डोस्कॉपी

57. किसके निदान के लिए 'एलिजा टेस्ट' किया जाता है?

(a) पोलियो के विषाणु   (b) एड्स एंटीबॉडी

(c) क्षयरोग के जीवाणु   (d) प्रशांत महासागर

58. किस महासागर को 'हेरिंग पौड' के रूप में जाना जाता है?

(a) आर्कटिक महासागर   (b) हिन्द महासागर

(c) अटलांटिक महासागर   (d) प्रशांत महासागर

59. एक वृत्ताकार प्लेट, एक घन, और एक गोला सभी एक ही धातु के बने हुए और सभी का द्रव्यमान भी समान है, को $300^0\,C$ तक गर्म किया जाता है। उनमें से किसके शीतलन की दर सबसे कम होगी?

(a) वृत्ताकार प्लेट   (b) घन

(c) गोला   (d) सभी समान दर से शीतल होंगे

60. एक आदमी के लिए स्वच्छ वायु की आवश्यक मात्रा है?

(a) प्रत्येक 20 मिनट के लिए 1000 घनफूट

(b) प्रत्येक 20 मिनट के लिए 1000 घनफूट

(c) प्रत्येक 10 मिनट के लिए 10000 घनफूट

(d) प्रत्येक 10 सेकेण्ड के लिए 1000 घनफूट

61. वाणिज्यिक नाइट्रिक अम्ल रंगीन होता है, क्योंकि इसमें घुला होता है–

(a) ऑक्सीजन   (b) नाइट्रस ऑक्साइड

(c) नाइट्रोजन डाइऑक्साइड (d) रंगीन अशुद्धता

62. किस उर्वरक में उच्च नाइट्रोजन सान्द्रता होती है–

(a) यूरिया   (b) अमोनियम सल्फेट

(c) अमोनियम नाइट्रेट   (d) कैल्शियम साइट्रेट

63. किन शासकों ने एलोरा मंदिरों का निर्माण किया है?

(a) चालुक्य   (b) शुंग

(c) राष्ट्रकुट   (d) पल्लव

64. मधुमेह के रोगियों द्वारा उपयोग की जाने वाली स्वीटेक्स में कितनी ऊर्जा होती है?

(a) पांच कैलोरी   (b) दस कैलोरी

(c) सौ कैलोरी   (d) शून्य कैलोरी

65. मानव शरीर में सबसे ज्यादा पाया जाने वाला तत्व है?

(a) ऑक्सीजन   (b) कार्बन

(c) लोहा   (d) नाइट्रोजन

66. किसमें वर्ष के लघु अथवा लम्बी ऋतु के लिए वृक्ष पर्ण विहीन हो जाता है?

(a) सदाबहार वन   (b) मैंग्रूव वन

(c) कांटेदार वन   (d) पर्णपाती वन

67. जब दिये गये जल के एक आयतन को $0°$ से $10°$ तक गर्म किया जाता है तो जल का द्रव्यमान –

(a) धीरे–धीरे बढ़ जाएगा   (b) धीरे–धीरे घट जाएगा

(c) बढ़ेगा फिर घटेगा   (d) घटेगा फिर बढ़ेगा

68. पुष्कर मेला कहां लगता है?

(a) जोधपुर   (b) अजमेर

(c) जयपुर   (d) उदयपुर

69. सिल्क फाइबर रासायनिक रूप से है?

(a) काब्रोहाइड्रेट   (b) वसा

(c) प्रोटीन   (d) सेलूलोज

70. दूध का दही में किण्वन किसके कारण होता है?

(a) माइक्रोवैक्ट्रीयम   (b) स्टाफीलोकोकस

(c) लेक्टोवेसिलस   (d) यीस्ट

71. सैक्स हार्मोन की खोज किसने की?

(a) ड्रीजर   (b) यूजेन स्टीनैच

(c) एडवर्ड काल्वीन   (d) हाइड्रोजन

72. प्रकाश संश्लेषण के दौरान मुक्त होने वाली गैस है–

(a) कार्बन डाइऑक्साइड   (b) ऑक्सीजन

(c) नाट्रोजन   (d) हाइड्रोजन

73. प्रकाश का रंग किससे संबंधित है?

(a) आयाम   (b) आवृत्ति

(c) गुणवत्ता   (d) वेग

74. भारत में पहला सूती का कारखाना कहां स्थापित किया गया था?

(a) सूरत   (b) बाम्बे (अब मुम्बई)

(c) अहमदाबाद   (d) कोयंबटूर

75. विडियो टेप का आविष्कार किसने किया?

(a) रिचर्ड जेम्स   (b) चार्ल्स गिन्सवर्ग

(c) पीटी फ्रान्सवर्थ   (d) जार्ज डी मेस्ट्रल

76. निम्न में कौन रक्त के संचालन में मदद करता है?
 (a) एरिथ्रोसाइट्स   (b) रक्त बिम्बाणु
 (c) मोनोसायिट्स   (d) लिम्फोसाइट्स

77. निम्न में से कौन सा तत्व पौधों में जल और कैल्सियम के अवशोषण को बढ़ाता है?
 (a) मैंगनीज   (b) बोरोन
 (c) मोनोसयिट्स   (d) मोलिब्डेनम

78. द्विपथ का प्रयोग किसके लिए किया जाता है?
 (a) अधिमिश्रण   (b) स्पंदन
 (c) विस्तारण   (d) शुद्धिकरण

79. निम्न में से कौन सा कथन सही नहीं है?
 (a) ध्वनी एक सीधी रेखा में गमन करता है
 (b) ध्वनी लहरे का एक रूप है
 (c) ध्वनी उर्जा का एक रूप है
 (d) ध्वनी हवा की तुलना में निर्वात में तेजी से गमन करता है

80. प्रकाश की एक किरण हवा से कांच की स्लैब में प्रवेश करता है तो क्या होता है?
 (a) इसकी तरंगदैर्ध्य घटती है
 (b) इसकी तरंगदैर्ध्य बढ़ती है
 (c) इसकी आवर्त्ति बढ़ती है
 (d) तरंगदैर्ध्य और आवृत्ति में कोई बदलाव नहीं होता

81. कौन सी लकड़ी खुली हवा में रखने पर जल्दी खराब हो जाती है?
 (a) नरम लकड़ी   (b) रेशेदार लकड़ी
 (c) गीली लकड़ी   (d) कठोर लकड़ी

82. निम्न में कौन एक बड़ा एंटी बायोटिक स्पेक्ट्रम है?
 (a) पेरासिटामूल   (b) पेन्सिलिन
 (c) एम्पिसिलिन   (d) क्लोरमफेनिकोल

83. कार की चाल यदि दुगनी गति में हो तो उसी दूरी में कार को रोकने वाला बल कितना होगा ?
 (a) चार गुना   (b) दो गुना
 (c) आधा   (d) एक चौथाई

84. निम्नलिखित में किसका आयाम आवेग के अनुसार है?
 (a) आयतन   (b) संवेग
 (c) बलाघूर्ण   (d) संवेग की दर में बदलाव

85. निम्न में कौन एक मुलभुत मात्रा है?
 (a) आयतन   (b) समय
 (c) संवेग   (d) बल

86. बेरिलियम सल्फेट जल में कम घुलनशील है इसका कारण है
 (a) उच्च ज्वलनशील उर्जा   (b) पृथक्करण की कम उर्जा
 (c) कम जवलनशील उर्जा   (d) लोनिक बैंड

87. सीमेंट कठोर बनता है –
 (a) निर्जलीकरण
 (b) हाईडरेशन और पानी का वियोजन
 (c) पानी का वियोजन
 (d) पोलिमेरिसेशन

88. जब एक धातु के छल्ले को गर्म किया जाता है तो इसका छेद–
 (a) फैलता है
 (b) सिकुड़ता है
 (c) यह इसके व्यास के अनुसार फैलता या सिकुड़ता है
 (d) यह अपने विस्तार के गुणांक के अनुसार फैलता या सिकुड़ता है

89. यदि एक कोशिका का व्यास दोगुना है तो इसमें पानी की वृद्धि होगी–
 (a) दो गुनी   (b) आधी
 (c) चार गुनी   (d) कोई बदलाव नहीं होगा

90. लोहे की सुई पानी की सतह पर क्यों तैरती है जब इसे अच्छी तरह रखा जाता है?
 (a) जब तक इसका वजन पानी से अधिक है, यह पानी के अन्दर ही रहेगी
 (b) सुई का घनत्व पानी की तुलना में कम है
 (c) संकरे सतह के कारण
 (d) इसके आकार के कारण

91. एक तारे का द्रव्यमान सूर्य के द्रव्यमान का दो गुना है यह समाप्त किस प्रकार होगा ?
 (a) न्यूट्रन स्टार   (b) ब्लैक होल
 (c) व्हाईट ड्वार्फ   (d) लाल विशालकाय

92. एक रासायनिक बंधन के गठन होने पर क्या होता है ?
 (a) हमेशा उर्जा अवशोषित होती है
 (b) हमेशा उर्जा जारी होता है
 (c) अवशोषण की तुलना में उर्जा मुक्त अधिक होती है
 (d) उर्जा ना तो मुक्त होती है और ना ही अवशोषित होती है

93. हमारे दांत और हड्डियाँ सामान्यतः बनी होती है –
 (a) त्रिकैल्शियम फोस्फेट से
 (b) फ्लुरो पेटिट
 (c) क्लोरो पेटिट
 (d) हयिद्रोलिथ

94. अंगोरा ऊन कहाँ से प्राप्त की जाती है –
 (a) खरगोश   (b) भेड़
 (c) लोमड़ी   (d) बकरी

95. भारत के वानस्पतिक सर्वेक्षण का मुख्यालय कहाँ है?
 (a) लखनऊ   (b) दार्जिलिंग
 (c) कोलकाता   (d) दिल्ली

96. अंतर्राष्ट्रीय विकलांग दिवस विश्व स्तर पर __________ को मनाया जाता है।
 (a) 3 दिसम्बर   (b) 5 दिसम्बर
 (c) 7 दिसम्बर   (d) 12 दिसम्बर

97. ओडिशा के मुख्यमंत्री नवीन पटनायक ने किस स्टेडियम में हॉकी विश्व कप 2018 के लोगों और शुभंकर का अनावरण किया है।
 (a) वीर सुरेंद्र राय स्टेडियम
 (b) बाराबाटी स्टेडियम
 (c) कलिंगा स्टेडियम
 (d) नेहरू स्टेडियम

98. हाल ही में किस राज्य में देश में सार्वभौमिक घरेलू विद्युतीकरण प्राप्त करने हेतु प्रधानमंत्री सहज बिजली हर घर योजना (सौभाग्यर) का आरंभ किया गया।

    (a) असम   (b) अरुणाचल प्रदेश

    (c) नगालैंड   (d) मणिपुर

99. भारत के वर्तमान वित्त सचिव कौन है?

    (a) राजीव कुमार   (b) अजय नारायण झा

    (c) नीरज कुमार   (d) हसमुख अधिया

100. हाल ही में लांच SAUBHAGYA योजना देश में सार्वभौमिक घरेलू विद्युतीकरण प्राप्त करने के लिए है, इसमें 'S' का क्या अर्थ है?

    (a) Sarva   (b) Sahaj

    (c) Sulabh   (d) Saral

RESPONSE SHEET

1. ⓐⓑⓒⓓ	2. ⓐⓑⓒⓓ	3. ⓐⓑⓒⓓ	4. ⓐⓑⓒⓓ	5. ⓐⓑⓒⓓ
6. ⓐⓑⓒⓓ	7. ⓐⓑⓒⓓ	8. ⓐⓑⓒⓓ	9. ⓐⓑⓒⓓ	10. ⓐⓑⓒⓓ
11. ⓐⓑⓒⓓ	12. ⓐⓑⓒⓓ	13. ⓐⓑⓒⓓ	14. ⓐⓑⓒⓓ	15. ⓐⓑⓒⓓ
16. ⓐⓑⓒⓓ	17. ⓐⓑⓒⓓ	18. ⓐⓑⓒⓓ	19. ⓐⓑⓒⓓ	20. ⓐⓑⓒⓓ
21. ⓐⓑⓒⓓ	22. ⓐⓑⓒⓓ	23. ⓐⓑⓒⓓ	24. ⓐⓑⓒⓓ	25. ⓐⓑⓒⓓ
26. ⓐⓑⓒⓓ	27. ⓐⓑⓒⓓ	28. ⓐⓑⓒⓓ	29. ⓐⓑⓒⓓ	30. ⓐⓑⓒⓓ
31. ⓐⓑⓒⓓ	32. ⓐⓑⓒⓓ	33. ⓐⓑⓒⓓ	34. ⓐⓑⓒⓓ	35. ⓐⓑⓒⓓ
36. ⓐⓑⓒⓓ	37. ⓐⓑⓒⓓ	38. ⓐⓑⓒⓓ	39. ⓐⓑⓒⓓ	40. ⓐⓑⓒⓓ
41. ⓐⓑⓒⓓ	42. ⓐⓑⓒⓓ	43. ⓐⓑⓒⓓ	44. ⓐⓑⓒⓓ	45. ⓐⓑⓒⓓ
46. ⓐⓑⓒⓓ	47. ⓐⓑⓒⓓ	48. ⓐⓑⓒⓓ	49. ⓐⓑⓒⓓ	50. ⓐⓑⓒⓓ
51. ⓐⓑⓒⓓ	52. ⓐⓑⓒⓓ	53. ⓐⓑⓒⓓ	54. ⓐⓑⓒⓓ	55. ⓐⓑⓒⓓ
56. ⓐⓑⓒⓓ	57. ⓐⓑⓒⓓ	58. ⓐⓑⓒⓓ	59. ⓐⓑⓒⓓ	60. ⓐⓑⓒⓓ
61. ⓐⓑⓒⓓ	62. ⓐⓑⓒⓓ	63. ⓐⓑⓒⓓ	64. ⓐⓑⓒⓓ	65. ⓐⓑⓒⓓ
66. ⓐⓑⓒⓓ	67. ⓐⓑⓒⓓ	68. ⓐⓑⓒⓓ	69. ⓐⓑⓒⓓ	70. ⓐⓑⓒⓓ
71. ⓐⓑⓒⓓ	72. ⓐⓑⓒⓓ	73. ⓐⓑⓒⓓ	74. ⓐⓑⓒⓓ	75. ⓐⓑⓒⓓ
76. ⓐⓑⓒⓓ	77. ⓐⓑⓒⓓ	78. ⓐⓑⓒⓓ	79. ⓐⓑⓒⓓ	80. ⓐⓑⓒⓓ
81. ⓐⓑⓒⓓ	82. ⓐⓑⓒⓓ	83. ⓐⓑⓒⓓ	84. ⓐⓑⓒⓓ	85. ⓐⓑⓒⓓ
86. ⓐⓑⓒⓓ	87. ⓐⓑⓒⓓ	88. ⓐⓑⓒⓓ	89. ⓐⓑⓒⓓ	90. ⓐⓑⓒⓓ
91. ⓐⓑⓒⓓ	92. ⓐⓑⓒⓓ	93. ⓐⓑⓒⓓ	94. ⓐⓑⓒⓓ	95. ⓐⓑⓒⓓ
96. ⓐⓑⓒⓓ	97. ⓐⓑⓒⓓ	98. ⓐⓑⓒⓓ	99. ⓐⓑⓒⓓ	100. ⓐⓑⓒⓓ

संकेत और हल

1. (d) **2.** (c)

3. (d) श्रृंखला इस प्रकार है :
$+ (2)^2, + (4)^2, + (6)^2, + (8)^2, + (10)^2$
अतः ? $= 152 + (10)^2 = 252$

4. (d) श्रृंखला इस प्रकार है :
$+ 14, + 28, + 42, + 56, + 70$
अतः ? $= 153 + 70 = 223$

5. (d) माना वर्तमान आयु क्रमशः $16x$ और $13x$ है।
तो $\dfrac{16x - 4}{13x - 4} = \dfrac{14}{11}$
$\Rightarrow 182x - 176x = 56 - 44$
$\Rightarrow x = \dfrac{12}{6} = 2$
4 वर्ष बाद फिओना की आयु
$= 13 \times 2 + 4 = 30$ वर्ष

6. (a) परिधि $2\pi r = \dfrac{7700}{14} = 550$
$r = \dfrac{550 \times 7}{22 \times 2} = 87.5$ फुट
क्षेत्रफल $\pi r^2 = \dfrac{22}{7} \times (87.5)^2$
$= 24062.5$ वर्ग फुट

7. (b) माना दहाई के स्थान का अंक x है।
तो इकाई के स्थान का अंक
$= 3x$
सैकड़ा के स्थान का अंक
$= \dfrac{2x}{3}$
अतः $\dfrac{2x}{3} + x + 3x = 14$
$\Rightarrow x = \dfrac{14 \times 3}{14} = 3$
$\therefore$ संख्या $= 239$

8. (d) कमरे का क्षेत्रफल $= 22 \times 24$
$= 528$ वर्ग मीटर

लॉन सहित कमरे का क्षेत्रफल
$= (22 + 5) \times (24 + 5)$
$= 27 \times 29 = 783$ वर्ग मीटर
लॉन का क्षेत्रफल $= 783 - 528$
$= 255$ वर्ग मीटर
1 पत्थर का क्षेत्रफल $= \dfrac{3}{10} \times \dfrac{5}{10}$
$= 3/20$ वर्ग मीटर

$\therefore$ पत्थरों की कुल संख्या $= 255 \times \dfrac{20}{3}$
$= 85 \times 20 = 1700$

9. (a) अभीष्ट क्षेत्रफल
$= 49 \times 49 - \dfrac{22}{7} \times \dfrac{49}{2} \times \dfrac{49}{2}$
$= 49 \times \dfrac{21}{2} = 49 \times 10.5$
$= 514.5$ वर्ग मीटर

10. (b) एक चक्कर में तय की दूरी = परिधि
$= 2 \times \dfrac{22}{7} \times 14 = 88$ सेमी
$\therefore$ 22 किमी दूरी तय करने में लगे चक्करों की संख्या
$= \dfrac{22 \times 1000 \times 100}{88} = 25000$

11. (c)

12. (b) 5 लीटर घोल में चीनी की मात्रा
$= \dfrac{20}{100} \times 5 = 1$ लीटर
अतः पानी की मात्रा $= 5 - 1 = 4$ लीटर
2 लीटर पानी और डालने पर घोल में चीनी का प्रतिशत
$= \dfrac{1 \times 100}{7} = 14\dfrac{2}{7}\%$

13. (d) संख्या $= \left(26^2 - 358\right) \times \dfrac{100}{53}$
$= 600$
$\therefore$ अभीष्ट मान $= 600 \times \dfrac{3}{4} \times \dfrac{23}{100} = 103.5$

14. (c) ट्रैक्टर की गति
$= \dfrac{575}{23} = 25$ किमी/घंटा
कार की गति
$= 25 \times 2 \times \dfrac{9}{5}$
$= 90$ किमी/घंटा
$\therefore$ तय की गई दूरी
$= 90 \times 4 = 360$ किमी

15. (d) मूलधन
$= \dfrac{2000 \times 100}{4 \times 5} = ₹10000$
चक्रवृद्धि ब्याज
$= 10000 \left[\left(1 + \dfrac{4}{100}\right)^2 - 1 \right]$
$= 10000 \times \dfrac{51}{625} = ₹816$

16. (d) अंतिम विक्रय मूल्य

$$= 54000 \times \frac{92}{100} \times \frac{110}{100}$$

$$= ₹\, 54648$$

$$\therefore \text{लाभ} = 54648 - 54000$$

$$= ₹\, 648$$

17. (b) 1 पुरुष और 1 औरत के एक दिन का काम

$$= \frac{1}{8} + \frac{1}{12} = \frac{5}{24}$$

$$\therefore \text{अभीष्ट समय} = \frac{24}{5} \text{ दिन}$$

18. (a) माना की प्रत्येक बच्चे को मूलतः x मिठाई मिली।

तो $600x = (600 - 120)(x + 2)$

$\Rightarrow \quad 600x - 480x = 960$

$\Rightarrow \quad x = \dfrac{960}{120} = 8$

19. (c) माना शैलेश का मासिक वेतन ₹ x है।

$\therefore$ मेहुल का मासिक वेतन $= 1.5\, x$

प्रशान्त का मासिक वेतन

$$= 1.5x \times \frac{5}{4} = \frac{7.5x}{4}$$

तो $x + 1.5\,x + \dfrac{7.5x}{4} = 183750$

$\Rightarrow \quad x = ₹\, 42000$

प्रशान्त का वेतन

$$= 42000 \times \frac{7.5}{4} = ₹\, 78750$$

20. (a) मोमबत्तियों की कुल संख्या $= 15 \times 12 \times 39 = 7020$

21. (c) अभीष्ट समय = 42, 56 एवं 63 सेकण्ड का लघुत्तम समापवर्त्य

7	42,	56,	63
2	6,	8,	9
3	3,	4,	9
	1,	4,	3

ल. स. $= 7 \times 2 \times 3 \times 4 \times 3 = 504$ सेकण्ड

22. (b) माना संख्या x है, तब

$\because x^2 + 61^2 = 5242$

$\Rightarrow x^2 = 5242 - 3721$

$\qquad = 1521$

$\therefore x = 39$

23. (d) अभीष्ट उत्पादन $= 70 \left(1 + \dfrac{8}{100}\right)^2$ लाख टन

$$= 70 \left(1 + \frac{2}{25}\right)^2 \text{ लाख टन}$$

$$= 70 \times \frac{27}{25} \times \frac{27}{25} = 81.648 \text{ लाख टन}$$

24. (a) अभीष्ट कीमत

$$= (4 \times 12 \times 2.25 + 3 \times 12 \times 3)$$

$$= (108 + 108) = ₹\, 216$$

25. (d) माना कि खिलौने की मूल कीमत $= ₹\, x$

प्रश्नानुसार,

$$\therefore x \times \frac{125 \times 12}{100} = 300$$

$$\text{या, } x = \frac{300 \times 100}{125 \times 12} \ ₹ = ₹\, 20$$

26. (b) LIME की वर्णानुक्रमिक स्थिति का योग $= 12 + 9 + 13 + 5$

$$= 39 + 1 = \frac{40}{2} = 20$$

LEMON की वर्णानुक्रमिक स्थिति का योग $= 12 + 5 + 13 + 15$

$$+ 14 = 59 + 1 = \frac{60}{2} = 30$$

27. (a) जिस प्रकार,

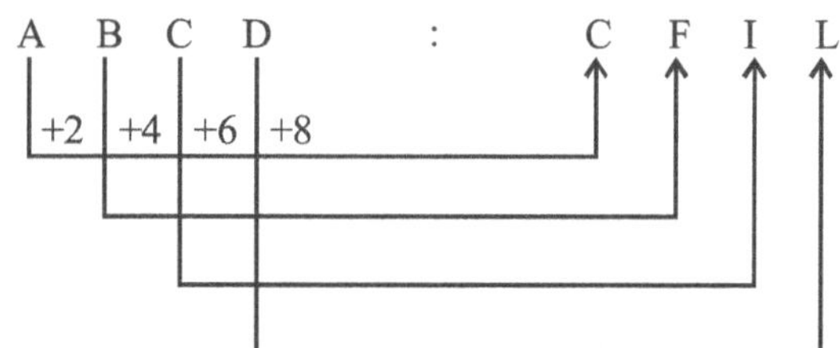

उसी प्रकार,

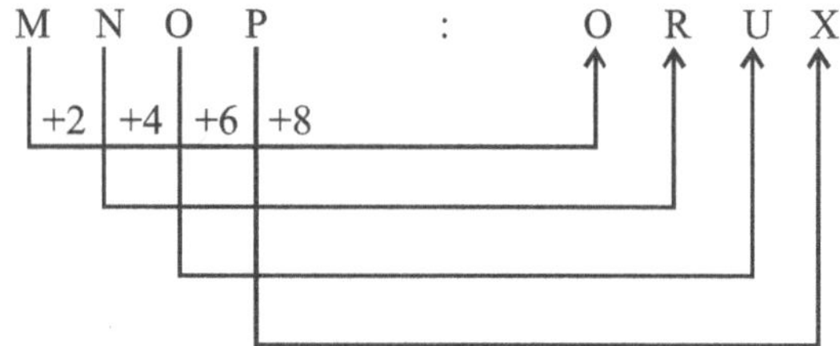

28. (b) जिस प्रकार,

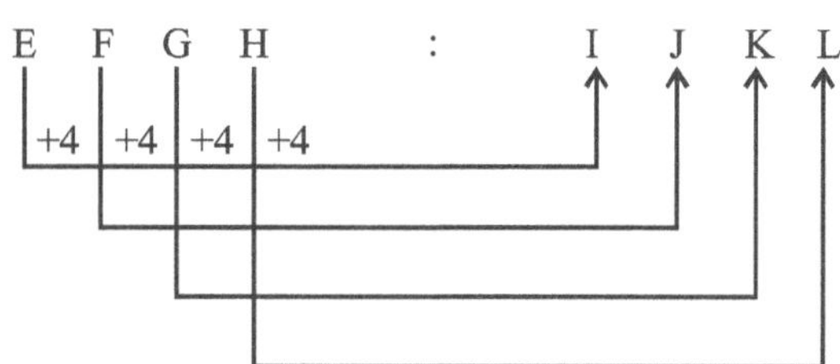

उसी प्रकार,

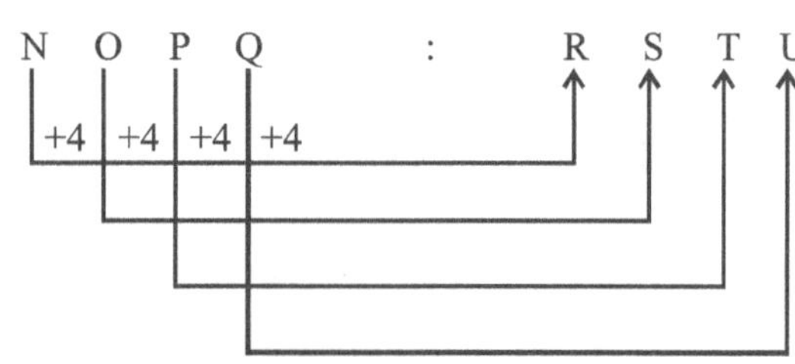

29. (c) जिस प्रकार

$C = 3, M = 13$

$\therefore CM = 3 \times 13 = 39$

उसी प्रकार,

$P = 16, C = 3.$

$\therefore PC = 16 \times 3 = 48.$

30. (d) विकल्प (d) को छोड़कर, अन्य सभी एक-दूसरे के अर्थ में समान हैं।

31. (b) विकल्प (b) को छोड़कर, अन्य सभी समूह के मध्य में एक स्वर वर्ण है।

32. (d) विकल्प (d) को छोड़कर, अन्य सभी वजन मापने की इकाईयां है।

33. (a)   **34. (a)**

35. (c) जिस प्रकार,   उसी प्रकार,

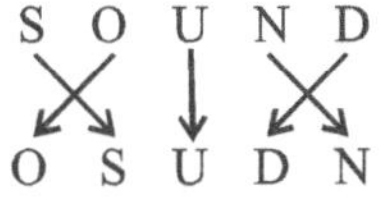

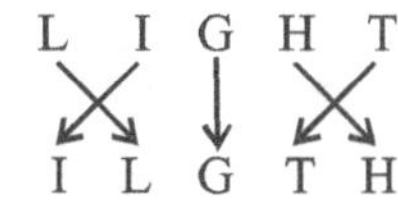

36. (a) RIDDLE में, R, I, D, D, L, और E के वर्णानुक्रमिक पदों की संख्या 18, 9, 4, 4, 12 और 5. पद संख्याओं के अंकों को योग करने पर 994435 के रूप में कोड प्राप्त होता है, इसी प्रकार PUZZLE को 738835 के रूप में कोड किया जायेगा।

37. (b) प्रश्न के अनुसार,

He Is A Boy = 2 6 4 9

He Is Not well = 4 6 7 0

He was Being polite = 6 1 3 8

अत: 'IS' को '4' से कोडित किया जायेगा।

38. (a)

अत: A, B का भाई है।

39. (c)

उनके बैठे आदेशों का सही क्रम STPQR है।

$\therefore$ Q, R के तुरंत बाएँ हैं।

40. (a)

माना कि चेतन की आयु $= x$

$\therefore$ व्योम की आयु $= x + 5$

अमित की आयु $= 4(x + 5)$

प्रश्नानुसार,

$4(x + 5) = 8x$

$\therefore x = 5$ वर्ष

$\therefore$ व्योम की आयु $= x + 5 = 5 + 5 = 10$ वर्ष

41. (b)

24 और 18 के अंकों का योग का योग 15 है। 35 और 23 के अंकों का योग का योग 13 होता है, 28 और 10 के अंकों का योग का योग 11 होता है उसी प्रकार 19 और 12 के अंकों के योग का योग 13 होगा।

42. (d)

43. (a)   **44. (b)**

45. (a)

प्रश्न के अनुसार,

सही क्रम $= U > Q > P > R > S$

अत: Q दूसरी सबसे भारी है।

46. (c)

चूंकि राम का स्थान सबसे ऊपर से 13 वाँ है, और नीचे से 41 वाँ स्थान है। इसलिए कुल कक्षा में उत्त्तीर्ण छात्रों की संख्या $= (41 + 13 - 1) = 53$

$\therefore$ 10 छात्रों ने परीक्षा नहीं दिया और 2 छात्र अनुतीर्ण हुए।

$\therefore$ कुल छात्रों की संख्या $= 53 + 10 + 2 = 65$

47. (b)

माना कि दमन की आयु $= x$

$\therefore$ मीरा की आयु $= 2x$

फेनी की आयु $= 2x + 10$

वोमन की आयु $= 2x - 20 = x + 5$

प्रश्नानुसार,

$2x - 20 = x + 5$

$x = 25$

$\therefore$ फेनी की आयु $= 2x + 10$

$= 2 \times 25 + 10$

$= 50 + 10 = 60$ वर्ष

48. (b)

दिये गये कथन के अनुसार हम यह कह सकते हैं कि दो सबसे लम्बे व्यक्ति Q और U है। Q, U से कम लम्बा है। इसलिए Q दूसरी सबसे लम्बा व्यक्ति होगा।

49. (c)

प्रश्नानुसार,

$4 \times 1 = 4, 4 \times 2 = 8, 8 \times 3 = 24, 24 \times 4 = 96$

$96 \times 5 = 480$ इसी प्रकार $480 \times 6 = 2880.$

50. (c)

प्रश्न के अनुसार,

$(13 + 19) \div 8 = 4$

$(71 + 9) \div 8 = 10$

इसी प्रकार

$(128 + 32) \div 8 = 20.$

51. (c) एन गोपालस्वामी अयंगर

52. (b) सोनार

53. (a) असम

54. (b) म्यंमार

55. (c) टीएच मैमन

56. (d) एण्डोस्कॉपी

57. (b) एड्स एंटीबॉडी

58. (c) अटलांटिक महासागर

59. (c) गोला

60. (b) प्रत्येक 20 मिनट के लिए 1000 घनफूट

61.	(d)	रंगीन अशुद्धता
62.	(a)	यूरिया
63.	(c)	राष्ट्रकुट
64.	(a)	पांच कैलोरी
65.	(a)	ऑक्सीजन
66.	(d)	पर्णपाती वन
67.	(d)	घटेगा फिर बढ़ेगा
68.	(b)	अजमेर
69.	(d)	सेलूलोज
70.	(c)	लेक्टोवेसिलस
71.	(b)	यूजेन स्टीनैच
72.	(b)	ऑक्सीजन
73.	(a)	आयाम
74.	(b)	बाम्बे (अब मुम्बई)
75.	(b)	चार्ल्स गिन्सवर्ग
76.	(b)	रक्त बिम्बाणु
77.	(b)	बोरोन
78.	(d)	शुद्धिकरण
79.	(d)	ध्वनी हवा की तुलना में निर्वात में तेजी से गमन करता है
80.	(a)	इसकी तरंगदैर्ध्य घटती है
81.	(c)	गीली लकड़ी
82.	(c)	एम्पिसिलिन
83.	(a)	चार गुना
84.	(b)	संवेग
85.	(b)	समय
86.	(a)	उच्च ज्वलनशील उर्जा
87.	(a)	निर्जलीकरण
88.	(a)	फैलता है
89.	(b)	आधी
90.	(c)	संकरे सतह के कारण
91.	(a)	न्यूट्रन स्टार
92.	(b)	हमेशा उर्जा जारी होता है
93.	(a)	त्रिकैल्शियम फोस्फेट से
94.	(a)	खरगोश
95.	(c)	कोलकाता
96.	(b)	3 दिसंबर
97.	(d)	कलिंगा स्टेडियम
98.	(d)	मणिपुर
99.	(c)	नीरज कुमार
100.	(b)	Sahaj

समय : 90 मिनट   **अधिकतम अंक: 100**

निर्देश (1-2) : *निम्नलिखित संख्या शृंखला में प्रश्नचिह्न (?) के स्थान पर क्या आएगा ?*

1. 800 का $64.5\% + 1500$ का $36.4\% = (?)^2 + 38$
   - (a) 32
   - (b) 38
   - (c) 42
   - (d) 48

2. $4\dfrac{5}{6} - 5\dfrac{5}{9} = ? - 2\dfrac{1}{3} + \dfrac{11}{18}$
   - (a) $\dfrac{3}{4}$
   - (b) $2\dfrac{1}{18}$
   - (c) $1\dfrac{7}{9}$
   - (d) इनमें से कोई नहीं

3. 12 बच्चे एक काम को 21 दिन में पूरा कर सकते हैं। उसी काम को 15 दिन में पूरा करने के लिए लगभग कितने बच्चों की जरूरत होगी?
   - (a) 24
   - (b) 14
   - (c) 22
   - (d) 17

4. दो उत्तरोत्तर सम संख्याओं का गुणनफल 3248 है। दोनों में से बड़ी संख्या कौन–सी है ?
   - (a) 58
   - (b) 62
   - (c) 56
   - (d) 60

5. 65 छात्रों की एक कक्षा में गणना करने पर औसत अंक 150 निकले। बाद में पता चला कि एक छात्र के 142 अंक गिने गए थे जबकि वास्तव में उसके 152 अंक थे। 65 छात्रों के समूह का वास्तविक औसत कितना है ? (दशमलव के बाद दो अंकों तक पूर्णांकित)
   - (a) 151.25
   - (b) 150.15
   - (c) 151.10
   - (d) 150.19

6. पांच उत्तरोत्तर विषम संख्याओं का योग 575 है। उत्तरोत्तर विषम संख्याओं के अगले सेट का योग कितना होगा ?
   - (a) 615
   - (b) 635
   - (c) 595
   - (d) इनमें से कोई नहीं

7. एक कारोबार आरंभ के लिए मृदुल ने ₹ 29,500/- की राशि का निवेश किया। 4 महीने बाद ₹ 33,500/- के निवेश सहित शलाका उसके साथ जुड़ गई। दो वर्ष बाद कारोबार में ₹ 1,20,575/- का लाभ हुआ तो उसमें मृदुल का हिस्सा कितना था ?
   - (a) ₹ 60,725/-
   - (b) ₹ 61,950/-
   - (c) ₹ 59,250/-
   - (d) ₹ 58,625/-

8. 1020 को पूर्ण वर्ग बनाने के लिए उसमें कौन–सी न्यूनतम संख्या जोड़ी जानी चाहिए ?
   - (a) 65
   - (b) 12
   - (c) 59
   - (d) 4

9. फिलिप, टॉम और ब्रेड एक वृताकार खेत के गिर्द जागिंग शुरू कर एक सिंगल राउंड क्रमशः 18, 22 और 30 सेकंड में पूरा करते हैं। कितने समय में वे फिर से आरंभ बिंदु पर मिलेंगे ?
   - (a) 8 मिनट 15 सेकंड
   - (b) 21 मिनट
   - (c) 16 मिनट 30 सेकंड
   - (d) 12 मिनट

10. 8.5% वार्षिक साधारण ब्याज की दर देने वाली योजना में 3 वर्ष के लिए ₹ 11,200/- का निवेश करने पर 3 वर्ष के अंत में मिथिलेश को कितनी राशि मिलेगी ?
    - (a) ₹ 14,056/-
    - (b) ₹ 14,348/-
    - (c) ₹ 13,852/-
    - (d) ₹ 15,064/-

11. लगातार दो विषम संख्याओं का गुणफल 19043 है। छोटी संख्या कौन सी है?
    - (a) 137
    - (b) 131
    - (c) 133
    - (d) 129

12. उत्तरोत्तर दो संख्याओं का गुणनफल 8556 है। इनमें से छोटी संख्या क्या है?
    - (a) 89
    - (b) 94
    - (c) 90
    - (d) 92

13. 4400 को पूर्ण वर्ग बनाने के लिए उसमें न्यूनतम कौन सी संख्या जोड़ी जानी चाहिए?
    (a) 87   (b) 91
    (c) 93   (d) 89

14. एक संख्या के 58% और उसी संख्या के 39% के बीच 247 का अंतर है। इस संख्या का 62% कितना होगा?
    (a) 1,300   (b) 806
    (c) 754   (d) 1,170

15. एक शहर की जनसंख्या 126800 है। पहले वर्ष में यह 15% बढ़ती है। और दूसरे वर्ष में यह 20% घटती है। 2 वर्ष के अन्त में इस शहर की जनसंख्या कितनी है?
    (a) 174984   (b) 135996
    (c) 116656   (d) 145820

16. विक्रय कीमत पर 24% बट्टा सहित विनीता ने एक घड़ी खरीदी। घड़ी की कीमत ₹779 उसने अदा की तो घड़ी का मूल विक्रय मूल्य क्या है?
    (a) ₹1000   (b) ₹950
    (c) ₹1040   (d) इनमें से कोई नहीं

17. 15 ग्राम सोने की लागत ₹8,250 है। 21 ग्राम चांदी की लागत ₹6,825 और 26 ग्राम तांबे की लागत ₹312 है। 26 ग्राम सोने, 24 ग्राम चांदी और 52 ग्राम तांबे की लागत कितनी होगी?
    (a) ₹22,866   (b) ₹24,724
    (c) ₹20,198   (d) इनमें से कोई नहीं

18. दी गई तीन संख्याओं में से पहली, दूसरी से दुगुनी और तीसरी से तिगुनी है। तीनों संख्याओं का औसत 154 है। पहली और तीसरी संख्या के बीच का अंतर क्या है?
    (a) 126   (b) 42
    (c) 166   (d) इनमें से कोई नहीं

19. तीन लड़कों P, T और R का औसत वजन $54\frac{1}{3}$ कि.ग्रा. है, जबकि तीन लड़कों T, F, और G का औसत वजन 53 कि.ग्रा. है। P, T, R, F, और G का औसत वजन कितना है?
    (a) 53.8 कि.ग्रा.   (b) 52.4 कि.ग्रा.
    (c) 53.2 कि.ग्रा.   (d) जानकारी अधूरी है

20. एक रकम Z, X, Y के बीच क्रमशः 4 : 5 : 6 के अनुपात में बांटनी है। तथा दूसरी रकम A तथा B में बराबर–बराबर बांटनी है। यदि Z को A से ₹2,000 कम मिलते हैं। तो X को कितने रुपये मिले?
    (a) ₹10,000   (b) ₹5,000
    (c) ₹4,000   (d) तय नहीं कर सकते

21. एक स्कूल में लड़कों की कुल संख्या लड़कियों की कुल संख्या से 16% अधिक है। स्कूल में लड़कों की कुल संख्या का लड़कियों की कुल संख्या से अनुपात क्या है?
    (a) 25 : 21   (b) 29 : 35
    (c) 25 : 29   (d) इनमें से कोई नहीं

22. 17 पुरुष एक काम को 12 दिन में पूरा कर करते हैं। उसी काम को 6 पुरुष कितने दिन में पूरा कर सकेंगे?
    (a) 28 दिन   (b) 34 दिन
    (c) 26 दिन   (d) 32 दिन

23. एक कार 12 घंटे में 816 कि.मी. की दूरी तय करती है। कार की गति क्या है?
    (a) 60 किमी. / घंटा   (b) 62 किमी. / घंटा
    (c) 64 किमी. / घंटा   (d) इनमें से कोई नहीं

24. यदि पेंटिंग की दर ₹28 प्रति वर्ग मीटर हो तो एक हॉल को पेंट करने की लागत कितनी होगी जिसका क्षेत्रापफल 729 वर्ग मीटर है।
    (a) ₹3,042   (b) ₹3,756
    (c) ₹3,024   (d) इनमें से कोई नहीं

25. 280 वर्ग पफुट के प्लॉट की कुल लागत का 25%, ₹132370 है। प्लॉट की प्रति वर्ग पफुट दर क्या है?
    (a) ₹2091   (b) ₹1981
    (c) ₹1991   (d) ₹1891

निर्देश (26-29) : *रिक्त पद को ज्ञात करें।*

26. 4832, 5840, 6848, ?
    (a) 7815   (b) 7846
    (c) 7856   (d) 7887

27. 10, 100, 200, 310, ?
    (a) 400   (b) 410
    (c) 420   (d) 430

28. DHL, PTX, BFJ, ?
    (a) CGK   (b) KOS
    (c) NRV   (d) RVZ

29. __ tu __ rt __ s __ __ __ usrtu __
    (a) rtusru   (b) rsutrr
    (c) rsurtr   (d) rsurts

निर्देश (30-31) : *संबंधित / अक्षर / शब्द / संख्या / आकृति चुनें।*

30. लुगदी : कागज :: जूट : ?
    (a) टोकरी   (b) धागा
    (c) रस्सी   (d) रूई

31. CLOSE : DNRWJ :: OPEN : ?
    (a) PRHR   (b) PRJQ
    (c) RPJB   (d) RZWR

निर्देश (32-34) : *विषम अक्षर / शब्द / आकृति / संख्या ज्ञात करें।*

32. (a) त्रिभुज   (b) आयत
    (c) वृत   (d) वर्ग

33. (a) 361   (b) 484
    (c) 566   (d) 529

34. (a) SVUT   (b) FGHI
    (c) CFED   (d) ILKJ

35. यदि MIND को किसी सांकेतिक भाषा में KGLB तथा ARGUE को YPESC लिखा जाता है तो DIAGRAM को उसी सांकेतिक भाषा में कैसे लिखा जायेगा?
    (a) BGYEPYK   (b) BGYPYEK
    (c) GLPEYKB   (d) LKBGYPK

36. यदि A = 2, M = 26, Z = 52, हो, तो BET = ?
    (a) 44   (b) 54   (c) 64   (d) 72

37. एक संयुक्त परिवार में, पिता, माता, 3 विवाहित पुत्र और एक अविवाहित पुत्री हैं। पुत्रों में से, दो पुत्रों में से प्रत्येक के पास 2 पुत्रियां और तीसरे पुत्र के पास एक पुत्र है। परिवार में कुल कितने महिला सदस्य हैं?
    (a) 2   (b) 3   (c) 6   (d) 9

38. तुम उत्तर की ओर जाते हो, दांये मुड़ते हो, फिर दांये पुनः और फिर बांये जाते हो। अब तुम किस दिशा में हो?
    (a) उत्तर   (b) दक्षिण   (c) पूर्व   (d) पश्चिम

39. कौन–सा तार्किक आरेख गायक वादक, वायलिन वादक के बीच के संबंध को प्रदर्शित करता है।
    (a) ◎   (b) ◯◯   (c) ∞   (d) ⬮

40. दिये गये शब्दों में से कौन–सा शब्द अंग्रेजी शब्दकोश के अनुसार चौथे स्थान पर आयेगा?
    (a) False   (b) Follow
    (c) Faithfully   (d) Food

41. निचे दी गयी श्रेणी में, ऐसे कितने 9 हैं जिनके पहले 5 नहीं है लेकिन जिनके तुरन्त बाद में 2 या 3 है।
    1 9 2 6 5 9 3 8 3 9 3 2 5 9 2 9 3 4 8 2 6 9 8
    (a) एक   (b) तीन   (c) पांच   (d) छः

42. यदि + का अर्थ ÷, ÷ का अर्थ –, – का अर्थ ×, × का अर्थ +, तो 12 + 6 ÷ 3 – 2 × 8 = ?
    (a) – 2   (b) 2   (c) 4   (d) 8

निर्देश (43) : दिये गए विकल्पों में से विलुप्त अंक ज्ञात करें।

43.

149	175
?	203

    (a) 148   (b) 208   (c) 213   (d) 233

44. निम्नलिखित संख्या श्रृंखला में ऐसे कितने 5 हैं जिनमें से प्रत्येक के तुरंत पहले 3 या 4 है लेकिन तुरंत बाद 8 या 9 नहीं है।
    3 5 9 5 4 5 5 3 5 8 4 5 6 3 5 7 5 5 4 5 2 3 5 1 0
    (a) कोई नहीं   (b) तीन
    (c) चार   (d) पांच

45. एक निश्चित कूट भाषा में FISH को EHRG लिखा जाता है, तो उस कूट भाषा में JUNGLE को कैसे लिखा जाएगा?
    (a) ITMFKD   (b) ITNFKD
    (c) KVOHMF   (d) TIMFKD

46. लड़कों की पंक्ति में यदि A जो बायें से 10वां है और B जो दायें से नौवां है अपने स्थान परस्पर बदल लेते हैं, तो A बायें से पन्द्रहवां हो जाता है। पंक्ति में कितने लड़के हैं?
    (a) 23   (b) 27
    (c) 28   (d) 31

47. रीता ने मनी से कहा 'वह लड़की जिससे मैं कल बीच पर मिली थी मेरे मित्र के मां के ब्रदर–इल–ला की सबसे छोटी बेटी है। लड़की रीता के मित्र से किस प्रकार संबंधित है?
    (a) ज्ञात नही कर सकते   (b) पुत्री
    (c) नीस   (d) मित्र

48. यदि '–' का अर्थ 'भाग', '+' का अर्थ 'गुणा', '÷' का अर्थ 'घटाव' और '×' का अर्थ 'जोड़' है तो निम्नलिखित में से कौन–सा समीकरण सत्य है?
    (a) $6 + 20 - 12 ÷ 7 - 1 = 38$
    (b) $6 - 20 ÷ 12 × 7 + 1 = 57$
    (c) $6 + 20 - 12 ÷ 7 × 1 = 62$
    (d) $6 ÷ 20 × 12 + 7 - 1 = 70$

49. एक चिड़ीमार से पूछा गया कि उसके थैले में कितने पक्षी हैं उसने उत्तर दिया कि सभी गौरया है लेकिन 6 नहीं, सभी कबूतर है लेकिन 6 नहीं और सभी बत्तख हैं लेकिन 6 नहीं। उसके थैले में कितने पक्षी थे?
    (a) 9   (b) 18
    (c) 27   (d) 36

50. यदि 24@6=16; 40@8=30 तो 45@9=?
    (a) 30   (b) 35
    (c) 25   (d) 40

51. निम्न में से किस जीव में तंत्रिका तंत्र होता है?
    (a) जोंक   (b) टैपवार्म
    (c) अमीबा   (d) घोंघा (स्नेल)

52. निम्न में से किसके कारण मलेरिया होता है?
    (a) कीट   (b) जीवाणु
    (c) प्रोटोजोआ   (d) वायरस

53. जोड़ों पर यूरिक एसिड क्रिस्टल किसके कारण होता है?
    (a) गठिया   (b) ऑस्टियोपोरोसिस
    (c) ऑस्टियोमलेसिया   (d) रिकेट्स

54. निम्न में से साइटोप्लास्मिक ऑर्गनेल्स यूकेरियोटिक कोशिकाओं के भीतर प्रोकारियोटिक कोशिकाओं के रूप में होते हैं?
    (a) माइटोकॉंड्रिया   (b) गोल्गी बोडिज
    (c) लाइसोसोम   (d) ग्लाइओक्सिजोम

55. वन क्षेत्र के नुकसान का कारण है?
    (a) कृषि   (b) उद्योग
    (c) बढ़ती हुई जनसंख्या   (d) टूरिजम और तीर्थयात्रा

56. 'ग्रीन हाउस प्रभाव' का अर्थ है:
    (a) उष्णकटिबंधीय क्षेत्रों के घरों में प्रदूषण
    (b) वायुमण्डलीय ऑक्सीजन के कारण सौर ऊर्जा का फँसना
    (c) वातावरण में कार्बन डाइऑक्साइड के कारण सौर ऊर्जा का फँसना
    (d) प्रदूषण जांच के लिए ग्रीन हाउस में खेती

57. निम्न में से कौन–सा अंग पानी, वसा और विभिन्न कैटाबोलिक कचरे को बाहर निकालता है?
    (a) किडनी   (b) त्वचा
    (c) प्लीहा   (d) लार ग्रंथियां

58. कारों से निकलने वाला प्रदूषक जो मानसिक बीमारी का कारण बनता है?
    (a) लीड (सीसा)
    (b) NO_2
    (c) SO_2
    (d) Hg

59. एक परमाणु में परिक्रमी इलेक्ट्रॉन की कुल ऊर्जा:
    (a) नकारात्मक नहीं होती
    (b) शून्य से ऊपर कोई भी मूल्य हो सकती है
    (c) कभी भी सकारात्मक नहीं होती
    (d) हमेशा सकारात्मक होती है

60. चालन बैंड इलेक्ट्रॉन छेदों से अधिक गतिशील है क्योंकि वे–
    (a) हल्के है
    (b) कम अंतराल में टक्कर महसूस करते है
    (c) नकारात्मक चार्ज होते है
    (d) उन्हें ले जाने के लिए कम ऊर्जा की जरूरत होती है।

61. एक नाभिक का मास नंबर:
    (a) उसकी परमाणु संख्या से हमेशा कम होता है।
    (b) उसकी परमाणु संख्या से हमेशा ज्यादा होता है।
    (c) उसकी परमाणु संख्या से हमेशा बराबर होता है।
    (d) उसकी परमाणु संख्या से कभी कम हो कभी ज्यादा होता है।

62. प्रकाश का कौन–सा रंग जब एक प्रीज़म के माध्यम से गुजरता है तो सबसे ज्यादा विचलन दिखाता है?
    (a) सफेद
    (b) लाल
    (c) वायलेट (बैंगनी)
    (d) हरा

63. एक ट्रांसफार्मर को ठीक (सही) करने की सबसे बेहतरीन सामग्री है
    (a) स्टेनलेस स्टील
    (b) हल्का स्टील
    (c) ठोस स्टील
    (d) नरम लोहा

64. आयोडिन को किसके द्वारा आयोडीन और पोटेशियम क्लोराइड के मिश्रण से अलग किया जा सकता है?
    (a) अवसादन
    (b) निस्पंदन
    (c) सबलीमेशन
    (d) आसवन

65. धतु जो प्रकृति में गैर विषैले है
    (a) क्रोमियम
    (b) सोना
    (c) कैडमियम
    (d) कोबाल्ट

66. गैस जो आमतौर पर कोयला खदानों में विस्फोट का कारण बनती है?
    (a) हाइड्रोजन
    (b) कार्बन मोनोऑक्साइड
    (c) हवा
    (d) मीथेन

67. एक परमाणु का रासायनिक व्यवहार निर्भर करता है:
    (a) उसके नाभिक में प्रोटॉन की संख्या पर
    (b) नाभिक में न्यूट्रॉन की संख्या पर
    (c) नाभिक के इर्दगिर्द परिक्रमा लगाने वाले इलेक्ट्रॉनों की संख्या पर
    (d) नाभिक में न्यूक्लीयोन की संख्या पर

68. कोहरे में एक असरदार उत्तेजन पदार्थ जो आंखों को नुकसान करता है?
    (a) नाइट्रिक ऑक्साइड
    (b) सल्फर डाइऑक्साइड
    (c) पैरोसाइसेटाइल नाइट्रेट
    (d) कार्बन डाइऑक्साइड

69. निम्न में से किसे भारत का राष्ट्रपति बनने से पहले भारत रत्न दिया गया था?
    (a) डॉ. जाकिर हुसैन
    (b) डॉ. राजेन्द्र प्रसाद
    (c) डॉ. एस. राधाकृष्णन
    (d) वी.वी. गिरी

70. निम्नलिखित में से कौन–सी बीमारी नाइट्रेट दूषित भोजन और पानी की वजह से होती है?
    (a) मिनीमाटा
    (b) ऑस्टियोपोरोसिस
    (c) ब्यू बेबी सिंड्रोम
    (d) एड्बेसटोसिस

71. भारत में सबसे बड़ी जनजाती है?
    (a) भील
    (b) गोंड
    (c) संथाल
    (d) थारस

72. भारत का संविधान नागरिकों को किसके जरिए आर्थिक न्याय का भरोसा दिलाता है?
    (a) मौलिक अधिकार
    (b) मौलिक कर्तव्य
    (c) प्रस्तावना
    (d) राज्य के नीति निर्देशक सिद्धांत

73. संविधान के व्याख्या कौन करता है?
    (a) विधानमंडल
    (b) कार्यकारी
    (c) न्यायपालिका
    (d) राष्ट्रपति

74. ज्ञानपीठ पुरस्कार कौन–से क्षेत्र में दिया जाता है?
    (a) साहित्य
    (b) इतिहास
    (c) नाटक
    (d) नृत्य

75. सीसा (लीड) का सबसे महत्वपूर्ण अयस्क है?
    (a) गलेना
    (b) मैग्नेटाइट
    (c) पाइरोलूसाइट
    (d) साइडेराइट

76. दूध एक कोलोइडल प्रणाली है जिसमे :
    (a) जल वसा में छितरी हुई है
    (b) वसा पानी में छितरी हुई है
    (c) वसा और पानी कला एक दूसरे में छितरी हुई है
    (d) वसा घुलनशील है

77. "क्युरी" किसकी इकाई है :
    (a) रेडियो धर्मिता
    (b) तापमान
    (c) गर्मी
    (d) उर्जा

78. वह एंजाईम जो ग्लूकोज को एथिल एल्कोहल में परिवर्तित कर देता है :
    (a) इन्वार्तेज
    (b) माल्तेज
    (c) जीमेज
    (d) डायस्टेज

79. यूरो निम्न में से किस देष की मुद्रा नहीं है ?
    (a) पुर्तगाल
    (b) जर्मनी
    (c) फ्रांस
    (d) स्विट्जरलैंड

80. प्रसारण की शुरुआत किसने की
    (a) भारत सरकार
    (b) बंबई सरकार
    (c) बंगाल प्रेसीडेंसी की सरकार
    (d) उपरोक्त में से कोई नहीं

81. हैजा के रोगाणु का पता किसने लगाया ?
    (a) रेबेर्ट कोच
    (b) रेने लेनेक
    (c) ड्रेसर
    (d) हेनसेन

82. हाइड्रोजन बम किसने विकसित किया ?
    (a) वर्नहार वोन ब्राउन
    (b) जे राबर्ट ओप्पेन हिमर
    (c) एडवर्ड टेलर
    (d) सैमुअल कोहेन

83. यात्री इब्न बतूता कहाँ से आया था ?
    (a) मोरोक्को
    (b) पर्सिया
    (c) टर्की
    (d) मध्य एषिया

84. निम्न में से ओवन में क्या प्रयोग किया जाता है ?
    - (a) एक्स–रे
    - (b) यू वी रे
    - (c) माईक्रोवेव्स
    - (d) रेडियो वेव्स

85. मधुमेह के रोगियों द्वारा इस्तेमाल किया स्वीटेक्स ऊर्जा सामग्री है:
    - (a) पांच कैलोरी
    - (b) दस कैलोरी
    - (c) सौ कैलोरी
    - (d) जीरो कैलोरी

86. वह तत्व जो मानव शरीर में सबसे प्रचुर मात्रा में है :
    - (a) ऑक्सीजन
    - (b) कार्बन
    - (c) आयरन
    - (d) नाईट्रोजन

87. प्रकाष संश्लेषण के दौरान मुक्त आक्सीजन आता है :
    - (a) कार्बन डाई अक्साईड
    - (b) जल
    - (c) क्लोरोफिल के टूटने से
    - (d) वातावरण

88. जैव विविधता के विनाष के कारण है
    - (a) जीव का निवास
    - (b) पर्यावरण प्रदूषण
    - (c) वनों का विनाष
    - (d) उपरोक्त सभी

89. ओजोन परत निहित है :
    - (a) क्षोभ मंडल
    - (b) मध्य मंडल
    - (c) समताप मंडल
    - (d) अयन मंडल

90. श्री हरिकोटा द्वीप स्थित है :
    - (a) चिल्का झील
    - (b) पुलीकेट झील
    - (c) महानदी मुहाना
    - (d) गोदावरी मुहाना

91. तारे का रंग किसका संकेत है :
    - (a) पृथ्वी से दुरी
    - (b) तापमान
    - (c) चमक
    - (d) सूर्य से दुरी

92. निम्न में से किस विटामिन में कोबाल्ट होता है ?
    - (a) विटामिन B–1
    - (b) विटामिन B–2
    - (c) विटामिन B–6
    - (d) विटामिन B–12

93. निम्न में से किसका हार्मोन 'लड़ने या उड़ान' की अवधारणा के साथ जुड़ा हुआ है,?
    - (a) इंसुलिन
    - (b) एन्ड्रेलिन
    - (c) एस्ट्रोजन
    - (d) ऑक्सीटोसिन

94. हमारे शरीर में अम्लता और क्षारीयता के बीच संतुलन बनाए रखने वाला तत्व है.
    - (a) फोस्फोरस
    - (b) सोडियम
    - (c) पोटेषियम
    - (d) कैल्षियम

95. पाइरोमीटर को क्या मापने के लिए प्रयोग किया जाता है
    - (a) वायु दाब
    - (b) आर्द्रता
    - (c) उच्च तापमान
    - (d) भूकंप की तीव्रता

96. स्वदेष निर्मित रेडियो फ्रिक्वेंसी सीकर के साथ AKASH मिसाइल का उड़ीसा में सफलतापूर्वक परीक्षण किया गया. AKASH एक __________ है.
    - (a) हवा से हवा मिसाइल
    - (b) सतह से सतह मिसाइल
    - (c) सतह से हवा मिसाइल
    - (d) हवा से सतह मिसाइल

97. किस खिलाड़ी ने हाल ही में UNICEF–आईसीसी का अडोलेस्सेंट अभियान शुरू किया है?
    - (a) युवराज सिंह
    - (b) गौतम गंभीर
    - (c) सुरेष रैना
    - (d) प्रवीण कुमार

98. विदेष मंत्री सुषमा स्वराज ने हाल ही में शंघाई सहयोग संगठन षिखर सम्मेलन में भाग लिया है. षिखर सम्मेलन __________ में आयोजित किया गया था.
    - (a) नीदरलैंड्स
    - (b) ऑस्ट्रेलिया
    - (c) चीन
    - (d) रूस

99. 2018 युवा ओलंपिक का आयोजन __________ में होगा.
    - (a) बीजिंग, चीन
    - (b) कैलीफोर्निया, यूएसए
    - (c) नई दिल्ली, भारत
    - (d) ब्यूनस आयर्स, अर्जेंटीना

100. सॉफ्टवेयर प्रमुख इंफोसिस ने हाल ही में अपने नए सीईओ और प्रबंध निदेषक के रूप में __________ की नियुक्ति की घोषणा की है.
    - (a) विषाल सिक्का
    - (b) सलील एस. पारेख
    - (c) नंदन नीलेकणी
    - (d) अषोक सिन्हा

RESPONSE SHEET

1. ⓐⓑⓒⓓ	2. ⓐⓑⓒⓓ	3. ⓐⓑⓒⓓ	4. ⓐⓑⓒⓓ	5. ⓐⓑⓒⓓ
6. ⓐⓑⓒⓓ	7. ⓐⓑⓒⓓ	8. ⓐⓑⓒⓓ	9. ⓐⓑⓒⓓ	10. ⓐⓑⓒⓓ
11. ⓐⓑⓒⓓ	12. ⓐⓑⓒⓓ	13. ⓐⓑⓒⓓ	14. ⓐⓑⓒⓓ	15. ⓐⓑⓒⓓ
16. ⓐⓑⓒⓓ	17. ⓐⓑⓒⓓ	18. ⓐⓑⓒⓓ	19. ⓐⓑⓒⓓ	20. ⓐⓑⓒⓓ
21. ⓐⓑⓒⓓ	22. ⓐⓑⓒⓓ	23. ⓐⓑⓒⓓ	24. ⓐⓑⓒⓓ	25. ⓐⓑⓒⓓ
26. ⓐⓑⓒⓓ	27. ⓐⓑⓒⓓ	28. ⓐⓑⓒⓓ	29. ⓐⓑⓒⓓ	30. ⓐⓑⓒⓓ
31. ⓐⓑⓒⓓ	32. ⓐⓑⓒⓓ	33. ⓐⓑⓒⓓ	34. ⓐⓑⓒⓓ	35. ⓐⓑⓒⓓ
36. ⓐⓑⓒⓓ	37. ⓐⓑⓒⓓ	38. ⓐⓑⓒⓓ	39. ⓐⓑⓒⓓ	40. ⓐⓑⓒⓓ
41. ⓐⓑⓒⓓ	42. ⓐⓑⓒⓓ	43. ⓐⓑⓒⓓ	44. ⓐⓑⓒⓓ	45. ⓐⓑⓒⓓ
46. ⓐⓑⓒⓓ	47. ⓐⓑⓒⓓ	48. ⓐⓑⓒⓓ	49. ⓐⓑⓒⓓ	50. ⓐⓑⓒⓓ
51. ⓐⓑⓒⓓ	52. ⓐⓑⓒⓓ	53. ⓐⓑⓒⓓ	54. ⓐⓑⓒⓓ	55. ⓐⓑⓒⓓ
56. ⓐⓑⓒⓓ	57. ⓐⓑⓒⓓ	58. ⓐⓑⓒⓓ	59. ⓐⓑⓒⓓ	60. ⓐⓑⓒⓓ
61. ⓐⓑⓒⓓ	62. ⓐⓑⓒⓓ	63. ⓐⓑⓒⓓ	64. ⓐⓑⓒⓓ	65. ⓐⓑⓒⓓ
66. ⓐⓑⓒⓓ	67. ⓐⓑⓒⓓ	68. ⓐⓑⓒⓓ	69. ⓐⓑⓒⓓ	70. ⓐⓑⓒⓓ
71. ⓐⓑⓒⓓ	72. ⓐⓑⓒⓓ	73. ⓐⓑⓒⓓ	74. ⓐⓑⓒⓓ	75. ⓐⓑⓒⓓ
76. ⓐⓑⓒⓓ	77. ⓐⓑⓒⓓ	78. ⓐⓑⓒⓓ	79. ⓐⓑⓒⓓ	80. ⓐⓑⓒⓓ
81. ⓐⓑⓒⓓ	82. ⓐⓑⓒⓓ	83. ⓐⓑⓒⓓ	84. ⓐⓑⓒⓓ	85. ⓐⓑⓒⓓ
86. ⓐⓑⓒⓓ	87. ⓐⓑⓒⓓ	88. ⓐⓑⓒⓓ	89. ⓐⓑⓒⓓ	90. ⓐⓑⓒⓓ
91. ⓐⓑⓒⓓ	92. ⓐⓑⓒⓓ	93. ⓐⓑⓒⓓ	94. ⓐⓑⓒⓓ	95. ⓐⓑⓒⓓ
96. ⓐⓑⓒⓓ	97. ⓐⓑⓒⓓ	98. ⓐⓑⓒⓓ	99. ⓐⓑⓒⓓ	100. ⓐⓑⓒⓓ

संकेत और हल

1. (a) $\dfrac{64.5 \times 800}{100} + \dfrac{36.4 \times 1500}{100}$

   $= (?)^2 + 38$

   $\Rightarrow 516 + 546 - 38 = (?)^2$

   $\Rightarrow (?)^2 = 1024$

   $\Rightarrow ? = \sqrt{1024} = 32$

2. (d) $4\dfrac{5}{6} - 5\dfrac{5}{9} + 2\dfrac{1}{3} - \dfrac{11}{18} = ?$

   $\Rightarrow (4 - 5 + 2) + \left(\dfrac{5}{6} - \dfrac{5}{9} + \dfrac{1}{3} - \dfrac{11}{18}\right) = ?$

   $\Rightarrow 1 + \left(\dfrac{15 - 10 + 6 - 11}{18}\right) = ?$

   $\Rightarrow ? = 1 + 0 = 1$

3. (d) बच्चों की अभीष्ट संख्या

   $= \dfrac{21 \times 12}{15} = 17$ (लगभग)

4. (a) माना संख्याएं x और $(x - 2)$ है।

   अतः $x \times (x - 2) = 3248$

   $\Rightarrow x^2 - 2x - 3248 = 0$

   $\Rightarrow x^2 - 58x + 56x - 3248 = 0$

   $\Rightarrow x(x - 58) + 56(x - 58) = 0$

   $\Rightarrow (x - 58)(x + 56) = 0$

   $\Rightarrow x = 58$

5. (b) कुल योग में वृद्धि

   $= 152 - 142 = 10$

   औसत में वृद्धि

   $= \dfrac{10}{65} = 0.15$

   $\therefore$ वास्तविक औसत

   $= 150 + 0.15$

   $= 150.15$

6. (d) पहले सेट का सबसे बड़ा विषम संख्या

   $= \dfrac{575}{5} + 4 = 119$

   $\therefore$ लगातार विषम संख्याओं के अगले सेट का योग

   $= 121 + 123 + 125 + 127 + 129$

   $= 625$

7. (b) लाभ का अनुपात

   $= 29500 \times 24 : 33500 \times 20$

   $= 354 : 335$

   $\therefore$ मृदुल का हिस्सा

   $= \dfrac{120575 \times 354}{(354 + 335)}$

   $= ₹\, 61950$

8. (d)

9. (c) अभीष्ट समय

   $= 18, 22$ और 30 का ल. स. म.

   $= 990$ से. $= 16$ मि. 30 से.

10. (a) अभीष्ट राशि

    $= 11200 + \dfrac{11200 \times 8.5 \times 3}{100}$

    $= 11200 + 2856$

    $= ₹\, 14056$

11. (a) दिए गए विकल्पों से,

    $137 \times 139 = 19043$

    $\therefore$ अभीष्ट छोटी संख्या $= 137$

12. (d) माना उत्तरोत्तर दो संख्याएं क्रमशः x तथा $(x + 1)$ हैं।

    $\therefore x(x + 1) = 8556$

    या, $x^2 + x - 8556 = 0$

    या, $x^2 + 93x - 92x - 8556 = 0$

    या, $(x + 93)(x - 92) = 0$

    $\therefore$ छोटी संख्या $x = 92$

13. (d) $\because \sqrt{4400} = 66.33$

    $\therefore$ अभीष्ट संख्या $= 67^2 - 4400$

    $= 4489 - 4400$

    $= 89$

14. (b) माना कि संख्या $= x$

    प्रश्नानुसार,

    x का $(58 - 39)\% = 247$

    या, $x \times \dfrac{19}{100} = 247$

    या, $x = \dfrac{247 \times 100}{19} = 1300$

    $\therefore 1300$ का $62\% = 1300 \times \dfrac{62}{100} = 806$

15. (c) अभीष्ट जनसंख्या

    $= 126800 \times \left(1 + \dfrac{15}{100}\right) \times \left(1 - \dfrac{20}{100}\right)$

    $= 126800 \times \dfrac{115}{100} \times \dfrac{80}{100} = 116656$

16. (d) माना कि घड़ी का मूल विक्रय मूल्य $= ₹\, x$

    प्रश्नानुसार,

$$x \times \frac{76}{100} = 779$$

$$\text{or, } x = \frac{779 \times 100}{76} = ₹1025$$

17. (d) 26 ग्राम सोने की कीमत $= \frac{8250}{15} \times 26 = ₹14300$

24 ग्राम चांदी की कीमत $= \frac{6825}{21} \times 24 = ₹7800$

52 ग्राम तांबे की कीमत $= \frac{312}{26} \times 52 = ₹624$

∴ कुल कीमत $= (14300 + 7800 + 624) = ₹22724$

18. (d) माना कि पहली संख्या $= 6x$

∴ दूसरी संख्या $= 3x$

एवं तीसरी संख्या $= 2x$

प्रश्नानुसार,

$6x + 3x + 2x = 154 \times 3$

या, $11x = 154 \times 3$

$$\therefore x = \frac{154 \times 3}{11} = 42$$

∴ अभीष्ट अंतर $= 6x - 2x = 4x = 4 \times 42 = 168$

19. (d)

20. (d)

21. (d) माना कि लड़कियों की संख्या $= x$

∴ लड़कों की संख्या $= 1.16\,x$

∴ अभीष्ट अनुपात $= 1.16\,x : x$

$= 116 : 100 = 29 : 25$

22. (b) ∵ 17 पुरुष 1 काम को 12 दिनों में पूरा करते हैं।

∴ 1 पुरुष 1 काम को 12×17 दिन में पूरा करेगा।

∴ 6 पुरुष 1 काम को $\frac{12 \times 17}{6} = 34$ दिन में पूरा करेंगे।

23. (d) कार की गति $= \dfrac{\text{तय की गई दूरी}}{\text{लिया गया समय}}$

$= \frac{816}{12} = 68$ किमी./घंटा

24. (d) पेंटिंग में लागत $= 729 \times 28 = 20412 ₹$

25. (d) प्लॉट की कुल लागत $= (4 \times 132370\,₹)$

∴ प्लॉट की गति वर्ग पुफट लागत $= ₹\left(\frac{4 \times 132370}{280}\right)$

$= ₹1891$

26. (c) जिस प्रकार,

$$\begin{array}{r} 5840 \\ -4832 \\ \hline 1008 \end{array} \quad \text{और} \quad \begin{array}{r} 6848 \\ -5840 \\ \hline 1008 \end{array}$$

उसी प्रकार,

अगला क्रम $= \begin{array}{r} 6848 \\ +1008 \\ \hline 7856 \end{array}$

∴ रिक्त पद 7856 होगा।

27. (d) दी गई श्रृंखला इसी प्रकार है।

$10 + 90 = 100$

$100 + 100 = 200$

$200 + 110 = 310$

$310 + 120 = 430$

अतः 430 सही उत्तर है।

28. (c) 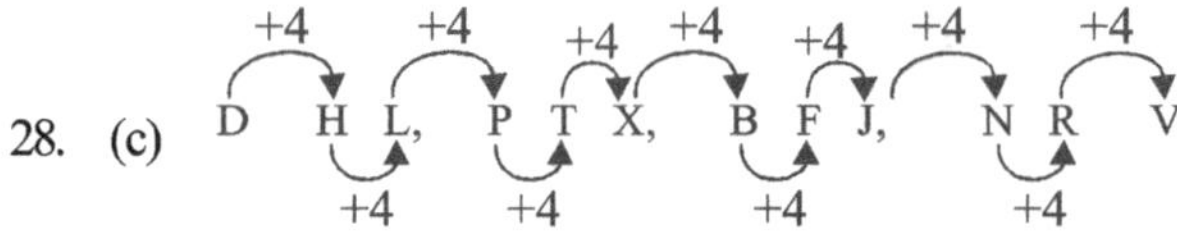

29. (d)

30. (c) जिस प्रकार कागज, लुग्दी से बनता है, उसी प्रकारी रस्सी, जूट से बनता है

31. (a)

32. (c) वृत को छोड़कर, अन्य सभी सीधी रेखा से बने है।

33. (c) 566 को छोड़कर, अन्य सभी किसी संख्या का वर्ग संख्या है।

34. (b) 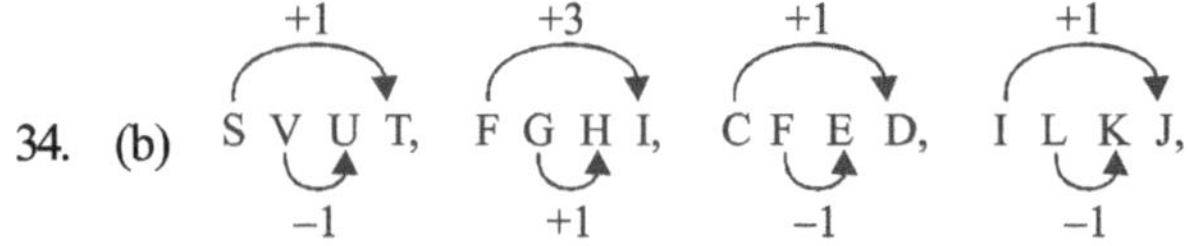

35. (a) जिस प्रकार,

$$\begin{array}{cccc} M & I & N & D \\ \downarrow{-2} & \downarrow{-2} & \downarrow{-2} & \downarrow{-2} \\ K & G & L & B \end{array} \quad \text{और} \quad \begin{array}{ccccc} A & R & G & U & E \\ \downarrow{-2} & \downarrow{-2} & \downarrow{-2} & \downarrow{-2} & \downarrow{-2} \\ Y & P & E & S & C \end{array}$$

उसी प्रकार,

$$\begin{array}{cccccc} D & I & A & G & R & A & M \\ \downarrow{-2} & \downarrow{-2} & \downarrow{-2} & \downarrow{-2} & \downarrow{-2} & \downarrow{-2} & \downarrow{-2} \\ B & G & Y & E & P & Y & K \end{array}$$

36. (b) जिस प्रकार,

A $= 2$ और $1 \times 2 = 2$

M $= 26$ और $13 \times 2 = 26$

Z $= 52$ और $26 \times 2 = 52$

उसी प्रकार,

BET $= (2 + 5 + 20) \times 2 = 27 \times 2 = 54$.

37. (d) कुल महिला सदस्य की संख्या $= (1 + 3 + 1 + 2 \times 2) = 9$

38. (c) 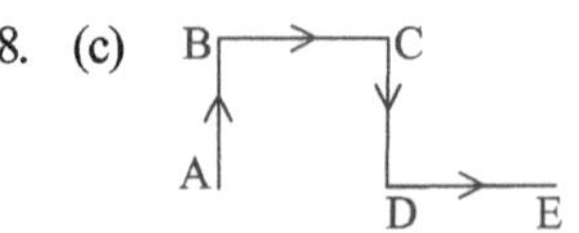

अतः आवश्यक दिशा पूर्व है।

39. (a)

40. (d)

41. (b)

42. (c) यदि $+ = \div, \div = -, - = \times,$ और $\times = +$ तो,
$\Rightarrow 12 + 6 \div 3 - 2 \times 8$
$\Rightarrow 12 \div 6 - 3 \times 2 + 8$
$\Rightarrow 2 - 6 + 8 = 4.$

43. (d) जिस प्रकार,
$(12)^2 + 5 = 149$
$(13)^2 + 6 = 175$
$(14)^2 + 7 = 203$
उसी प्रकार,
$(15)^2 + 8 = 233$

44. (d)

45. (a) जिस प्रकार,   उसी प्रकार

F	I	S	H	J	U	N	G	L	E
−1↓	−1↓	−1↓	−1↓	−1↓	−1↓	−1↓	−1↓	−1↓	−1↓
E	H	R	G	I	T	M	F	K	D

46. (a)

47. (a)

48. (d) दिये गए विकल्प (D) के अनुसार,
$6 \div 20 \times 12 + 7 - 1 = 70$
$\Rightarrow 6 - 20 + 12 \times 7 \div 1$
$\Rightarrow 6 - 20 + 84$
$\Rightarrow 90 - 20 = 70$

49. (a)

50. (b) जिस प्रकार,
$$24 @ 6 \frac{24}{6} \times (6-2) = 4 \times 4 = 16,$$
$$40 @ 8 = \frac{40}{8} \times (8-2) = 5 \times 6 = 30$$
उसी प्रकार,
$$45 @ 9 = \frac{45}{9} \times (9-2) = 5 \times 7 = 35$$

51. (c)	52. (c)	53. (b)	54. (a)	55. (c)
56. (a)	57. (a)	58. (c)	59. (c)	60. (b)
61. (d)	62. (d)	63. (c)	64. (b)	65. (d)
66. (c)	67. (c)	68. (c)	69. (c)	70. (a)
71. (c)	72. (c)	73. (a)	74. (a)	75. (a)
76. (b)	77. (a)	78. (c)	79. (d)	80. (c)
81. (c)	82. (c)	83. (a)	84. (c)	85. (d)
86. (a)	87. (b)	88. (d)	89. (c)	90. (b)
91. (b)	92. (d)	93. (b)	94. (b)	95. (c)
96. (c)	97. (a)	98. (d)	99. (d)	100. (b)

5 प्रैक्टिस सेट

निर्देश

1. इस प्रैक्टिस सेट में 100 वस्तुनिष्ठ बहुविकल्पीय प्रश्न दिए गए हैं।
2. प्रैक्टिस सेट में गणित, सामान्य बुद्धि और तर्कशक्ति, सामान्य विज्ञान, सामान्य ज्ञान और सामयिक विषय से सम्बन्धित बहुविकल्पीय प्रश्न दिए गए हैं।
3. प्रैक्टिस सेट को हल करने की अवधि 90 मिनट है।

समय : 90 मिनट　　　　　　　　　　　　　　**अधिकतम अंक: 100**

निर्देश (1-2) : निम्नलिखित प्रश्नों में प्रश्नचिह्न (?) के स्थान पर लगभग क्या मूल्य आयेगा ? (तथ्यतः मूल्य की गणना अपेक्षित नहीं है।)

1. $\dfrac{701}{52} \div \dfrac{11}{699} \times \dfrac{112}{107} = ?$
   - (a) 700
   - (b) 850
   - (c) 900
   - (d) 800
   - (e) 650

2. $\sqrt{5378} \times \sqrt{3330} \div \sqrt{360} = ?$
   - (a) 200
   - (b) 250
   - (c) 300
   - (d) 225

निर्देश (3-4) : निम्नलिखित संख्या श्रृंखला में प्रश्नचिन्ह (?) के स्थान पर क्या आयेगा ?

3. 117　389　525　593　627　?
   - (a) 654
   - (b) 640
   - (c) 634
   - (d) इनमें से कोई नहीं

4. 7　11　23　51　103　?
   - (a) 186
   - (b) 188
   - (c) 185
   - (d) 187

5. आशा की मासिक आय दीपक की मासिक आय की 60% और माया की मासिक आय की 120% है। यदि दीपक की मासिक आय ₹ 78,000/- है तो माया की मासिक आय कितनी है ?
   - (a) ₹ 39,000/-
   - (b) ₹ 42,000/-
   - (c) ₹ 36,000/-
   - (d) निर्धारित नहीं किया जा सकता

6. पाँच संख्याओं का योग 924 है। पहली 2 संख्याओं का औसत 201.5 और अंतिम दो संख्याओं का औसत 196 है। तीसरी संख्या कौन–सी है ?
   - (a) 133
   - (b) 129
   - (c) 122
   - (d) निर्धारित नहीं किया जा सकता

7. एक हाथ घड़ी को ₹ 4,080/- में बेचने पर होने वाला लाभ उसी घड़ी के ₹ 3,650/- में बेचने पर होने वाली हानि के बराबर होता है। हाथ घड़ी की लागत कीमत कितनी है ?
   - (a) ₹ 3,785/-
   - (b) ₹ 3,800/-
   - (c) ₹ 3,775/-
   - (d) ₹ 3,865/-

8. यदि एक भिन्न अंश को 340% बढ़ाया जाए और भिन्न के हर को 50% घटाया जाए तो परिणामी भिन्न $2\dfrac{5}{6}$ होता है। मूल भिन्न कितना था ?
   - (a) $\dfrac{1}{4}$
   - (b) $\dfrac{2}{3}$
   - (c) $\dfrac{5}{12}$
   - (d) $\dfrac{4}{11}$

9. एक कॉलेज में लड़कों और लड़कियों का अनुपात क्रमशः 31 : 23 है। कॉलेज में 75 अधिक लड़कियों के भर्ती होने पर यह अनुपात 124 : 107 हो जाता है। लड़कों व लड़कियों की संख्या समान करने के लिए और कितनी लड़कियों को कॉलेज में भर्ती होना होगा ?
   - (a) 75
   - (b) 90
   - (c) 60
   - (d) 85

10. दो वर्ष के अंत में एक राशि पर उपचित चक्रवृद्धि ब्याज 12% वार्षिक की दर से ₹ 2,862 है। वह राशि क्या है ?
    - (a) ₹ 11,250
    - (b) ₹ 12,200
    - (c) ₹ 13,500
    - (d) ₹ 10,000

11. एक 280 मीटर लंबी ट्रेन एक समान गति से चलते हुए एक प्लेटफार्म को 60 सेकंड और प्लेटफार्म पर खड़े एक आदमी को 20 सेकंड में पार करती है। इस प्लेटफार्म की लंबाई क्या है ?
    - (a) 640 मीटर
    - (b) 420 मीटर
    - (c) 280 मीटर
    - (d) निर्धारित नहीं किया जा सकता है

12. एक त्रिभुज के दो कोण 1 : 2 के अनुपात में हैं। एक कोण का माप 30° है तो त्रिभुज के सबसे बड़े कोण का माप डिग्री में कितना है?
   (a) 100
   (b) 90
   (c) 135
   (d) निर्धारित नहीं किया जा सकता है

13. प्रत्येक व्यवस्था में अंक 6 और 5 को अंतिम छोरों पर रखते हुए, प्रत्येक व्यवस्था में प्रत्येक अंक को केवल एक बार प्रयोग करते हुए, संख्या '256974' को अलग-अलग कितनी तरह से लगाया जा सकता है ?
   (a) 48   (b) 720
   (c) 36   (d) 360

14. एक कैंटीन को एक सप्ताह में 112 किग्रा गेहूं की आवश्यकता पड़ती है। 69 दिनों के लिए इसे कितने किग्रा गेहूं की आवश्यकता पड़ेगी?
   (a) 1204 किग्रा   (b) 1401 किग्रा
   (c) 1104 किग्रा   (d) 1014 किग्रा

15. ₹41910 की राशि 22 लोगों में समानत: बांटी जाए तो प्रत्येक को कितनी राशि मिलेगी?
   (a) ₹1905   (b) ₹2000
   (c) ₹745   (d) ₹765

16. दो संख्याओं के बीच का अंतर 3 और उनके वर्गों के बीच का अंतर 63 है। इनमें से बड़ी संख्या कौनसी है ?
   (a) 12
   (b) 9
   (c) 15
   (d) निर्धारित नहीं किया जा सकता है

17. एक संख्या के 75% और उसी संख्या के 20% के बीच का अंतर 378.4 है। इस संख्या का 40% कितना होगा?
   (a) 275.2   (b) 274
   (c) 267.2   (d) 266

18. मोहन ने एक वस्तु खरीद कर ₹ 2817.50 में बेचकर लागत कीमत पर 15% लाभ कमाया। इस वस्तु की लागत कीमत क्या है ?
   (a) ₹ 2,500   (b) ₹ 2,450
   (c) ₹ 2,540   (d) ₹ 3,315

19. 24 बैट और 32 स्टिक्स की कीमत ₹ 5,600 तो 3 बैट और 4 स्टिक्स की कीमत क्या है ?
   (a) ₹ 1,400   (b) ₹ 2,800
   (c) ₹ 700   (d) डाटा अपर्याप्त है

20. नीचे दिए गए स्कोरों के सेट के औसत का पता लगाइए।
   221, 231, 441, 359, 665, 525
   (a) 399   (b) 428
   (c) 407   (d) 415

21. लगातार 5 सम संख्या A, B, C, D और E का औसत 52 है, तो B और E का गुणनफल क्या है?
   (a) 2916   (b) 2988
   (c) 3000   (d) 2800

22. धन की एक राशि P, Q और R के बीच क्रमश: 5 : 6 : 7 के अनुपात में और एक अन्य राशि S और T के बीच समान रूप से बांटी जानी है। S को ₹2100, P से कम मिले हैं तो Q को कितनी राशि मिली है?
   (a) ₹2,500   (b) ₹2,000
   (c) ₹1,500   (d) निर्धारित नहीं किया जा सकता

23. अकेला A, 6 दिन में 100 बास्केट बना सकता है। अकेला B, 12 दिन में 100 बास्केट बना सकता है A और B मिलकर 100 बास्केट कितने दिन में बनायेंगे ?
   (a) 3 दिन   (b) 5 दिन
   (c) $2\frac{1}{2}$ दिन   (d) इनमें से कोई नहीं

24. एक बस 43 घंटे में 2924 किमी. की दूरी तय करती है। इस बस की गति क्या है?
   (a) 72 किमी/घंटा   (b) 60 किमी/घंटा
   (c) 68 किमी/घंटा   (d) निर्धारित नहीं किया जा सकता है

25. एक आयताकार प्लॉट की लंबाई इसकी चौड़ाई से दुगुनी है। यदि आयताकार प्लॉट का क्षेत्रफल 2592 वर्ग मीटर है तो इसकी लंबाई कितनी होगी?
   (a) 76 मीटर   (b) 36 मीटर
   (c) 74 मीटर   (d) इनमें से कोई नहीं

निर्देश (26-29): दिये गए विकल्पों में से संबंधित अक्षर / षब्दों को चुनें—

26. मधुमक्खी : गुंजन :: उल्लू : ?
   (a) दहाड़   (b) बातचीत
   (c) फुफकार   (d) हूट

27. पुष्टीकृत : पक्का :: वित्तीय : ?
   (a) अनुभवहीन   (b) असाधारण
   (c) दिवालिया   (d) नोट

28. फर्नीचर : बेंच : स्टेशनरी : ?
   (a) कलम   (b) कुर्सी
   (c) गोदाम   (d) कार्यालय

29. कोयला : काला हीरा :: पेट्रोलियम : ?
   (a) ठोस स्वर्ण   (b) काला सोना
   (c) तरल सोना   (d) श्वेत सोना

निर्देश (30-35): दिये गए विकल्पों में से विषम संख्या / षब्द / संख्या ज्ञात करें।

30. (a) AYBZ   (b) BXC Y
    (c) DVEW   (d) MPON

31. (a) बीमा   (b) भविष्य निधि
    (c) वेतन   (d) शेयर

32. (a) स्पाइश जेट   (b) किंगफिशर
    (c) एयर इंडिया   (d) इंडिगो

33. (a) हिन्दुत्व   (b) साम्यवाद
    (c) बौध   (d) जैन

34. (a) हाथी   (b) बाघ
    (c) शेर   (d) भालू

35. (a) लक्षद्वीप   (b) तमिलनाडु
    (c) आन्ध्र प्रदेश   (d) केरल

निर्देश (36-37): दिये गए विकल्पों में से लुप्त संख्या ज्ञात करें।

36.
```
  5      2      7

  ?      3      1
  4      5      2
  ─────────────────
 15      7     13
```
(a) 1   (b) 5
(c) 9   (d) 7

37.
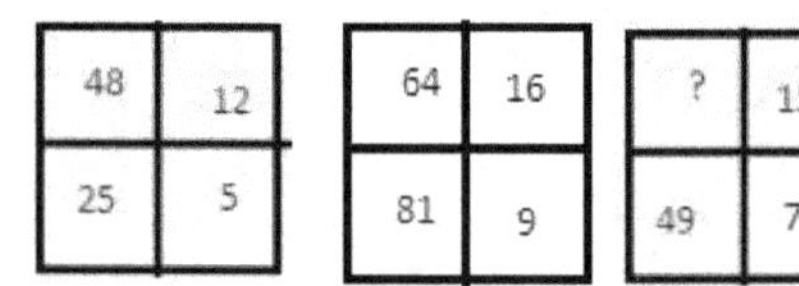
(a) 75   (b) 60
(c) 30   (d) 90

38. चिन्हों और संख्याओं के चार परस्पर इंटरचेंज में से कौन एक दिये गए समीकरण को सही बनाएगा?

$6 \times 4 + 2 = 16$

(a) + और ×   (b) + और ×, 2 और 4
(c) + और ×, 4 और 6   (d) इनमें से कोई नहीं

39. एक संख्या और इसके व्युत्क्रम को योग 17/4 है। संख्याएं ज्ञात करें।
(a) 2, 1/2   (b) 4, 1/4
(c) 3, 1/3   (d) 5, 1/5

निर्देश (40–42): प्रश्नों में एक श्रृंखला दी गई है जिसमें एक पद लुप्त है। दिये गए विकल्पों में से सही विकल्प को चुनें जो श्रृंखला को पूर्ण करेगा?

40. 2, 9, 28, ? , 126
(a) 65   (b) 72
(c) 75   (d) 46

41. SFJ, RGK, QHL, ?
(a) EMD   (b) VIJ
(c) PIM   (d) PKL

42. श्रृंखला में गलत संख्या ज्ञात करें?
44, 38, 35, 37, 48, 76, 135
(a) 35   (b) 37
(c) 76   (d) 135

43. दिये गए विकल्पों में से उस एक शब्द को चुनें जिसे शब्द HALLUCINATION के अक्षरों का उपयोग करके नहीं बनाया जा सकता है?
(a) LION   (b) LOAN
(c) NATION   (d) LOTION

44. यदि MILITARY को 1 2 3 2 4 5 6 7 के रूप में कूदबद्ध किया जाता है तो LIMIT को किस प्रकार कूटबद्ध किया जाएगा?
(a) 32124   (b) 42123
(c) 12324   (d) 42125

45. एक निश्चित कूट में 'R' को '%' 'E' को '#', 'D' को '@' तथा 'A' को 'Δ' लिखा जाता है, तो उस कूट भाषा में DARE को कैसे लिखा जाएगा?
(a) @%Δ#   (b) @Δ%#
(c) #%Δ@   (d) %Δ#@

46. यदि 5472 = 18, 6342 = 15 और 7584 = 24 तो 9236 = ?
(a) 18   (b) 19
(c) 20   (d) 21

47. यदि 'ACTOR' को 'ZXGLI' और 'BOOK' को 'YLLP' के रूप में कूटबद्ध किया जाता है, तो PENCIL को किस प्रकार कूटबद्ध किया जाएगा?
(a) KVMXRO   (b) KUMRXO
(c) KZIXDG   (d) KVMXOR

48. तरुण रोहित का पिता है। रोहित कला का भाई है, कला दिलीप की पत्नी है। दिलीप रोहित से किस प्रकार संबंध है।
(a) साला   (b) ससुर
(c) बेटा   (d) चाचा

49. समीकरण को एक निश्चित प्रणाली के आधार पर हल किया जाता है उस आधार पर दिये गए समीकरण का उत्तर दें।
$9 \times 6 \times 2 = 269$, $8 \times 6 \times 5 = 568$ तो $5 \times 4 \times 1 = ?$
(a) 145   (b) 415
(c) 201   (d) 451

50. चार बच्चें P, Q, R और S एक सीढ़ी पर खड़े है। P, Q से आगे खड़ा है। Q, P और R के बीच खड़ा है। यदि S, P से आगे खड़ा है तो नीचे से तीसरे में कौन खड़ा है।
(a) Q   (b) R
(c) P   (d) S

51. प्राचीन भारत में किसने अमित्रघात की उपाधि धारण की?
(a) अजातशत्रु   (b) चन्द्रगुप्त मौर्य
(c) बिन्दुसार   (d) अशोक

52. सांची स्तूप का निर्माण किसने कराया?
(a) चन्द्रगुप्त
(b) कौटिल्या
(c) गौतम बुद्ध
(d) अशोक

53. पहला ज्ञात गुप्त शासक कौन था?
(a) श्रीगुप्त
(b) चन्द्रगुप्त-I
(c) घटोटकच्छ
(d) कुमार गुप्त-I

54. विषुवत रेखा पर 1^0 देशान्तर की दूरी लगभग किसके बराबर होती है?
(a) 101 किमी
(b) 111 किमी
(c) 121 किमी
(d) 125 मिमी

55. वृहत ज्वार आता है जब-
(a) चन्द्रमा पृथ्वी के नजदीक होता है।
(b) चन्द्रमा पृथ्वी से दूरस्थ होता है।
(c) जब चन्द्रमा, सूर्य और पृथ्वी समकोण पर हो।
(d) जब चन्द्रमा, सूर्य और पृथ्वी एक ही रेखा में स्थित हो।

56. समुद्री लवणता का मुख्य स्रोत है-
(a) नदी
(b) भूमि
(c) पवन
(d) ज्वालामुखी राख

57. क्या होता है जब पानी बर्फ में संघनित होता है?
(a) उष्मा का अवशोषण होता है
(b) उष्मा मुक्त होती है
(c) उष्मा की मात्रा अपरिवर्तित रहता है।
(d) इनमें से कोई नहीं

58. विकिरित ऊर्जा का प्रतिशत जो सतह द्वारा परावर्तित होता है उसे कहा जाता है-
(a) अल्बीडो
(b) हरित गृह प्रभाव
(c) सूर्यातप
(d) अपवर्तन

59. ऊर्जा का प्रवाह-
(a) उत्तरोत्तर पौष्टिकता स्तर के साथ घटता है।
(b) उत्तरोत्तर पौष्टिकता स्तर के साथ बढ़ता है।
(c) प्रत्येक उत्तरोत्तर पौष्टिकता स्तर पर नियत रहता है।
(d) प्रत्येक उत्तरोत्तर पौष्टिकता स्तर पर पहले बढ़ता है फिर घटता है।

60. कौन सी वनस्पति पश्चिम घाट से संबंधित है?
(a) मैंग्रूव
(b) सदाबहार
(c) अल्पाइन
(d) पर्णपाती

61. कौन-सी चट्टानी संरचना में खनिजों का अधिकतम सान्द्रण है?
(a) कुड्डप्पा प्रणाली
(b) धारवाड़ प्रणाली
(c) गोन्डवाना प्रणाली
(d) विन्ध्यन प्रणाली

62. निम्नलिखित में से कौन सर्वाधिक प्रत्यास्थ है?
(a) रबर
(b) गीली मिट्टी
(c) इस्पात
(d) प्लास्टिक

63. गैस थर्मामीटर, तरल थर्मामीटर से ज्यादा संवेदनशील है, क्योंकि-
(a) तरल से ज्यादा विस्तारित होता है
(b) अपनी अवस्था आसानी से नहीं बदलता
(c) बहुत हल्के होते हैं
(d) आसानी से प्राप्त किया जाता है

64. वायुमंडल में सर्वाधिक व्याप्त विद्युत चुम्बकीय तरंग है-
(a) दृश्य प्रकाश
(b) अवरक्त
(c) पराबैंगनी
(d) रेडियो तरंगे

65. श्वेत प्रकाश का सात रंगों में विभाजन की घटना को कहा जाता है-
(a) परावर्तन
(b) अपवर्तन
(c) अपवर्तनांक
(d) विक्षेपण

66. प्राकृतिक रेडियो सक्रियता की खोज किसने की थी?
(a) रदरफोर्ड
(b) बैक्युरल
(c) क्यूरी
(d) स्मिथ

67. सिनाबार किसका अयस्क है?
(a) Ag
(b) Au
(c) Zn
(d) Hg

68. वसा है-
(a) एक लिपिड
(b) एक प्रोटीन
(c) एक कार्बोहाइड्रेट
(d) एक अमीनो अम्ल

69. प्रशीतक के रूप में प्रयुक्त 'फेरोन', रसायनिक रूप से है-
(a) क्लोरीनयुक्त हाइड्रोकार्बन
(b) फ्लोरीनयुक्त हाइड्रोकार्बन
(c) क्लोरोफ्लोरो हाइड्रोकार्बन
(d) फ्लोरीनयुक्त एरोमेटिक यौगिक

70. जब क्लोरोफिल प्रकाश अवशोषित करता है, यह उत्तेजित हो जाता है और उत्सर्जित करता है-
(a) ऑक्सीजन
(b) जल
(c) इलेक्ट्रॉन
(d) उर्जा समृद्ध यौगिक

71. हार्मोन इन्सुलिन है-
(a) एक ग्लाइको लिपिड
(b) एक फैटी एसिड
(c) एक पेप्टाइड
(d) एक स्टीरोल

72. टिबिया हड्डी पायी जाती है-
(a) कपाल में
(b) पांव में
(c) बांह में
(d) मुंह में

73. रक्त का निस्पंदन होता है-
(a) हृदय में
(b) गुर्दा में
(c) यकृत में
(d) तिल्ली में

74. भारतीय दलहन अनुसंधान संस्थान स्थित है-
    (a) इलाहाबाद में
    (b) कानपुर
    (c) फैजाबाद में
    (d) लखनऊ

75. भारत सरकार का सबसे बड़ा उद्यम कौन-सा है?
    (a) डाक एवं टेलीग्राफ
    (b) रेलवे
    (c) बैंकिंग
    (d) जहाजरानी

76. 'ब्लू बेबी' प्रदूषण रोग ड्रिल पानी में निम्नलिखित में से किसकी अत्यधिक उपस्थिति की वजह से होता है
    (a) फ्लुराइड
    (b) क्लोराइड
    (c) नाइट्रेट
    (d) आर्सेनिक

77. सफेद रंग कितने रंगों का मिश्रण है-
    (a) 4
    (b) 5
    (c) 7
    (d) 6

78. अल्कोहल युक्त किण्वन लाया गया है
    (a) मशरूम्स
    (b) अमीबा
    (c) यीस्ट
    (d) वायरस

79. ध्वनि की पीच या आवृत्ति मापने की इकाई क्या है?
    (a) कूलम्ब
    (b) हम
    (c) चक्र
    (d) डेसीबल

80. मेनिनजाइटिस एक बीमारी है जो प्रभावित करती है-
    (a) किडनी
    (b) लीवर
    (c) हृदय
    (d) मस्तिष्क

81. निम्नलिखित में कौन रक्त के हीमोग्लोबिन के साथ एक अपरिवर्तनीय जटिल रूप का निर्माण करता है?
    (a) कॉर्बन मोनोऑक्साइड
    (b) कॉर्बन डॉई ऑक्साइड
    (c) शुद्ध नाइट्रोजन गैस
    (d) कॉर्बन डाई ऑक्साइड और हिलीयम का मिश्रण

82. एक अपारदर्शी के रंग की वजह है इसके रंग का-
    (a) अवशोषण
    (b) परावर्तन
    (c) अपवर्तन
    (d) विखराव

83. बहुत छोटे समय के अन्तराल को सही रूप से किसके द्वारा मापा जाता है?
    (a) पल्सर
    (b) क्वार्ट्ज घड़ियां
    (c) एटोमिक घड़ियां
    (d) सफेद बौन

84. रेक्टिफायर्स का प्रयोग किसे परिवर्तित करने के लिए किया जाता है-
    (a) कम वोल्टेज से उच्च वोल्टेज
    (b) उच्च वोल्टेज से कम वोल्टेज
    (c) D.C. से A.C.
    (d) A.C. से D.C.

85. सौर मंडल का कौन-सा ग्रह सबसे तेज गति से अपनी धुरी पर घूमता है?
    (a) बुध
    (b) पृथ्वी
    (c) बृहस्पति
    (d) शनि

86. पृथ्वी का भूमध्यवर्ती परिधि लगभग क्या है?
    (a) 30,000 किमी
    (b) 35,000 किमी
    (c) 40,000 किमी
    (d) 45,000 किमी

87. निम्न में कौन उत्तर में बहने वाली नदी है?
    (a) कावेरी
    (b) चम्बल
    (c) नर्मदा
    (d) ब्रह्मपुत्र

88. शब्द "स्लैम" किससे सम्बन्धित है-
    (a) क्रिकेट
    (b) टेनिस
    (c) बॉक्सिंग
    (d) फुटबॉल

89. एक्स-रे किस वेग के साथ चलती हैं-
    (a) पोजिटिव रेज
    (b) ध्वनि
    (c) प्रकाश
    (d) अल्फा रेज

90. परागण को सबसे अच्छे रूप में किस प्रकार परिभाषित किया जा सकता है-
    (a) परागकोष से धब्बे तक पराग का स्थानान्तरण
    (b) पराग कणों का अकुंरण
    (c) बीजाणु में पराग ट्यूब का विकास
    (d) कीड़ों के द्वारा फूलों का दौरा

91. पिटलिन एंजाइम किसमें उत्पादित किया जाता है-
    (a) लार ग्रन्थियां
    (b) पिट्यूटरी ग्रन्थि
    (c) थायरायड ग्रन्थि
    (d) अग्नाशय

92. प्रकाश उर्सजक डायोड (LED) विशेष इलेक्ट्रोनिक उपकरणों में प्रयोग किया जाता है, जैसे- वे खिलौने जो प्रसारित करता है-
    (a) एक्स-रे
    (b) अल्ट्रावायलेट किरणें
    (c) दृश्य प्रकाश
    (d) रेडियो तरंगें

93. आइसोटोप एक तत्व है जिसमें मौजुद होता है-
    (a) प्रोटोन की समान संख्या लेकिन न्यूट्रोन की विभिन्न संख्या
    (b) समान संख्या में न्यूट्रोन लेकिन प्रोटोन की विभिन्न संख्या
    (c) प्रोटोन्स और इलेक्ट्रोन की समान संख्या
    (d) न्यूक्लियोस की बराबर संख्या

94. निम्नलिखित में ऊर्जा का सबसे अच्छी संचालक है
    (a) एल्कोहल
    (b) पारा
    (c) इथर
    (d) जल

95. रासायनिक रूप से मिल्क ऑफ़ मेग्निशिया क्या है
    (a) मैग्नेशियम कार्बोनेट
    (b) सोडियम बयिकर्बोनेट
    (c) कैल्शियम हाईड्रोअक्साईड
    (d) मैग्नीशियम हाईड्रोअक्साईड

96. वायुसेना के वर्तमान चीफ एयर मार्शल _______________ हैं.
    (a) बिपिन रावत
    (b) बिरेंद्र सिंह धोनोआ
    (c) सुनील लंबा
    (d) अरूप राहा

97. दक्षिण मध्य रेलवे (एससीआर) के तहत हैदराबाद में __________________ ने भारतीय रेलवे में प्रथम ऊर्जा कुशल 'ए 1 श्रेणी' रेलवे स्टेशन होने का अद्वितीय गौरव अर्जित किया है.

(a) मल्काजगिरी रेलवे स्टेशन

(b) सिंकदराबाद रेलवे स्टेशन

(c) बेगमपेट रेलवे स्टेशन

(d) कचेगुडा रेलवे स्टेशन

98. किस राज्य में भारत के सबसे बड़ा चलायमान सौर ऊर्जा संयंत्र का उद्घाटन किया गया है?

(a) केरल

(b) तमिलनाडु

(c) आंध्र प्रदेश

(d) पश्चिम बंगाल

99. किस बॉलीवुड सुपरस्टार ने शोबिज राजधानी मुंबई में भारतीय सिनेमा पर आधारित पुस्तक बॉलीवुड-द फिल्म्स! द सॉन्गस! द स्टार्स! को लॉन्स किया है?

(a) अनुपम खेर

(b) सलमान खान

(c) विदया बालन

(d) अमिताभ बच्चन

100. वैश्विक मृदा दिवस विश्व स्तर पर कब मनाया जाता है?

(a) 10 दिसंबर

(b) 5 दिसंबर

(c) 11 दिसंबर

(d) 8 दिसंबर

संकेत और हल

1. (c)

2. (d)

3. (d) श्रृंखला इस प्रकार है :
$+272, +136, +68, +34, +17$
अतः $? = 627 + 17 = 644$

4. (d) श्रृंखला इस प्रकार है : $+(4 \times 1), +(4 \times 3), +(4 \times 7), +(4 \times 13), +(4 \times 21)$
अतः $? = 103 + (4 \times 21) = 187$

5. (a) आशा की मासिक आय
$$= 78000 \times \frac{60}{100} = ₹46800$$
$\therefore$ माया की मासिक आय
$$= 46800 \times \frac{100}{120}$$
$$= ₹39000$$

6. (b) तीसरी संख्या
$$= 924 - (201.5 \times 2 + 196 \times 2)$$
$$= 924 - 795 = 129$$

7. (d) लागत कीमत
$$= \frac{4080 + 3650}{2} = \frac{7730}{2} = ₹3865$$

8. (c) माना मूल भिन्न $\frac{x}{y}$ है।
तो $\frac{x \times 340}{y \times 50} = \frac{17}{6}$
$$\Rightarrow \frac{x}{y} = \frac{17}{6} \times \frac{50}{340} = \frac{5}{12}$$

9. (d) माना अनुपात x है।
प्रश्न से,
$$\frac{31x}{23x + 75} = \frac{124}{107}$$
$\Rightarrow x = 20$
लड़कों की संख्या
$= 31 \times 20 = 620$
लड़कियों की संख्या
$= 23 \times 20 = 460$
दोनों के बीच अंतर $= 160$
अपेक्षित लड़कियों की संख्या
$= 160 - 75 = 85$

10. (a) माना राशि x है।
$$2862 = x \left\{ \left(1 + \frac{12}{100}\right)^2 - 1 \right\}$$

$$\Rightarrow x = \frac{2862 \times 625}{159}$$
$$= ₹11250$$

11. (d) ट्रेन की गति
$$= \frac{280}{20}$$
$$= 14 \text{ मी.} / \text{से.}$$
प्लेटफार्म की लंबाई
$$= 14 \times 60 - 280$$
$$= 840 - 280$$
$$= 560 \text{ मीटर}$$

12. (a) त्रिभुज के शेष दो कोणों का योग
$$= 180 - 30 = 150$$
शेष दो कोण
$$= \frac{1}{3} \times 150 \text{ और } \frac{2}{3} \times 150$$
$$= 50° \text{ और } 100°$$
अतः त्रिभुज का सबसे बड़ा कोण
$$= 100°$$

13. (a) संख्या को व्यवस्थित करने का कुल तरीका
$$= 4! \times 2!$$
$$= 24 \times 2$$
$$= 48$$

14. (c) $\therefore$ 7 दिन के लिए गेहूं की आवश्यक मात्रा $= 112$ किग्रा
$\therefore$ 1 दिन के लिए गेहूं की आवश्यक मात्रा $= \frac{112}{7}$ किग्रा
$\therefore$ 69 दिन के लिए गेहूं की आवश्यक मात्रा
$$= \frac{112}{7} \times 69 = 1104 \text{ किग्रा}$$

15. (a) अभीष्ट प्राप्त राशि $= \frac{41910}{22} = ₹1905$

16. (a) माना बड़ी व छोटी संख्या क्रमशः x एवं y है।
तब $x - y = 3$ ...(i)
और $x^2 - y^2 = 63$
$\Rightarrow (x + y)(x - y) = 63$
$$\Rightarrow (x + y) = \frac{63}{3} = 21 \text{ ...(ii)}$$
समीकरण (i) और (ii) से $x = 12$

17. (a) माना कि संख्या x है।
$$\therefore \frac{75x}{100} - \frac{20x}{100} = 378.4$$

या, $x = \dfrac{378.4 \times 100}{55} = 688$

$\therefore \dfrac{40x}{100} = 688 \times \dfrac{40}{100} = 275.20$

18. (b) लागत कीमत $= \dfrac{2817.50 \times 100}{115}$

$= ₹\, 2450$

19. (c) 24 बैट + 32 स्टिक्स = ₹ 5600

$\therefore$ 8(3 बैट + 4 सिटक्स) = ₹ 5600

$\Rightarrow$ 3 बैट + 4 सिटक्स

$= \dfrac{5600}{8} = ₹\, 700$

20. (c) अभीष्ट औसत संख्या

$= \dfrac{1}{6}[221 + 231 + 441 + 359 + 665 + 525]$

$= \dfrac{1}{6}[2442] = 407$

21. (d) माना लगातार पांच सम संख्या A, B, C, D और E क्रमशः x, $x+2, x+4, x+6, x+8$ हैं।

प्रश्नानुसार,

$x + x+2 + x+4 + x+6 + x+8 = 5 \times 52$

या, $5x + 20 = 260$

या, $5x = 260 - 20$

या, $x = \dfrac{240}{5} = 48$

$\therefore$ B $= x+2 = 48+2 = 50$ और E $= x+8 = 48+8 = 56$

$\therefore$ B $\times$ E $= 50 \times 56 = 2800$

22. (d)

23. (d) अभीष्ट दिनों की संख्या

$= \dfrac{6 \times 12}{6 + 12}$

$= 4$ दिन

24. (c) बस की गति $= \dfrac{\text{तय की गई दूरी}}{\text{लगा समय}}$

$= \dfrac{2924}{43} = 68$ किमी/घंटा

25. (d) माना कि आयताकार प्लॉट की चौड़ाई $= x$ मीटर

$\therefore$ लम्बाई $= 2x$ मीटर

प्रश्नानुसार,

$2x \times x = 2592$

या, $x^2 = \dfrac{2592}{2} = 1296$

$\therefore x = \sqrt{1296} = 36$

$\therefore$ आयताकार प्लॉट की लम्बाई $= 2x$

$= 2 \times 36 = 72$ मीटर

26. (d) मधुमक्खी द्वारा निर्मित ध्वनि गुंजन है, उसी प्रकार उल्लू द्वारा निर्मित ध्वनि हूट है।

27. (c)

28. (a) जिस प्रकार बेंच फर्नीचर का एक प्रकार है, उसी तरह कलम एक प्रकार स्टेशनरी सामान है।

29. (c) कोयला काला हीरा के रूप में जाना जाता है, उसी तरह पेट्रोलियम को तरल सोने के रूप में जाना जाता है।

30. (d)

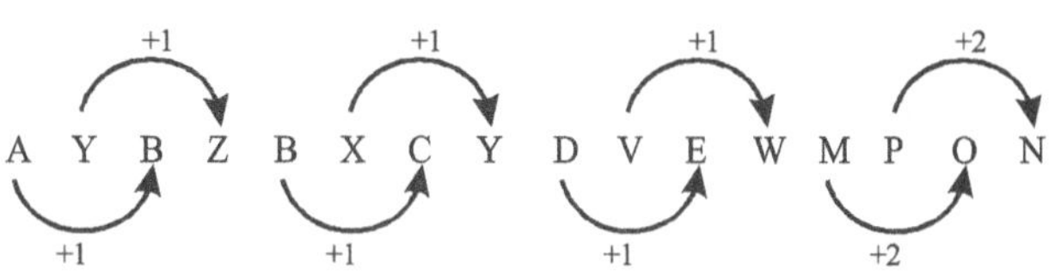

31. (c)

32. (c) एयर इंडिया को छोड़कर, अन्य सभी निजी क्षेत्र से संबंधित है।

33. (b) साम्भवाद को छोड़कर, अन्य सभी धर्म से संबंधित है।

34. (a) हाथी को छोड़कर, अन्य सभी मांसाहारी जानवर है।

35. (a) लक्षद्वीप को छोड़कर, अन्य सभी भारत के राज्य है।

36. (b) $(2 \times 5) - 3 = 7$

$(7 \times 2) - 1 = 13$

उसी प्रकार

$(5 \times 4) - ? = 15$

$\therefore ? = 20 - 15 = 5$

37. (b)

38. (c) संकेतो और संख्याओं के आदान-प्रदान के बाद, सही उत्तर

$\Rightarrow 4 + 6 \times 2 = 16$

39. (b)

40. (a)

41. (c)

42. (d)

43. (d)

44. (a)

45. (b)

46. (c)

47. (a)

48. (a)

49. (a)

50. (c)

51. (c) बिन्दुसार

52. (d) अशोक	77. (c) 7
53. (a) श्रीगुप्त	78. (c) यीस्ट
54. (b) 111 किमी	79. (d) डेसीबल
55. (d) जब चन्द्रमा, सूर्य और पृथ्वी एक ही रेखा में स्थित हो।	80. (d) मस्तिष्क
56. (b) भूमि	81. (a) कॉर्बन मोनोऑक्साइड
57. (a) उष्मा का अवशोषण होता है	82. (b) परावर्तन
58. (a) अल्बीडो	83. (c) एटोमिक घड़ियां
59. (a) उत्तरोतर पौष्टिकता स्तर के साथ घटता है।	84. (d) A.C. से D.C.
60. (b) सदाबहार	85. (c) बृहस्पति
61. (b) धारवाड़ प्रणाली	86. (c) 40,000 किमी
62. (c) इस्पात	87. (b) चम्बल
63. (a) तरल से ज्यादा विस्तारित होता है	88. (b) टेनिस
64. (b) अवरक्त	89. (c) प्रकाश
65. (d) विक्षेपण	90. (a) परागकोष से धब्बे तक पराग का स्थानान्तरण
66. (b) बैक्युरल	91. (a) लार ग्रन्थियां
67. (d) Hg	92. (c) दृश्य प्रकाश
68. (a) एक लिपिड	93. (a) प्रोटोन की समान संख्या लेकिन न्यूट्रोन की विभिन्न संख्या
69. (d) फ्लोरीनयुक्त एरोमेटिक यौगिक	94. (b) पारा
70. (c) इलेक्ट्रॉन	95. (d) मैग्नीशियम हाईड्रोअक्साईड
71. (c) एक पेप्टाइड	96. (b) बिरेंद्र सिंह धोनोआ
72. (b) पांव में	97. (d) कचेगुडा रेलवे स्टेशन
73. (b) गुर्दा में	98. (a) केरल
74. (b) कानपुर	99. (d) अमिताभ बच्चन
75. (b) रेलवे	100. (b) 5 दिसंबर
76. (c) नाइट्रेट	

प्रैक्टिस सेट

1. इस प्रैक्टिस सेट में 100 वस्तुनिष्ठ बहुविकल्पीय प्रश्न दिए गए हैं।
2. प्रैक्टिस सेट में गणित, सामान्य बुद्धि और तर्कशक्ति, सामान्य विज्ञान, सामान्य ज्ञान और सामयिक विषय से सम्बन्धित बहुविकल्पीय प्रश्न दिए गए हैं।
3. प्रैक्टिस सेट को हल करने की अवधि 90 मिनट है।

समय : 90 मिनट **अधिकतम अंक: 100**

निर्देश (1-2) : निम्नलिखित शृंखला में केवल एक संख्या गलत है। गलत संख्या का पता लगाइए।

1. 4 3 4.5 8.5 20 53 162.5
   - (a) 3
   - (b) 4.5
   - (c) 8.5
   - (d) 20

2. 1 8 28 99 412 2075 12460
   - (a) 28
   - (b) 99
   - (c) 412
   - (d) 12460

निर्देश (3-4) : निम्नलिखित प्रश्नों में प्रश्नचिह्न (?) के स्थान पर क्या आएगा?

3. $\sqrt[3]{?} = (756 \times 67) \div 804$
   - (a) 195112
   - (b) 250047
   - (c) 226981
   - (d) 274625

4. $-76 \times 33 + 221 = ?$
   - (a) –2287
   - (b) 19304
   - (c) 2287
   - (d) 19304

5. एक संख्या के 3/5 के 60% का 40%, 504 है। उस संख्या के 2/5 का 25% कितना है ?
   - (a) 180
   - (b) 175
   - (c) 360
   - (d) 350

6. दो अंकीय संख्या और इस संख्या के दोनों अंकों को परस्पर बदलने के बाद बनी संख्या के बीच 9 का अंतर है। संख्या के दोनों अंकों के बीच कितना अंतर है ?
   - (a) 3
   - (b) 2
   - (c) 1
   - (d) निर्धारित नहीं किया जा सकता

7. एक कक्षा में 32 लड़के और 28 लड़कियां हैं। कक्षा में लड़कों की औसत आयु 14 वर्ष और लड़कियों की औसत आयु 13 वर्ष है। पूरी कक्षा की औसत आयु कितनी है ? (दशमलव के बाद दो अंकों तक पूर्णांकित)
   - (a) 13.50
   - (b) 13.53
   - (c) 12.51
   - (d) 13.42

8. प्रत्येक प्रश्न के एक अंक वाले 80 प्रश्नों की एक परीक्षा में अर्पिता पहले 40 प्रश्नों के 65% सही उत्तर देती है। पूरी परीक्षा में 75% अंक पाने के लिए शेष 40 में से उसे कितने प्रतिशत सही उत्तर देने होंगे ?
   - (a) 60
   - (b) 80
   - (c) 75
   - (d) इनमें से कोई नहीं

9. मनीषा 4 प्रतिशत वार्षिक ब्याज की दर पर 4 वर्ष के लिए ₹ 39,300/- का निवेश करती है। 4 वर्ष के अंत में उसे लगभग कितना चक्रवृद्धि ब्याज मिलेगा ?
   - (a) ₹ 6,675/-
   - (b) ₹ 6,650/-
   - (c) ₹ 6,288/-
   - (d) ₹ 6,356/-

10. प्रसाद ने अपने वर्क टूल्स ₹ 1850/- में बेचे और 25% लाभ कमाया। प्रसाद ने कितनी कीमत में वर्क टूल्स खरीदे थे ?
    - (a) ₹ 1360/-
    - (b) ₹ 1300/-
    - (c) ₹ 1240/-
    - (d) ₹ 1480/-

11. प्रति फुट ₹ 34/- की दर से 462.25 वर्ग फुट क्षेत्रफल वाले वर्गाकार प्लॉट के गिर्द एक बाड़ के निर्माण की लागत क्या होगी ?
    - (a) ₹ 2924/-
    - (b) ₹ 2682/-
    - (c) ₹ 2846/-
    - (d) निर्धारित नहीं किया जा सकता

12. एक कैंटीन को एक हफ़्ते के लिए 21 दर्जन केलों की जरूरत होती है। 54 दिनों के लिए उसे कितने दर्जन केलों की जरूरत होगी ?
    - (a) 162
    - (b) 1944
    - (c) 165
    - (d) 2052

13. यदि ₹72128 की राशि को 46 व्यक्तियों के बीच बराबर-बराबर बाँटा जाए, तो प्रत्येक व्यक्ति को कितनी राशि मिलेगी?
    - (a) ₹1555
    - (b) ₹1478
    - (c) ₹1460
    - (d) ₹1568

14. एक संख्या के वर्ग से $(74)^2$ घटाने पर प्राप्त उत्तर 5340 है। यह संख्या क्या है ?

(a) 98
(b) 102
(c) 104
(d) 110

15. एक भिन्न का अंश 200% और हर 150% बढ़ा दिया जाए, तो परिणामी भिन्न $\dfrac{9}{35}$ आता है। मूल भिन्न क्या है?

(a) $\dfrac{3}{10}$
(b) $\dfrac{2}{15}$
(c) $\dfrac{3}{16}$
(d) इनमें से कोई नहीं

16. एक संख्या के $\dfrac{3}{4}$ का 15% का 40%, 153 है। यह संख्या क्या है?

(a) 3400
(b) 3650
(c) 3600
(d) 3200

17. 4 सेल-फोन और 7 डिजिटल कैमरों की कीमत ₹125627 है। 8 सेल-फोन और 14 डिजिटल कैमरों की कीमत क्या होगी?

(a) ₹251254
(b) ₹252627
(c) ₹225524
(d) निर्धारित नहीं किया जा सकता है

18. एक वस्तु को ₹ 1,754 में बेचकर उतना ही लाभ होता है जितनी उसे ₹ 1,492 में बेचकर हानि होती है। वस्तु की लागत कीमत कितनी है ?

(a) ₹ 1,623
(b) ₹ 1,523
(c) ₹ 1,689
(d) ₹ 1,589

19. पांच क्रमिक संख्याओं A, B, C, D और E का औसत 48 है। A और E का गुणनफल कितना होगा?

(a) 2162
(b) 2208
(c) 2024
(d) 2300

20. निम्नलिखित अंकों के सेट का औसत बताइए-
341, 292, 254, 375, 505, 639

(a) 401
(b) 399
(c) 405
(d) 397

21. पिंकू रिंकू और टिंकू आपस में ₹4200 की राशि क्रमशः 7 : 8 : 6 के अनुपात में बांटते हैं। इनमें से प्रत्येक के हिस्से में ₹200 जोड़े जाएं, तो उनकी राशि के हिस्सों का क्रमशः नया अनुपात क्या होगा?

(a) 8 : 9 : 6
(b) 7 : 9 : 5
(c) 7 : 8 : 6
(d) 8 : 9 : 7

22. 12 पुरुष एक-तिहाई काम 8 दिन में पूरा कर सकते हैं। इस काम को 16 पुरुष कितने दिन में पूरा कर सकते हैं?

(a) 18
(b) 12
(c) 24
(d) निर्धारित नहीं किया जा सकता है।

23. एक ट्रेन 26 घण्टे में 1560 किमी की दूरी तय करती है, तो ट्रेन की गति कितनी है?

(a) 72 किमी/घण्टा
(b) 62 किमी/घण्टा
(c) 66 किमी/घण्टा
(d) इनमें से कोई नहीं

24. एक आयताकार प्लॉट की लंबाई और चौड़ाई का अनुपात क्रमशः 6 : 5 है, यदि प्लॉट की चौड़ाई, लंबाई से 34 मीटर कम है, तो उसका परिमाप कितना है?

(a) 374 मीटर
(b) 408 मीटर
(c) 814 मीटर
(d) 748 मीटर

25. एक आयताकार प्लॉट की लंबाई इसकी चौड़ाई की तीन गुनी है। यदि इस आयताकार प्लॉट का क्षेत्रफल 7803 वर्ग मीटर है, आयताकार प्लॉट की चौड़ाई कितनी है?

(a) 51 मीटर
(b) 153 मीटर
(c) 104 मीटर
(d) 88 मीटर

निर्देश (26-30): दिये गए विकल्पों में से संबंधित शब्द/अक्षर/ संख्या को चुनें–

26. मूर्ख : गधा : : धूर्त : ?

(a) चींटी
(b) लोमड़ी
(c) खरगोश
(d) घोड़ा

27. बूंद : सागर : तारामंडल : ?

(a) अंतरिक्ष
(b) रोशनी
(c) चमक
(d) उज्जवलता

28. लेखक : उपान्यास : : फैशन डिजाइनर : ?

(a) कपड़ा
(b) पोशाक
(c) सूट
(d) परिधान

29. टैडपोल : ? : : इल्ली : तितली

(a) मछली
(b) मेंढ़क
(c) कौआ
(d) हंस

30. 386 : 383 : 517 : ?

(a) 715
(b) 512
(c) 514
(d) 571

निर्देश (31-34): दिये गए विकल्पों में से विषम शब्द/अक्षर/ संख्या ज्ञात करें–

31. (a) केडमियम
(b) प्लेटिनम
(c) ब्रांज
(d) सिल्वर

32. (a) दूध
(b) दही
(c) पनीर
(d) शराब

33. (a) बार
(b) पाई
(c) आकृति बहुभुज
(d) आयत

34. (a) अर्सेनिक
(b) एन्टीमनी
(c) सिलिकन
(d) प्लेटिनम

35. दिये गए विकल्पों में से अक्षरों को चुनें जो पहले शब्द को पूरा करेगा तथा दूसरे शब्द का प्रारंभ करेगा?

PLAT (?) ATION

(a) TERR
(b) EAU
(c) TENT
(d) FORM

निर्देश (36): दिये गए शब्दों में से उस शब्द को चुने जिसे दिये गए शब्द के अक्षरों का उपयोग करके नहीं बनाया जा सकता।

36. ATTRACTION
    (a) RATION (b) CARTON
    (c) CAUTION (d) TRACTION

निर्देश (37-38): एक श्रृंखला दी गई है जिसमें एक पद लुप्त है। सही विकल्प को चुने जो श्रृंखला को पूरी करेगा।

37. 285, 253, 221, 189, ?
    (a) 157 (b) 151
    (c) 122 (d) 153

38. AB, DEF, HIJK, ? , STUVWX
    (a) LMNO (b) LMNOP
    (c) MNOPQ (d) QRSTU

निर्देश (39): अक्षरों का कौन सा एक समूह को दिये गए अक्षर श्रृंखला में खाली स्थानों पर क्रमानुसार रखने पर इसे पूरा करेगा।

39. a _ bccb_ ca_ _ cca_ baab_ c
    (a) ababc (b) abcaa
    (c) accab (d) bacaa

निर्देश (40): दिये गए विकल्पों में से लुप्त संख्या चुने।

40. 4   10   16
     6   12   18
     8   ?   20
    (a) 12 (b) 14
    (c) 18 (d) 10

41. एक शाम को सूर्यास्त से पहले, दो मित्र रमण और अर्जुन आमने–सामने खड़े होकर बातें कर रहे थे। यदि रमण की परछाई ठीक उसके बांई ओर थी तो अर्जुन किस दिशा में मुंह किये हुए था?
    (a) उत्तर (b) दक्षिण
    (c) पश्चिम (d) पूर्व

42. निम्नलिखित में से प्रतीकों का कौन–सा आदान–प्रदान करके जब समीकरण में रखा जाता है तो इसे सही करेगा?
    $16 - 8 \div 4 + 5 \times 2 = 8$
    (a) ÷ और × (b) – और ÷
    (c) ÷ और + (d) – और ×

43. यदि – का अर्थ ÷ , ÷ का अर्थ – , + का अर्थ × और × का अर्थ + तो $12 - 4 \times 7 + 8 \div 5 = ?$
    (a) 51 (b) 45
    (c) 34 (d) 54

44. एक निश्चित कूट में ROAD को URDG के रूप में लिखा जाता है, तो उस कूट में SWAN को किस प्रकार लिखा जाएगा?
    (a) VXDQ (b) VZDQ
    (c) VZCP (d) UXDQ

45. निम्नलिखित शब्दों को वर्णमाला क्रम में सजाएं और उस एक को चुने जो दूसरे स्थान पर आएगा?
    (a) Blast (b) Bottle
    (c) Bondage (d) Boisterous

46. A और B विपरीत दिशाओं में चलना प्रारंभ करते हैं। A, 3 किमी चलता है तथा B, 4 किमी चलता है। उसके बाद A दायें मुड़ता है और 4 किमी चलता है जबकि B बायें मुड़ता है और 3 किमी चलता है प्रत्येक प्रारंभिक बिन्दु से कितने दूर है?
    (a) 5 किमी (b) 4 किमी
    (c) 10 किमी (d) 8 किमी

47. शनिवार को गणतंत्र दिवस के लिए छुट्टी थी अगले माह की 14 तारीख को पुनः शिवरात्री के लिए छुट्टी थी 14 तारीख को कौन–सा दिन था?
    (a) सोमवार (b) मंगलवार
    (c) गुरुवार (d) शुक्रवार

48. एक आदमी अपने घर से प्रारंभ करता है उत्तर की ओर 8 किमी चलता है, बायें मुड़ता है और 8 किमी चलता है, बायें मुड़ता है और 6 किमी चलता है, दांये मुड़ता है और पुनः 5 किमी चलता है, अब वह किस दिशा में चल रहा है?
    (a) दक्षिण (b) पश्चिम
    (c) उत्तर (d) पूर्व

49. यदि किसी वर्ष अगस्त की 25 तारीख को बृहस्पतिवार है तो उस माह में सोमवार की संख्या है–
    (a) 3 (b) 4
    (c) 5 (d) 6

50. निम्नलिखित में से कौन सी एक आकृति शिक्षक, शिक्षित और रोजगारयुक्त के बीच के सही संबंध की दर्शाता है?

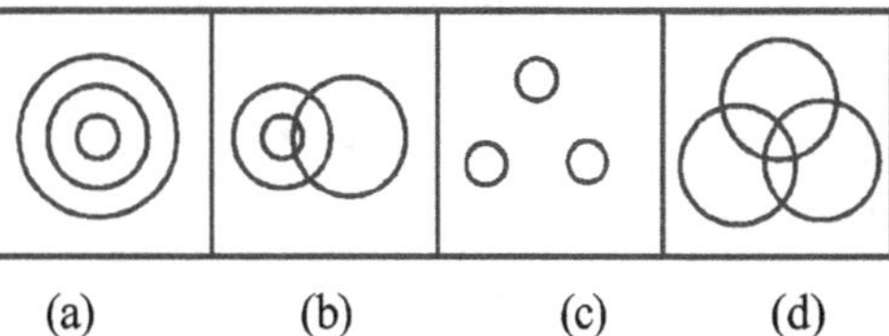

    (a)   (b)   (c)   (d)

51. बुद्ध चरित के लेखक कौन थे?
    (a) अश्वघोष b) नागसेन
    (c) नागार्जुन (d) वासुमित्र

52. निम्नलिखित में से किस मौर्य शासक ने दक्कन जीता था?
    (a) अशोक (b) चंद्रगुप्त
    (c) बिन्दुसार (d) कुणाल

53. भगवतवाद किसकी पूजा पर केंद्रित था?
    (a) शिव (b) भगवती
    (c) स्कंद (d) विष्णु

54. वंदे मातरम के लेखक कौन थे?
    (a) भगत सिंह (b) बालगंगाधर तिलक
    (c) सुभाष चंद्र बोस (d) बंकिम चन्द्र चट्टोपाध्याय

55. पृथ्वी की भूपर्पटी में द्रवयमान के प्रतिशत के रूप में निम्नलिखित में से कौन सर्वाधिक मात्रा में पाया जाता है?
    (a) सिलिकॉन (b) आक्सीजन
    (c) कार्बन (d) कैल्शियम

56. निम्न में से विश्व की सर्वाधिक सक्रिय ज्वालामुखी कौन है?
    (a) एटना (b) युजियामा
    (c) माउंट ताई (d) कटोपैक्सी

57. पेनिप्लेन किससे बनता है?
    (a) नदी द्वारा अनाच्छादन (b) हिमनद द्वारा अनाच्छादन
    (c) पवन द्वारा निक्षेपण (d) हिमनद द्वारा निक्षेपण

58. कील नहर जोड़ता है –
    (a) भूमध्य सागर और काला सागर
    (b) प्रशांत महासागर और अटलांटिक महासागर
    (c) उत्तरी सागर और बाल्टिक सागर
    (d) भूमध्य सागर और लाल सागर

59. दो पारिस्थितिकी तंत्र के बीच के संक्रमण क्षेत्र को कहा जाता है
    (a) बायोम (b) बायोटोप
    (c) इकोटोन (d) सेरे

60. झरिया कोयला क्षेत्र स्थित है
    (a) झारखंड (b) ओडिशा
    (c) आंध्र प्रदेश (d) पश्चिम बंगाल

61. भारतीय सर्वेक्षण विभाग किस मंत्रालय के अधीन है?
    (a) रक्षा (b) वन एवं पर्यावरण
    (c) गृह मंत्रालय (d) विज्ञान और प्रौद्योगिकी

62. तापीय विकिरण विद्युत चुम्बकीय तरंग है, ये किससे संबंधित हैं?
    (a) पराबैंगनी (b) दृश्य क्षेत्र
    (c) गामा क्षेत्र (d) अवरक्त क्षेत्र

63. थर्मो प्लास्क ऊष्मा ह्रास को किसके द्वारा रोकता है?
    (a) विकिरण (b) चालन
    (c) संवहन (d) इन सभी का

64. जब लोहे में जंग लगता है, इसका होता है
    (a) ऑक्सीकरण (b) अवकरण
    (c) वाष्पीकरण (d) विघटन

65. कार्बन मोनोऑक्साइड और नाइट्रोजन के मिश्रण को कहा जाता है–
    (a) प्रा.तिक गैस (b) जल गैस
    (c) प्रोड्यूसर गैस (d) इनमे से कोई नहीं

66. कौन सा एक कोलाइडयन घोल नहीं है ?
    (a) धुआँ (b) वायु
    (c) स्याही (d) रक्त

67. निम्न में से कौन सिंथेटिक नींबू पानी में प्रयोग किया जाता है?
    (a) टार्टरिक एसिड (b) एसिटिक एसिड
    (c) साइट्रिक एसिड (d) ऑक्जेलिक एसिड

68. साबुन को किस रूप में वर्गीकृत किया जा सकता है?
    (a) कार्बोहाइड्रेट (b) ईथर
    (c) फैटी एसिड के लवण (d) इनमे से कोई नहीं

69. श्वसन की जड़ें पायी जाती हैं?
    (a) सुपारी (b) शाहबलूत
    (c) मक्का (d) रहिजोफोरा

70. लीची के खानेवाला हिस्सा है
    (a) मांसल थॉमस (b) एरिल
    (c) मेसोकार्प (d) गर्भदल

71. निम्न में से कौन सा एक वास्तविक मतस्य है?
    (a) लाइंग फिश (b) कराई फिश
    (c) कत्तल फिश (d) सिल्वर फिश

72. मानव शरीर का ब्लड बैंक है?
    (a) प्लीहा (b) अग्न्याशय
    (c) पित्ताशय (d) इनमें से कोई नहीं

73. निम्न में से कौन सा एक मानव तंत्र में एक पाचक एंजाइम नहीं है ?
    (a) ट्रिप्सिन (b) गैस्ट्रीन
    (c) टायलीन (d) पेप्सिन

74. क्रेब चक्र कहाँ होता है ?
    (a) ई .आर. की पुटिका (b) माइटोकांड्रिया
    (c) डिस्टोसोमेस (d) क्लोरोप्लास्ट

75. पुस्तक 'डोमिनेन्ट फाइनेंश और स्टैग्नेन्ट इकोनामी' किसके द्वारा लिखी गई?
    (a) सुनंदा सेन (b) अशोक बैंकर
    (c) दुर्जय दत्त (d) रविन्दर सिंह

76. वन अनुसंधान संस्थान कहाँ स्थित है?
    (a) देहरादून (b) भोपाल
    (c) लखनऊ (d) दिल्ली

77. एक इलेक्ट्रॉन माइक्रोस्कोप के माध्यम से क्या देखा जाता है?
    (a) इलेक्ट्रोनों और अन्य प्राथमिक माइक्रोस्कोप?
    (b) बैक्टीरिया और वायरस का ढांचा
    (c) मनुष्य के पेट का आन्तरिक भाग
    (d) मनुष्य की आंख का आन्तरिक भाग

78. कहाँ मौसम घटना सबसे ज्यादा होती है?
    (a) आयनमंडल (b) क्षोभ मंडल
    (c) समतापमंडल (d) ट्रोपोपॉज

79. शरीर का कौन सा अंग कभी आराम नहीं करता?
    (a) मांसपेशी (b) नस
    (c) जीभ (d) हृदय

80. किसकी उपस्थिति उसे पौधे की कोशिका को जानवर की कोशिका से अलग करती है?
    (a) क्लोरोप्लास्ट (b) कोशिका दीवार
    (c) कोशिका झिल्ली (d) न्यूक्लियस

81. निम्न में 14 वर्ष की उम्र तक बच्चों के विकास के लिए सबसे ज्यादा महत्वपूर्ण है?
    (a) प्रोटीन (b) विटामिन
    (c) वसा (d) दूध

82. लेजर का आविष्कार किसने किया?
    (a) सर फ्रैंक विटल (b) फ्रेड मोरिसन
    (c) डा चार्ल्स एच टोन्स (d) इनमें से कोई नहीं

83. बीज अंकुरण के लिए किसकी आवश्यकता नहीं है?
    (a) जल　　　　　　　(b) हवा
    (c) धुप　　　　　　　(d) अपयुक्त तापमान

84. उबले कास्टिक सोडा और .... के साथ साबुन तैयार किया जाता है–
    (a) एल्कोहल　　　　　(b) किरोसन तेल
    (c) ग्लिसरीन　　　　　(d) वसा

85. निम्न में कौन त्वचा की परत को जल के लिए अभेद्य बनाता है?
    (a) कोलेजन　　　　　(b) मेलानिन
    (c) केरातिन　　　　　(d) चिटिन

86. खाद्य प्रोटीन के सबसे आमिर स्रोत हैं
    (a) मीट और अंडे
    (b) दूध और सब्जियां
    (c) सोयाबीन और मूंगफली
    (d) अन्य सूक्ष्म जीवों और शैवाल के कुछ प्रकार

87. पदार्थ की चौथी अवस्था को जाना जाता है
    (a) गैस　　　　　　　(b) वाष्प
    (c) प्लाज्मा　　　　　(d) इलेक्ट्रॉनिक

88. लैम्बर्ट का कानून सम्बंधित है–
    (a) प्रतिबिम्ब　　　　(b) अपर्वतन
    (c) हस्तक्षेप　　　　　(d) रौशनी

89. डेसिबल की इकाई का प्रयोग किसके लिया जात है–
    (a) प्रकाश की चाल　　(b) गर्मी की तीव्रता
    (c) ध्वनि की तीव्रता　　(d) रेडियो तरंग की आवृत्ति

90. पेट्रोलियम मोम निम्न में से कौन सा है?
    (a) बेस मोम　　　　　(b) कार्नोबा मोम
    (c) पैराफिन मोम　　　(d) जोजोबा मोम

91. आयरन का शुद्ध रूप कौन सा है?
    (a) स्टील　　　　　　(b) कच्चा लोहा
    (c) ढलवा लोहा　　　　(d) गढ़ा लोहा

92. निम्न में कौन–सा धातू अन्य धातुओं से एक मिश्रण बनाता है?
    (a) लीड　　　　　　　(b) टीन
    (c) जिंक　　　　　　　(d) पारा

93. विश्व का सबसे बड़ा मरूस्थल कौन–सा है?
    (a) सहारा　　　　　　(b) गोबी
    (c) थार　　　　　　　(d) टकाला मकान

94. किस कार्बनिक यौगिक के द्वारा सभी तेल को जाना जाता है?
    (a) कार्बोहाइड्रेट　　　(b) प्रोटिन
    (c) हाइड्रोकार्बन　　　(d) एस्टर

95. निम्न में से किस का प्रयोग बिजली की आपूर्ति के लिए किया जाता है?
    (a) जेनर डायोड　　　　(b) जंक्शन डायोड
    (c) गन डायोड　　　　　(d) टनल डायोड

96. प्रधान मंत्री नरेंद्र मोदी ने भारत की पहली आधुनिक पारंपरिक पनडुब्बी, आईएनएस कलवरी को नौसेना के बेड़े में शामिल किया। कलवरी _________ वर्ग की पनडुब्बी है।
    (a) कलवरी वर्ग की पनडुब्बी
    (b) शिशुमार वर्ग की पनडुब्बी
    (c) सिंधुघोश वर्ग की पनडुब्बी
    (d) स्कॉर्पिन वर्ग की पनडुब्बी

97. 2023 में, क्रिकेट विश्व कप की मेजबानी करने वाले देश का नाम बताइये?
    (a) इंगलैंड
    (b) दक्षिण अफ्रीका
    (c) ऑस्ट्रेलिया
    (d) भारत

98. किस एजेंसी की रिपोर्ट के मुताबिक, 2020 के आरंभ में भारत में व्यक्तियों तक बिजली पंहूचा दी जायेगी?
    (a) स्टेनली एजेंसी
    (b) वर्ल्ड इकोनॉमिक एजेंसी
    (c) दिए गए विकल्पों में से कोई भी सत्य नहीं है
    (d) इंटरनेशनल एनर्जी एजेंसी

99. किस देश ने पहली बार दक्षिण एशियाई बैडमिंटन टीम चैम्पियनशिप जीती
    (a) नेपाल　　　　　　(b) इंडिया
    (c) भूटान　　　　　　(d) म्यांमार

100. प्रधान मंत्री नरेंद्र मोदी ने बीआर अम्बेडकर इंटरनेशनल संटर का उद्घाटन _________ में किया।
    (a) चंडीगढ　　　　　(b) पुणे
    (c) नई दिल्ली　　　　(d) मुंबई

RESPONSE SHEET

1. ⓐⓑⓒⓓ	2. ⓐⓑⓒⓓ	3. ⓐⓑⓒⓓ	4. ⓐⓑⓒⓓ	5. ⓐⓑⓒⓓ
6. ⓐⓑⓒⓓ	7. ⓐⓑⓒⓓ	8. ⓐⓑⓒⓓ	9. ⓐⓑⓒⓓ	10. ⓐⓑⓒⓓ
11. ⓐⓑⓒⓓ	12. ⓐⓑⓒⓓ	13. ⓐⓑⓒⓓ	14. ⓐⓑⓒⓓ	15. ⓐⓑⓒⓓ
16. ⓐⓑⓒⓓ	17. ⓐⓑⓒⓓ	18. ⓐⓑⓒⓓ	19. ⓐⓑⓒⓓ	20. ⓐⓑⓒⓓ
21. ⓐⓑⓒⓓ	22. ⓐⓑⓒⓓ	23. ⓐⓑⓒⓓ	24. ⓐⓑⓒⓓ	25. ⓐⓑⓒⓓ
26. ⓐⓑⓒⓓ	27. ⓐⓑⓒⓓ	28. ⓐⓑⓒⓓ	29. ⓐⓑⓒⓓ	30. ⓐⓑⓒⓓ
31. ⓐⓑⓒⓓ	32. ⓐⓑⓒⓓ	33. ⓐⓑⓒⓓ	34. ⓐⓑⓒⓓ	35. ⓐⓑⓒⓓ
36. ⓐⓑⓒⓓ	37. ⓐⓑⓒⓓ	38. ⓐⓑⓒⓓ	39. ⓐⓑⓒⓓ	40. ⓐⓑⓒⓓ
41. ⓐⓑⓒⓓ	42. ⓐⓑⓒⓓ	43. ⓐⓑⓒⓓ	44. ⓐⓑⓒⓓ	45. ⓐⓑⓒⓓ
46. ⓐⓑⓒⓓ	47. ⓐⓑⓒⓓ	48. ⓐⓑⓒⓓ	49. ⓐⓑⓒⓓ	50. ⓐⓑⓒⓓ
51. ⓐⓑⓒⓓ	52. ⓐⓑⓒⓓ	53. ⓐⓑⓒⓓ	54. ⓐⓑⓒⓓ	55. ⓐⓑⓒⓓ
56. ⓐⓑⓒⓓ	57. ⓐⓑⓒⓓ	58. ⓐⓑⓒⓓ	59. ⓐⓑⓒⓓ	60. ⓐⓑⓒⓓ
61. ⓐⓑⓒⓓ	62. ⓐⓑⓒⓓ	63. ⓐⓑⓒⓓ	64. ⓐⓑⓒⓓ	65. ⓐⓑⓒⓓ
66. ⓐⓑⓒⓓ	67. ⓐⓑⓒⓓ	68. ⓐⓑⓒⓓ	69. ⓐⓑⓒⓓ	70. ⓐⓑⓒⓓ
71. ⓐⓑⓒⓓ	72. ⓐⓑⓒⓓ	73. ⓐⓑⓒⓓ	74. ⓐⓑⓒⓓ	75. ⓐⓑⓒⓓ
76. ⓐⓑⓒⓓ	77. ⓐⓑⓒⓓ	78. ⓐⓑⓒⓓ	79. ⓐⓑⓒⓓ	80. ⓐⓑⓒⓓ
81. ⓐⓑⓒⓓ	82. ⓐⓑⓒⓓ	83. ⓐⓑⓒⓓ	84. ⓐⓑⓒⓓ	85. ⓐⓑⓒⓓ
86. ⓐⓑⓒⓓ	87. ⓐⓑⓒⓓ	88. ⓐⓑⓒⓓ	89. ⓐⓑⓒⓓ	90. ⓐⓑⓒⓓ
91. ⓐⓑⓒⓓ	92. ⓐⓑⓒⓓ	93. ⓐⓑⓒⓓ	94. ⓐⓑⓒⓓ	95. ⓐⓑⓒⓓ
96. ⓐⓑⓒⓓ	97. ⓐⓑⓒⓓ	98. ⓐⓑⓒⓓ	99. ⓐⓑⓒⓓ	100. ⓐⓑⓒⓓ

संकेत और हल

1. **(c)** श्रृंखला इस प्रकार है :
$\times 0.5 + 1,\ \times 1 + 1.5,\ \times 1.5 + 2,\ \times 2 + 2.5,\ \times 2.5 + 3,\ \times 3 + 3.5$
अतः 8.5 गलत संख्या है।
इसके स्थान पर
$4.5 \times 1.5 + 2 = 8.75$ होगा।

2. **(d)** श्रृंखला इस प्रकार है :
$\times 1 + 7,\ \times 2 + 12,\ \times 3 + 15,\ \times 4 + 16,\ \times 5 + 15,\ \times 6 + 12$
अतः 12460 गलत संख्या है।
इसके स्थान पर
$2075 \times 6 + 12 = 12462$ होगा

3. **(b)** $\sqrt[3]{?} = (756 \times 67) \div 804$

$\Rightarrow \sqrt[3]{?} = 50652 \div 804 = 63$

$\Rightarrow ? = (63)^3 = 250047$

4. **(a)** $-76 \times 33 + 221 = ?$
$\Rightarrow\ -2508 + 221 = ?$
$\Rightarrow\ -2287 = ?$

5. **(d)** माना संख्या x है।

तो $x \times \dfrac{40}{100} \times \dfrac{60}{100} \times \dfrac{3}{5} = 504$

$\Rightarrow\ x = \dfrac{504 \times 100 \times 100 \times 5}{40 \times 60 \times 3}$
$= 3500$

अतः $3500 \times \dfrac{25}{100} \times \dfrac{2}{5} = 350$

6. **(c)** माना संख्या $(10x + y)$ है।
तो $(10x + y) - (10y + x) = 9$
$\Rightarrow\ 9x - 9y = 9$
$\Rightarrow\ x - y = 1$

7. **(b)** पूरी कक्षा की औसत आयु

$= \dfrac{32 \times 14 + 28 \times 13}{32 + 28}$

$= \dfrac{448 + 364}{60} = 13.53$

8. **(d)** अर्पिता के लिये आवश्यक सही उत्तरों की संख्या
$= 80$ का $75\% = 60$
पहले 40 प्रश्नों में सही उत्तर
$= 40$ का $65\% = 26$
अतः अंतिम 40 प्रश्नों में सही उत्तरों की संख्या $= 60 - 26 = 34$

$\therefore$ प्रतिशत $= \dfrac{34 \times 100}{40} = 85$

9. **(a)** चक्रवृद्धि ब्याज

$= 39300\left(1 + \dfrac{4}{100}\right)^4$

$- 39300$

$= 39300\left(\dfrac{26}{25}\right)^4 - 39300$

$= ₹\, 6675$ (लगभग)

10. **(d)** क्रय मूल्य $= 1850 \times \dfrac{100}{125} = ₹\ 1480$

11. **(a)** वर्ग की भुजा $= \sqrt{462.25} = 21.5$
$\therefore$ अभीष्ट कीमत
$= 21.5 \times 4 \times 34 = ₹\, 2924$

12. **(a)** आवश्यक केलों की संख्या $= \dfrac{21}{7} \times 54 = 162$ दर्जन

13. **(d)** प्रत्येक व्यक्ति को मिलने वाली राशि $= \dfrac{72128}{46} = ₹1568$

14. **(c)** माना संख्या है x
तब
$x^2 - (74)^2 = 5340$
$\Rightarrow x^2 = 5340 + 5476$
$\qquad = 10816$
$\Rightarrow x = \sqrt{10816} = 104$

15. **(d)** माना कि मूल भिन्न $\dfrac{x}{y}$ है।

$\therefore\quad \dfrac{x + \dfrac{200}{100}x}{y + \dfrac{150}{100}y} = \dfrac{9}{35}$

$\Rightarrow\quad \dfrac{x + 2x}{y + 1.5y} = \dfrac{9}{35}$

$\Rightarrow\quad \dfrac{3x}{2.5y} = \dfrac{9}{35}$

$\therefore\quad \dfrac{x}{y} = \dfrac{9 \times 2.5}{3 \times 35} = \dfrac{3}{14}$

16. **(a)** माना कि अभीष्ट संख्या x है।

$x \times \dfrac{3}{4} \times \dfrac{15}{100} \times \dfrac{40}{100} = 153$

$\Rightarrow\quad x = \dfrac{153 \times 4 \times 100 \times 100}{3 \times 15 \times 40} = 3400$

17. **(a)** $\therefore$ 4 सेल फोन + 7 कैमरों की कीमत $= ₹125627$
$\therefore$ 8 सेल फोन + 14 कैमरों की कीमत $= (2 \times 125627)$
$= ₹251254$

18. **(a)** लागत कीमत $= \dfrac{1754 + 1492}{2} = ₹.\ 1623$

19. **(d)** माना $A = x$ है।
$x + x+1 + x+2 + x+3 + x+4$
$= 5 \times 48$

$\Rightarrow 5x + 10 = 240$

$\Rightarrow 5x = 230$

$\therefore x = 46$

$\therefore E = 46 + 4 = 50$

$\therefore A \times E = 46 \times 50 = 2300$

20. (a) अभीष्ट औसत

$$= \frac{(341 + 292 + 254 + 375 + 505 + 639)}{6} = \frac{2406}{6} = 401$$

21. (d) पिंकू, रिंकू और टिंकू को वितरित राशि का अनुपात
$= 7 : 8 : 6$

$\therefore$ अनुपाती योग $= 7 + 8 + 6 = 21$

पिंकू को प्राप्त धन $= \dfrac{7}{21} \times 4200 = ₹1400$

रिंकू को प्राप्त धन $= \dfrac{8}{21} \times 4200 = ₹1600$

टिंकू को प्राप्त धन $= \dfrac{6}{21} \times 4200 = ₹1200$

प्रश्नानुसार,

₹200 जोड़ने पर उनके हिस्से का नया अनुपात
$= 1600 : 1800 : 1400$
$= 8 : 9 : 7$

22. (a) 12 आदमी संपूर्ण कार्य को $8 \times 3 = 24$ दिन में पूरा कर सकते हैं।

$\therefore$ अभीष्ट दिनों की संख्या

$$= \frac{12 \times 24}{16} = 18$$

23. (d) ट्रेन की गति $= \dfrac{1560}{26}$

$\qquad$ $= 60$ किमी/घंटा

24. (d) आयताकार प्लॉट की लंबाई $= 6 \times 34 = 204$ मीटर

आयताकार प्लॉट की चौड़ाई
$= 5 \times 34 = 170$ मीटर

$\therefore$ परिमाप $= 2(204 + 170)$
$= 748$ मीटर

25. (a) माना चौड़ाई x मी. है।

तो लंबाई $= 3x$ मी.

$\therefore$ क्षेत्रफल $\Rightarrow 3x \times x = 7803$

$\Rightarrow x^2 = \dfrac{7803}{3} = 2601$

$\Rightarrow x = \sqrt{2601} = 51$ मी.

26. (b) जिस प्रकार गधा को मूर्ख समझा जाता है, उसी प्रकार लोमड़ी को धूर्त माना जाता हैं।

27. (a) जिस प्रकार 'बूंद' सागर का एक बहुत ही छोटा हिस्सा है। इसी प्रकार 'तारामंडल' अंतरिक्ष का बहुत ही छोटा हिस्सा हैं।

28. (b) जिस प्रकार लेखक उपन्यास का निर्माण करते हैं। उसी प्रकार फैशन डिजाइनर पोशाक का निर्माण करता है।

29. (b) जिस प्रकार 'इल्ली' तितली से संबंधित है, उसी प्रकार 'टैडपौल' मेढ़क से संबंधित है।

30. (c) 386 : 383 : : 517 : 514, -3, -3

31. (c) कांस्य एक मिश्रधातु है, जबकि अन्य सभी धातु है।

32. (d) शराब को छोड़कर, अन्य सभी दूध या दूध उत्पाद है।

33. (a)

34. (c) सिलिकन को छोड़कर, अन्य सभी धातु है।

35. (d)   36. (c)

37. (a)   285   253   221   189   157, -32, -32, -32, -32

38. (c)   39. (a)   40. (b)   41. (a)   42. (b)

43. (d) यदि $- = \div,\ \div = -,\ + = \times,$ और $\times = +$ तो
$12 - 4 \times 7 + 8 \div 5 = ?$
$\Rightarrow 12 \div 4 + 7 \times 8 - 5$
$\Rightarrow 3 + 56 - 5 = 54$

44. (b) जिस प्रकार,

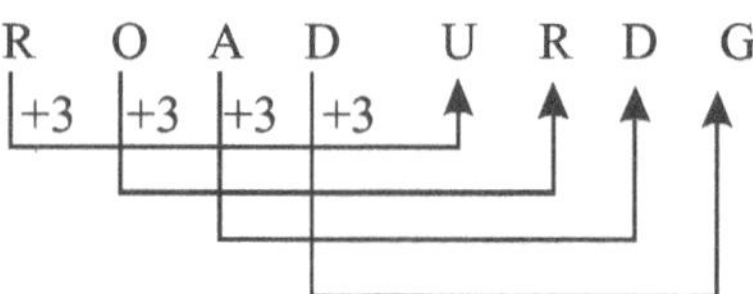

उसी प्रकार,

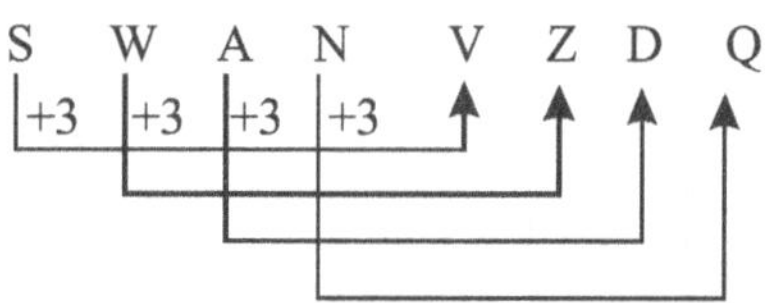

45. (d)

46. (a)
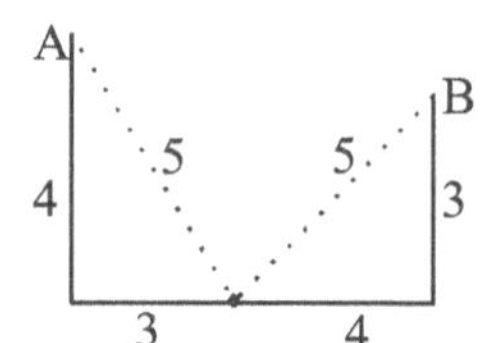

47. (c)

48. (c)

49. (c)   50. (b)   51. (a)   52. (b)   53. (d)

54. (d)   55. (a)   56. (a)   57. (a)   58. (c)

59. (c)   60. (a)   61. (d)   62. (c)   63. (d)

64. (a)   65. (c)   66. (a)   67. (c)   68. (c)

69. (d)   70. (b)   71. (d)   72. (a)   73. (b)

74. (b)   75. (a)   76. (a)   77. (b)   78. (b)

79. (d)   80. (b)   81. (a)   82. (c)   83. (c)

84. (d)   85. (c)   86. (c)   87. (c)   88. (d)

89. (c)   90. (c)   91. (d)   92. (c)   93. (a)

94. (c)   95. (a)   96. (d)   97. (d)   98. (d)

99. (b)   100. (c)

7

प्रैक्टिस सेट

1. इस प्रैक्टिस सेट में 100 वस्तुनिष्ठ बहुविकल्पीय प्रश्न दिए गए हैं।
2. प्रैक्टिस सेट में गणित, सामान्य बुद्धि और तर्कशक्ति, सामान्य विज्ञान, सामान्य ज्ञान और सामयिक विषय से सम्बन्धित बहुविकल्पीय प्रश्न दिए गए हैं।
3. प्रैक्टिस सेट को हल करने की अवधि 90 मिनट है।

समय : 90 मिनट   **अधिकतम अंक: 100**

निर्देश (प्र.स. 1-2) : निम्नलिखित संख्या श्रृंखला में प्रश्नचिह्न (?) के स्थान पर क्या आएगा?

1. 15 25 40 130 ? 2560
   - (a) 500
   - (b) 520
   - (c) 490
   - (d) इनमें से कोई नहीं

2. 186 94 48 25 ? 7.75
   - (a) 13.5
   - (b) 14.8
   - (c) 12.5
   - (d) 14

निर्देश (प्र.स. 3-4) : निम्नलिखित प्रश्नों में प्रश्नचिह्न (?) के स्थान पर **लगभग** मान कितना आएगा? (यथातथ्य मान की गणना आवश्यक नहीं)

3. 726 का 15.2% × 643 का 12.8% = ?
   - (a) 9110
   - (b) 9088
   - (c) 9100
   - (d) 9082

4. $(36.14)^2 - (21.38)^2 = ?$
   - (a) 888
   - (b) 853
   - (c) 846
   - (d) 871

5. ट्रेन-A एक खंभा 25 सेकंड में और दूसरी ट्रेन-B एक खंभा 1 मिनट और 15 सेकंड में पार करती है। ट्रेन-A की लंबाई ट्रेन-B की लंबाई से आधी है। ट्रेन-A और ट्रेन-B की गति के बीच का क्रमशः अनुपात क्या है ?
   - (a) 3:2
   - (b) 3:4
   - (c) 4:3
   - (d) निर्धारित नहीं किया जा सकता है

6. वीणा की मासिक आय 34 किग्रा नट्स की कीमत के समान है। 10 किग्रा नट्स की कीमत 20 किग्रा सेब की कीमत के समान है। 12 किग्रा सेब की कीमत ₹ 1500/- है तो वीणा का वार्षिक वेतन क्या है ?
   - (a) ₹ 1 लाख 20 हजार
   - (b) ₹ 1 लाख 2 हजार
   - (c) ₹ 2 लाख 20 हजार
   - (d) निर्धारित नहीं किया जा सकता है

7. रोहित के पास 50 पैसे, 2 रुपये, 1 रुपये और 5 रुपये के कुछ सिक्के हैं। सभी सिक्कों का मूल्य ₹ 50/- है। 2 रुपये के सिक्के 5 रुपये के सिक्के से 5 अधिक हैं। 50 पैसे के सिक्के 1 रुपये के सिक्कों से दुगुने हैं। 50 पैसे और 1 रुपये के सिक्कों का मूल्य ₹ 26/- है। उसके पास 2 रुपये के सिक्के कितने हैं ?
   - (a) 4
   - (b) 2
   - (c) 7
   - (d) निर्धारित नहीं किया जा सकता है

8. पुनीत को एक परीक्षा में 175 अंक मिले और वह 35 अंकों से फेल हो गया। परीक्षा का पासिंग प्रतिशत 35 है तो परीक्षा के अधिकतम अंक कितने हैं ?
   - (a) 650
   - (b) 700
   - (c) 750
   - (d) 600

9. एक आयत की लंबाई एक वृत्त के व्यास से दुगुनी है। वृत्त की परिधि 22 सें. मी. भुजा वाले वर्ग के क्षेत्रफल के समान है। आयत की चौड़ाई कितनी है यदि इसका परिमाप 668 से.मी. है ?
   - (a) 24 से. मी.
   - (b) 26 से. मी.
   - (c) 52 से. मी.
   - (d) निर्धारित नहीं किया जा सकता

10. 1500 में छोटी से छोटी कौन-सी संख्या जोड़ी जाए कि यह पूर्ण वर्ग बन जाए?
    - (a) 20
    - (b) 21
    - (c) 22
    - (d) 23

11. तीन क्रमिक पूर्णांकों का योग 39 है। उन तीनों में से सबसे बड़ा निम्नलिखित में से कौन है?
    - (a) 12
    - (b) 15
    - (c) 13
    - (d) इनमें से कोई नहीं

12. यदि $2x + 3y = 78$ और $3x + 2y = 72$, तो $x + y$ का मूल्य क्या है ?
    (a) 36
    (b) 32
    (c) 30
    (d) निर्धारित नहीं किया जा सकता

13. एक संख्या का 42% और 35% के बीच का अंतर 110.6 है। इस संख्या का 60% क्या है?
    (a) 936
    (b) 948
    (c) 790
    (d) 1106

14. एक भिन्न का अंश 250% और हर 300% बढ़ाने पर परिणामी भिन्न $\dfrac{7}{9}$ है। मूल भिन्न क्या है?
    (a) $\dfrac{8}{11}$
    (b) $\dfrac{7}{8}$
    (c) $\dfrac{8}{9}$
    (d) $\dfrac{7}{11}$

15. 5 पेंडेंट और 8 चेन की लागत ₹ 1,45,785 है। 15 पेंडेंट और 24 चेन की लागत क्या होगी ?
    (a) ₹ 3,25,285
    (b) ₹ 4,39,355
    (c) ₹ 5,50,000
    (d) इनमें से कोई नहीं

16. एक सेल में एक परफ्यूम विक्रय कीमत पर 15% डिस्काउंट पर मिलता है। डिस्काउंट के बाद परफ्यूम की विक्रय कीमत ₹ 3,675.4 है। परफ्यूम की मूल विक्रय कीमत क्या है ?
    (a) ₹ 4,324
    (b) ₹ 4,386
    (c) ₹ 4,400
    (d) ₹ 4,294

17. स्कोरों के निम्नलिखित समुच्चय के औसत का पता लगाइए।
    178, 863, 441, 626, 205, 349, 462, 820
    (a) 505
    (b) 441
    (c) 349
    (d) 493

18. दी गई तीन संख्याओं में से, पहली संख्या दूसरी से दुगुनी और तीसरी से तिगुनी है। तीन संख्याओं का औसत 121 है तो पहली और तीसरी संख्या के बीच का अंतर क्या है।
    (a) 132
    (b) 99
    (c) 77
    (d) 144

19. एक स्कूल में छात्रों की कुल संख्या 3250 है। यदि उस स्कूल में लड़कियों की संख्या 1495 है, तो लड़कों की कुल संख्या का लड़कियों की कुल संख्या से क्रमश: कितना अनुपात है?
    (a) 23 : 27
    (b) 25 : 29
    (c) 27 : 23
    (d) 29 : 25

20. रिंकू और पूजा ने आरंभ में ₹5,100 और ₹6,600 के साथ एक कारोबार शुरू किया। यदि कुल लाभ ₹2,730 हुआ तो उसमें रिंकू का हिस्सा कितना था?
    (a) ₹ 1,530
    (b) ₹ 1,540
    (c) ₹ 1,200
    (d) इनमें से कोई नहीं

21. 21 बाइंडर 1400 किताबों को 15 दिन में बाइंड कर सकते हैं। 800 किताबों को 20 दिन में बाइंड करने के लिए कितने बाइंडर जरूरी है?
    (a) 7
    (b) 9
    (c) 12
    (d) 14

22. एक बस 49 किमी./घंटा की गति से चलती है और अपने गंतव्य स्थान 7 घंटे में पहुंचती है। बस कितनी दूरी तय करती है?
    (a) 343 किमी.
    (b) 283 किमी.
    (c) 353 किमी.
    (d) 245 किमी.

23. एक आयत का क्षेत्रफल, 21 से.मी. त्रिज्या वाले एक वृत्त के क्षेत्रफल के समान है। आयत की लंबाई और चौड़ाई क्रमश: 14 : 11 के अनुपात में है, तो इसकी परिधि कितनी है?
    (a) 142 से.मी
    (b) 140 से.मी
    (c) 132 से.मी
    (d) 150 से.मी

24. एक वृत्त और एक वर्ग का कुल क्षेत्रफल 2611 व.सें.मी. है। वृत्त का व्यास 42 सें.मी. है। वृत्त की परिधि और वर्ग के परिमाप का योग क्या है ?
    (a) 272 सें.मी.
    (b) 380 सें.मी.
    (c) 280 सें.मी.
    (d) निर्धारित नहीं किया जा सकता है

25. किसी आयत का क्षेत्रफल 1800 वर्ग से.मी. है। यदि आयत की लम्बाई, चौड़ाई से दुगुनी है, तो आयत की लम्बाई कितनी होगी?
    (a) 30 से.मी.
    (b) 40 से.मी.
    (c) 60 से.मी.
    (d) 66 से.मी.

निर्देश (प्र.स. 26-30): दिये गए विकल्पों में से संबंधित अक्षर / शब्द / संख्या को चुनें–

26. NPRT : MNOP : : ? : EFGH
    (a) FHJL
    (b) FHIK
    (c) FHKM
    (d) FGKL

27. DHLP : WSOK : : FJNR : ?
    (a) SOKG
    (b) TPLH
    (c) UQMI
    (d) VRNJ

28. 21 : 2 : : 26 : ?
    (a) 50
    (b) 36
    (c) 32
    (d) 64

29. सम्मान : अनादर : : श्रद्धांजली
    (a) भर्त्सना
    (b) प्रशंसा
    (c) अनुमोदन
    (d) प्रकटना

30. ठंड : कपकपी : : शोक : ?
    (a) प्रसन्नता
    (b) चीख
    (c) सहन
    (d) विलाप

निर्देश (प्र.स. 31-34): दिये गए विकल्पों में से विषम शब्द/संख्या/अक्षर को चुनें–

31. (a) सीडी   (b) फ्लैश ड्राइव
    (c) फ्लॉपी डिस्क   (d) सीपीयू
32. (a) Eat   (b) Fly
    (c) Feet   (d) Call
33. (a) 11 & 44   (b) 6 & 66
    (c) 23 & 68   (d) 15 & 45
34. (a) आंख   (b) कान
    (c) जीभ   (d) हाथ

निर्देश (प्र.स. 35-36): दिये गए विकल्पों में से लुप्त संख्या/अक्षर ज्ञात करें–

35. ACE, BDF, GIK, ?
    (a) JHM   (b) HJI
    (c) HJL   (d) MJH
36. 1, 4, 10, 19, 31, ?
    (a) 46   (b) 50
    (c) 55   (d) 43

निर्देश (प्र.स. 37-47): अक्षरों का कौन–सा एक समूह को खाली स्थानों पर क्रमानुसार रखने पर दी गई अक्षर श्रृंखला को पूर्ण करेगा?

37. DF, GJ, KM, NQ, RT, ?
    (a) UW   (b) XZ
    (c) XZ   (d) UX
38. यदि MINJUR को 312547 और TADA को 6898 कूटबद्ध किया जाता है, तो MADURAI को कैसे लिया जा सकता है?
    (a) 3498178   (b) 3894871
    (c) 3849781   (d) 3894781
39. यदि MOBILITY को 46293927 कूटबद्ध किया जाता है, तो EXAMINATION को कैसे लिखा जा सकता है?
    (a) 45038401854   (b) 56149512965
    (c) 57159413955   (d) 67250623076
40. यदि एक निश्चित भाषा में STUD को TVXH के रूप में कूटबद्ध किया जाता है। तो उस कूट भाषा में SING को किस प्रकार कूटबद्ध किया जाएगा?
    (a) TKQK   (b) TKJK
    (c) TKQM   (d) TKQX
41. यदि एक निश्चित कूट में 1925 को ACE और 36116 को FAD के रूप में लिखा जाता है तो उस कूट भाषा में DIE को किस प्रकार लिखा जाएगा?
    (a) 819259   (b) 168125
    (c) 161825   (d) 16819
42. एक फोटो में राजेश को इंगित करते हुए सुनीता ने कहा कि, 'उसकी मां का इकलौता पुत्र मेरा पिता है, सुनीता राजेश से किस प्रकार संबंधित है?
    (a) भांजी/भतीजी   (b) आंटी
    (c) माँ   (d) पुत्री

43. रीटा का परिचय कराते हुए, मोनिका ने कहा कि, ''वह मेरे पिता की इकलौती पुत्री की इकलौती पुत्री है।'' मोनिका, रीटा से किस प्रकार संबंधित है?
    (a) आंटी   (b) भांजी/भतीजी
    (c) कजिन   (d) माँ
44. दिए गए वैकल्पिक शब्दों से, उस शब्द का चयन कीजिए जिसे दिए गए शब्द के अक्षरों का उपयोग करके नहीं बनाया जा सकता।
COMFORTABLE
    (a) TERM   (b) FAME
    (c) COMFORT   (d) ROUTE
45. छात्रों की एक पंक्ति में, यदि मुकेश, जो कि बाएं से 16वें स्थान पर है, और उमेश, जो दायीं ओर से आठवें स्थान पर है, उनकी स्थिति को आपस में बदल दिया जाता है, तो मुकेश बाएं से 33वें स्थान पर आ जाता है। एक पंक्ति में कितने छात्र हैं?
    (a) 38   (b) 39
    (c) 40   (d) 41
46. पिता और पुत्र की वर्तमान आयु का योग 70 वर्ष है। 10 वर्ष बाद, पुत्र की आयु पिता की आयु के ठीक आधी होगी, उसकी आयु क्या है?
    (a) 45 वर्ष, 25 वर्ष   (b) 50 वर्ष, 20 वर्ष
    (c) 47 वर्ष, 23 वर्ष   (d) 50 वर्ष, 25 वर्ष
47. अनमोल का परिचय कराते हुए, बोमन ने कहा 'वह मेरी मां का एकमात्र भाई के एकमात्र नेपयू की पत्नी है' अनमोल, बोमन से किस प्रकार संबंधित है?
    (a) पत्नी   (b) बहन
    (c) भाभी   (d) मां

निर्देश (प्र.स. 48): दिये गए विकल्पों में से लुप्त संख्या ज्ञात करें।

48.

169	64	81	30
625	?	49	50
1296	576	100	70

    (a) 324   (b) 289
    (c) 441   (d) 361
49. एक पति-पत्नि के तीन विवाहित पुत्र हैं और उनमें से प्रत्येक के 3 बच्चे हैं। परिवार में कितने सदस्य हैं?
    (a) 16   (b) 20
    (c) 17   (d) 15
50. दिये गए विकल्पों में से शब्द को चुने जिसे दिये गए शब्द "Distribution" के अक्षरों का उपयोग करके नहीं बनाया जा सकता।
    (a) riot   (b) dust
    (c) disturb   (d) tribute

51. बुद्ध जिस कुल से संबंधित था उसका नाम क्या है?
    (a) ग्रंथिका   (b) मौर्य
    (c) साक्य   (d) कुरू

52. एक खगोलीय ईकाई किसके बीच की औसत दूरी है?
    (a) पृथ्वी और सूर्य   (b) पृथ्वी और चन्द्रमा
    (c) बृहस्पति और सूर्य   (d) प्लूटो और सूर्य

53. धूमकेतू चमकीले आकाशीय पिण्ड है, यह किसकी परिक्रमा करते हैं?
    (a) बृहस्पति   (b) सूर्य
    (c) चन्द्राम   (d) पृथ्वी

54. विली-विली है-
    (a) शीतोष्ण क्षेत्र में एक वृक्ष का प्रकार
    (b) उत्तर पश्चिम आस्ट्रेलिया में एक उष्ण कटिबंधीय चक्रवात
    (c) एक पवन जो मरुस्थल में बहती है
    (d) लक्षद्वीप के निकट पाया जाने वाला एक मछली।

55. कौन सा-जलसंधी लाल सागर और हिन्द महासागर को जोड़ता है?
    (a) बाब-अल-मन्देब   (b) होर्मूज
    (c) बास्फोरस   (d) मल्क्का

56. लकड़ी के लुग्दी का सबसे बड़ा निर्यातक कौन है?
    (a) कनाडा   (b) स्वीडेन
    (c) फिनलैण्ड   (d) नार्वे

57. जेरोफाइट किसका सहन कर सकते हैं और सामना कर सकते हैं?
    (a) सूखे की स्थिति को   (b) कड़ाके की सर्दी को
    (c) आर्द्रता को   (d) उच्च तापमान को

58. प्रायद्वीपीय नदियों में सबसे बड़ी कौन है?
    (a) गोदावरी   (b) महानदी
    (c) कृष्णा   (d) कावेरी

59. स्वर्ण क्रांति किसके विकास को दर्शाता है?
    (a) तिलहन   (b) दालें
    (c) हार्टीकल्चर   (d) अनाज

60. भारत के किस राज्य में थोरियम का विश्व का सबसे बड़ा निक्षेप है-
    (a) केरल   (b) कर्नाटक
    (c) आन्ध्र प्रदेश   (d) असम

61. रानीगंज कोयला क्षेत्र है-
    (a) बिहार   (b) उड़ीसा में
    (c) पश्चिम बंगाल में   (d) मध्य प्रदेश में

62. नागरिक समानता का अर्थ है?
    (a) कानून के समक्ष समानता
    (b) अवसर की समानता
    (c) धन का समान वितरण
    (d) राज्य के मामलों में भाग लेने का समान अधिकार

63. विश्व का सबसे बड़ा प्लेटफार्म कहां स्थित है?
    (a) गोरखपुर   (b) न्यूयार्क
    (c) खड़गपुर   (d) शिकागो

64. वृहस्पती की कक्षीय गति है-
    (a) पृथ्वी की कक्षीय गति से ज्यादा
    (b) पृथ्वी की कक्षीय गति से कम
    (c) पृथ्वी की कक्षीय गति के बराबर
    (d) शून्य

65. जब वायु संतृप्त होता है, यह किसका धारण नहीं कर सकता?
    (a) और अधिक आर्द्रता   (b) अधिक वायु
    (c) अधिक CO_2 (d) अधिक O_2

66. मानव नेत्र से 'ऐस्टिगमैटिज्म' को दूर करने के लिए निम्नलिखित में से किसका उपयोग होता है?
    (a) अवतल लेंस   (b) उत्तल लेंस
    (c) बेलनाकार लेंस   (d) प्रिज्मेटिक लेंस

67. 'काम्पटन इफेक्ट' संबंधित है-
    (a) धनात्मक किरणों से   (b) β किरण
    (c) γ किरण   (d) X किरण

68. फार्मिक अम्ल प्राप्त किया जाता है-
    (a) लाल चिंटी से   (b) वसा से
    (c) सिरका से   (d) नारंगी से

69. सर्वाधिक पाया जाने वाला लेन्थेनाइड है-
    (a) लैन्थानम   (b) सीरियम
    (c) प्लूटोनियम   (d) सैमारियम

70. पैराअल्डिहाइ किस रूप में प्रयुक्त होता है?
    (a) दवाई   (b) अच्छा ईंधन
    (c) बहुलक   (d) डाई

71. माइटोकोंड्रिया किसका कार्य स्थल है?
    (a) ऑक्सीडेटिव फोस्फोराइलेशन
    (b) फोटोलाइशिस
    (c) फोस्फोराइलेशन
    (d) स्टार्च सिन्थेसिस

72. कार्क प्राप्त किया जाता है-
    (a) जाइलम से   (b) लोएम से
    (c) कार्क कैम्बियम   (d) वेस्कूलर कैम्बियम

73. इन्यूक्लीएटेड आरबीसी किसमें पाया जाता है?
    (a) रेपटाइल   (b) पक्षी
    (c) एम्फीबिया   (d) स्तनधारी

74. पेंगूइन केवल पाया जाता है-
    (a) एशिया में   (b) अफ्रीका में
    (c) अन्टार्कटिका में   (d) अमेरिका में

75. त्वचा के उपरी परत को कहा जाता है?
    (a) एपीडर्मिस   (b) प्रोटोडर्मिस
    (c) डर्मिस   (d) इनमें से कोई नहीं

76. विटामिन K की आवश्यकता होती है-
    (a) रक्त जमने के लिए
    (b) श्वसन के लिए
    (c) कार्बोहाइड्रेट उपापचय
    (d) कैल्शियम फोस्फोरस के लिए

77. गुर्दा का प्रमुख कार्य है-
    (a) निष्क्रिय अवशोषण   (b) अल्ट्राफिल्ट्रेशन
    (c) चयनित पुनर्अवशोषण   (d) b और c दोनों

78. न्यूक्लिक एसिड बना होता है-
    (a) न्यूक्लिओटाइड का   (b) न्यूक्लिओसाइड का
    (c) एमिनोएसिड का   (d) प्रोटीन

79. निम्नलिखित में से कौन पारिस्थितिकी तंत्र का एक अजैविक घटक है?
    (a) बैक्टीरिया   (b) क्लोरेला
    (c) जल   (d) मानव

80. भारत के राष्ट्रपति श्री रामनाथ कोविंद ने हाल ही में _____ के उच्च न्यायालय में 'न्याय ग्राम परियोजना' की आधारशिला रखी है।
    (a) लखनऊ   (b) इलाहाबाद
    (c) मद्रास   (d) कोलकाता

81. ग्यारहवां विश्व व्यापार संगठन (WTO) मंत्रिस्तरीय सम्मेलन (MC11) का आयोजन _____ में हुआ था।
    (a) स्विट्जरलैंड   (b) पोलैंड
    (c) डेनमार्क   (d) अर्जेंटीना

82. कौन सा देश डिजिटल रेडियो पर अपने रूपांतरण को पूरा करके अपने FM नेटवर्क के राष्ट्रीय प्रसारण को बंद करने वाला विश्व का पहला देश बना।
    (a) स्वीडन   (b) आइसलैंड
    (c) नॉर्वे   (d) डेनमार्क

83. भारत ने हाल ही में 'द लेजिटाम प्रोसपेरिटी इंडेक्स 2017' में अपने रैंक में सुधार किया और अब भारत _____ स्थान पर है।
    (a) 95वां   (b) 90वां
    (c) 100वां   (d) 115वां

84. निम्न में से कौन खरीफ की फसल नहीं है?
    (a) चावल   (b) गेहूं
    (c) गन्ना   (d) कपास

85. वायरस में क्या होता है–
    (a) प्रोटिन और लीपिड
    (b) न्यूक्लिक एसिड और प्रोटीन
    (c) लीपिड और कार्बोहाइड्रड
    (d) कार्बोइड्रट और न्यूक्लिक एसिड

86. ईमेल की अवधारणा किसने विकसित की?
    (a) बिल गेट्स   (b) एथुर सी क्लार्क
    (c) रे टोमलीजन   (d) सबीर भाटिया

87. निम्न में किसे पृथ्वी का जुड़वा कहा जाता है?
    (a) नेप्चून   (b) शुक्र
    (c) मंगल   (d) शनि

88. ऊनी कपड़े शरीर को गर्म रखते हैं क्योंकि–
    (a) ऊन शरीर के तापमान को बढ़ाता है।
    (b) ऊन एक बुरा चालक है।
    (c) ऊन बाहरी वस्तुओं से दीप्तिमान गर्मी अवशोषित करता है।
    (d) ऊन बाहरी वस्तुओं से गर्मी अस्विकृत करता है।

89. यदि एक साधारण पेन्डुलम की लम्बाई आधी है तो दोलन की अवधि होगी–
    (a) दोहरी   (b) आधी
    (c) भागफल $\sqrt{b}$ अधिक   (d) भागफल $\sqrt{b}$ कम

90. धुंध का कारण है–
    (a) सूखी बर्फ
    (b) कम तापमान पर बर्फ
    (c) कम तापमान पर जल वाष्प
    (d) कार्बन. मोनो ऑक्साइड का ठोस रूप

91. भारत में पहली पैसेंजर ट्रेन कब चली?
    (a) जनवरी 1848   (b) अप्रैल 1853
    (c) मई 1857   (d) अप्रैल 1852

92. भारत में पहली रंगीन फिल्म बनाई गई?
    (a) मधुमती   (b) मुगलेआजम
    (c) आन   (d) दो बीघा जमीन

93. पोलियो टिका (मौखिक) का आविष्कार किसने किया?
    (a) जोनस साल्क   (b) अल्बर्ट सबिन
    (c) बर्क होल्डर   (d) राबर्ट कोच

94. भारत की सबसे बेशकीमती चाय कहां उगायी जाती है?
    (a) जोरहट   (b) दार्जिलिंग
    (c) नीलगिर्स   (d) मुन्नार

95. टायफायड बुखार का कारण है–
    (a) वायरस   (b) बैक्टीरिया
    (c) फंगस   (d) एलर्जी

96. जंगल में एक शेर की उपस्थिति आवश्यक है
    (a) पेड़ों को सुरक्षित रखने के लिए
    (b) जंगल में सुन्दरता बढ़ाने के लिए
    (c) चारागाह को ज्यादा चरने से बचाने के लिए
    (d) अन्य मांसाहारी जानवरों को दूर रखने के लिए

97. बन्दीपुर राष्ट्रीयस पार्क कहाँ है?
    (a) राजस्थान   (b) आन्ध्र प्रदेश
    (c) कर्नाटक   (d) असम

98. वह पदार्थ जो तरल से ठोस अवस्था की ओर जाते वक्त नहीं फैलता, वह है।
    (a) पानी   (b) कच्चे लोहे
    (c) एल्युमिनियम   (d) धातु का प्रकार

99. एक रेलवे प्लेटफार्म पर खड़ा एक व्यक्ति गाड़ियों के प्रस्थान और पहुँचने की सीटी को सुनता है। सीटी की आवाज
    (a) सभी सन्दर्भों में दोनों स्थितियों में समान हैं
    (b) ट्रेन आने पर उच्च तीव्रता होती है
    (c) ट्रेन आने पर पिच ऊँची होती है
    (d) ट्रेन के प्रस्थान करने पर पिच ऊँची होती है

100. हवा की गति को किससे मापा जाता है
    (a) बैरोमीटर   (b) हयिग्रोमीटर
    (c) थर्मोमीटर   (d) एनेमोमीटर

RESPONSE SHEET

1. ⓐⓑⓒⓓ	2. ⓐⓑⓒⓓ	3. ⓐⓑⓒⓓ	4. ⓐⓑⓒⓓ	5. ⓐⓑⓒⓓ
6. ⓐⓑⓒⓓ	7. ⓐⓑⓒⓓ	8. ⓐⓑⓒⓓ	9. ⓐⓑⓒⓓ	10. ⓐⓑⓒⓓ
11. ⓐⓑⓒⓓ	12. ⓐⓑⓒⓓ	13. ⓐⓑⓒⓓ	14. ⓐⓑⓒⓓ	15. ⓐⓑⓒⓓ
16. ⓐⓑⓒⓓ	17. ⓐⓑⓒⓓ	18. ⓐⓑⓒⓓ	19. ⓐⓑⓒⓓ	20. ⓐⓑⓒⓓ
21. ⓐⓑⓒⓓ	22. ⓐⓑⓒⓓ	23. ⓐⓑⓒⓓ	24. ⓐⓑⓒⓓ	25. ⓐⓑⓒⓓ
26. ⓐⓑⓒⓓ	27. ⓐⓑⓒⓓ	28. ⓐⓑⓒⓓ	29. ⓐⓑⓒⓓ	30. ⓐⓑⓒⓓ
31. ⓐⓑⓒⓓ	32. ⓐⓑⓒⓓ	33. ⓐⓑⓒⓓ	34. ⓐⓑⓒⓓ	35. ⓐⓑⓒⓓ
36. ⓐⓑⓒⓓ	37. ⓐⓑⓒⓓ	38. ⓐⓑⓒⓓ	39. ⓐⓑⓒⓓ	40. ⓐⓑⓒⓓ
41. ⓐⓑⓒⓓ	42. ⓐⓑⓒⓓ	43. ⓐⓑⓒⓓ	44. ⓐⓑⓒⓓ	45. ⓐⓑⓒⓓ
46. ⓐⓑⓒⓓ	47. ⓐⓑⓒⓓ	48. ⓐⓑⓒⓓ	49. ⓐⓑⓒⓓ	50. ⓐⓑⓒⓓ
51. ⓐⓑⓒⓓ	52. ⓐⓑⓒⓓ	53. ⓐⓑⓒⓓ	54. ⓐⓑⓒⓓ	55. ⓐⓑⓒⓓ
56. ⓐⓑⓒⓓ	57. ⓐⓑⓒⓓ	58. ⓐⓑⓒⓓ	59. ⓐⓑⓒⓓ	60. ⓐⓑⓒⓓ
61. ⓐⓑⓒⓓ	62. ⓐⓑⓒⓓ	63. ⓐⓑⓒⓓ	64. ⓐⓑⓒⓓ	65. ⓐⓑⓒⓓ
66. ⓐⓑⓒⓓ	67. ⓐⓑⓒⓓ	68. ⓐⓑⓒⓓ	69. ⓐⓑⓒⓓ	70. ⓐⓑⓒⓓ
71. ⓐⓑⓒⓓ	72. ⓐⓑⓒⓓ	73. ⓐⓑⓒⓓ	74. ⓐⓑⓒⓓ	75. ⓐⓑⓒⓓ
76. ⓐⓑⓒⓓ	77. ⓐⓑⓒⓓ	78. ⓐⓑⓒⓓ	79. ⓐⓑⓒⓓ	80. ⓐⓑⓒⓓ
81. ⓐⓑⓒⓓ	82. ⓐⓑⓒⓓ	83. ⓐⓑⓒⓓ	84. ⓐⓑⓒⓓ	85. ⓐⓑⓒⓓ
86. ⓐⓑⓒⓓ	87. ⓐⓑⓒⓓ	88. ⓐⓑⓒⓓ	89. ⓐⓑⓒⓓ	90. ⓐⓑⓒⓓ
91. ⓐⓑⓒⓓ	92. ⓐⓑⓒⓓ	93. ⓐⓑⓒⓓ	94. ⓐⓑⓒⓓ	95. ⓐⓑⓒⓓ
96. ⓐⓑⓒⓓ	97. ⓐⓑⓒⓓ	98. ⓐⓑⓒⓓ	99. ⓐⓑⓒⓓ	100. ⓐⓑⓒⓓ

संकेत और हल

1. **(d)** श्रृंखला इस प्रकार है : $\times 1 + 10, \times 2 - 10, \times 3 + 10, \times 4 - 10,$ $\times 5 + 10....$
अतः $? = 130 \times 4 - 10 = 510$

2. **(a)** श्रृंखला इस प्रकार है : $+ 2$ और फिर $\div 2$
अतः $? = (25 + 2) \div 2 = 13.5$

3. **(d)**

4. **(b)**

5. **(a)** माना ट्रेन-A की लंबाई x मीटर है।
$\therefore$ ट्रेन-B की लंबाई $= 2x$ मीटर
ट्रेन-A की गति $= \dfrac{x}{25}$ मी. / से.
ट्रेन-B की गति $= \dfrac{2x}{75}$ मी. / से.
$\therefore$ अनुपात $= \dfrac{x}{25} : \dfrac{2x}{75} = 3 : 2$

6. **(b)** एक कि.ग्रा. सेब की कीमत
$= \dfrac{1500}{12} = ₹\,125$
एक कि.ग्रा. नट्स की कीमत
$= 125 \times 2 = ₹\,250$
$\therefore$ वीणा का वार्षिक वेतन
$= 34 \times 250 \times 12$
$= ₹\,102000$

7. **(c)** माना 1 रूपये के सिक्कों की संख्या x है।
50 पैसे के सिक्कों की संख्या $= 2x$
$\therefore \quad x + \dfrac{2x}{2} = 26$
$\Rightarrow \quad x = 13$
माना 5 रूपये के सिक्कों की संख्या y है।
तो, $5y + 2\,(y + 5) = 50 - 26$
$\Rightarrow \quad y = 2$
अतः 2 रूपये के सिक्कों की संख्या $= 2 + 5 = 7$

8. **(d)** अधिकतम अंक
$= \dfrac{(175 + 35) \times 100}{35} = 600$

9. **(b)** वृत्त की परिधि
$= 22 \times 22 = 484$ से.मी.
या, $2\pi r = 484$
$\Rightarrow r = \dfrac{484 \times 7}{2 \times 22} = 77$ से.मी.
आयत का परिमाप
$= 77 \times 2 \times 2 = 308$ से.मी.
आयत की परिमाप
$= 2\,(l + b) = 668$
या $2\,(308 + b) = 668$
$\Rightarrow b = \dfrac{668 - 616}{2} = 26$ से.मी.

10. **(b)** $38^2 = 1444$

$39^2 = 1521$
$\therefore$ अभीष्ट संख्या $= 1521 - 1500 = 21$

11. **(d)** माना कि तीन क्रमिक पूर्णांक संख्याएं क्रमशः $x, x + 1$ और $x + 2$ हैं।
प्रश्नानुसार,
$x + x + 1 + x + 2 = 39$
या, $3x + 3 = 39$
या, $3x = 39 - 3 = 36$
या, $x = \dfrac{36}{3} = 12$
$\therefore$ अभीष्ट सबसे बड़ी संख्या $= x + 2 = 12 + 2 = 14$

12. **(c)** $2x + 3y = 78 ......$ (i)
$3x + 2y = 72 ....$(ii)
समीकरण (i) और (ii) से
$x = 12, y = 18$
$\therefore \quad x + y = 12 + 18$
$= 30$

13. **(b)** माना कि संख्या $= x$
प्रश्नानुसार,
x का $(42 - 35)\% = 110.6$
या, $x \times \dfrac{7}{100} = 110.6$
या, $x = \dfrac{110.6 \times 100}{7} = 1580$
$\therefore 1580$ का $60\% = \dfrac{1580 \times 60}{100} = 948$

14. **(c)** माना कि मूल भिन्न $= \dfrac{x}{y}$
प्रश्नानुसार,
$\dfrac{x \times \dfrac{350}{100}}{y \times \dfrac{400}{100}} = \dfrac{7}{9}$
$\Rightarrow \dfrac{7x}{8y} = \dfrac{7}{9} \Rightarrow \dfrac{x}{y} = \dfrac{7}{9} \times \dfrac{8}{7} = \dfrac{8}{9}$

15. **(d)** 15 पेडेंट $+$ 24 चेन
$= 3\,(5$ पेडेंट $+ 8$ चेन$)$
$= 3 \times 145785 = ₹\,437355$

16. **(a)** मूल विक्रय मूल्य $= \dfrac{3675.4 \times 100}{85}$
$= ₹\,4324$

17. (d) अभीष्ट औसत

$$= \frac{178+863+441+626+205+349+462+820}{8}$$

$$= \frac{3944}{8} = 493$$

18. (a) माना कि तीसरी संख्या $= x$

∴ पहली संख्या $= 3x$ और दूसरी संख्या $= \dfrac{3x}{2}$

प्रश्नानुसार,

या, $3x + \dfrac{3x}{2} + x = 3 \times 121$

या, $\dfrac{6x+3x+2x}{2} = 3 \times 121$

या, $\dfrac{11x}{2} = 3 \times 121$

∴ $x = \dfrac{3 \times 121 \times 2}{11} = 66$

∴ तीसरी संख्या $= 66$

अभीष्ट अंतर $= 3x - x = 2x = 2 \times 66 = 132$

19. (c) लड़कियों की संख्या $= 1495$

∴ लड़कों की संख्या $= 3250 - 1495 = 1755$

∴ अभीष्ट अनुपात $= 1755 : 1495 = 27 : 23$

20. (d) रिंकु और पूजा की पूंजीयों का अनुपात

$$= \frac{5100}{6600} = \frac{51}{66} = \frac{17}{22}$$

∴ रिंकु का हिस्सा $= \dfrac{2730 \times 17}{17+22} = ₹1190$

21. (b) बाइंडरों की अभीष्ट संख्या $= \dfrac{800 \times 21 \times 15}{1400 \times 20} = 9$

22. (a) तय की गई दूरी $=$ चाल $\times$ समय

$= 49 \times 7 = 343$ किमी.

23. (d) आयत का क्षेत्रफल

$=$ वृत्त का क्षेत्रफल

$= \dfrac{22}{7} \times 21 \times 21$

$= 1386$ वर्ग से.मी.

माना आयत की लंबाई और चौड़ाई क्रमश: $14x$ और $11x$ हैं।

तो $14x \times 11x = 1386$

$\Rightarrow x^2 = \dfrac{1386}{14 \times 11} = 9$

$\Rightarrow x = \sqrt{9} = 3$

आयत की परिधि

$= 2(14x + 11x) = 2 \times 25 \times 3$

$= 150$ से.मी.

24. (a) वृत्त का क्षेत्रफल $= \dfrac{22}{7} \times \left(\dfrac{42}{2}\right)^2 = 1386$ वर्ग से.मी.

वर्ग का क्षेत्रफल $= 2611 - 1386$

$= 1225$ वर्ग से.मी.

वर्ग की भुजा $= \sqrt{1225} = 35$ से.मी.

∴ अभीष्ट योग $= 2 \times \dfrac{22}{7} \times 21 + 4 \times 35$

$= 132 + 140 = 272$ से.मी.

25. (c) माना आयत की लम्बाई $= x$ से.मी.

∴ आयत की चौड़ाई $= \dfrac{x}{2}$ से.मी.

∴ आयत का क्षेत्रफल $=$ लम्बाई $\times$ चौड़ाई

∴ $1800 = x \times \dfrac{x}{2}$

या $x^2 = 3600$

या $x = 60$

अत: आयत की लम्बाई 60 से.मी. होगी।

26. (a) जिस प्रकार,   उसी प्रकार,

$N \xleftarrow{+1} M$ $F \xleftarrow{+1} E$

$P \xleftarrow{+2} N$ $H \xleftarrow{+2} F$

$R \xleftarrow{+3} O$ $J \xleftarrow{+3} G$

$T \xleftarrow{+4} P$ $L \xleftarrow{+4} H$

अत: विकल्प (a) सही होगा।

27. (c)

28. (d)

29. (a) जिस प्रकार सम्मन अनादर का विलोम है, उसी प्रकार श्रदांजलि भर्त्सना का विलोम है।

30. (d) जिस प्रकार ठंड लगने पर कपकपी की प्रतिक्रिया होती है, उसी प्रकार शोक होने पर विलाप होता है।

31. (d) विकल्प (d) के अतिरिक्त अन्य सभी डेटा संग्रहण डिवाइस है।

32. (a)

33. (c) विकल्प (c) के अतिरिक्त, अन्य सभी में, दूसरा अंक पहले अंक का गुणक है।

34. (d) विकल्प (d) के अन्य सभी संवेदक अंग हैं।

35. (c) प्रत्येक पद में, अक्षरों के मध्य एक अक्षर का अंतर है।

36. (a)

```
  1      4      10      19      31      46
     +3     +6      +9     +12     +15
       +3     +3      +3      +3
```
→ अत: विकल्प (a) सही होगा।

37. (d)

38. (d)

39. (b)

40. (a)   जिस प्रकार,   उसी प्रकार,

कूटबद्धता $\rightarrow$

	S	T	U	D		S	I	N	G
	↓+1	↓+2	↓+3	↓+4		↓+1	↓+2	↓+3	↓+4
	T	V	X	H		T	K	Q	K

41. (b) जिस प्रकार,

A C E   और   F A D

$$(1)^2 \;\; (3)^2 \;\; (5)^2 \qquad (1)^2 \;\; (1)^2 \;\; (4)^2$$

1   9   25   36   1   16

उसी प्रकार,

D I E

$$(4)^2 \;\; (9)^2 \;\; (5)^2$$

16   81   25

अतः 161825 उचित कूटबद्ध है।

42. (d)   **43.** (d)   **44.** (d)   **45.** (c)   **46.** (b)

47. (a)

बोमन की माँ ⟶ माँ का एकमात्र भाई

(बोमन ← बोमन ← भाई का भतीजा

की पत्नी)

अतः अनमोल बोमन की पत्नी है।

48. (a)

$$\sqrt{169} + \sqrt{64} + \sqrt{81} = 30$$

$$\sqrt{1296} + \sqrt{576} + \sqrt{100} = 76$$

$$\sqrt{625} + \sqrt{?} + \sqrt{49} = 50$$

$$25 + ? + 7 = 50$$

$$? = 25 + 7 = 50$$

$$? = 32 = 50$$

$$? = 50 - 32 = 18$$

$$? = 18 \times 18 = 324$$

49. (c)

50. (d)   Distribution में 'e' नहीं है।

51	(c)	52 (a)	53 (b)	54 (b)	55 (a)			
56	(a)	57 (a)	58 (a)	59 (c)	60 (a)			
61	(c)	62 (a)	63 (a)	64 (b)	65 (a)			
66	(c)	67 (d)	68 (a)	69 (b)	70 (a)			
71	(a)	72 (c)	73 (d)	74 (c)	75 (a)			
76	(a)	77 (b)	78 (a)	79 (c)	80 (b)			
81	(d)	82 (c)	83 (c)	84 (b)	85 (b)			
86	(c)	87 (b)	88 (b)	89 (d)	90 (c)			
91	(b)	92 (b)	93 (a)	94 (b)	95 (b)			
96	(c)	97 (c)	98 (d)	99 (c)	100 (d)			

8 प्रैक्टिस सेट

1. इस प्रैक्टिस सेट में 100 वस्तुनिष्ठ बहुविकल्पीय प्रश्न दिए गए हैं।
2. प्रैक्टिस सेट में गणित, सामान्य बुद्धि और तर्कशक्ति, सामान्य विज्ञान, सामान्य ज्ञान और सामयिक विषय से सम्बन्धित बहुविकल्पीय प्रश्न दिए गए हैं।
3. प्रैक्टिस सेट को हल करने की अवधि 90 मिनट है।

समय : 90 मिनट **अधिकतम अंक: 100**

निर्देश (1-2) : निम्नलिखित प्रश्नों के सही विकल्प चुने।

1. 5 12 36 123 ? 2555 15342
   - (a) 508
   - (b) 381
   - (c) 504
   - (d) 635

2. 8 11 17 ? 65 165.5 498.5
   - (a) 27.5
   - (b) 32
   - (c) 28
   - (d) 30.5

3. 4 लड़कियां एक काम 8 दिन में कर सकती हैं, यही काम 3 लड़के 9 दिन में और 7 पुरुष 2 दिन में और 5 महिलाएं 4 दिन में कर सकती हैं। सबसे कम कार्यदक्ष कौन है ?
   - (a) लड़के
   - (b) लड़कियां
   - (c) महिलाएं
   - (d) पुरुष

4. सेट-A की सतत आठ संख्याओं का योग 376 है। सतत पांच संख्या वाले एक दूसरे सेट का योग क्या है जिसकी न्यूनतम संख्या सेट-A के औसत से 15 अधिक है ?
   - (a) 296
   - (b) 320
   - (c) 324
   - (d) 284

5. एक सामानांतर चतुर्भुज के संलग्न कोणों के बीच का अनुपात क्रमशः 2 : 3 है। समांतर चतुर्भुज के छोटे कोण का आधा एक चतुर्भुज के सबसे छोटे कोण के समान है। चतुर्भुज का सबसे बड़ा कोण उसके सबसे छोटे कोण का चौगुना है। चतुर्भुज के सबसे बड़े कोण और समानांतर चतुर्भुज के छोटे कोण का योग क्या है ?
   - (a) 252º
   - (b) 226º
   - (c) 144º
   - (d) इनमें से कोई नहीं

6. राजू रोज 550 मिली दूध खरीदता है। एक लीटर दूध की कीमत ₹44 है तो 45 दिन में वह कितनी राशि अदा करेगा ?
   - (a) ₹1,098
   - (b) ₹1,079
   - (c) ₹1,099
   - (d) इनमें से कोई नही

7. एक स्कूल में 2000 विद्यार्थी हैं। इनमें से 36% लड़कियां हैं। प्रत्येक लड़के की मासिक फीस ₹480 है और प्रत्येक लड़की की लड़के से 25% कम। लड़कियों और लड़कों की मासिक फीस का योग कितना है ?
   - (a) ₹8,73,400
   - (b) ₹8,67,300
   - (c) ₹8,76,300
   - (d) ₹8,73,600

8. 21 कि.ग्रा. चीनी की कीमत ₹546 और 19 कि.ग्रा. चाय की कीमत ₹342 है। 34 कि.ग्रा. चीनी और 63 कि.ग्रा. चाय की कुल कीमत कितनी होगी?
   - (a) ₹2,020
   - (b) ₹1,998
   - (c) ₹2,018
   - (d) निर्धारित नहीं किया जा सकता

9. मानिनी, मोहिनी और मानवी एक वृत्ताकार स्टेडियम के गिर्द जॉगिंग शुरू करती हैं। वे अपनी परिक्रमा क्रमश: 56, 48 और 42 सेकंड में पूरी करती हैं। कितने सेकंड के बाद ये आरंभिक स्थान पर एक साथ होंगी?
   - (a) 352
   - (b) 450
   - (c) 336
   - (d) निर्धारित नहीं किया जा सकता

10. निम्नलिखित प्रश्न में प्रश्नचिह्न (?) के स्थान पर लगभग क्या मूल्य आएगा?
    - (a) 47158
    - (b) 47126
    - (c) 47256
    - (d) 47148

11. विक्रांत ने एक निश्चित अवधि के लिए 6 प्रतिशत प्रति वर्ष की दर से ₹19,845 की राशि का निवेश किया। कितने वर्ष बाद उसे दी गई ब्याज दर पर ₹9525.6 का साधारण ब्याज मिलेगा?
    - (a) 8 वर्ष
    - (b) 5 वर्ष
    - (c) 6 वर्ष
    - (d) निर्धारित नहीं किया जा सकता

12. एक द्विअंकीय संख्या के दोनों अंकों का योग 6 है और उनके बीच का अंतर 2 है। इस द्विअंकीय संख्या के दोनों अंकों का गुणनफल क्या है?
    - (a) 72
    - (b) 63
    - (c) 56
    - (d) इनमें से कोई नहीं

13. PQRS चतुर्भुज में कोण Q कोण P से दुगुना है। कोण R कोण P से तिगुना है। कोण R का मूल्य 150° है। कोण Q और कोण S के बीच कितना अंतर है?
    - (a) 30°
    - (b) 60°
    - (c) 40°
    - (d) 50°

14. 3 पुरुष एक काम को 18 दिन में पूरा कर सकते हैं। 6 बच्चे भी उसी काम को 18 दिन में पूरा कर सकते हैं। 4 पुरुष एवं 4 बच्चे मिलकर उस काम को कितने दिन में पूरा कर पायेंगे?
    - (a) 10 दिन
    - (b) 6 दिन
    - (c) 12 दिन
    - (d) 9 दिन

15. 456 392 360 344 336 ?
    - (a) 332
    - (b) 328
    - (c) 340
    - (d) 324

16. एक आयत की लंबाई और चौड़ाई के बीच 7 सेमी का अंतर है और आयत का परिमाप 50 सेमी है। आयत का क्षेत्रफल कितना है?
    - (a) 144 वर्ग सेमी
    - (b) 154 वर्ग सेमी
    - (c) 288 वर्ग सेमी
    - (d) 216 वर्ग सेमी

17. 250 ग्राम के एक पार्सल को बुक करने के डाक प्रभार 75 रुपये हैं। 1.8 किलोग्राम के एक पार्सल को बुक करने के डाक प्रभार कितने होंगे?
    - (a) 600 रुपये
    - (b) 540 रुपये
    - (c) 500 रुपये
    - (d) 560 रुपये

18. 455.8 मीटर लंबे कपड़े के 8.6 मीटर लंबे कितने टुकड़े काटे जा सकते हैं?
    - (a) 43
    - (b) 48
    - (c) 55
    - (d) 53

19. दो उत्तरोत्तर संख्याओं का गुणनफल 3192 है। छोटी वाली संख्या कौन-सी है?
    - (a) 59
    - (b) 58
    - (c) 57
    - (d) 56

20. यदि $(74)^2$ को एक संख्या के वर्ग से घटाया जाए, तो उत्तर 3740 मिलता है। संख्या कितनी है?
    - (a) 9216
    - (b) 98
    - (c) 9604
    - (d) 96

21. एक संख्या का एक बटा आठ 17.25 है। इस संख्या का 73% होगा। क्या होगा?
    - (a) 100.74
    - (b) 138.00
    - (c) 96.42
    - (d) इनमें से कोई नहीं

22. एक संख्या का 45%, 255.6 है। इस संख्या का 25% क्या है?
    - (a) 162
    - (b) 132
    - (c) 152
    - (d) 142
    - (e) इनमें से कोई नहीं

23. रवि ने एक वस्तु '5,600 में खरीद कर उसे लागत कीमत के तीन-चौथाई दाम पर बेच दी तो उसे क्या लाभ/हानि हुआ/हुई ?
    - (a) हानि 20 प्रतिशत
    - (b) लाभ 25 प्रतिशत
    - (c) न लाभ न हानि
    - (d) हानि 25 प्रतिशत

24. यदि 16a + 16b = 672 है, तो a और b का औसत क्या है?
    - (a) 44
    - (b) 21
    - (c) 24
    - (d) 42

25. पांच विषम संख्याएँ A, B, C, D और E का औसत 41 है। A और E का गुणनफल क्या है?
    - (a) 1977
    - (b) 1517
    - (c) 1665
    - (d) 1591

निर्देश (26-29) : निम्नलिखित प्रश्नों में दिये गए विकल्पों से संबंधित अक्षरों/शब्द/संख्या को चुनिए–

26. स्वाद : जीभ : : चलना : ?
    - (a) फुटपाथ
    - (b) बैसाखी
    - (c) पांव
    - (d) वाकिंग स्टिक

27. चिमनी : धुंआ : : _____ : _____
    - (a) बन्दूक : बुलेट
    - (b) घर : छत
    - (c) कीचड़ : सिरामिक
    - (d) चाय : केटली

28. DCGH : LKQP : : FEJI : ?
    - (a) MLSR
    - (b) NMRQ
    - (c) ONTS
    - (d) QPUT

29. 5 : 124 : : 7 : ?
    - (a) 342
    - (b) 343
    - (c) 248
    - (d) 125

निर्देश (30-33) : निम्नलिखित प्रत्येक प्रश्नों में उस विकल्प को चुने जो अन्य तीन विकल्पों से भिन्न हैं–

30. (a) आंख
    - (b) हाथ
    - (c) नाक
    - (d) कान

31. (a) MNP
    - (b) PQS
    - (c) WXZ
    - (d) GHK

32. (a) अंगूर
    - (b) अनार
    - (c) इलायची
    - (d) आम

33. (a) पानी
    - (b) पूल
    - (c) झील
    - (d) तालाब

निर्देश (34) : निम्नलिखित प्रश्न में एक श्रृंखला दी गई है जिसमें एक पद लुप्त है। दिये गए विकल्पों में से सही विकल्प चुनें जो श्रृंखला को पूर्ण करेगा।

34. 5, 9, 13, 17, ? , 25
    - (a) 27
    - (b) 23
    - (c) 21
    - (d) 19

35. अक्षरों का कौन–सा एक समूह को दी गई अक्षर श्रृंखला में खाली स्थानों पर क्रमानुसार रखने पर इसे पूरा करेगा?
    _ op_mo_n _ _ pnmop_
    - (a) mnompn
    - (b) mnpomn
    - (c) mpnmop
    - (d) mnpmon

36. दिये गए विकल्पों में से उस शब्द को चुने जिसे दिये गए शब्द के अक्षरों का उपयोग करके नहीं बनाया जा सकता।
    IRREGULARITIES
    - (a) REGULAR
    - (b) TIRED
    - (c) TRAILER
    - (d) IRRIGATE

37. वृक्षों की एक पंक्ति में एक वृक्ष बांये किनारे से 7वां है और दांये किनारे से 14वां है। पंक्ति में कितने वृक्ष हैं?
    - (a) 18
    - (b) 19
    - (c) 20
    - (d) 21

38. मित्रों के एक समूह में दो पुरुषों की पत्नियां हैं एक बैचलर है दूसरे की पत्नी की मृत्यु हो गई है, दो तलाकशुदा हैं वे अपने साथ चार बच्चों को पिकनिक पर ले जाते हैं। पिकनिक में कितने लोग गए?
    - (a) 12
    - (b) 10
    - (c) 14
    - (d) 13

39. चार लड़कियां और चार लड़के एक वर्ग में केन्द्र की ओर मुंह करके बैठे हैं। उनमें से प्रत्येक कोने पर एक–एक बैठा है। वर्ग की प्रत्येक भुजाओं के मध्य में एक–एक बैठा है। मधु उषा से विकर्णतः विपरीत बैठी है, जो गीता के दांये है। गीता के ठीक बाद राय है, और वह गोपी के विपरीत है जो बोस के बायें है। सुमा, मधु के दायें नहीं है लेकिन प्रेमा के विपरीत है। बोस के विपरीत कौन है?

(a) गीता
(b) प्रेमा
(c) सुमा
(d) मधु

निर्देश (40-41) : दिये गए विकल्पों में से लुप्त संख्या चुनें–

40.

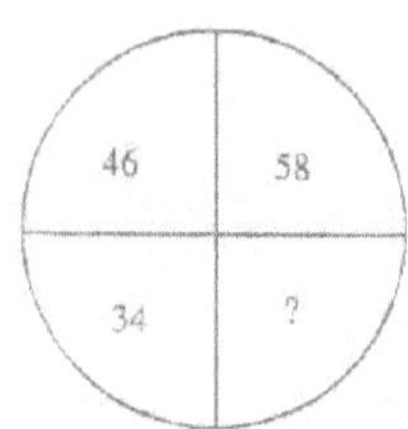

(a) 92
(b) 72
(c) 22
(d) 68

41.

1	4	?
4	2	5
2	2	3
49	64	169

(a) 3
(b) 6
(c) 5
(d) 4

42. एक निश्चित कूट भाषा में P, #, है, A, % है, C, ɸ है और E, @ है। उस कूट में 'PACE' को कैसे लिख जाएगा?
(a) # ɸ # %
(b) ɸ % @ % ɸ
(c) # % ɸ @
(d) % @ # ɸ

43. दिये गए समीकरण को संतुलित करने के लिए और * को प्रतिस्थापित करने के लिए गणितीय चिन्हों के सही संयोजन को चुनें–
16 * 6 * 4 * 24
(a) ÷ = x
(b) x = ÷
(c) = ÷ ÷
(d) x ÷ =

44. यदि पानी में एक घड़ी का प्रतिबिम्ब समय 3 : 15 दर्शाता है तो इस परिस्थिति में सही समय क्या है?
(a) 3 : 00
(b) 9 : 45
(c) 3 : 15
(d) 3 : 30

45. X का अर्थ +, Z का अर्थ ÷, Y का अर्थ -, और P का अर्थ X, तो 10 P 2 X 5 Y 5 = ?
(a) 10
(b) 15
(c) 20
(d) 25

46. सुरेश एक आदमी को इस प्रकार परिचित कराता है कि 'वह उस महिला का पुत्र है जो मैरी के पति की मां है' सुरेश आदमी से किस प्रकार संबंधित है?
(a) अंकल
(b) पुत्र
(c) कजिन
(d) ग्रेन्डसन

47. A को B से अधिक लेकिन C से कम अंक मिले। D को E से कम लेकिन A से अधिक अंक मिले। यदि C को D से कम अंक मिले तो A, B, C, D और E में से सर्वाधिक अंक किसे मिले।
(a) C
(b) D
(c) E
(d) B

48. ज्ञात करें कि विकल्पों में दिया गया कौन–सा विकल्प प्रश्न में व्यक्त संबंध को सही दर्शाता है?
शार्क, व्हेल, कछुआ।

(a) 
(b) 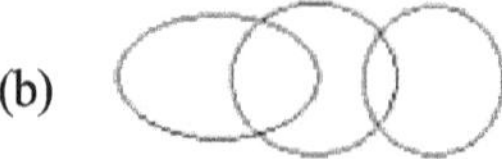

(c) 
(d)

निर्देश (49-50) : नीचे दी गई आकृति का अध्ययन करें और निम्नलिखित प्रश्नों के उत्तर दें। आकृति में वर्ग 'वकील' को निरूपित करता है, वृत्त 'खिलाड़ी' को निरूपित करता है और आयत 'गायक' को निरूपित करता है।

49. ऐसे कितने वकील है जो खिलाड़ी और गायक दोनों है?
(a) 14
(b) 40
(c) 35
(d) 49

50. कितने गायक खिलाड़ी है?
(a) 39
(b) 34
(c) 44
(d) 54

51. अजन्ता चित्रकला की विषय वस्तु किससे संबंधित है–
(a) जैन
(b) बौध
(c) वैष्णव
(d) शैव

52. इंडियन लीग की स्थापना किसने की थी?
(a) शिशिर कुमार घोष
(b) आनन्द मोहन बोस
(c) एम जी रानाडे
(d) देवेन्द्र नाथ टैगोर

53. निम्नलिखित में से कौन सा ग्रह दक्षिणावर्त दिशा में घूमती है?
(a) प्लूटो
(b) वृहस्पति
(c) शुक्र
(d) बुध

54. पृथ्वी के भूपर्पटी का मुख्य घटक है–
(a) आग्नेय चट्टान
(b) अवसादी चट्टान
(c) रूपांतरित चट्टान
(d) उपरोक्त में से कोई नहीं

55. जेट स्ट्रीम बहता है–
(a) पश्चिम से पूरब
(b) पूरब से पश्चिम
(c) उत्तर से दक्षिण
(d) उपरोक्त में से कोई नहीं

56. ट्रोपोफाइट सामना कर सकता है–
(a) उच्च तापमान
(b) अति ठण्ड जलवायु
(c) एकान्तर कमी और अधिशेष टूर कंडीशन
(d) उपरोक्त में से कोई नहीं

57. कर्क रेखा किससे होकर नहीं गुजरती है?
(a) मध्य प्रदेश
(b) पश्चिम बंगाल
(c) राजस्थान
(d) उड़ीसा

58. फसल चक्र की मुख्य विशेषता है–
    (a) सिंचाई की कम आवश्यकता
    (b) खरपतवार का उन्मूलन
    (c) मृदा उत्पादकता का संरक्षण
    (d) एक से अधिक फसल के विकास की सुविधा

59. 'शिक्षा' का मद संबंधित है–
    (a) संघ सूची से
    (b) राज्य सूची से
    (c) समवर्ती सूची से
    (d) अवशिष्ट विषय

60. पारसेक किसकी इकाई है?
    (a) दूरी
    (b) समय
    (c) प्रकाश की तीव्रता
    (d) मैग्नेटिक लाईन

61. साबुन की अपमार्जक क्रिया किसके कारण है?
    (a) पायसीकारी गुण
    (b) क्षारीयता
    (c) जल में घुलनशीलता
    (d) अवक्षेप शक्ति

62. बाक्साइड के शुद्धीकरण के लिए किस विधि का उपयोग किया जाता है?
    (a) चुंबकीय पृथ्कीकरण
    (b) इलेक्ट्रोलाइसिस
    (c) लिचिंग
    (d) उत्तोलन

63. सीमेंट में नहीं होता है–
    (a) लोहा
    (b) अल्युमिनियम
    (c) कैल्सियम
    (d) सल्फर

64. सोना 'एक्वा रेजिया' में क्या उत्पन्न करने के लिए घुलाया जाता है?
    (a) $AuCl_4$
    (b) $HAuCl_4$
    (c) $HAuCl_3$
    (d) $[Au(CN)_2]$

65. प्रकाश संश्लेषण के दौरान की प्रक्रिया जिसमें जल टूटता है–
    (a) फोटोलाइसिस
    (b) हाइड्रोलाइसिस
    (c) प्लाज्मोलाइसिस
    (d) हेमोलाइसिस

66. कोशिका विभाजन में सहायक हार्मोन है–
    (a) IAA
    (b) NAA
    (c) साइटोकाइनिन / जियाटिन
    (d) जिबरालिन

67. जीन बने होते हैं–
    (a) डीएनए
    (b) आरएनए
    (c) डीएनए और आरएनए
    (d) प्रोटीन

68. जेनेटिक्स के पिता कौन हैं?
    (a) ड्राविन
    (b) मेन्डेल
    (c) ब्रीज
    (d) वाइजमैन

69. निम्न में से कौन एक गैर पारंपरिक ऊर्जा स्रोत नहीं है ?
    (a) परमाणु ऊर्जा
    (b) सौर ऊर्जा
    (c) पवन ऊर्जा
    (d) ज्वारीय ऊर्जा

70. निम्न में से कौन सा ब्लड ग्रुप एक सार्वभौमिक प्राप्तकर्ता है?
    (a) A
    (b) B
    (c) AB
    (d) O

71. मिटटी का पानी जो पौधे के जीवन के लिए सबसे महत्वपूर्ण है
    (a) गुरुत्वीय पानी
    (b) केशिका पानी
    (c) हीड्रोस्कोपिक पानी
    (d) संयुक्त पानी

72. निम्न में से कौन सा सागर अंग्रेजी वर्णमाला S की आकृति के समान है ?
    (a) आर्कटिक महासागर
    (c) हिन्द महासागर
    (c) अंटलांटिक महासागर
    (d) प्रशांत महासागर

73. रॉड के आकार के बैक्टीरिया को कहा जाता है
    (a) बैसिलस
    (b) स्पिरिलम
    (c) कोकस
    (d) कोमा

74. बलुई मिट्टी का रंग है
    (a) हरा भूरा
    (b) नीला हरा
    (c) पिला भूरा
    (d) काला भूरा

75. प्याज की सबसे अधिक पैदावार कहाँ होती है
    (a) उत्तर प्रदेश
    (b) मध्य प्रदेश
    (c) महाराष्ट्र
    (d) आन्ध्र प्रदेश

76. वनस्पति प्रचार के द्वारा एक ही पौधे से प्राप्त सभी वंशज को क्या कहा जाता है –
    (a) क्लोन्स
    (b) प्योर लाईन
    (c) इन्ब्रेड लाईन
    (d) पेदिग्री लाईन

77. बोयल का नियम किस स्थिति में सही होता है
    (a) उच्च तापमान और निम्न तापमान
    (b) उच्च तापमान और उच्च दाब
    (c) निम्न तापमान और उच्च दाब
    (d) निम्न तापमान और निम्न दाब

78. एक बर्फ के टुकड़े में अंतर्निहित सीसा पानी में बह रहा हो और यदि बर्फ पिघल जाये तो पानी का स्तर
    (a) उठता है
    (b) गिरता है
    (c) समान रहता है
    (d) पहले गिरता है फिर उठता है

79. शून्य में गर्मी विकिरण का वेग है
    (a) प्रकाश के बराबर
    (b) प्रकाश की तुलना में कम
    (c) प्रकाश की तुलना में अधिक
    (d) ध्वनी के समान

80. व्यापारिक हवा का कारण है
    (a) संचालन
    (b) संवहन
    (c) विकिरण
    (d) वितरण

81. कपड़े हमें जाड़े में गर्म रखते हैं, क्योंकि वे–
    (a) गर्मी प्रदान करते हैं।
    (b) गर्मी विकर्ण नहीं है।
    (c) हवा को शरीर तक पहुंचने से रोकता है।
    (d) शरीर की गर्मी को जाने से रोकता है।

82. एक रेफ्रिजरेटर में ठंडक क्या उत्पन्न करता है?
    (a) फ्रिजर में जमा बर्फ
    (b) फ्रिजर में अचानक फैलाव
    (c) एक स्थिर तरल का वाष्पीकरण
    (d) इनमें से कोई नहीं

83. क्वार्टज किससे बना है–
- (a) कैल्शियम सल्फेट
- (b) कैल्शियम सिलीकेट
- (c) सोडियम सल्फेट
- (d) सोडियम सिलीकेट

84. किस राज्य में जवाहर नहर स्थित है?
- (a) हिमाचल प्रदेश
- (b) जम्मू एवं कश्मीर
- (c) उत्तरांचल
- (d) गोवा

85. निम्न में से कौन मूत्र का एक असामान्य घटक है?
- (a) क्रिएटिनिन
- (b) यूरिया
- (c) यूरिक एसिड
- (d) केटन निकायों

86. वह विटामिन जो रक्त के क्लोटिंग में सहायक है वह है–
- (a) A
- (b) D
- (c) B
- (d) K

87. बहुत ऊंचाई पर मानव शरीर में लाल रक्त कण पर क्या प्रभाव पड़ेगा:
- (a) आकार में वृद्धि
- (b) आकार में कमी
- (c) संख्या में वृद्धि
- (d) संख्या में कमी

88. टेस्ट ट्यूब बेबी का अर्थ है–
- (a) एक टेस्ट ट्यूब में बड़ी हुई बच्ची।
- (b) भ्रूण गर्भाशय में निशेचित और टेस्ट ट्यूब में विकसित कया।
- (c) भ्रूण गर्भाशय में निशेचित और विकसित किया गया।
- (d) विट्रो में निशेचित और उसके बाद गर्भाशय में प्रत्यारोपण।

89. पूर्वी भारत का सुन्दरवन एक उदाहरण है:
- (a) वन पारिस्थितिकी तंत्र
- (b) सदाबहार पारिस्थितिकी तंत्र
- (c) ग्रासलैंड पारिस्थितिकी तंत्र
- (d) समुद्री पारिस्थितिकी तंत्र

90. दुनिया की सबसे गहरी खाई–द मरियाना ट्रेंच स्थित है:
- (a) भारतीय सागर
- (b) अटलांटिक सागर
- (c) आर्कटिक महासागर
- (d) प्रशांत महासागर

91. निम्न में से कौन एक भूमि से घिरा सागर है?
- (a) तिमोर सागर
- (b) अराफुस सागर
- (c) ग्रीनलैंड सागर
- (d) अरल सागर

92. मानव शरीर में निर्जलीकरण का कारण है ?
- (a) विटामिन
- (b) नमक
- (c) हार्मोन
- (d) जल

93. निम्न में से कौन सा सबसे बड़ा पक्षी है ?
- (a) बाज
- (b) मोर
- (c) शुतुर्मुर्ग
- (d) किवी

94. पेड़ की आयु किसके द्वारा निर्धारित की जाती है?
- (a) परिधि
- (b) ऊंचाई
- (c) विकास के छल्ले
- (d) सामान्य अकार

95. आदमी में गुर्दा रोग (Kidney disease) किसके प्रदूषक के कारण होता है?
- (a) कैडमियम
- (b) आयरन
- (c) कोबाल्ट
- (d) कार्बन

96. 2018 में फोर्ब्स की बेस्ट कन्ट्रीज फॉर बिजनस की सूची में भारत का कौन सा स्थान है?
- (a) 60वां
- (b) 62 वां
- (c) 65 वां
- (d) 67 वां

97. संचार मंत्री श्री मनोज सिन्हा ने DARPAN योजना का शुभारंभ किया है. DARPAN का क्या अर्थ है?
- (a) Digital Acquisition of Rural Post Office for A New India
- (b) Development & Advancement of Rural Post Office for A New India
- (c) Development & Appraisal of Rural Post Office for A New India
- (d) Digital Advancement of Rural Post Office for A New India

98. निम्नलिखित में से कौन भारतीय सेना के 27 वें सेना प्रमुख है?
- (a) दीपक कपूर
- (b) वी के सिंह
- (c) बिक्रम सिंह
- (d) बिपिन रावत

99. विश्व स्वास्थ्य संगठन ने हाल ही में श्पोलियो मुक्त देश के रूप में ____________ को घोषित किया है.
- (a) पाकिस्तान
- (b) सोमालिया
- (c) गैबॉन
- (d) अफगानिस्तान

100. बीजिंग 2022 ओलंपिक के प्रतीक को ____________ नाम दिया गया है.
- (a) प्ले विद हार्ट
- (b) सुपोरियर
- (c) विन्टर
- (d) फ्लाइट

RESPONSE SHEET

1. ⓐⓑⓒⓓ	2. ⓐⓑⓒⓓ	3. ⓐⓑⓒⓓ	4. ⓐⓑⓒⓓ	5. ⓐⓑⓒⓓ
6. ⓐⓑⓒⓓ	7. ⓐⓑⓒⓓ	8. ⓐⓑⓒⓓ	9. ⓐⓑⓒⓓ	10. ⓐⓑⓒⓓ
11. ⓐⓑⓒⓓ	12. ⓐⓑⓒⓓ	13. ⓐⓑⓒⓓ	14. ⓐⓑⓒⓓ	15. ⓐⓑⓒⓓ
16. ⓐⓑⓒⓓ	17. ⓐⓑⓒⓓ	18. ⓐⓑⓒⓓ	19. ⓐⓑⓒⓓ	20. ⓐⓑⓒⓓ
21. ⓐⓑⓒⓓ	22. ⓐⓑⓒⓓ	23. ⓐⓑⓒⓓ	24. ⓐⓑⓒⓓ	25. ⓐⓑⓒⓓ
26. ⓐⓑⓒⓓ	27. ⓐⓑⓒⓓ	28. ⓐⓑⓒⓓ	29. ⓐⓑⓒⓓ	30. ⓐⓑⓒⓓ
31. ⓐⓑⓒⓓ	32. ⓐⓑⓒⓓ	33. ⓐⓑⓒⓓ	34. ⓐⓑⓒⓓ	35. ⓐⓑⓒⓓ
36. ⓐⓑⓒⓓ	37. ⓐⓑⓒⓓ	38. ⓐⓑⓒⓓ	39. ⓐⓑⓒⓓ	40. ⓐⓑⓒⓓ
41. ⓐⓑⓒⓓ	42. ⓐⓑⓒⓓ	43. ⓐⓑⓒⓓ	44. ⓐⓑⓒⓓ	45. ⓐⓑⓒⓓ
46. ⓐⓑⓒⓓ	47. ⓐⓑⓒⓓ	48. ⓐⓑⓒⓓ	49. ⓐⓑⓒⓓ	50. ⓐⓑⓒⓓ
51. ⓐⓑⓒⓓ	52. ⓐⓑⓒⓓ	53. ⓐⓑⓒⓓ	54. ⓐⓑⓒⓓ	55. ⓐⓑⓒⓓ
56. ⓐⓑⓒⓓ	57. ⓐⓑⓒⓓ	58. ⓐⓑⓒⓓ	59. ⓐⓑⓒⓓ	60. ⓐⓑⓒⓓ
61. ⓐⓑⓒⓓ	62. ⓐⓑⓒⓓ	63. ⓐⓑⓒⓓ	64. ⓐⓑⓒⓓ	65. ⓐⓑⓒⓓ
66. ⓐⓑⓒⓓ	67. ⓐⓑⓒⓓ	68. ⓐⓑⓒⓓ	69. ⓐⓑⓒⓓ	70. ⓐⓑⓒⓓ
71. ⓐⓑⓒⓓ	72. ⓐⓑⓒⓓ	73. ⓐⓑⓒⓓ	74. ⓐⓑⓒⓓ	75. ⓐⓑⓒⓓ
76. ⓐⓑⓒⓓ	77. ⓐⓑⓒⓓ	78. ⓐⓑⓒⓓ	79. ⓐⓑⓒⓓ	80. ⓐⓑⓒⓓ
81. ⓐⓑⓒⓓ	82. ⓐⓑⓒⓓ	83. ⓐⓑⓒⓓ	84. ⓐⓑⓒⓓ	85. ⓐⓑⓒⓓ
86. ⓐⓑⓒⓓ	87. ⓐⓑⓒⓓ	88. ⓐⓑⓒⓓ	89. ⓐⓑⓒⓓ	90. ⓐⓑⓒⓓ
91. ⓐⓑⓒⓓ	92. ⓐⓑⓒⓓ	93. ⓐⓑⓒⓓ	94. ⓐⓑⓒⓓ	95. ⓐⓑⓒⓓ
96. ⓐⓑⓒⓓ	97. ⓐⓑⓒⓓ	98. ⓐⓑⓒⓓ	99. ⓐⓑⓒⓓ	100. ⓐⓑⓒⓓ

संकेत और हल

1. (a) श्रृंखला इस प्रकार है × 1+(1 × 7), × 2 +(2 × 6), × 3 + (3 × 5), × 4 + (4 × 4), × 5 + (5 × 3), × 6 + (6 × 2)

   अत: ? = 123 × 4 + (4 × 4) = 508

2. (d) श्रृंखला इस प्रकार है × 0.5 + 7, × 1 + 6, × 1.5 + 5, × 2 + 4, × 2.5 + 3, × 3 + 2

   अत: ? = 17 × 1.5 + 5 = 30.5

3. (b) एक लड़की के एक दिन का काम

   $$= \frac{1}{4 \times 8} = \frac{1}{32}$$

   यह सबसे कम है।

4. (b) सेट -A का औसत

   $$= \frac{376}{8} = 47$$

   दूसरे सेट की सबसे छोटी संख्या

   $= 47 + 15 = 62$

   ∴ अभीष्ट योग

   $= 62 + 63 + 64 + 65 + 66 = 320$

5. (d) समानांतर चतुर्भुज के संलग्न कोण

   $$= \frac{2}{5} \times 180 \text{ और } \frac{3}{5} \times 180$$

   $= 72°$ और $108°$

   चतुर्भुज का सबसे बड़ा कोण

   $$= \frac{72}{2} \times 4 = 144°$$

   ∴ योग $= 144° + 72° = 216°$

6. (e) खर्च की गयी राशि

   $$= 45 \times 550 \times \frac{44}{1000}$$

   $= ₹\ 1089$

7. (d) स्कूल में लड़कियों की संख्या

   $$= 2000 \times \frac{36}{100} = 720$$

   स्कूल में लड़कों की संख्या

   $= 2000 - 720 = 1280$

   प्रत्येक लड़की के महीने की फीस

   $$= 480 \times \frac{75}{100} = ₹\ 360$$

   ∴ महीने की कुल फीस

   $= 1280 \times 480 + 720 \times 360$

   $= 614400 + 259200 = ₹\ 873600$

8. (c) 34 कि.ग्रा. चीनी एवं 63 कि.ग्रा. चाय की कुल कीमत

   $$= ₹ \left(\frac{546}{21} \times 34 + \frac{342}{19} \times 63 \right)$$

   $= ₹\ (884 + 1134) = ₹\ 2018$

9. (c)

2	56,	48,	42
2	28,	24	21
2	14,	12,	21
2	7,	6,	21
7	1,	6,	3
3	1,	2,	1

   ∴ लघुत्तम समापवर्त्य

   $= 2 \times 2 \times 2 \times 2 \times 7 \times 3 = 336$ सेकंड

10. (a) $? = \dfrac{8758 \times 350}{65} \approx 47158$

11. (a) समय $= \dfrac{\text{ब्याज} \times 100}{\text{मूलधन} \times \text{दर}}$

    $$= \frac{9525.6 \times 100}{19845 \times 6} = 8 \text{ वर्ष}$$

12. (d) माना कि संख्या

    $= 10x + y,$ जहाँ $x > y$

    प्रश्नानुसार,

    $x + y = 6$ एवं $x - y = 2$

    हल करने पर, $x = 4, y = 2$

    ∴ $xy = 4 \times 2 = 8$

13. (c) कोण $P = 50°$

    ∴ $\angle Q = 100°$

    $\angle R = 150°$

    ∴ $\angle S = 360° - 300 = 60°$

    $\Rightarrow Q - S = 100 - 60° = 40°$

14. (d) 3 पुरुष = 6 बच्चे

    $\Rightarrow$ 1 पुरुष = 2 बच्चे

    ∴ 4 पुरुष + 4 बच्चे = 6 पुरुष

    माना 6 पुरुष का एक दिन का काम

$= x$

$\therefore \ 3 \times 18 = 6 \times x$

$\Rightarrow x = \dfrac{3 \times 18}{6} = 9$ दिन

15. (a) संख्या श्रृंखला का पैटर्न है :

$456 - 392 = 64$

$392 - 360 = 32$

$360 - 344 = 16$

$344 - 336 = 8$

$336 - 332 = 4$

16. (a) माना कि आयत की चौड़ाई $= x$ सेमी

$\therefore$ आयत की लंबाई $= (x + 7)$ सेमी

$\therefore \ 2\,(x + 7 + x) = 50$

$\Rightarrow 2x + 7 = \dfrac{50}{2} = 25$

$\therefore \ 2x = 25 - 7 = 18$

$\therefore \ x = \dfrac{18}{2} = 9$

$\therefore$ आयत का क्षेत्रफल

$=$ लम्बाई $\times$ चौड़ाई

$= 16 \times 9 = 144$ वर्ग सेमी

17. (b) $\because \ 250$ ग्राम $= 75$ रुपए

$\therefore \ 1800$ ग्राम

$\equiv \left(\dfrac{75}{250} \times 1800\right)$ रुपए $= 540$ रुपए

18. (d) टुकड़ों की अभीष्ट संख्या $= \dfrac{455.8}{8.6} = 53$

19. (d) दिए गए विकल्पों से,

$56 \times 57 = 3192$

20. (d) माना कि संख्या $= x$

प्रश्नानुसार,

$x^2 - (74)^2 = 3740$

या, $x^2 = 3740 + 5476 = 9216$

$\therefore \ x = \sqrt{9216} = 96$

21. (a) माना कि संख्या $= x$

प्रश्नानुसार,

$\therefore \ \dfrac{x}{8} = 17.25$

या, $x = 17.25 \times 8 = 138$

$\therefore \ 138$ का $73\% = 138 \times \dfrac{73}{100} = 100.74$

22. (d)

23. (d) विक्रय मूल्य $= 5600 \times \dfrac{3}{4} = ₹\,4200$

$\therefore$ प्रतिशत हानि $= \dfrac{(5600 - 4200)}{5600} \times 100 = 25\ \%$

24. (b) $16a + 16b = 672$

या, $16\,(a + b) = 672$

$\therefore \ a + b = \dfrac{672}{16} = 42$

अभीष्ट औसत $= \dfrac{a + b}{2} = \dfrac{42}{2} = 21$

25. (c) माना कि पांच सतत विषम संख्याएं

$x, x + 2, x + 4, x + 6$ और $x + 8$ हैं

प्रश्नानुसार,

$\dfrac{x + x + 2 + x + 4 + x + 6 + x + 8}{5} = 41$

या, $5x + 20 = 41 \times 5 = 205$

या, $5x = 205 - 20 = 185$

$\therefore \ x = \dfrac{6}{4} = 37$

$\therefore \ A = 37$ एवं $E = 37 + 8 = 45$

अभीष्ट गुणनफल $= 37 \times 45 = 1665$

26. (c) जिस प्रकार जीभ स्वाद के लिए प्रयोग की जाती है, उसी प्रकार पाँव चलने के लिए प्रयोग की जाती है।

27. (a) जिस प्रकार धुआं चिमनी के माध्यम से उत्सर्जित होता है, उसी प्रकार बुलेट बन्दूक से निकाली जाती है।

28. (b) जिस प्रकार,

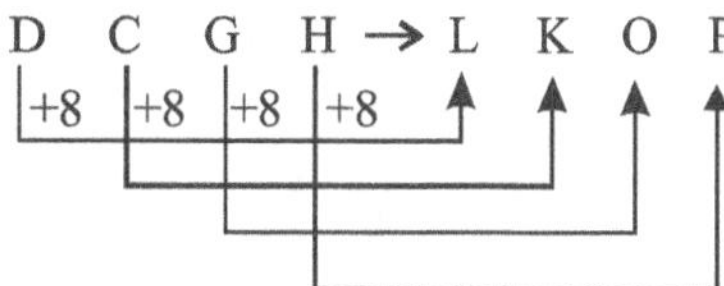

उसी प्रकार,

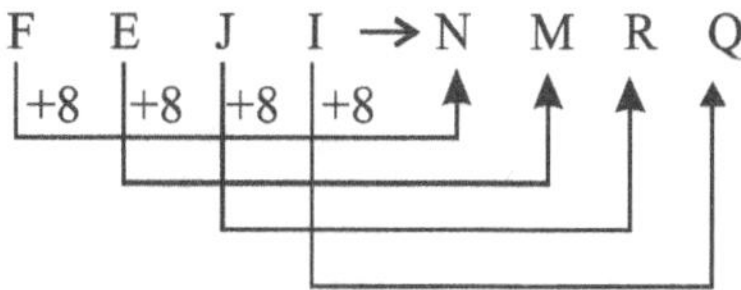

29. (a) जिस प्रकार, $(5)^3 - 1 = 124$

उसी प्रकार, $(7)^3 - 1 = 342$

30. (b) हाथ को छोड़कर, अन्य सभी इंद्रियाँ है।

31. (d) M N P P Q S W X Z , जबकि
$+1 \ \ +2 \quad +1 \ \ +2 \quad +1 \ \ +2$

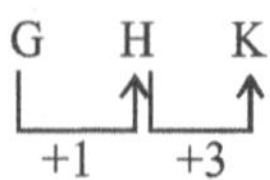

32. (c) इलायची को छोड़कर, अन्य सभी फल है।

33. (a) पानी को छोड़कर, अन्य सभी जल का निकाय हैं।

34. (c)

35. (d) 36. (b) 37. (c) 38. (a) 39. (a) 40. (c)
41. (c) 42. (c) 43. (d) 44. (c) 45. (c) 46. (b)
47. (c) 48. (c) 49. (a) 50. (c)

51. (b) बौध

52. (c) एम जी रानाडे

53. (c) शुक्र

54. (a) आग्नेय चट्टान

55. (a) पश्चिम से पूरब

56. (c) एकान्तर कमी और अधिशेष टूर कंडीशन

57. (a) मध्य प्रदेश

58. (c) मृदा उत्पादकता का संरक्षण

59. (c) समवर्ती सूची से

60. (a) दूरी

61. (a) पायसीकारी गुण

62. (b) इलेक्ट्रोलाइसिस

63. (d) सल्फर

64. (b) $HAuCl_4$

65. (a) फोटोलाइशिस

66. (c) साइटोकाइनिन / जियाटिन

67. (a) डीएनए

68. (b) मेन्डेल

69. (a) परमाणु ऊर्जा

70. (c) AB

71. (a) गुरुत्वीय पानी

72. (c) अंटलांटिक महासागर

73. (a) बैसिलस

74. (c) पिला भूरा

75. (c) महाराष्ट्र

76. (d) पेदिग्री लाईन

77. (c) निम्न तापमान और उच्च दाब

78. (c) समान रहता है

79. (a) प्रकाश के बराबर

80. (b) संवहन

81. (d) शरीर की गर्मी को जाने से रोकता है।

82. (c) एक स्थिर तरल का वाश्पीकरण

83. (d) सोडियम सिलीकेट

84. (b) जम्मू एवं कश्मीर

85. (d) केटन निकायों

86. (d) K

87. (c) संख्या में वृद्धि

88. (d) विट्रो में निशेचित और उसके बाद गर्भाशय में प्रत्यारोपाण।

89. (b) सदाबहार पारिस्थतिकी तंत्र

90. (d) प्रशांत महासागर

91. (d) अरल सागर

92. (d) जल

93. (c) शुतुर्मुर्ग

94. (c) विकास के छल्ले

95. (c) कोबाल्ट

96. (b) 62 वां

97. (d) Digital Advancement of Rural Post Office for A New India

98. (d) बिपिन रावत

99. (c) गैबॉन

100. (c) विन्टर ड्रीम

निर्देश

1. इस प्रैक्टिस सेट में 100 वस्तुनिष्ठ बहुविकल्पीय प्रश्न दिए गए हैं।
2. प्रैक्टिस सेट में गणित, सामान्य बुद्धि और तर्कशक्ति, सामान्य विज्ञान, सामान्य ज्ञान और सामयिक विषय से सम्बन्धित बहुविकल्पीय प्रश्न दिए गए हैं।
3. प्रैक्टिस सेट को हल करने की अवधि 90 मिनट है।

समय : 90 मिनट **अधिकतम अंक: 100**

निर्देश (1–2): निम्न प्रश्नों में प्रश्न चिन्ह (?) के स्थान पर क्या होगा?

1. 450 का 16% × 880 का ?% = 3168
   (a) 6 (b) 2 (c) 15
   (d) इनमें से कोई नहीं

2. 24.996 × 13.005 × 17.080 = ?
   (a) 6225 (b) 5525 (c) 5405 (d) 5875

3. अलग-अलग त्रिज्या वाले दो वृत्त हैं। एक वर्ग का क्षेत्रफल 196 वर्ग सेमी है जिसकी भुजा बड़े वृत्त की त्रिज्या से आधी है। छोटे वृत्त की त्रिज्या बड़े वृत्त की त्रिज्या का 3/7 है। छोटे वृत्त की परिधि क्या है ?
   (a) 12π सेमी (b) 16π सेमी
   (c) 24π सेमी (d) 32π सेमी

4. एक चतुर्भुज के कोणों के बीच का अनुपात 3 : 4 : 6 : 7 है। इसके दूसरे सबसे बड़े कोण का आधा एक समानांतर चतुर्भुज के छोटे कोण के समान है। समानांतर चतुर्भुज के संलग्न कोण का मूल्य क्या है ?
   (a) 136° (b) 126° (c) 94° (d) 96°

5. अरुण ने 15 चपाती, 4 प्लेट चावल, 6 प्लेट मिक्स्ड वेजिटेबल और 5 कप आईसक्रीम का आर्डर दिया। एक चपाती की ₹5/-, एक प्लेट चावल की ₹50/-, एक प्लेट मिक्स्ड वेजिटेबल की ₹ 75/- और एक कप आईसक्रीम की ₹ 20/- कीमत है। अरुण ने कैशियर को कितनी राशि अदा की ?
   (a) ₹ 850/- (b) ₹ 795/- (c) ₹ 825/- (d) ₹ 750/-

6. एक आदमी एक खड़ी हुई बस को 18 सेकंड में पार करता है। यही बस 4 सेकंड में एक खंभा पार करती है। बस और आदमी की गति के बीच का क्रमशः अनुपात क्या है ?
   (a) 9:2
   (b) 9:4
   (c) 18:5
   (d) निर्धारित नहीं किया जा सकता है

7. एक परीक्षा में रितिज ने 52 प्रतिशत, सुनिल के 64 प्रतिशत और रवि ने 74 प्रतिशत अंक पाये हैं। परीक्षा के अधिकतम अंक 750 हैं। सभी तीन लड़कों का मिलाकर प्राप्त औसत अंक कितने हैं ?
   (a) 475 (b) 485 (c) 450 (d) 490

8. 2 शर्टों और 3 ट्राउजरों की कीमत 6,050 रुपये हैं और 3 शर्टों और 2 ट्राउजरों की कीमत 5,450 रुपये है। एक ट्राउजर की कीमत कितनी है?
   (a) 850 रुपये (b) 1,450 रुपये
   (c) 1,150 रुपये (d) 950 रुपये

9. एक नगर में 80% जनसंख्या वयस्कों की है जिनमें से पुरुष और महिला क्रमशः 9 : 7 के अनुपात में हैं। यदि वयस्क महिलाओं की संख्या 4.2 लाख है तो गांव की कुल कितनी जनसंख्या है ?
   (a) 12 लाख (b) 9.6 लाख
   (c) 9.8 लाख (d) 11.6 लाख

10. अंकों के निम्नलिखित सेट के औसत का पता लगाइए:
    180, 168, 176, 188, 164, 174
    (a) 174 (b) 174.5 (c) 175.4
    (d) इनमें से कोई नहीं

11. एक स्कूल में 75% बच्चे कोचिंग क्लासों में जाते हैं और शेष 245 स्वयं पढ़ते हैं। स्कूल में कितने बच्चे हैं?
    (a) 960 (b) 735 (c) 980 (d) 780

12. एक संख्या के $\dfrac{3}{5}$ का मान 168 है। उस संख्या का 12% कितना है?
    (a) 35.4 (b) 34.2 (c) 36.4
    (d) इनमें से कोई नहीं

13. यदि ₹15,487 की राशि को 76 छात्रों में बराबर-बराबर बांटा जाए, तो प्रत्येक छात्र को लगभग कितनी राशि मिलेगी?
    (a) ₹206 (b) ₹210
    (c) ₹204 (d) ₹218

14. दो सतत सम संख्याओं का गुणनफल 16128 है। बड़ी संख्या कौन सी है?
    (a) 132
    (b) 128
    (c) 124
    (d) 126

15. यदि $x + y = 18$ और $xy = 72$, तो $(x)^2 + (y)^2$ का मूल्य क्या है?
    (a) 120
    (b) 90
    (c) 180
    (d) इनमें से कोई नहीं

16. एक संख्या के 42% और 28% के बीच 210 का अन्तर है। इस संख्या का 59% क्या है?
    (a) 630
    (b) 885
    (c) 420
    (d) इनमें से कोई नहीं

17. एक परीक्षा में पास होने के लिए कुल अंकों का 40% अंक पाना जरूरी है। एक विद्यार्थी को 261 अंक मिलते हैं और उसे 4% अंकों से फेल घोषित किया जाता है। किसी विद्यार्थी को अधिकतम कुल कितने अंक मिल सकते है?
    (a) 700
    (b) 730
    (c) 745
    (d) 765
    (e) इनमें से कोई नहीं

18. अंकों के निम्नलिखित सेटों के औसत का पता लगाइए।
    361, 188, 547, 296, 656, 132, 263
    (a) 278
    (b) 449
    (c) 356
    (d) 296
    (e) इनमें से कोई नहीं

19. A, B, C, D और E इन पांच सतत सम संख्याओं का औसत 34 है। B और D का गुणनफल क्या है?
    (a) 1088
    (b) 1224
    (c) 1368
    (d) 1152

20. ऋच्चा और शैली की आयु का क्रमश: अनुपात 5 : 8 है। 10 वर्ष बाद उनकी आयु का अनुपात क्रमश: 7 : 10 होगा। शैली की वर्तमान आयु क्या है?
    (a) 45 वर्ष
    (b) 40 वर्ष
    (c) 35 वर्ष
    (d) 30 वर्ष

21. धन की एक अमुक राशि A, B और C के बीच क्रमश: 3 : 4 : 5 के अनुपात में बांटी जानी है और धन की एक और राशि E और F के बीच समानत: बांटी जानी है। F को A से ₹1050 कम मिले हैं तो B को कितनी राशि मिली?
    (a) ₹750
    (b) ₹2000
    (c) ₹1500
    (d) निर्धारित नहीं किया जा सकता

22. विकास को प्रत्येक दिन काम करने के ₹350 मिलते हैं। 31 दिन के महीने में वह ₹9,800 कमाता है तो उसने कितने दिन काम किया ?
    (a) 25 दिन
    (b) 30 दिन
    (c) 24 दिन
    (d) 28 दिन

23. 200 मीटर लंबी एक ट्रेन अपने से दुगुनी लंबाई के प्लेटफॉर्म को 36 सेंकड में पार करती है। किमी/घंटा में ट्रेन की गति कितनी है ?
    (a) 60
    (b) 48
    (c) 64
    (d) 66

24. यदि किसी वर्ग की भुजा में 20% वृद्धि कर दी जाए, तो उसका क्षेत्रफल कितने प्रतिशत बढ़ जाएगा?
    (a) 34%
    (b) 20%
    (c) 40%
    (d) 44%

25. दो वृत्तों की त्रिज्या क्रमश: 12 से.मी. तथा 5 से.मी. है। उस नये वृत्त की त्रिज्या क्या होगी, जिसका क्षेत्रफल दोनों वृत्तों के क्षेत्रफल के बराबर हो?
    (a) 12 से.मी.
    (b) 5 से.मी.
    (c) 13 से.मी.
    (d) 7 से.मी.

निर्देश (26-29): दिये गए विकल्पों में से संबंधित अक्षर/षब्द/संख्या/आकृति को चुनिए—

26. संपादक : पत्रिका : ? : ?
    (a) उपन्यास : लेखक
    (b) कविता : कवि
    (c) कुर्सी : लेखक
    (d) निर्देषक : फिल्म

27. MAT : NCW : : APE : ?
    (a) CRH
    (b) BRH
    (c) BSG
    (d) BSH

28. ADBC : WZXY : : EHFG : ?
    (a) SVTU
    (b) STUV
    (c) TUSV
    (d) STVU

29. 365 : 90 : : 623 : ?
    (a) 36
    (b) 45
    (c) 123
    (d) 63

निर्देश (30-33): दिये गए विकल्पों में से विषम शब्द/अक्षर/संख्या/आकृति को ज्ञात करें—

30. (a) घनिष्ठता
    (b) आसक्ति
    (c) मित्रता
    (d) शत्रुता

31. (a) MNXY
    (b) ABPQ
    (c) RSTV
    (d) EFMN

32. (a) तोता
    (b) चमगादड़
    (c) कौआ
    (d) गौरेया

33. वह संख्या ज्ञात करें जो समान गुणों की कमी के कारण संख्याओं के समूह से संबंधित नहीं है?
    (a) 49
    (b) 16
    (c) 81
    (d) 243

निर्देश (34): अक्षरों के कौन से एक समूह को दिये गए अक्षर श्रृंखला में खाली स्थानों पर क्रमानुसार रखने पर इसे पूर्ण करेगा?

34. _op_mo_n_ _ pnmop _
    (a) mnpmon
    (b) mpnmop
    (c) mnompn
    (d) mnpomn

निर्देश (35-36): एक श्रृंखला दी गई है जिसमें एक / दो पद लुप्त है। दिये गए विकल्पों में से सही विकल्प चुने जो श्रृंखला को पूर्ण करेगा?

35. 11, 10, ? , 100, 1001, 1000, 10001
(a) 101
(b) 110
(c) 111
(d) इनमें से कोई नहीं

36. BG, GC, HN, NI, ? P, PM
(a) R
(b) Q
(c) L
(d) M

37. एक बन्दर प्रत्येक घंटे के प्रारंभ में 30 फूट चढ़ता है और कुछ समय के लिए रूकता है जिसके दौरान वह दूसरे घंटे के प्रारंभ में चढ़ने से पहले 20 मीटर नीचे आ जाता है। यदि वह 8 बजे पूर्वाह्न में चढ़ना प्रारंभ करता है तो 120 फूट की ऊंचाई पर स्थित झंडे को पहली बार वह कब छुएगा?
(a) 4 अपराह्न
(b) 5 अपराह्न
(c) 6 अपराह्न
(d) इनमें से कोई नहीं

निर्देश (38): गलत संख्या ज्ञात करें–

38. 11, 5, 20, 12, 40, 26, 74, 54
(a) 5
(b) 20
(c) 40
(d) 26

39. लड़कों की एक पंक्ति में A, बांये से पन्दरहवां है और B दायें से चौथा है। A और B के बीच 14 लड़कें है। C, A के तुरंत बांये है। दांये से C की स्थिति क्या होगी?
(a) 9 वां
(b) 10वां
(c) 12 वां
(d) 13वां

40. एक आदमी अपनी कार पूरब दिशा में 50 किमी चलाता है। वह दायें मुड़ा और 30 किमी गया उसके बाद वह पश्चिम की ओर मुड़ा और 10 किमी चला। अपने प्रारंभिक बिन्दु से वह कितना दूर है?
(a) 50 किमी
(b) 60 किमी
(c) 100 किमी
(d) 20 किमी

निर्देश (41): निम्नलिखित प्रश्नों में दिये गए विकल्पों में से लुप्त संख्या ज्ञात करें–

41.

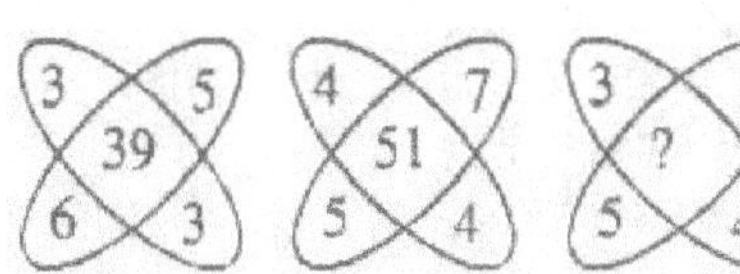

(a) 35
(b) 37
(c) 45
(d) 47

42. अंग्रेजी वर्णमाला का कौन–सा अक्षर उस अक्षर के दायें आठवां है जो दायें किनारे से दूसरे अंतिम अक्षर के बायें दसवां है?
(a) V
(b) X
(c) W
(d) I

43. रमाकांत उत्तर की ओर चलता है, कुछ समय बाद वह अपने दांये मुड़ता है और थोड़े समय बाद अपने बायें मुड़ता है। अन्ततः 1 किमी की दूरी तय करने के बाद वह पुनः अपने बांये मुड़ा। अब वह किस दिशा में चल रहा है?
(a) उत्तर
(b) दक्षिण
(c) पूर्व
(d) पश्चिम

44. चिन्हों और संख्याओं के चार इन्टरचेंज में से कौन–सा एक दिये गए समीकरण को सही करेगा?
$3 + 5 - 2 = 4$
(a) + और – , 2 और 3
(b) + और –, 2 और 5
(c) + और – , 3 और 5
(d) इनमें से कोई नहीं

45. एक लड़की ने एक लड़के को इस प्रकार परिचित कराया कि वह उसके चाचा के पिता की पुत्री का बेटा है। लड़का इस लड़की का क्या है?
(a) भाई
(b) पुत्र
(c) चाचा
(d) भतीजा

46. P, Q, R और T एक परीक्षा में उत्तर देते हैं। परिणाम में Q के तुरंत बाद P है लेकिन P के बाद कोई नहीं। R, Q से आगे है लेकिन T जितना अंक प्राप्त नहीं किया। किसने सर्वाधिक अंक प्राप्त किया?
(a) P
(b) Q
(c) R
(d) t

47. एक परिवार का सामूहिक फोटोग्राफ लेते समय पिता को उसके पुत्र के बायें और ग्रेन्डफादर के दायें बैठाया गया। मां, अपनी पुत्री के दायें लेकिन ग्रेन्डफादर के बांये बैठी है। केन्द्र में कौन बैठा है?
(a) पुत्र
(b) ग्रेन्डफादर
(c) पिता
(d) मां

48. निम्नलिखित में से कौन सी आकृति रंग, वस्त्र और व्यापारी को निरूपित करता है?

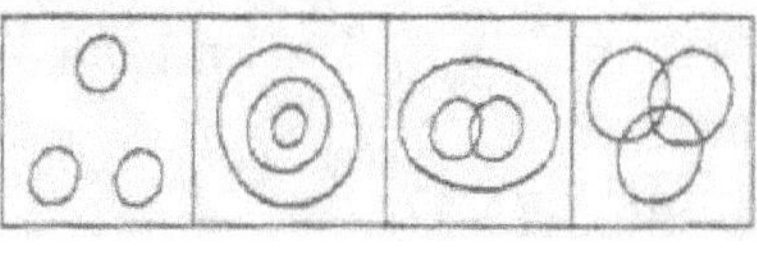

   (a)   (b)   (c)   (d)

49. निम्नलिखित शब्दों को वर्णमाला क्रम में सजाएं और उस शब्द को चुने जो सबसे पहले आएगा?
(a) Propriety
(b) Proposition
(c) Prosecute
(d) Proposal

50. दिये गए विकल्पों में से उस एक विकल्प को चुनें जिसे दिये गए शब्द के अक्षरों का उपयोग करके नहीं बनाया जा सकता है?
MIRACULOUS
(a) MOLAR
(b) LOCUS
(c) SOLACE
(d) SCAR

51. पेनीप्लेन किसके द्वारा बनता है?
(a) नदियों द्वारा अनाच्छादन
(b) हिमनदियों द्वारा अनाच्छादन
(c) पवन द्वारा निक्षेप
(d) हिमनद द्वारा निक्षेप

52. दूध का pH मान है–
(a) 2.4
(b) 3.8
(c) 6.6
(d) 8.0

53. अधिकतम घनत्व का धातु है–
(a) Fe
(b) Mo
(c) Hg
(d) Os

54. बिजली के कड़कने पर कौन–सी गैस बनती है?
   (a) N_2O (b) NO
   (c) NO_2 (d) N_2O_5

55. किसमें अधिकतम प्रोटीन होता है?
   (a) मूंगफली   (b) गाय के दूध
   (c) अंडा   (d) गेहूं

56. सूर्य का तापमान किसके द्वारा मापा जाता है?
   (a) प्लेटिनम थर्मामीटर   (b) पाइरोमीटर
   (c) गैस थर्मामीटर   (d) वाष्पदाबित थर्मामीटर

57. निम्नलिखित में से भारत का वह राज्य कौन–सा है जो गंधक (सल्फर) के उत्पादन में आगे है?
   (a) असम   (b) महाराष्ट्र
   (c) पंजाब   (d) तमिलनाडु

58. निम्नलिखित में से प्रकाष का रंग किससे संबंधित है?
   (a) कोणांक (आयाम)   (b) आवृत्ति
   (c) गुणवत्ता   (d) वेग

59. निम्नलिखित देषों में से कौन–सा यूरोपीय संघ का हिस्सा नहीं है?
   (a) यूके   (b) स्वीडन
   (c) नॉर्वे   (d) ऑस्ट्रेलिया

60. निम्नलिखित में से कौन एक सक्रिय ज्वालामुखी है?
   (a) अकांकागुआ   (b) माउण्ट केनिया
   (c) किलिमंजारो   (d) विसुवियस

61. भारतीय संविधान में पांच अनुच्छेदों के द्वारा समानता का अधिकार दिया गया है। वे हैं–
   (a) अनुच्छेद 13 से अनुच्छेद 17
   (b) अनुच्छेद 14 से अनुच्छेद 18
   (c) अनुच्छेद 16 से अनुच्छेद 20
   (d) अनुच्छेद 15 से अनुच्छेद 19

62. निम्नलिखित में से कौन एक एन्जाइम नहीं है?
   (a) टाइलिन   (b) पेप्सिन
   (c) ट्रिप्सीन   (d) ऑक्सीटोसिन

63. एक पीढ़ी से दूसरे में अभिलक्षणों के हस्तांतरण को कहा जाता है–
   (a) इवोलूशन   (b) आनुवंनिकता
   (c) आनुवंशिकी   (d) उत्परिवर्तन

64. एक रडार के किरण पूंज में होता है–
   (a) एक्स–किरणे   (b) अवरक्त किरणें
   (c) पराबैंगनी किरणे   (d) माइक्रोवेव

65. भारत का निम्नलिखित में से कौन–सा राज्य लिग्नाईट कोयले का सबसे बड़ा उत्पादक है?
   (a) महाराष्ट्र   (b) गुजरात
   (c) मध्य प्रदेष   (d) तमिलनाडु

66. जब एक दर्पण को θ^0 घुमाया जाता है तो परावर्तित किरणें ______ घूम जाती है।
   (a) $0°$ (b) 90^0
   (c) θ (d) 2θ

67. हृदय में रक्त पहुंचाने वाली धमनियों को ______ कहते है।

(a) ग्रीवा धमनी   (b) यकृत धमनी
(c) हृदय धमनी   (d) फुस्फुसीय धमनी

68. परमाणु संयंत्र में हैवी वाटर का इस्तेमाल किया जाता है–
   (a) कूलेंट के रूप में   (b) ईंधन के रूप में
   (c) मंदका के रूप में   (d) परमाणु स्मैसर के रूप में

69. मानव हृदय में कितने वाल्व होते है?
   (a) चार   (b) तीन
   (c) दो   (d) एक

70. मानव शरीर में कौन–सी कोषिका में पुर्नउत्पन्न शक्ति सबसे कम होती है?
   (a) मस्तिष्क कोषिका   (b) मांसपेषी कोषिका
   (c) बोन कोषिका   (d) यकृत कोषिका

71. न्यायपालिका के मुख्य कार्य है:
   (a) कानून तैयार करना   (b) कानून निष्पादन
   (c) कानून अधिनिर्णय   (d) कानून कार्यान्चयन

72. इस पादप का फल जमीन के अंदर होता है –
   (a) आलू   (b) गाजर   (c) मूंगफली   (d) प्याज

73. साइलेंट वैली में एक दुर्लभ और लुप्तप्राय जानवर है:
   (a) कस्तूरी मृग
   (b) बाघ
   (c) शेर की पूँछ वाला मकैक बन्दर
   (d) गैंडा

74. एक नाव अपने ________ के बराबर जल विस्थापित करने पर डूब जाएगी ।
   (a) आयतन   (b) भार
   (c) पृष्ठीय क्षेत्रफल   (d) घनत्व

75. एक क्षुद्रग्रह ________ के मध्य सूर्य की परिक्रमा लगाता है।
   (a) पृथ्वी और मंगल ग्रह   (b) मंगल और वृहस्पति
   (c) बृहस्पति और शनि   (d) शनि और यूरेनस

76. मानव शरीर में कितने क्रोमोजोम जोड़े हैं?
   (a) 22   (b) 23
   (c) 24   (d) 19

77. यदि पृथ्वी घूर्णन बंद कर दे, तो इसकी सतह पर g का आभासी मान क्या है।
   (a) चारो ओर से कम होता है
   (b) सभी तरफ से समान रहता है
   (c) कुछ स्थानों पर बढेगा और कुछ स्थानो पर समान रहेगा।
   (d) हर तरफ बढेगा

78. निम्नलिखित में से किसे रेडियोधर्मी नाभिक से उत्सर्जित β–अणु कहते हैं।
   (a) हीलियम नाभिक
   (b) तेज गति से चलने वाले न्यूट्रोन
   (c) तेज गति से चलने वाले इलेक्ट्रोन
   (d) हाईड्रोजन नाभिक

79. क्रिवोय रोग ______ का बड़ा स्रोत है?
   (a) तांबा   (b) मैगनीज   (c) कोयला   (d) लौह अयस्क

80. "जय हिन्द" का नारा किसने दिया था:
   (a) सुभास चंद्र बोस   (b) गोपाल कृष्ण गोखले
   (c) चंद्रशेखर आजाद   (d) लोकमान्य तिलक

81. प्राकृतिक रूप से, पौष्टिकता का स्तर पाया जाता है–
    (a) पारिस्थिक तंत्र
    (b) उत्तक प्रणाली
    (c) जड़ प्रणाली
    (d) तना प्रणाली

82. ग्रीनलैंड क्या है?
    (a) निचला पठार
    (b) बर्फ से ढका महाद्वीप
    (c) उन्ची बर्फ की चादर
    (d) बर्फ से ढंका ऊंचा पठार

83. पत्तागोभी अपना भोजन कहाँ सग्रहित करती है?
    (a) जड़   (b) पत्ते   (c) तना   (d) फल

84. ओकटाइन संख्या के लिए कम से कम यौगिक मूल्य क्या है?
    (a) (एन हेपटैन) (n-heptane)
    (b) −2 मिथाइल हेपटैन (2-methyl heptanes)
    (c) आईएसओ ओकटाइन (ISO-octane)
    (d) 2, −2 डाइमिथाइल हेक्सेन (2, −2 dimethyl hexane)

85. संक्रमण प्रकाश को कहाँ अवशोषित करता है:
    (a) माइक्रोवेव क्षेत्र (microwave region)
    (b) दृष्य क्षेत्र (visible region)
    (c) अवरक्त क्षेत्र (infrared region)
    (d) पराबैगनी क्षेत्र (ultraviolet region)

86. वृक्षों के बिना, छिन्न–भिन्न वनस्पति कहाँ पाई जाती है?
    (a) टुंड्रा   (b) चौपरल   (c) टैगा   (d) अल्पाइन

87. निम्नलिखित में से कौन सा स्थान पूर्व–ऐतिहासिक चित्रकारी के लिए प्रख्यात है?
    (a) बाघ
    (b) अजंता
    (c) अमरावती
    (d) भीमबेटका

88. कॉर्नविल्स का मकबरा कहाँ स्थित है?
    (a) गाजीपुर
    (b) बलिया
    (c) वाराणसी
    (d) गोरखपुर

89. विश्व में चाँदी का सबसे बड़ा उत्पादक कौन है?
    (a) चिली
    (b) चीन
    (c) मैक्सिको
    (d) पेरू

90. निम्नलिखित में से किसका निर्माण हमारे शरीर में नहीं होता है?
    (a) विटामिन–A
    (b) प्रोटीन
    (c) एंजाइम
    (d) हार्मोन

91. निम्नलिखित में से कौन सा जोड़ा सही है?
    (a) सिल्वर आयोडाइड – हॉर्न रजत
    (b) सिल्वर क्लोराइड – कृत्रिम वर्षा
    (c) जिंक फास्फाइड – चूहे मारने की दवा
    (d) जिंक सल्फाइड – फिलॉस्फर्स वूल

92. निम्नलिखित में से क्या मानव गुर्देका सामान्य कार्य नहीं है?
    (a) रक्त में पानी के स्तर पर नियंत्रण
    (b) रक्त में शक्कर के स्तर पर नियंत्रण
    (c) यूरिया को बाहर छानना
    (d) इनमें से कोई नहीं

93. विश्व के किस महाद्वीप में मरुस्थल नहीं है?
    (a) ऑस्ट्रेलिया
    (b) यूरोप
    (c) एशिया
    (d) उत्तरी अमेरिका

94. रेडियो तरंगें पृथ्वी पर किस मंडल से वापस परावर्तित होती हैं?
    (a) क्षोभमंडल
    (b) बर्हिमंडल
    (c) समतापमंडल
    (d) आयनमंडल

95. निम्नलिखित में से किस बीमारी के लिए कोई टीका नहीं बना है?
    (a) टेटनस
    (b) मलेरिया
    (c) खसरा
    (d) गलसुआ (मम्प्स)

96. भारत के पहले गृह–निर्मित उच्च शुद्धता स्वर्ण संदर्भ मानक "BND −4201" को भारत सरकार के टकसाल, मुंबई में लांच किया गया है. BND का पूर्ण रूप क्या है?
    (a) Bharatiya Niveshak Dravya
    (b) Bharatiya Naveenatam Dravya
    (c) Bharatiya Nirman Dravya
    (d) Bharatiya Nirdeshak Dravya

97. उपराष्ट्रपति एम वेंकैया नायडू ने हाल ही में _______ में योग संस्थान के शताब्दी समारोह का उद्घाटन किया
    (a) दिल्ली
    (b) कोलकाता
    (c) पुणे
    (d) मुंबई

98. श्री अटल बिहारी वाजपेयी को निम्नलिखित पुरस्कारों में से किस पुरस्कार से सम्मानित किया गया है?
    (a) पद्म भूषण
    (b) भारत रत्न
    (c) पद्म विभूषण
    (d) पद्म श्री

99. हिमाचल प्रदेष के वर्तमान राज्यपाल कौन है?
    (a) वी. पी. सिंह बदनोर
    (b) सत्य पाल मलिक
    (c) जगदीश मुखी
    (d) आचार्य देव व्रत

100. कौन सा शहर 2022 में राष्ट्रमंडल खेलों की मेजबानी करेगा.
    (a) मास्को
    (b) डरबन
    (c) बिर्मिंघम
    (d) गोल्ड कोस्ट

RESPONSE SHEET

1. ⓐⓑⓒⓓ	2. ⓐⓑⓒⓓ	3. ⓐⓑⓒⓓ	4. ⓐⓑⓒⓓ	5. ⓐⓑⓒⓓ
6. ⓐⓑⓒⓓ	7. ⓐⓑⓒⓓ	8. ⓐⓑⓒⓓ	9. ⓐⓑⓒⓓ	10. ⓐⓑⓒⓓ
11. ⓐⓑⓒⓓ	12. ⓐⓑⓒⓓ	13. ⓐⓑⓒⓓ	14. ⓐⓑⓒⓓ	15. ⓐⓑⓒⓓ
16. ⓐⓑⓒⓓ	17. ⓐⓑⓒⓓ	18. ⓐⓑⓒⓓ	19. ⓐⓑⓒⓓ	20. ⓐⓑⓒⓓ
21. ⓐⓑⓒⓓ	22. ⓐⓑⓒⓓ	23. ⓐⓑⓒⓓ	24. ⓐⓑⓒⓓ	25. ⓐⓑⓒⓓ
26. ⓐⓑⓒⓓ	27. ⓐⓑⓒⓓ	28. ⓐⓑⓒⓓ	29. ⓐⓑⓒⓓ	30. ⓐⓑⓒⓓ
31. ⓐⓑⓒⓓ	32. ⓐⓑⓒⓓ	33. ⓐⓑⓒⓓ	34. ⓐⓑⓒⓓ	35. ⓐⓑⓒⓓ
36. ⓐⓑⓒⓓ	37. ⓐⓑⓒⓓ	38. ⓐⓑⓒⓓ	39. ⓐⓑⓒⓓ	40. ⓐⓑⓒⓓ
41. ⓐⓑⓒⓓ	42. ⓐⓑⓒⓓ	43. ⓐⓑⓒⓓ	44. ⓐⓑⓒⓓ	45. ⓐⓑⓒⓓ
46. ⓐⓑⓒⓓ	47. ⓐⓑⓒⓓ	48. ⓐⓑⓒⓓ	49. ⓐⓑⓒⓓ	50. ⓐⓑⓒⓓ
51. ⓐⓑⓒⓓ	52. ⓐⓑⓒⓓ	53. ⓐⓑⓒⓓ	54. ⓐⓑⓒⓓ	55. ⓐⓑⓒⓓ
56. ⓐⓑⓒⓓ	57. ⓐⓑⓒⓓ	58. ⓐⓑⓒⓓ	59. ⓐⓑⓒⓓ	60. ⓐⓑⓒⓓ
61. ⓐⓑⓒⓓ	62. ⓐⓑⓒⓓ	63. ⓐⓑⓒⓓ	64. ⓐⓑⓒⓓ	65. ⓐⓑⓒⓓ
66. ⓐⓑⓒⓓ	67. ⓐⓑⓒⓓ	68. ⓐⓑⓒⓓ	69. ⓐⓑⓒⓓ	70. ⓐⓑⓒⓓ
71. ⓐⓑⓒⓓ	72. ⓐⓑⓒⓓ	73. ⓐⓑⓒⓓ	74. ⓐⓑⓒⓓ	75. ⓐⓑⓒⓓ
76. ⓐⓑⓒⓓ	77. ⓐⓑⓒⓓ	78. ⓐⓑⓒⓓ	79. ⓐⓑⓒⓓ	80. ⓐⓑⓒⓓ
81. ⓐⓑⓒⓓ	82. ⓐⓑⓒⓓ	83. ⓐⓑⓒⓓ	84. ⓐⓑⓒⓓ	85. ⓐⓑⓒⓓ
86. ⓐⓑⓒⓓ	87. ⓐⓑⓒⓓ	88. ⓐⓑⓒⓓ	89. ⓐⓑⓒⓓ	90. ⓐⓑⓒⓓ
91. ⓐⓑⓒⓓ	92. ⓐⓑⓒⓓ	93. ⓐⓑⓒⓓ	94. ⓐⓑⓒⓓ	95. ⓐⓑⓒⓓ
96. ⓐⓑⓒⓓ	97. ⓐⓑⓒⓓ	98. ⓐⓑⓒⓓ	99. ⓐⓑⓒⓓ	100. ⓐⓑⓒⓓ

संकेत और हल

1. (d) $\dfrac{16 \times 450}{100} \times \dfrac{? \times 880}{100} = 3168$

$\Rightarrow ? = \dfrac{3168 \times 100 \times 100}{16 \times 450 \times 880} = 5$

2. (b)

3. (c) वर्ग की भुजा

$= \sqrt{196} = 14$ सेमी

बड़े वृत्त की त्रिज्या

$= 14 \times 2 = 28$ सेमी

छोटे वृत्त की त्रिज्या

$= 28 \times \dfrac{3}{7} = 12$ सेमी

$\therefore$ परिधि $= 2\pi r$

$= 2\pi \times 12$

$= 24\pi$ सेमी

4. (b) समानांतर चतुर्भुज का छोटा कोण

$= \dfrac{3 \times 360}{(3+4+6+7)} = 54°$

$\therefore$ समानांतर चतुर्भुज के संलग्न कोण

$= 180° - 54° = 126°$

5. (c) अभीष्ट राशि

$= 15 \times 5 + 4 \times 50 + 6 \times 75 + 5 \times 20 = 75 + 200 + 450 + 100$

$= ₹ 825$

6. (a) अभीष्ट अनुपात $= 18 : 4$

$= 9 : 2$

7. (a) औसत अंक

$= (52\% \times 750 + 64\% \times 750$

$\qquad\qquad + 74\% \times 750) \div 3$

$= \dfrac{390 + 480 + 555}{3}$

$= \dfrac{1425}{3} = 475$

8. (b) माना कि 1 शर्ट एवं 1 ट्राउजर की कीमत क्रमश: x एवं y रुपये है।

$\therefore \quad 2x + 3y = 6050 \qquad ...(i)$

$\qquad 3x + 2y = 5450 \qquad ...(ii)$

समीकरण (i) $\times$ 3 – (ii) $\times$ 2 से,

$6x + 9y - 6x - 4y = 3 \times 6050 - 2 \times 5450$

$\Rightarrow 5y = 7250$

$\Rightarrow y = \dfrac{7250}{5} = 1450$ रुपये।

9. (a) कुल वयस्कों की जनसंख्या

$= \dfrac{4.2 \times 16}{7} = 9.6$ लाख

$\therefore$ गांव की कुल जनसंख्या $= \dfrac{100}{80} \times 9.6 = 12$ लाख

10. (d) अभीष्ट औसत

$= \dfrac{180 + 168 + 176 + 188 + 164 + 174}{6}$

$= \dfrac{1050}{6} = 175$

11. (c) बच्चों की कुल संख्या $\times \dfrac{25}{100} = 245$

$\therefore$ बच्चों की कुल संख्या

$= \dfrac{245 \times 100}{25} = 980$

12. (d) माना कि संख्या $= x$ है।

$\therefore \dfrac{x \times 3}{5} = 168$

$\Rightarrow x = \dfrac{168 \times 5}{3} = 280$

$\therefore 280$ का $12\% = \dfrac{280 \times 12}{100} = 33.6$

13. (c) प्रत्येक छात्र को प्राप्त धनराशि

$= \dfrac{15487}{76} = \approx ₹204$

14. (b) संख्या 16128 में इकाई का अंक 8 है।

दिए गए विकल्पों से, $126 \times 128 = 16128$

$\therefore$ अभीष्ट बड़ी संख्या $= 128$ है

15. (c) $x + y = 18$

$\Rightarrow (x+y)^2 = 18^2 = 324$

$\Rightarrow x^2 + y^2 + 2xy = 324$

$\Rightarrow x^2 + y^2 = 324 - 2xy$

$\Rightarrow x^2 + y^2 = 324 - 2(72)$

$\Rightarrow x^2 + y^2 = 324 - 144 = 180$

16. (b) माना कि अभीष्ट संख्या $= x$

प्रतिशतता में अंतर $= 42 - 28 = 14\%$

या, $x = \dfrac{210 \times 100}{14} = 1500$

$\therefore$ अभीष्ट उत्तर $= \dfrac{59}{100} \times 1500 = 885$

17. (e) माना परीक्षा में अधिकतम प्राप्तांक $= x$

तब, प्रश्नानुसार,

x का $40\% - x$ का $4\% = 261$

या, $x \times \dfrac{(40-4)}{100} = 261$

$\therefore x = \dfrac{261}{36} \times 100 = 725$

18. (e) अभीष्ट औसत

$$= \dfrac{361+188+547+296+656+132+263}{7}$$

$$= \dfrac{2443}{7} = 349$$

19. (d) माना $A = x$, तब प्रश्नानुसार,

$\because A + B + C + D + E$

$= x + (x+2) + (x+4) + (x+6) + (x\,8)$

$\Rightarrow 5x + 20 = 34 \times 5 = 170 \Rightarrow x = 30$

$\Rightarrow B \times D = 32 \times 36 = 1152$

20. (b) माना कि ऋच्चा एवं शैली की वर्तमान आयु क्रमशः 5x एवं 8x वर्ष है।

प्रश्नानुसार,

10 वर्ष बाद

$$\dfrac{5x+10}{8x+10} = \dfrac{7}{10}$$

या, $56x + 70 = 50x + 100$

या, $56x - 50x = 100 - 70$

या, $6x = 30$

$\therefore x = \dfrac{30}{6} = 5$

$\therefore$ शैली की वर्तमान आयु $= 8x$

$= 8 \times 5 = 40$ वर्ष

21. (d) धन की दूसरी राशि अज्ञात है।

22. (d) अभीष्ट दिन $= \dfrac{9800}{350} = 28$ दिन

23. (a) ट्रेन की गति

$$= \dfrac{(200+400)}{36} \times \dfrac{18}{5}$$

$= 60$ किमी / घंटा

24. (d) माना वर्ग की भुजा $= x$ से.मी

$\therefore$ वर्ग का क्षेत्रफल $= x \times x = x^2$ वर्ग से.मी.

भुजा में 20% वृद्धि होने से नए वर्ग की भुजा

$= x$ से.मी. $+ x$ से.मी. का 20%

$= x$ से.मी. $+ 0.2x$ से.मी. $= 1.2x$ से.मी.

$\therefore$ नए वर्ग का क्षेत्रफल $= (1.2x)^2 = 1.44x^2$ वर्ग से.मी.

$\therefore$ क्षेत्रफल में वृद्धि $= 1.44\,x^2 - x^2 = 0.44\,x^2$ वर्ग से.मी.

$\therefore$ प्रतिशत वृद्धि $= \dfrac{0.44x^2}{x^2} \times 100 = 44\%$

25. (c) माना नए वृत्त की त्रिज्या R से.मी. है

$\therefore$ पहले वृत्त का क्षेत्रफल $\pi \times (12)^2 = 144\pi$ वर्ग से.मी.

तथा दूसरे वृत्त का क्षेत्रफल $= \pi \times (5)^2 = 25\pi$ वर्ग से.मी.

प्रश्नानुसार

नए वृत्त का क्षेत्रफल $=$ दोनों वृत्तों का क्षेत्रफल

या $\pi R^2 = 144\pi + 25\pi = 169\,\pi$

या $R^2 = 169$

या $R = 13$ से. मी.

$\therefore$ नये वृत्त की त्रिज्या 13 से.मी. होगी।

26. (d)	27. (b)	28. (a)	29. (a)	30. (d)	31. (c)
32. (b)	33. (d)	34. (a)	35. (a)	36. (c)	37. (c)
38. (c)	39. (a)	40. (a)	41. (b)	42. (c)	43. (d)
44. (c)	45. (a)	46. (c)	47. (b)	48. (a)	49. (d)
50. (c)	51. (a)	52. (c)	53. (c)	54. (b)	55. (a)
56. (b)	57. (b)	58. (b)	59. (c)	60. (c)	61. (b)
62. (d)	63. (b)	64. (d)	65. (d)	66. (d)	67. (c)
68. (c)	69. (a)	70. (a)	71. (c)	72. (c)	73. (b)
74. (b)	75. (a)	76. (b)	77. (b)	78. (c)	79. (d)
80. (a)	81. (a)	82. (d)	83. (d)	84. (c)	85. (d)
86. (a)	87. (d)	88. (a)	89. (c)	90. (a)	91. (c)
92. (b)	93. (b)	94. (d)	95. (b)	96. (d)	97. (d)
98. (b)	99. (d)	100. (c)			

10 प्रैक्टिस सेट

निर्देश

1. इस प्रैक्टिस सेट में 100 वस्तुनिष्ठ बहुविकल्पीय प्रश्न दिए गए हैं।
2. प्रैक्टिस सेट में गणित, सामान्य बुद्धि और तर्कशक्ति, सामान्य विज्ञान, सामान्य ज्ञान और सामयिक विषय से सम्बन्धित बहुविकल्पीय प्रश्न दिए गए हैं।
3. प्रैक्टिस सेट को हल करने की अवधि 90 मिनट है।

समय : 90 मिनट **अधिकतम अंक: 100**

---

1. तीन वर्ष के अंत में 15 प्रतिशत वार्षिक ब्याज की दर से ₹ 2600/- की राशि पर अर्जित साधारण और चक्रवृद्धि ब्याज में लगभग कितना अंतर होगा ?
   - (a) ₹ 167/-
   - (b) ₹ 194/-
   - (c) ₹ 202/-
   - (d) ₹ 184/-

2. एक 320 मीटर लंबी ट्रेन उससे तीन गुना लंबा प्लेटफार्म 40 सेकेंड में पार करती है। किमी / घंटा ट्रेन की गति कितनी है ?
   - (a) 120.6
   - (b) 115.2
   - (c) 108.4
   - (d) निर्धारित नहीं किया जा सकता है
   - (e) इनमें से कोई नहीं

3. एक त्रिअंकी संख्या में इकाई के स्थान का अंक दहाई के स्थान के अंक से तिगुना है और सैकड़े के स्थान का अंक दहाई के स्थान के अंक का दो-तिहाई है। संख्या के तीनों अंकों का योग 14 है तो यह त्रिअंकी संख्या क्या है ?
   - (a) 932
   - (b) 239
   - (c) 326
   - (d) निर्धारित नहीं किया जा सकता है
   - (e) इनमें से कोई नहीं

4. एक कारोबार आरंभ करने के लिए जीना ₹ 48,000 का निवेश करती है। 4 महीने बाद ₹ 62,000 के निवेश सहित श्रेया और उसके दो महीने बाद ₹ 80,000 के निवेश सहित दीपिका उन दोनों के साथ हो लेती है। एक वर्ष के अंत में ₹ 20,661 का लाभार्जन होता है। लाभ में दीपिका का हिस्सा कितना है ?
   - (a) ₹ 7,668
   - (b) ₹ 6,603
   - (c) ₹ 7,240
   - (d) ₹ 6,390
   - (e) इनमें से कोई नहीं

निर्देश (5-6) : निम्नलिखित संख्या शृंखला में प्रश्नचिह्न (?) के स्थान पर क्या आयेगा ?

5. 1   7   49   343   ?
   - (a) 16807
   - (b) 1227
   - (c) 2058
   - (d) 2401

6. 12   35   81   173   357   ?
   - (a) 725
   - (b) 715
   - (c) 726
   - (d) 736

निर्देश (7-8) : निम्नलिखित प्रश्नों में प्रश्नचिह्न (?) के स्थान पर **लगभग** मान कितना आएगा? (मूल्य की यथातथ्य गणना आवश्यक नहीं)

7. $(3.5)^2 \times 19.25 + ? = 275$
   - (a) 15
   - (b) 20
   - (c) 30
   - (d) 40

8. 225 का 85% + 32.91 × 5.01 = ?
   - (a) 340
   - (b) 355
   - (c) 375
   - (d) 345

9. दो उत्तरोत्तर सम संख्याओं का गुणनफल 11448 है। दोनों में से बड़ी संख्या कौन-सी है ?
   - (a) 110
   - (b) 108
   - (c) 106
   - (d) 104
   - (e) इनमें से कोई नहीं

10. 2,000 रुपए की राशि पर 15 प्रतिशत वार्षिक ब्याज की दर से 3 वर्ष बाद कितना चक्रवृद्धि ब्याज मिलेगा ?
    - (a) 1141.75 रुपए
    - (b) 1209.75 रुपए
    - (c) 1041.75 रुपए
    - (d) 1248.75 रुपए
    - (e) इनमें से कोई नहीं

11. यदि 4,51,000 रुपए की राशि को 88 व्यक्तियों में एकसमान बांटा जाए तो प्रत्येक व्यक्ति को कितनी राशि मिलेगी ?
    - (a) 5,123 रुपए
    - (b) 5,251 रुपए
    - (c) 5,213 रुपए
    - (d) 5,215 रुपए
    - (e) इनमें से कोई नहीं

12. फोनशॉप का मालिक अपने ग्राहकों से लागत कीमत से 25% अधिक लेता है। यदि एक ग्राहक ने फोन के लिए 800 रुपए दिए तो फोन की लागत कीमत कितनी होगी ?
(a) 600 रुपए
(b) 610 रुपए
(c) 640 रुपए
(d) 540 रुपए

13. 16 व्यक्ति एक काम 14 दिन में पूरा करते हैं। 8 व्यक्तियों को इसी काम को पूरा करने में कितने दिन लगेंगे?
(a) 28
(b) 18
(c) 7
(d) 21

14. श्री गगन राठी 10 प्रतिशत प्रतिवर्ष की दर से चक्रवृद्धि ब्याज पाने के लिए 3 वर्ष के लिए 96,000 रुपए का निवेश करता है। 3 वर्ष के अंत में श्री गगन राठी को कुल कितनी राशि मिलेगी ?
(a) 1,24,776 रुपए
(b) 1,25,776 रुपए
(c) 1,26,776 रुपए
(d) 1,27,776 रुपए

15. एक अकेले व्यक्ति को एक बैग की सिलाई करने में 10 मिनट लगते हैं। सुबह 10.00 बजे से दोपहर 12.30 बजे तक 1245 बैग की सिलाई करने के लिए, इस काम पर कितने व्यक्ति लगाए जाने चाहिए ?
(a) 81
(b) 82
(c) 83
(d) 84

16. एक परीक्षा में पास होने के लिए कुल 290 अंक पाना जरूरी है। एक विद्यार्थी को 203 अंक मिले हैं और 12 प्रतिशत अंकों से फेल घोषित किया गया है। विद्यार्थी को अधिकतम कुल कितने अंक मिल सकते हैं ?
(a) 775
(b) 750
(c) 725
(d) निर्धारित नहीं किया जा सकता है

17. 8 डायरी और 10 कैलेंडर की कीमत 3,138 रुपए है। 12 डायरी और 15 कैलेंडर की कीमत क्या होगी ?
(a) 4,707 रुपए
(b) 4,606 रुपए
(c) 4,505 रुपए
(d) निर्धारित नहीं किया जा सकता है

18. वैभव और गगन की आयु का क्रमश: अनुपात 12 : 7 है। 6 वर्ष बाद उनकी आयु का अनुपात 3 : 2 होगा। इन दोनों की आयु के बीच का अंतर क्या है ?
(a) 8 वर्ष
(b) 12 वर्ष
(c) 9 वर्ष
(d) 10 वर्ष

19. एक बॉक्स में 12 दर्जन आम हैं। यदि ऐसे 43 बॉक्स हैं तो सभी बॉक्सों में कुल कितने आम हैं?
(a) 516
(b) 3096
(c) 6192
(d) 628

20. एक कैन्टीन को प्रति दिन 13 दर्जन केलों की आवश्यकता पड़ती है। 9 सप्ताह में इसे कितने केलों की आवश्यकता पड़ेगी?
(a) 728
(b) 9828
(c) 1404
(d) 9882

21. 8115 को पूर्ण वर्ग बनाने के लिए इसमें कौन सी न्यूनतम संख्या जोड़ी जानी चाहिए?
(a) 349
(b) 166
(c) 144
(d) 194

22. एक संख्या के 58% और उसी संख्या के 39% के बीच 247 का अंतर है। उस संख्या का 82% कितना होगा?
(a) 1300
(b) 1066
(c) 1052
(d) 1000

23. एक कक्षा में 32 लड़के और 28 लड़कियां है। कक्षा मे लड़कों की औसत आयु 14 वर्ष और लड़कियों की औसत आयु 13 वर्ष है। पूरी कक्षा की औसत आयु कितनी है ? (दशमलव के बाद दो अंकों तक पूर्णांकित)
(a) 13.50
(b) 13.53
(c) 12.51
(d) 13.42

24. पांच संख्याओं का योग 290 है। पहली दो संख्याओं का औसत 48.5 और अंतिम दो संख्याओं का औसत 53.5 है। तीसरी संख्या क्या है ?
(a) 72
(b) 84
(c) 96
(d) इनमें से कोई नहीं

25. एक महिला और उसकी पुत्री की औसत आयु 42 वर्ष है। उनकी आयु का क्रमश: अनुपात 2 : 1 है, तो पुत्री की आयु क्या है?
(a) 28 वर्ष
(b) 48 वर्ष
(c) 52 वर्ष
(d) 32 वर्ष

निर्देश (26-30): दिये गए विकल्पों में से संबंधित अक्षर/शब्द/संख्या/आकृति को चुनें-

26. कक्षा : विद्यालय : विद्यार्थी
(a) बॉल : बेट : पिच
(b) बहन : परिवार : भाई
(c) हाथ : शरीर : अंगुली
(d) पत्ती : पेड़ : जड़े

27. घोड़ा : फोल : घोड़ी
(a) भेड़ : मेमना : बकरी
(b) शेर : शावक : मांद
(c) आदमी : शिशु : महिला
(d) बिल्ली : बिलौटा : पिल्ला

28. ? : EDUJH : : WOULD : TLRIA
(a) BLOCK
(b) BARGE
(c) CONES
(d) DONOR

29. RATIONAL, यदि RATNIOLA है उसी प्रकार TRIBAL है-
(a) TIRLAB
(b) TRIALB
(c) TIRLBA
(d) TRILBA

30. MD : 52 : : ZB : ?
(a) 28
(b) 52
(c) 48
(d) 24

निर्देश (31-32): दिये गए विकल्पों में से विषम संख्या/अक्षर/आकृति/संख्या युग्म ज्ञात करें-

31. (a) खटिया
(b) चादर
(c) तोशक
(d) तकिया

32. (a) DXCLQZ
(b) PFZUBM
(c) XGKNTY
(d) GJMQVX

निर्देश (33): एक श्रृंखला दी गई है जिसमें एक पद लुप्त हैं। दिये गए विकल्प से सही विकल्प चुनें जो श्रृंखला को पूर्ण करेगा?

33. 5, 9, 17, 33, ?, 129
 (a) 55 (b) 45
 (c) 65 (d) 75

34. श्रृंखला में गलत संख्या ज्ञात करें–
 15, 32, 66, 135, 270
 (a) 32 (b) 66
 (c) 135 (d) 270

35. यदि REASON को 5 के रूप में और BELIEVED को 7 के रूप में कूटबद्ध किया जाता है तो GOVERNMENT का कूट क्या है?
 (a) 10 (b) 6
 (c) 9 (d) 8

36. अक्षरों का कौन-सा एक समूह को दिये गए अक्षर श्रृंखला में खाली स्थानों पर रखने पर इसे पूरा करेगा?
 _aaba_bba_bba_abaa_b
 (a) ababa (b) aabab
 (c) baaba (d) bbaba

37. यदि PRATAP को कूट संख्या 1618120116 दी जा सकती है तो NAVIN को क्या कूट संख्या दी जा सकती है?
 (a) 73957614 (b) 24639125
 (c) 14122914 (d) 19274651

38. दिये गए वैकल्पिक शब्दों में से उस एक को चुनें जिसे दिये गए शब्द MEASUREMENT के अक्षरों का उपयोग करके बनाया जा सकता है?
 (a) MASTER (b) MANTLE
 (c) SUMMIT (d) ASSURE

39. यदि LOFTY को LPFUY के रूप में कूटबद्ध किया जाता है तो DWARF को किस प्रकार कूटबद्ध किया जाएगा?
 (a) DXASF (b) DXBSG
 (c) DXATF (d) DWBSG

40. एक परिवार में पति और पत्नी, उनके तीन बेटे और दो बेटियां और तीन बेटों की तीन पत्नियां हैं। इस परिवार में कितनी महिलाएं हैं?
 (a) 5 (b) 6
 (c) 7 (d) इनमें से कोई नहीं

41. एक आदमी की 2 पत्नियां A और B हैं। A सन्नी की सौतेली मां है। सन्नी B से किस प्रकार संबंधित है?
 (a) सौतेली बेटी (b) सिस्टर-इन-लॉ
 (c) पुत्र (d) पति

42. यदि 'P +Q' का अर्थ P, Q की बहन है। 'P-Q' का अर्थ P, Q की मां है, 'P × Q' का अर्थ है, P, Q का भाई है; 'P÷Q' का अर्थ P, Q का पिता है। निम्नलिखित में से किसका अर्थ M, R का मामा है?
 (a) M × T – R (b) M÷ T × R
 (c) M +T÷ K – R (d) M÷N+J

43. मिस्टर जॉनसन को सात सप्ताह के कार्य के लिए 300 रू. और एक मुफ्त अवकाश दिवस अर्जित करना था। वह 4 सप्ताह तक कार्य करता है और 30 रूपये तथा एक मुफ्त अवकाश दिवस अर्जित करता है। अवकाश दिवस का मान क्या है?
 (a) 300 (b) 330
 (c) 360 (d) 420

44. एक क्रिकेट मैच में A, B, C, D और E औसतन 36 रन बनाते हैं। D, E से 5 रन अधिक बनाता है, E, A से 8 रन कम बनाता है। B, उतना रन बनाता है जितना D और E संयुक्त रूप से बनाता है और B तथा C उनमें से 107 रन बनाते हैं। E कितना रन बनाता है?
 (a) 62 (b) 45
 (c) 28 (d) 20

45. रमेश पूरब की ओर 10 मीटर चलता है उसके बाद दायें मुड़ता है और 10 मीटर चलता है। इसके बाद पुनः दायें मुड़ता है और 10 मीटर चलता है। वह बायीं ओर 10 मीटर मोड़ लेता है और सीधे चलता है। अब वह किस दिशा में चल रहा है?
 (a) उत्तर-पश्चिम (b) दक्षिण-पूर्व
 (c) दक्षिण-पश्चिम (d) उत्तर-पूर्व

46. निम्नलिखित प्रश्नों में चार विकल्पों में से एक समीकरण में चिन्हों के इन्टरचेंज को निर्दिष्ट करता है जिसे जब किया जाता है समीकरण को सही बनाता है। सही विकल्प ज्ञात करें?
 10 + 10 ÷ 10 – 10 × 10 = 10
 (a) + और – (b) + और ÷
 (c) + और × (d) ÷ और +

47. टॉम केन्द्रीय बिन्दु से उत्तर की ओर 35 किमी चलता है और उसके बाद दायें मुड़ता है और 17 किमी चलता है और अन्ततः दायें मुड़ता है और 35 किमी चलता है। प्रारंभिक बिन्दु से वह कितनी दूर है?
 (a) 17 किमी (b) 16 किमी
 (c) 15 किमी (d) 18 किमी

48. लुप्त शब्द ज्ञात करें–

	P		G	
F		22	21	N
K		27	15	E
	?		J	

 (a) M (b) P
 (c) Q (d) S

49. यदि 'p' का अर्थ '-', 'q' का अर्थ '+', 'r' का अर्थ '÷' और 's' का अर्थ 'x', तो–
 16p4p5s8r2 = ?
 (a) -8 (b) 20
 (c) 32 (d) 12

50. निम्नलिखित में से कौन-सा वेन डायग्राम पर्वत, जंगल, पृथ्वी के बीच सही संबंध दर्शाता है?

 (a) (b) (c) (d)

86

51. भारत का सबसे प्राचीन संगीत वाध है?
 (a) वांसुरी
 (b) तबला
 (c) वीणा
 (d) सितार

52. ग्रीन हाउस प्रभाव' का अर्थ है:
 (a) उष्णकटिबंधीय क्षेत्रों के घरों में प्रदूषण
 (b) वायुमण्डलीय ऑक्सीजन के कारण सौर ऊर्जा का फँसना
 (c) वातावरण में कार्बन डाइऑक्साइड के कारण सौर ऊर्जा का फँसना
 (d) प्रदूषण जांच के लिए ग्रीन हाउस में खेती

53. कोहरे में एक असरदार उत्तेजन पदार्थ जो आंखों को नुकसान करता है?
 (a) नाइट्रिक ऑक्साइड
 (b) सल्फर डाइऑक्साइड
 (c) पैरोसाइसेटाइल नाइट्रेट
 (d) कार्बन डाइऑक्साइड

54. संविधान की व्याख्या कौन करता है?
 (a) विधानमंडल
 (b) कार्यपालिका
 (c) न्यायपालिका
 (d) राष्ट्रपति

55. 100 डेसिबल का शोर स्तर घोतक है-
 (a) श्रव्य ध्वनि
 (b) सामान्य बातचीत
 (c) शोर-गुल वाली सड़क से आती आवाज
 (d) मशीन की दुकान का शोर

56. निम्नलिखित में से किसमे महत्तम ऊर्जा होती है?
 (a) नीला प्रकाश
 (b) हरा प्रकाश
 (c) लाल प्रकाश
 (d) पीला प्रकाश

57. जब जल को 0° से 10°C तक-गर्म किया जाता है तो उस का आयतन-
 (a) बढ़ जाता है
 (b) घट जाता है
 (c) परिवर्तित नहीं होता
 (d) पहले घटता है फिर बढ़ता है

58. निम्नलिखित में से प्रकाश का रंग किससे संबंधित है?
 (a) कोणांक (आयाम)
 (b) आवृत्ति
 (c) गुणवत्ता
 (d) वेग

59. निम्नलिखित में से वे रक्त कणिकाएं कौन-सी हैं जो रोगों का प्रतिरोध करने में सहायता करती हैं?
 (a) श्वेत कोशिकाएं
 (b) एक केंद्रक रक्त कोशिकाएं
 (c) न्यूट्रोफिल (उदासीन रागी)
 (d) लसीका कोशिकाएं

60. निम्नलिखित में वह ग्रंथि कौन-सी है जो शरीर को तापस्थापी रखती है?
 (a) पिनियल-ग्रंथि
 (b) पीयूष ग्रंथि
 (c) अवटु-ग्रंथि
 (d) हाइपोथैलेमस

61. निम्नलिखित में से कौन सा प्राणी त्वचा से स्वशन करता है?
 (a) मछली
 (b) कबूतर
 (c) मेंढक
 (d) तिलचट्टे

62. निम्नलिखित में से कौन सा मनुष्य का सामान्य रक्त दाब माना जाता है?
 (a) 120/80 मिमी जल
 (b) 120/80 मिमी रक्त
 (c) 120/80 मिमीपारा
 (d) 120/80 मिमी वायु

63. अरक्तता एक सामान्य स्वास्थ्य समस्या है, विषेशकर औरतों में निम्नलिखित में से किसकी कमी भारत में पाई जाने वाई अधिकांश अरक्तता का कारण हैं?
 (a) कैल्शियम
 (b) लौह
 (c) आयोडीन
 (d) जिंक

64. मानवों के लिए विटामिन D का प्राथमिक स्रोत क्या है?
 (a) सिट्रस फल
 (b) हरी सब्जियां
 (c) यीस्ट
 (d) सूर्य

65. लेजर क्या उत्पन्न करने का उपकरण है?
 (a) श्वेत प्रकाश का किरण पुंज
 (b) संसक्त प्रकाश
 (c) सूक्ष्मतरंगें
 (d) एक्स–किरण

66. क्लोरोफिल में निम्नलिखित में से क्या उपस्थित होता है जो की पत्तियों को उनका हरा रंग देता है?
 (a) कैल्शियम
 (b) मैग्नीशियम
 (c) लौह
 (d) मग्नीज

67. भूकम्प (प्रघात) तरंगे कैसी होती हैं?
 (a) अवश्रव्य तरंगें
 (b) पराश्रव्य तरंगे
 (c) पराबैगनी तरंगें
 (d) अवरक्त तरंगें

68. परमाणु विकिरण से सुरक्षा के लिए कौन सी धातु का प्रयोग किया जाता है?
 (a) तांबा
 (b) प्लैटेनियम
 (c) स्वर्ण
 (d) लेड

69. निम्नलिखित में से भारत का सबसे प्राचीन उद्योग कौन सा है?
 (a) जूट
 (b) कपास
 (c) चाय
 (d) चीनी

70. तेल के एक बैरल में लगभग कितने लीटर तेल आता है?
 (a) 131 लीटर
 (b) 159 लीटर
 (c) 179 लीटर
 (d) 201 लीटर

71. 2000°c मापने हेतु प्रयुक्त होने वाला थर्मामीटर कौन सा हैरु
 (a) गैस थर्मामीटर
 (b) पारा थर्मामीटर
 (c) पूर्ण विकिरण
 (d) पाईरोमीटर

72. निम्नलिखित में से किसे स्ट्रेंजर गैस कहते हैं?
 (a) आर्गन
 (b) निऑन
 (c) जेनान
 (d) नाइट्रस ऑक्साइड

73. खादानों में अधिकांश विस्फोट किसके मिश्रण से होता है?
 (a) हाइड्रोजन के साथ ऑक्सीजन
 (b) ऑक्सीजन के साथ हवा
 (c) मीथेन के साथ हवा
 (d) इनमें से कोई नहीं

74. केल्विन पैमाने पर मानव शरीर का सामान्य तापमान क्या होगा?
 (a) 280 K
 (b) 290 K
 (c) 300 K
 (d) 273 K

75. वर्तमान स्थल–सेनाध्यक्ष कौन है?
 (a) सुनील लांबा
 (b) दलबीर सिंह धनुआ
 (c) बिपिन रावत
 (d) विक्रम सिंह

76. निम्नलिखित में से कौन सऊदी अरब के क्राउन प्रिंस है?
(a) नईफ बिन अब्दुल अजीज
(b) हस्सा बिंट अहमद अल सुदीरी
(c) बाराक अल यमन्याह
(d) मोहम्मद बिन सलमान

77. विश्व बैंक के वर्तमान अध्यक्ष कौन है?
(a) मार्गरेट चौन
(b) टेकेहिको नाकाओ
(c) जिम योंग किम
(d) ऑड्रे एजोले

78. गुजरात का वर्तमान गवर्नर कौन है?
(a) ओम प्रकाश कोहली
(b) जगदीश मुखी
(c) सत्य पाल मलिक
(d) वजूभाई वाला

79. राज्य सरकार के इस शहर को शुरू करने के बाद यह शहर अपना नाम का लोगो बनाने वाला पहला शहर बना है?
(a) बेंगलुरु
(b) चेन्नई
(c) कोलकाता
(d) वाराणसी

80. निम्नलिखित में से किस देश में जनता के लिए दुनिया का सबसे लंबा शीशे का पुल खोला गया है?
(a) रूस
(b) सऊदी अरब
(c) संयुक्त अरब अमीरात
(d) चीन

81. हलदारिफाइनरी __________ में स्थित हैद्य
(a) पश्चिम बंगाल
(b) बिहार
(c) आंध्र प्रदेश
(d) ओडिशा

82. इमेजिंग इंडिया नए देश के लिए विचार पुस्तक के लेखक निम्न में से कौन है?
(a) अरविंद अडिगा
(b) एम. जे. अकबर
(c) नंदन नीलेकणी
(d) शशि थरूर

83. निम्नलिखित में से कौन–सा प्रकाश मुख्य रूप से पौधों द्वारा अवर्धित होता है?
(a) बैंगनी और नारंगी
(b) नीला और लाल
(c) इंडिगो और पीला
(d) पीला और बैंगनी

84. नोबेल पुरस्कार किस देश के द्वारा संस्थापित किया गया?
(a) संयुक्त राज्य अमेरिका
(b) यूनाइटेड किंगडम
(c) रूस
(d) स्वीडन

85. विश्व पर्यटन दिवस __________ को मनाया जाता है।
(a) 27 सितंबर
(b) 14 नवंबर
(c) 25 जनवरी
(d) 10 दिसंबर

86. 'जंगल बुक' किसने लिखी?
(a) मो. सलीम
(b) रुडयार्ड किपलिंग
(c) सिंभू
(d) इनमें से कोई नहीं।

87. वेब सर्च इंजन क्या है?
(a) यह एक इंजन है, जो विशेष वेबसाइट से गाने और फिल्म डाउनलोड करने के लिए है।
(b) यह इंटरनेट में सर्च के लिए बनाया गया, एक इंजन है।
(c) यह इंटरनेट के माध्यम से पासवर्ड, अकाउंट–आईडी जैसी गोपनीय जानकारी निकालने के लिए बनाया गया एक इंजन है।
(d) 'A' और 'C' दोनों।

88. एक मुगल महारानी जिसका नाम सभी मुगल फरमान पर लिखा था और सिक्कों में अंकित था।
(a) महम अनना
(b) नूरजहाँ
(c) मुमताज महल
(d) मरियम मकानी

89. अपशिष्ट भराव क्षेत्र से बाहर निकलने वाली मुख्य गैस निम्न में से कौन सी है?
(a) कार्बन डाइऑक्साइड
(b) मीथेन
(c) नाइट्रोजन
(d) हाइड्रोजन सल्फाइड

90. ऊपरी वायुमंडल में ओजोन परत की कमी __________ के उत्सर्जन की वजह से है–
(a) अधजला हाइड्रोकार्बन
(b) क्लोरोफ्लोरोकार्बन
(c) ग्रीन हाउस गैसों
(d) पराबैंगनी विकिरण

91. दो वस्तुओं के बीच की कोणीय दूरी मापने के लिए कौन–से उपकरण का प्रयोग होता है?
(a) सेक्संट
(b) टेलस्टार
(c) स्फेरोमीटर
(d) रिफ्रक्टोमीटर

92. वॉली बॉल, बास्केट बॉल और बेस बॉल खेल के प्रत्येक तरफ क्रमशः कितने खिलाडी होते हैं?
(a) 5, 6, 9
(b) 6, 9, 5
(c) 6, 5, 9
(d) इनमें से कोई नहीं

93. कौन सा पोषक तत्व मुह में पहले से ही पच जाता है?
(a) प्रोटीन
(b) कार्बोहाईड्रेट
(c) फैट
(d) विटामिन

94. गुड __________ का मुख्य स्रोत है।
(a) प्रोटीन
(b) कार्बोहाईड्रेट
(c) फैट
(d) इनमें से कोई

95. इनमें से कौन–से ब्रिटिश जनरल ने पेशवा बाजी राव II को हराया?
(a) आउटरन
(b) माल्कोम
(c) एल्फिनस्टोन
(d) किचनेर

96. ध्रुवों पर 90° ई देशांतर और 91° ईदशांतर के बीच की दूरी है
(a) 0 किलोमीटर
(b) 5 किलोमीटर
(c) 50 किलोमीटर
(d) जितनी भूमध्य रेखा की है।

97. भारत में क्रेडिट रेटिंग एजेंसीज को कौन नियंत्रित करता है?
(a) आईआरडीए
(b) भारतीय रिजर्व बैंक
(c) सेबी
(d) भारतीय स्टेट बैंक

98. भारत का पहला सैन्य समर्पित उपग्रह–
(a) GSAT–12
(b) GSAT–7
(c) GSAT–1
(d) GSAT–8

99. भारत के संविधान के अनुच्छेद 171 के अनुसार, किसी राज्य की विधान परिषद में सदस्यों की कुल संख्या किसी भी मामले में __________ से कम नहीं हो सकतीद्य
(a) 40 सदस्यों
(b) 60 सदस्यों
(c) 100 सदस्यों
(d) इनमें से कोई नहींद्य

100. ''हिंदुस्तान का तोताष'' के शीर्षक से दिल्ली सल्तनत के किस एक प्रसिद्ध कवि को सुशोभित किया गया?
(a) जियाउद्दीन बरनी
(b) उत्बी
(c) अलबरूनी
(d) अमीर खुसरो

संकेत और हल

1. **(d)** साधारण ब्याज

$$= \frac{2600 \times 15 \times 3}{100} = ₹\, 1170$$

चक्रवृद्धि ब्याज

$$= 2600\left(1 + \frac{15}{100}\right)^3 - 2600$$

$$= 3954.275 - 2600 = ₹\, 1354.275$$

$\therefore$ अंतर $= 1354.275 - 1170$

$$= ₹\, 184.275$$

2. **(b)** ट्रेन की गति

$$= \frac{(320 + 320 \times 3)}{40} \times \frac{18}{5}$$

$$= \frac{1280}{40} \times \frac{18}{5} = 115.2 \text{ किमी/घंटा}$$

3. **(b)** माना दहाई के स्थान का अंक x है।
तो इकाई के स्थान का अंक $= 3x$

सैकड़ा के स्थान का अंक $= \dfrac{2x}{3}$

अतः $\dfrac{2x}{3} + x + 3x = 14$

$\Rightarrow \quad x = \dfrac{14 \times 3}{14} = 3$

$\therefore$ संख्या $= 239$

4. **(d)** लाभ का अनुपात
$$= 48000 \times 12 : 62000 \times 8 : 80000 \times 6$$
$$= 36 : 31 : 30$$
$\therefore$ दीपिका का हिस्सा

$$= \frac{20661 \times 30}{(36 + 31 + 30)} = ₹\, 6390$$

5. **(d)** श्रृंखला इस प्रकार है : $\times 7$
अतः ? $= 343 \times 7 = 2401$

6. **(a)** श्रृंखला इस प्रकार है :
$+23, +46, +92, +184, +368$
अतः ? $= 357 + 368 = 725$

7. **(d)**

8. **(b)**

9. **(b)** दिए गए विकल्पों में से,
$106 \times 108 = 11448$
$\therefore$ बड़ी संख्या $= 108$

10. **(c)** चक्रवृद्धि ब्याज

$$= \text{मूलधन}\left[\left(1 + \frac{\text{दर}}{100}\right)^{\text{समय}} - 1\right]$$

$$= 2000\left[\left(1 + \frac{15}{100}\right)^3 - 1\right]$$

$$= 2000\left[\left(1 + \frac{3}{20}\right)^3 - 1\right]$$

$$= 2000\left[\left(\frac{23}{20}\right)^3 - 1\right]$$

$$= 2000\left(\frac{12167}{8000} - 1\right)$$

$$= 2000\left(\frac{12167 - 8000}{8000}\right)$$

$$= 2000 \times \frac{4167}{8000} = 1041.75 \text{ रुपए}$$

11. **(d)** प्रत्येक व्यक्ति को प्राप्त धनराशि

$$= \left(\frac{451000}{88}\right) \text{रुपए} = 5125 \text{ रुपए}$$

12. **(c)** माना कि फोन की लागत कीमत $= x$ रुपए
प्रश्नानुसार,

$$x \times \frac{125}{100} = 800$$

$$\Rightarrow \quad x = \frac{800 \times 100}{125} = 640 \text{ रुपए}$$

13. **(a)**

$$\begin{array}{cc} \text{व्यक्ति} & \text{दिन} \\ \overset{16}{\underset{8}{\uparrow}} & \overset{14}{\underset{x}{\uparrow}} \end{array}$$

यहाँ $x =$ दिनों की संख्या
$\therefore \quad 8 : 16 = 14 : x$
$\Rightarrow \quad 8 \times x = 14 \times 16$

$$\Rightarrow \quad x = \frac{14 \times 16}{8} = 28 \text{ दिन}$$

14. **(d)** मिश्रधन $= $ मूलधन $\left(1 + \dfrac{\text{दर}}{100}\right)^{\text{समय}}$

$$= 96000\left(1 + \frac{10}{100}\right)^3$$

$$= 96000 \times \frac{11}{10} \times \frac{11}{10} \times \frac{11}{10}$$

$$= 127776 \text{ रुपए}$$

15. **(c)** माना निर्धारित समय में कार्य पूरा करने के लिए x व्यक्ति की जरूरत होगी।
अतः प्रश्नानुसार,
$\therefore \quad 1 \times 150 \times x = 10 \times 1245 \times 1$

$$\Rightarrow \quad x = \frac{1245}{15} = 83$$

16. **(c)** माना कि परीक्षा में अधिकतम अंक $= x$
प्रश्नानुसार,
x का $12\% = 290 - 203$

$$\Rightarrow \quad \frac{x \times 12}{100} = 87$$

$$\Rightarrow \quad x = \frac{87 \times 100}{12} = 725$$

17. (a) माना कि एक डायरी व एक कैलेंडर की कीमत क्रमश: x एवं y रुपए है।

प्रश्नानुसार,

$8x + 10y = 3138$

दोनों पक्षों में $\dfrac{3}{2}$ से गुणा करने पर

$12x + 15y = 3138 \times \dfrac{3}{2} = 4707$ रुपए

18. (d) माना कि वैभव एवं गगन की वर्तमान आयु क्रमश: $12x$ एवं $7x$ वर्ष है।

प्रश्नानुसार,

$\dfrac{12x + 6}{7x + 6} = \dfrac{3}{2}$

$\Rightarrow \quad 24x + 12 = 21x + 18$

$\Rightarrow \quad 24x - 21x = 18 - 12$

$\Rightarrow \quad 3x = 6 \quad \Rightarrow \quad x = \dfrac{6}{3} = 2$

$\therefore$ अभीष्ट अंतर $= 12x - 7x = 5x$

$= 5 \times 2 = 10$ वर्ष

19. (c) एक बॉक्स में आमों की संख्या $= 12$ दर्जन

$= 12 \times 12 = 144$

$\therefore$ 43 बॉक्सों में आमों की संख्या

$= 43 \times 144 = 6192$

20. (b) कैन्टीन की 1 दिन के लिए केलों की आवश्यकता $= 13$ दर्जन

$\therefore$ कैन्टीन की 9 सप्ताह यानी 63 दिनों के लिए केलों की आवश्यकता $= 63 \times 13$ दर्जन

$= 63 \times 13 \times 12 = 9828$ केले

21. (b)

$$\begin{array}{r|l} & 90 \\ \hline 9 & 8115 \\ & 81 \\ \hline 180 & 15 \end{array}$$

$\therefore$ अभीष्ट संख्या $= 91 \times 91 - 8115 = 166$

22. (b) माना संख्या x है।

$\therefore \quad \dfrac{x \times 58}{100} - \dfrac{x \times 39}{100} = 247$

$\Rightarrow \quad x = \dfrac{247 \times 100}{19} = 1300$

$\therefore \quad x \times \dfrac{82}{100} = 1300 \times \dfrac{82}{100} = 1066$

23. (b) पूरी कक्षा की औसत आयु

$$= \dfrac{32 \times 14 + 28 \times 13}{32 + 28}$$

$$= \dfrac{448 + 364}{60} = 13.53$$

24. (d) तीसरी संख्या $= 290$

$-(48.5 \times 2) - (53.5 \times 2)$

$= 290 - 97 - 107 = 86$

25. (a) माना कि महिला की वर्तमान आयु $2x$ वर्ष और पुत्री की वर्तमान आयु x वर्ष

प्रश्नानुसार,

$2x + x = 2 \times 42$

या, $3x = 84$

या, $x = \dfrac{84}{3} = 28$

$\therefore$ पुत्री की आयु $= 28$ वर्ष

26.	(c)	27.	(c)	28.	(b)	29.	(a)	30.	(b)
31.	(a)	32.	(b)	33.	(c)	34.	(c)	35.	(c)
36.	(b)	37.	(c)	38.	(a)	39.	(a)	40.	(b)
41.	(c)	42.	(a)	43.	(b)	44.	(d)	45.	(c)
46.	(c)	47.	(a)	48.	(b)	49.	(c)	50.	(c)
51.	(c)	52.	(c)	53.	(c)	54.	(c)	55.	(d)
56.	(a)	57.	(d)	58.	(c)	59.	(a)	60.	(d)
61.	(d)	62.	(b)	63.	(b)	64.	(d)	65.	(b)
66.	(b)	67.	(b)	68.	(b)	69.	(b)	70.	(b)
71.	(c)	72.	(c)	73.	(c)	74.	(d)	75.	(c)
76.	(d)	77.	(c)	78.	(a)	79.	(a)	80.	(d)
81.	(a)	82.	(c)	83.	(b)	84.	(d)	85.	(a)
86.	(b)	87.	(b)	88.	(b)	89.	(b)	90.	(b)
91.	(a)	92.	(c)	93.	(b)	94.	(b)	95.	(b)
96.	(a)	97.	(c)	98.	(b)	99.	(a)	100.	(d)

प्रैक्टिस सेट

1. इस प्रैक्टिस सेट में 100 वस्तुनिष्ठ बहुविकल्पीय प्रश्न दिए गए हैं।
2. प्रैक्टिस सेट में गणित, सामान्य बुद्धि और तर्कशक्ति, सामान्य विज्ञान, सामान्य ज्ञान और सामयिक विषय से सम्बन्धित बहुविल्पीय प्रश्न दिए गए हैं।
3. प्रैक्टिस सेट को हल करने की अवधि 90 मिनट है।

समय : 90 मिनट **अधिकतम अंक: 100**

1. यदि ₹ 50,176 की राशि को 32 व्यक्तियों के बीच बराबर-बराबर बांटा जाय तो प्रत्येक व्यक्ति को कितनी राशि मिलेगी?
   (a) ₹ 1,555
   (b) ₹ 1,478
   (c) ₹ 1,460
   (d) ₹ 1,568

2. लगातार चार सम संख्या A, B, C और D का योग 180 है। अगली चार लगातार सम संख्याओं के समूह का योग क्या होगा?
   (a) 214
   (b) 212
   (c) 196
   (d) 204

3. $\dfrac{0.125 + 0.027}{0.25 - 0.15 + 0.09}$ का मान ज्ञात करें।
   (a) 0.3
   (b) 0.5
   (c) 0.8
   (d) 0.9

4. $\left(1\dfrac{1}{2} + 11\dfrac{1}{2} + 111\dfrac{1}{2} + 1111\dfrac{1}{2}\right)$ का मान ज्ञात करें।
   (a) 1236
   (b) $1234\dfrac{1}{2}$
   (c) 618
   (d) 617

5. दो संख्याओं का म.स. व ल.स. क्रमशः 8 तथा 48 है, यदि एक संख्या 24 है, तो दूसरी संख्या ज्ञात करें?
   (a) 48
   (b) 36
   (c) 24
   (d) 16

6. पांच संख्याओं का औसत 281 है। पहली दो संख्याओं का औसत 280 और अंतिम दो संख्याओं का औसत 178.5 है। तीसरी संख्या क्या है?
   (a) 488
   (b) 336
   (c) 228
   (d) 464

7. तीन मित्रों की औसत आयु 32 वर्ष है। चौथे मित्र की आयु जोड़ने पर उनकी औसत आयु 31 वर्ष हो जाती है। चौथे मित्र की आयु क्या है?
   (a) 32 वर्ष
   (b) 28 वर्ष
   (c) 24 वर्ष
   (d) 26 वर्ष

8. एक स्कूल के 10 शिक्षकों में से एक शिक्षक सेवानिवृत्त हो जाता है और उसके स्थान पर एक नया 25 वर्षीय शिक्षक सेवा ग्रहण कर लेता है। परिणामस्वरूप शिक्षकों की औसत आयु 3 वर्ष कम हो जाती है। सेवानिवृत्त शिक्षक की आयु कितनी (वर्षों में) है?
   (a) 50
   (b) 58
   (c) 60
   (d) 55

9. शिल्पा ने 8% स्कूल फीस पर, 25% किराए पर और 17% फर्नीचर पर खर्च किया। बची हुई राशि का 25% मेडिकल बिलों पर खर्च हुआ और बाकी बचे ₹ 6,000 निवेश करने के लिए अलग रख दिए गए। वह किराए पर कितनी रकम खर्च करती है?
   (a) ₹ 3,750
   (b) ₹ 6,000
   (c) ₹ 4,000
   (d) ₹ 3,250

10. यदि एक फैक्ट्री का उत्पादन 8% प्र.व. की दर से बढ़ता है और 2004 में यदि इसका उत्पादन 70 लाख टन था तो वर्ष 2006 में, इसका उत्पादन कितना होगा?
    (a) 63.48 लाख टन
    (b) 81.68 लाख टन
    (c) 81 लाख टन
    (d) इनमें से कोई नहीं

11. एक परीक्षा में, लड़कियों और लड़कों के लिए न्यूनतम पासिंग प्रतिशत क्रमशः 30% और 45% है। एक लड़के को 280 अंक मिले और वह 80 अंक से फेल हो गया। एक लड़की को 108 अंक मिले हैं तो पास होने के लिए उसे और कितने अंक मिलने चाहिए थे ?
    (a) 132
    (b) 140
    (c) 160
    (d) 112

12. अनिल ने 9 प्र.श.प्र.व. साधरण ब्याज की दर पर एक राशि को तीन वर्ष के लिए निवेश किया। तीन वर्ष के अंत में उन्हें ₹ 19,050 की रकम मिली। उन्होनें कितने मूलधन का निवेश किया था?
    (a) ₹ 14,500
    (b) ₹ 11,050
    (c) ₹ 1,440
    (d) इनमें से कोई नहीं

13. विक्रय कीमत पर 25% बट्टा से मोहन ने एक घड़ी खरीदी। घड़ी की कीमत ₹ 1,545 रुपए पड़ी तो घड़ी की मूल विक्रय कीमत क्या है?
    (a) ₹ 2,050   (b) ₹ 2,000
    (c) ₹ 2,040   (d) इनमें से कोई नहीं

14. एक इलेक्ट्रॉनिक की दुकान का मालिक अपने ग्राहक को लागत कीमत से 22% अधिक प्रभार लगाता है। एक ग्राहक ने एक DVD प्लेयर के लिए ₹ 10980 अदा किए, तो DVD प्लेयर की लागत कीमत क्या है?
    (a) ₹ 8000   (b) ₹ 8800
    (c) ₹ 9500   (d) इनमें से कोई नहीं

15. एक व्यापारी ने ₹ 450 में एक कलाई घड़ी खरीदी। वह घड़ी पर इस प्रकार से मूल्य अंकित करता है कि 10% छूट देने के वावजूद उसे 20% लाभ हो, तो घड़ी का अंकित मुल्य ज्ञात करें।
    (a) ₹ 600   (b) ₹ 650
    (c) ₹ 700   (d) ₹ 550

16. यदि ₹ 57,834 के लाभांश को मीना, उर्मिला और वैशाली के बीच 3 : 2 : 1 के अनुपात में बांटना हो, तो उर्मिला के हिस्से का पता लगाइए।
    (a) ₹ 19,281   (b) ₹ 17,350
    (c) ₹ 23,133   (d) ₹ 19,278

17. इस समय मीना की आयु अपनी बेटी से 8 गुना है। अब से आठ वर्ष बाद मीना और उसकी बेटी की आयु क्रमशः 10 : 3 के अनुपात में होगी। मीना की वर्तमान आयु क्या है?
    (a) 32 वर्ष   (b) 40 वर्ष
    (c) 36 वर्ष   (d) निर्धारित नहीं किया जा सकता

18. 15 व्यक्ति एक काम को 3 दिन में पूरा करते हैं। 10 व्यक्तियों को उसी काम को पूरा करने के लिए कितने दिन लगेंगे?
    (a) 2   (b) 5
    (c) $2\frac{2}{3}$ (d) $4\frac{1}{2}$

19. A किसी काम को 20 दिनों में तथा B उसी काम को 30 दिनों में कर सकती है, तो दोनों मिलकर काम को कितने दिनों में समाप्त करेंगे?
    (a) 15   (b) 16
    (c) 10   (d) 12

20. 200 मीटर लंबी एक ट्रेन अपने से दुगुनी लंबाई के प्लेटफॉर्म को 36 सेकण्ड में पार करती है। किमी/घंटा में ट्रेन की गति कितनी है?
    (a) 60   (b) 48
    (c) 64   (d) 66

21. 100 मीटर की दौड़ में कमल विमल को 5 सेकेण्ड से हरा देता है यदि कमल की गति 18 किमी. प्रति घंटा है तो विमल की गति बताएं।
    (a) 15.4 कि.मी./घंटा   (b) 14.5 कि.मी./घंटा
    (c) 14.4 कि.मी./घंटा   (d) 14 कि.मी./घंटा

22. एक आयताकार प्लॉट की लंबाई इसकी चौड़ाई की तीन गुनी है। यदि इस आयताकार प्लॉट का क्षेत्रफल 7803 वर्ग मीटर है, आयताकार प्लॉट की चौड़ाई कितनी है?
    (a) 51 मीटर   (b) 153 मीटर
    (c) 104 मीटर   (d) 88 मीटर

23. एक वृत्त और एक वर्ग का कुल क्षेत्रफल 2611 व.सें.मी. है। वृत्त का व्यास 42 सें.मी. है। वृत्त की परिधि और वर्ग के परिमाप का योग क्या है ?
    (a) 272 सें.मी.
    (b) 380 सें.मी.
    (c) 280 सें.मी.
    (d) निर्धारित नहीं किया जा सकता है

24. 100 पुस्तकों का लागत मूल्य 60 पुस्तकों, के विक्रय मूल्य के बराबर है। लाभ अथवा हानि की प्रतिशतता कितनी होगी?
    (a) 66%   (b) $66\frac{2}{3}\%$
    (c) $66\frac{1}{4}\%$ (d) $66\frac{3}{4}\%$

25. किसी वस्तु के अंकित मूल्य पर 40% उसके बाद 30% और 45% एवं उसके बाद 20% की उत्तरोतर छूट में अंतर 12 रुपए है। उस वस्तु का अंकित मूल्य है
    (a) 800 रुपए   (b) 400 रुपए
    (c) 200 रुपए   (d) 600 रुपए

26. यदि EARTH का कोड 41590 और PALE का कोड 2134 हो तो PEARL का कोड क्या होगा?
    (a) 12345   (b) 54123
    (c) 21534   (d) 24153

27. किसी कोड भाषा में, 'put tir fin' का मतलब 'delicious juicy fruit'; हो 'tie dip sig' का मतलब 'beautiful white lily', हो, और 'sig lon fin' का मतलब 'lily and fruit' हो तो 'and' का कोड क्या है?
    (a) lon   (b) fin
    (c) sig   (d) tie

28. यदि किसी सांकेतिक भाषा में 'SISTER' को 535301, 'UNCLE' को 84670 और 'BOY' को 129 लिखा जाता है तो 'RUSTIC' को उस कोड में कैसे लिखा जाएगा?
    (a) 633185   (b) 185336
    (c) 363815   (d) 581363

निर्देश (प्र.स. 29) : अक्षरों का कौन–सा समूह खाली स्थानों पर क्रमवार रखने से दी गई अक्षर श्रृंखला को पूरा करेगा?

29. _ a a _ b a _ b b _ a b _ a a b
    (a) b a b a b   (b) a a a b b
    (c) b b a a b   (d) b b b a a

निर्देश (प्र.स. 30-32) : एक अनुक्रम दिया गया है, जिसमें एक पद लुप्त है। दिए गए विकल्पों में से वह सही विकल्प चुनिए जो अनुक्रम को पूरा करे।

30. DIB, HMF, LQJ, ?
    (a) OTM   (b) QVO
    (c) PVO   (d) PUN

31. 313, 623, 933, 1243, ?
    (a) 1863   (b) 2173
    (c) 1553   (d) 2483

32. 975, 864, 753, 642, ?
    (a) 431   (b) 314
    (c) 531   (d) 532

निर्देश (प्र०स० 33) : गलत संख्या को चुनिए?

33. $25, 27, 29, 31, 34, 35$
    (a) 27   (b) 29
    (c) 34   (d) 35

34. '8' का '16P' से और '6' का '12L' से जो संबंध है वही संबंध '11' का ___________ से है।
    (a) 22R   (b) 22K
    (c) 22J   (d) इनमें से कोई नहीं

35. जिस प्रकार 'ग्राम' संबंधित है 'भार' से, उसी प्रकार 'सेंटीमीटर' संबंधित है ___________ से।
    (a) क्षेत्रफल   (b) आयतन
    (c) लम्बाई   (d) ध्वनि

निर्देश (प्र०स० 36-38) : निम्नलिखित चार में से तीन किसी प्रकार समान हैं। अतः उनका एक समूह बनता है। इनमें से कौन–सा एक समूह में नहीं आता है?

36. (a) गुलाब   (b) चमेली
    (c) जपाकुसुम   (d) कमल

37. (a) GIJK   (b) DFGH
    (c) CEFG   (d) ABCD

38. (a) UMRSME   (b) EIWNTR
    (c) PIGRSN   (d) LCUOD

39. 46 छात्रों की एक कक्षा में अनीता का स्थान 12वां है। उसका स्थान अंतिम से क्या होगा?
    (a) 34वां   (b) 35वां
    (c) 36वां   (d) 37वां

40. मोहन प्रबीर से बड़ा है, सुरेश प्रबीर से छोटा है। मिहिर सुरेश से बड़ा है परंतु प्रबीर से छोटा है। उन चारों में से सबसे छोटा कौन है?
    (a) प्रबीर   (b) मिहिर
    (c) मोहन   (d) सुरेश

41. एक लड़के की ओर इशारा करते हुए सीमा ने कहा, "वह मेरे ग्रैंडफादर के एकमात्र पुत्र का पुत्र है।" वह लड़का सीमा से किस प्रकार संबंधित है?
    (a) भाई   (b) कजिन
    (c) बहन   (d) आंकड़े अपर्याप्त हैं

42. E, A का पुत्र है। C, A की माता हैं और D की पत्नी है। A का E से क्या संबंध है?
    (a) पिता   (b) अंकल
    (c) ससुर   (d) डाटा अपर्याप्त है

43. शिवा अपने घर से शुरुआत करते हुए 5 किमी पूर्व की ओर चलने के बाद बाईं ओर मुड़ता है और 4 किमी चलता है। और अंत में वह पुनः बांईं ओर मुड़ता है और 5 किमी चलता है। अब वह अपने घर से किस दिशा में तथा कितनी दूरी पर है?
    (a) पूर्व दिशा में 5 किमी की दूरी पर
    (b) पूर्व दिशा में 4 किमी की दूरी पर
    (c) पश्चिम दिशा में 4 किमी की दूरी पर
    (d) उत्तर दिशा में 4 किमी दूरी पर

44. Q पश्चिम दिशा में 20 मीटर चला, बाएं मुड़ा और 20 मीटर चला। वह फिर दाएं मुड़ा और 20 मीटर चला और फिर से दाएं मुड़ा और 20 मीटर चला। अब Q आरंभिक बिंदु से कितनी दूर है?
    (a) 40 मीटर   (b) 50 मीटर
    (c) 80 मीटर   (d) डाटा अपर्याप्त

45. यदि "–" का अर्थ है भाग, '×' का अर्थ है जोड़, "+" का अर्थ है गुणा और "÷" का अर्थ है घटाना, तो कौन–सा समीकरण सही है?
    (a) $72 \div 3 \times 5 + 9 - 3 = 84$ (b) $72 \div 9 \times 5 + 3 - 9 = 84$
    (c) $54 \div 9 \times 6 + 9 - 9 = 84$ (d) $45 \div 6 \times 5 + 3 - 9 = 84$

46. दो घोड़े A और B पहले चक्कर में $3 : 2$ अनुपात की गति से दौड़ते हैं; दूसरे चक्कर में अनुपात बदल कर $4 : 7$ हो जाता है; तीसरे चक्कर में अनुपात बदल कर $8 : 9$ हो जाता है। दोनों घोड़ों के बीच कुल मिलाकर अनुपात में कितना अंतर है?
    (a) 4   (b) 1
    (c) 3   (d) 2

47. निम्नलिखित में से कौन–सा वेन रेखाचित्र गाजर, खाद्य, सब्जी वर्गों के परस्पर सम्बन्धों को सही चित्रित करता है?

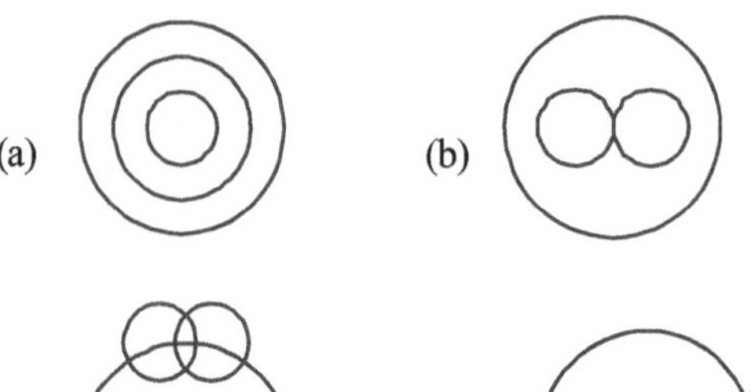

(a)   (b)

(c)   (d)

48. निम्नलिखित आरेख में, वर्ग डॉक्टरों को, वृत्त खिलाड़ियों को और आयत कलाकारों को प्रतिनिधित्व करते हैं। कौन सा अंक उन डॉक्टरों को प्रतिनिधित्व करता है जो खिलाड़ी के साथ–साथ कलाकार भी हैं?

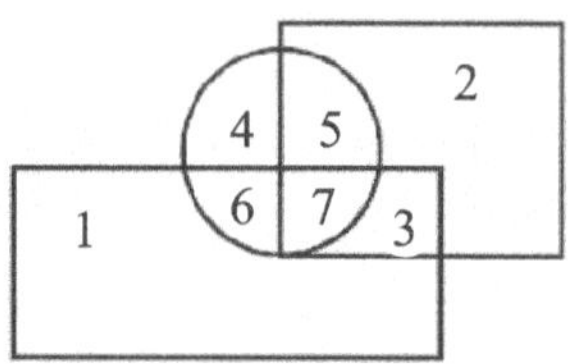

    (a) 7   (b) 2
    (c) 3   (d) 6

निर्देश (प्र०स० 49-50) : दिए गए विकल्पों में से लुप्त संख्या ज्ञात कीजिए।

49.

8	3	21
6	5	25
12	2	?

    (a) 24   (b) 19
    (c) 22   (d) 20

50.

5 3 / 63 / 6 8	2 7 / 41 / 3 9	6 7 / ? / 8 5

    (a) 82   (b) 83
    (c) 86   (d) 26

51. चंद्रगुप्त मौर्य का जन्म _______ में हुआ था.
    (a) 340 ईसा पूर्व   (b) 563 ईसा पूर्व
    (c) 189 ईसा पूर्व   (d) 99 ईसा पूर्व

52. जहांगीर 1605–1627 ईसवी किस राजवंश का शासक था?
    (a) नंद   (b) हर्यक
    (c) मौर्य   (d) मुगल

53. पृथ्वी सूरज के चारों ओर घूमती है। इस सिद्धांत को पेश करने वाला पहला व्यक्ति कौन था?
    (a) अल्बर्ट आइंस्टीन   (b) गैलीलियो
    (c) कोपरनिकस   (d) न्यूटन

54. _______ घूर्णन वस्तु की हर बिंदु पर एक समान है.
    (a) रेखीय वेग   (b) रैखिय गति
    (c) कोणीय टोक   (d) कोणीय वेग

55. एक प्रक्षेप्य के पथ को इसका _______ कहा जाता है.
    (a) ऊंचाई   (b) रेंज
    (c) प्रक्षेपवक्र   (d) उड़ान

56. बहुजन समाज पार्टी की स्थापना कब की गई थी?
    (a) 1925   (b) 1955
    (c) 1984   (d) 2001

57. लोक सभा के वाद–विवाद किस भाषा में मुद्रित किए जाते हैं?
    (a) हिंदी   (b) अंग्रेजी
    (c) संस्कृत   (d) दोनों हिंदी और अंग्रेजी

58. ब्रेंडन मैकुलम _______ का क्रिकेटर है.
    (a) दक्षिण अफ्रीका   (b) ऑस्ट्रेलिया
    (c) इंगलैंड   (d) न्यूजीलैंड

59. पुस्तक "The three Musketeers" का लेखक कौन है?
    (a) ईएम फोस्टर   (b) गुंटर ग्रस
    (c) एडवर्ड लूस   (d) एलेक्जेंडर डुमास

60. मानव कोषिका में कितने गुणसूत्र होते हैं?
    (a) 6   (b) 26
    (c) 46   (d) 66

61. अर्बोरियल एटेलिस _______ का वैज्ञानिक नाम है.
    (a) गिलहरी   (b) गौरैया
    (c) छिपकली   (d) मकड़ीनुमा बन्दर

62. फुललेरिन (कार्बन का एलोट्रोप) की खोज किसने की?
    (a) के शेले   (b) रिचर्ड स्मैले
    (c) फैराडे   (d) हाइजेनबर्ग

63. _______ एक ऐसी स्थिति है जिसमें रक्त कोशिकाओं या रक्त में हीमोग्लोबिन की कमी होती है.
    (a) एल्बिनिस्म   (b) प्रोपाईरिया
    (c) एनीमिया   (d) केलोइड डिसऑर्डर

64. _______ मौलिक अधिकारों को भारतीय संविधान द्वारा मान्यता प्राप्त हैं.
    (a) पांच   (b) छह
    (c) सात   (d) आठ

65. निम्न में से कौन सी बीमारी जल प्रदूषण के कारण नहीं होती है?
    (a) हैजा   (b) टाइफाइड
    (c) दमा   (d) अतिसार

66. प्रकाश की तीव्रता को मापने वाले यंत्र को कहा जाता है–
    (a) लुसीमीटर   (b) ब्रायोमीटर
    (c) सायनोमीटर   (d) बैरोमीटर

67. पेरिया पुरनम निम्न पर आधारित, क कार्य है?
    (a) बंगाल शैव पर   (b) तमिल शैव पर
    (c) कश्मीर शैव पर   (d) गुप्त राजवंश

68. नाइट्राजेन पिफक्सि जीवाणु फलीदार पौधों की जड़ में पाया जाता है उन्हें कहते है–
    (a) मृतजीवी   (b) परजीवी
    (c) सहसीवी   (d) स्वपोषी

69. हम्पी में स्मारकों का समूह एक महत्वपूर्ण _______ केंद्र है?
    (a) इस्लाम   (b) हिंदू
    (c) सिख   (d) ईसाई

70. मरणोपरांत भारत रत्न को प्राप्त करने वाले पहले भारतीय हैं?
    (a) अटल बिहारी वाजपेयी   (b) लाल बहादुर शास्त्री
    (c) सी के नायडू   (d) मिहिर सेन

71. निम्नलिखित में से कौन यकृत से स्रावित होता है?
    (a) ग्लूकोज   (b) आयोडीन
    (c) कोर्टिसोल   (d) पित्त

72. पर्णांग (फर्न्स) पौधों के कौन से विभाजन से सम्बंधित होता है?
    (a) जिमनोस्पर्म   (b) एंजियोस्पर्म
    (c) थैलफोइटा   (d) पटरिडोफायटा

73. एंटीबायोटिक्स का आविष्कार किसने किया?
    (a) यूसुफ लिस्टर   (b) विलियम हार्वे
    (c) रॉबर्ट नॉक   (d) सिकंदर फ्लेमिंग

74. मेथनॉल का रासायनिक सूत्र _______ है।
    (a) $C, H … OH$ (b) $CHf(OH)$
    (c) $CHfOH$ (d) CH, OH

75. परमाणु बांड क्या करते हैं?
    (a) संभावित ऊर्जा को कम करने और स्थिरता हासिल करने के लिए
    (b) परमाणु बनाने के लिए
    (c) संभावित ऊर्जा में वृद्धि और स्थिरता में कमी के लिए
    (d) संभावित ऊर्जा में वृद्धि और स्थिरता हासिल के लिए

76. गौर मारिया _______ का लोकप्रिय लोक नृत्य है।
    (a) मध्य प्रदेश   (b) त्रिपुरा
    (c) झारखंड   (d) उत्तराखंड

77. निम्न में से किस प्रकार के पानी को किसी भी अशुद्धता से बिल्कुल स्वतंत्र माना जाता है?
    (a) शुद्ध पानी   (b) आसुत जल
    (c) स्रोत जल   (d) उबला हुआ पानी

78. मिल्बेसायीसिन का उपयोग _______ के उन्मूलन में किया जाता है।
    (a) कृषि कवक   (b) कृषि कीट
    (c) कृषि जड़ी बूटी   (d) कृषि जंगली घास

79. सबसे ठंडा ग्रह कौन सा है?
   - (a) यूरेनस
   - (b) शुक्र
   - (c) नेप्च्यून
   - (d) बृहस्पति

80. बिजली की इकाई है–
   - (a) हर्ट्ज
   - (b) वोल्ट
   - (c) वाट
   - (d) न्यूट्रॉन

81. हवा का वेग निम्नानुसार मापा जाता है–
   - (a) बैरोमीटर
   - (b) एनीमोमीटर
   - (c) हाइड्रोमीटर
   - (d) विंड वेन

82. विमान से यात्रा करते समय, स्याही वाले पेन की स्याही बाहर आना शुरू होती है–
   - (a) हवा के दबाव में कमी के कारण
   - (b) वायु के दबाव में वृद्धि के कारण
   - (c) स्याही की मात्रा में वृद्धि के कारण
   - (d) अत्यधिक भार के कारण

83. एक समुद्र में तैरते समय एक हिमशैल का कौन सा हिस्सा समुद्र की सतह से ऊपर होता है?
   - (a) 1/9
   - (b) 1/3
   - (c) 1/6
   - (d) 1/4

84. 'राष्ट्रीय विज्ञान दिवस' मनाया जाता है–
   - (a) जनवरी, 28
   - (b) फरवरी, 28
   - (c) मार्च, 28
   - (d) अप्रील, 28

85. निम्न में से किसकी ऊर्जा सबसे अधिक है?
   - (a) नीला प्रकाश
   - (b) हरा प्रकाश
   - (c) लाल प्रकाश
   - (d) पीला प्रकाश

86. एशिया–प्रशांत आर्थिक सहयोग (एपीईसी) का मुख्यालय स्थित है–
   - (a) चीन
   - (b) भारत
   - (c) सिंगापुर
   - (d) हांगकांग

87. DNA, जिसका पूर्ण रूप ———————— है। एक अणु है जो सभी जीवित जीवों के विकास में प्रयुक्त अधिकांश अनुवांशिक निर्देशों का उपयोग करता है
   - (a) duonucleic acid
   - (b) deoÛyribo nucleic acid
   - (c) detoÛified nucleic acid
   - (d) dinucleic acid

88. फीफा विश्व कप 2018 का मेजबान देश है–
   - (a) भारत
   - (b) रूस
   - (c) दक्षिण अफ्रीका
   - (d) ऑस्ट्रेलिया

89. निम्नलिखित में से किस राज्य में विश्व प्रसिद्ध 'मैसूर दशहरा' मनाया जाता है?
   - (a) केरल
   - (b) महाराष्ट्र
   - (c) आंध्र प्रदेश
   - (d) कर्नाटक

90. आम नमक एक खनिज है जिसमें मुख्य रूप से होता है–
   - (a) सोडियम बाइकार्बोनेट
   - (b) सोडियम क्लोराइड
   - (c) सोडियम हाइड्रोक्साइड
   - (d) सोडियम ऑक्साइड

91. भारतीय जंगली गधा अभयारण्य भारत में कहां स्थित है?
   - (a) गुजरात
   - (b) राजस्थान
   - (c) झारखंड
   - (d) छत्तीसगढ़

92. निम्नलिखित में से कौन एक परमाणु का हिस्सा नहीं है?
   - (a) इलेक्ट्रॉन
   - (b) प्रोटॉन
   - (c) न्यूट्रॉन
   - (d) फोटॉन

93. पानी का सबसे शुद्ध रूप कौन सा है?
   - (a) टंकी का पानी
   - (b) समुद्र का पानी
   - (c) वर्षा का पानी
   - (d) आसुत जल

94. किस गैस को 'नोबल गैस' के रूप में भी जाना जाता है?
   - (a) हाइड्रोजन
   - (b) ऑक्सीजन
   - (c) हीलियम
   - (d) कार्बन डाइऑक्साइड

95. नदी के तट पर पौधे क्यों उगाये जाते है?
   - (a) बाढ को रोकने के लिए
   - (b) छाव के लिए
   - (c) सिल्टींग और अपरदन को घटाने के लिए
   - (d) प्रदूषण नियंत्रण के लिए

96. जीवाणुभोजी–
   - (a) मिट्टी में एक किस्म का जीवाणु
   - (b) जीवाणु का चरण में विकास
   - (c) परजीवी जीवाणु जो मनुष्य चेपी है
   - (d) विषाणु जो जीवाणु चेपी है

97. पेड़ों में ऊर्जा उत्पन्न करने की प्रक्रिया को ________ के नाम से जाना जाता है ?
   - (a) अवशोषण
   - (b) अवकरण
   - (c) प्रकाश संश्लेषण
   - (d) वाष्पीकरण

98. प्रोकेरियोट्स और यूकेरियट्स के बीच मुख्य अंतर क्या है?
   - (a) अंगक की उपस्थिति
   - (b) अंगक की अनुपस्थिति
   - (c) दोनों (a) और (b)
   - (d) उपरोक्त में से कोई नहीं

99. किस बैंक ने, विलफुल डिफाल्टर की सूची शीर्ष स्थान प्राप्त किया है?
   - (a) पंजाब नेशनल बैंक
   - (b) भारतीय स्टेट बैंक
   - (c) इलाहाबाद बैंक
   - (d) देना बैंक

100. नेपाल के वर्तमान प्रधान मंत्री कौन है?
   - (a) पुष्पा कमल दहल
   - (b) बिद्या देवी भंडारी
   - (c) समवल सिन्हा
   - (d) शेर बहादुर देउबा

संकेत और हल

1. (d) प्रत्येक व्यक्ति को प्राप्त धनराशि

$$= ₹ \frac{50176}{32} = 1568$$

2. (b) $A + A + 2 + A + 4 + A + 6 = 180$

$$4A + 12 = 180$$
$$A = 42.$$

∴ अगली 4 क्रमागत सम संख्याएँ हैं।

$$50 + 52 + 54 + 56 = 212$$

3. (c) यदि $0.5 = a$ और $0.3 = b$ तब,

$$व्यंजक = \frac{a^3 + b^3}{a^2 - ab + b^2}$$

$$= \frac{(a+b)(a^2 - ab + b^2)}{a^2 - ab + b^2} = a + b = 0.5 + 0.3 = 0.8$$

4. (a) $1\frac{1}{2} + 11\frac{1}{2} + 111\frac{1}{2} + 1111\frac{1}{2} = 1234 + 2 = 1236$

5. (d) म.स. $= 8$

ल.स. $= 48$

एक संख्या $= 24$

माना दूसरी संख्या $= 4$

∴ $24y = 48 \times 48$

$4 = 16$

6. (a) माना कि तीसरी संख्या $= x$

प्रश्नानुसार,

$$2 \times 280 + x + 178.5 \times 2 = 281 \times 5$$

या, $560 + x + 357 = 1405$

या, $x + 917 = 1405$

या, $x = 1405 - 917 = 488$

7. (b) चौथे मित्र की आयु $= 31 \times 4 - 32 \times 3$

$$= 124 - 96 = 28 \text{ वर्ष}$$

8. (d) सेवानिवृत्त की आयु $= 25 + 3 \times 10 = 55$ वर्ष

9. (c) शिल्पा की आय $= ₹x$

∴ स्कूल फीस, किराए एवं फर्नीचर पर खर्च

$$= (8 + 25 + 17)\% = 50\%$$

बची राशि $= ₹\frac{x}{2}$

मेडिकल बिल पर खर्च $= ₹\frac{x}{2} \times \frac{1}{4} = \frac{x}{8}$

शेष राशि $= \frac{x}{2} - \frac{x}{8} = \frac{3x}{8}$

$$= \frac{4x - x}{8} = \frac{3x}{8}$$

∴ $\frac{3x}{8} = 6000$

$$\Rightarrow x = \frac{6000 \times 8}{3} = ₹16000$$

∴ किराए पर खर्च $= 16000 \times \frac{25}{100} = ₹4000$

10. (d) अभीष्ट उत्पादन $= 70 \left(1 + \frac{8}{100}\right)^2$ लाख टन

$$= 70 \left(1 + \frac{2}{25}\right)^2 \text{ लाख टन}$$

$$= 70 \times \frac{27}{25} \times \frac{27}{25} = 81.648 \text{ लाख टन}$$

11. (a) परीक्षा में कुल अंक

$$= (280 + 80) \times \frac{100}{45} = 800$$

लड़कियों के लिए पासिंग अंक

$$= 800 \times \frac{30}{100} = 240$$

∴ अभीष्ट अंक $= 240 - 108 = 132$

12. (d) माना कि मूलधन $= ₹x$

∴ ब्याज $= (19050 - x)$

अब सूत्र से,

$$मूलधन = \frac{ब्याज \times 100}{समय \times दर}$$

$$= \frac{x(19050 - x) \times 100}{3 \times 9}$$

$\Rightarrow$ $27x = 1905000 - 100x$

$\Rightarrow$ $x = \frac{1905000}{127} = ₹15000$

13. (d) माना कि अंकित मूल्य (विक्रय मूल्य) $= ₹x$

प्रश्नानुसार,

x का $75\% = 1545$

या, $x = \frac{1545 \times 100}{75} = ₹2060$

14. (d) माना DVD प्लेयर की लागत कीमत $= x$

तब प्रश्नानुसार,

∴ $x\left(1 + \frac{22}{100}\right) = ₹10980$

∴ $x = 10980 \times \frac{50}{61} = ₹9000$

15. (a) C.P. $= ₹450$; लाभ $= 20\%$

∴ S.P. $= \frac{(100 + 20)}{100} \times 450 = ₹540$

माना हाथ के घड़ी का अंकित मूल्य $₹x$ है।

10% दर से बट्टा $= ₹x \times \frac{10}{100} = ₹\frac{x}{10}$

$$\therefore \text{S.P.} = x - \frac{x}{10} = ₹\frac{9}{10}x$$

प्रश्नानुसार, $\dfrac{9x}{10} = 540$

$$x = \frac{540 \times 10}{9} = ₹600$$

16. (d) लाभांश में उर्मिला का हिस्सा

$$= \left(\frac{2}{6} \times 57834\right) = ₹19278$$

17. (a) मीना की वर्तमान आयु

$$= \frac{8 \times 8 \times (10-3)}{24-10} = 32 \text{ वर्ष}$$

18. (d) $\because$ 15 आदमी 1 काम को 3 दिन में पूरा करते हैं।

$\therefore$ 1 आदमी 1 काम को 3×15 दिन में पूरा करेगा।

$\therefore$ 10 आदमी उस काम को $\dfrac{3 \times 15}{10} = \dfrac{9}{2} = 4\dfrac{1}{2}$ दिन में पूरा करेंगे।

19. (d) A का एक दिन का कार्य $= \dfrac{1}{20}$

B का 1 दिन का कार्य $= \dfrac{1}{30}$

(A + B) का 1 दिन का कार्य $= \left(\dfrac{1}{20} + \dfrac{1}{30}\right) = \dfrac{5}{60}$

$\therefore$ दोनों A और B, 12 दिन में कार्य खत्म करेंगे

$$\frac{60}{5} = 12$$

20. (a) ट्रेन की गति

$$= \frac{(200+400)}{36} \times \frac{18}{5} = 60 \text{ किमी/घंटा}$$

21. (c) कमल द्वारा लिया गया समय $= \dfrac{100}{18 \times \frac{5}{18}} = 20$

$\therefore$ विमल द्वारा लिया गया समय
$= 20 + 5 = 25$

$\therefore$ विमल की गति $= \dfrac{100}{25} = 4\text{m}$

$$= \frac{4 \times 18}{5} \text{ कि.मी./घंटा} = 14.4 \text{ कि.मी./घंटा}$$

22. (a) माना चौड़ाई x मी. है।
तो लंबाई $= 3x$ मी.

$\therefore$ क्षेत्रफल $\Rightarrow 3x \times x = 7803$

$\Rightarrow x^2 = \dfrac{7803}{3} = 2601 \qquad \Rightarrow x = \sqrt{2601} = 51$ मी.

23. (a) वृत्त का क्षेत्रफल $= \dfrac{22}{7} \times \left(\dfrac{42}{2}\right)^2 = 1386$ वर्ग से.मी.

वर्ग का क्षेत्रफल $= 2611 - 1386$
$= 1225$ वर्ग से.मी.

वर्ग की भुजा $= \sqrt{1225} = 35$ से.मी.

$\therefore$ अभीष्ट योग $= 2 \times \dfrac{22}{7} \times 21 + 4 \times 35$

$= 132 + 140 = 272$ से.मी.

24. (b) प्रत्येक पुस्तक का क्रय मूल्य = 1 रुपया (माना)

$\therefore$ 60 पुस्तकों का क्रय मूल्य = 60 रुपए

इनका विक्रय मूल्य = 100 रुपए

$\therefore$ लाभ प्रतिशत

$$= \frac{100-60}{60} \times 100$$

$$= \frac{200}{3} = 66\frac{2}{3}\%$$

25. (d) 40% एवं 30% का एकल समतुल्य बट्टा

$$= \left(40 + 30 - \frac{40 \times 30}{100}\right)\%$$

$$= (70-12)\% = 58\%$$

45% एवं 20% का एकल समतुल्य बट्टा

$$= \left(45 + 20 - \frac{45 \times 20}{100}\right)\%$$

$$= (65-9)\% = 56\%$$

यदि अंकित मूल्य $= x$ रुपए हो, तो प्रश्नानुसार,
$x \times (58-56)\% = 12$

$$\Rightarrow \frac{x \times 2}{100} = 12$$

$$\Rightarrow x = \frac{1200}{2} = 600 \text{ रुपए}$$

26. (d) दिए गए अक्षरों के कोड इस प्रकार हैं,
P = 2, E = 4, A = 1, R = 5 और L = 3
24153 तो सही है।

27. (a) यहाँ पहले और तीसरे कथन में 'fin' का मतलब 'fruit' है तथा दूसरे और तीसरे कथन में 'sig' का मतलब 'lily' है। इसलिए तीसरे कथन के अनुसार and का कोड 'lon' होगा।

put   tir   [fin] $\rightarrow$ deliciens fuicy   [fruit]

tie   dip   [sig] $\rightarrow$ beautiful white   [lily]

sig   lon   [fin] $\rightarrow$ lily   and   [fruit]

28. (b) इस भाषा में अंग्रेजी वर्णमाला के अक्षर निम्न संकेतों द्वारा प्रदर्शित हैं।

S I S T E R   U N C L E   B O Y
5 3 5 3 0 1   8 4 6 7 0   1 2 9

इस विधि का उपयोग करने पर 'RUSTIC' का कोड 185336 होगा।

29. (c) **b a a b**/**b a a b**/**b a a b**/**b a a b**

30. (d)
$$\begin{array}{c} \overset{+4}{\longrightarrow} \quad \overset{+4}{\longrightarrow} \quad \overset{+4}{\longrightarrow} \\ \text{DI B} \quad \text{HMF} \quad \text{LQ J} \quad \text{PU N} \\ \underset{+4}{\longleftarrow} \quad \underset{+4}{\longleftarrow} \quad \underset{+4}{\longleftarrow} \end{array}$$

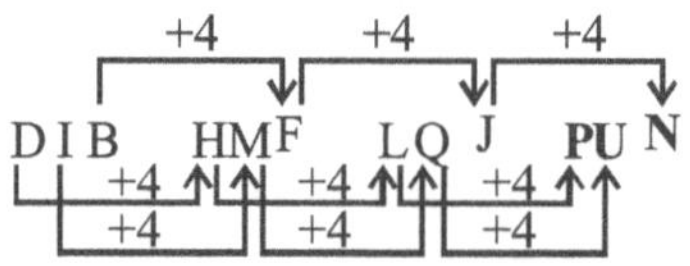

31. (c) 313   623   933   1243   **1553**
        └ +310 ↑ +310 ↑ +310 ↑ +310 ↑

32. (c) 975   864   753   642   **531**
        └ −111 ↑ −111 ↑ −111 ↑ −111 ↑

33. (c) 25   27   29   31   34   35
        └ +2 ↑ +2 ↑ +2 ↑ +2 ↑ +2 ↑

34. (d) $8 \times 2 = 16$, एवं
        (अंग्रेजी वर्णमाला में P का स्थान 16वां है।)
        $6 \times 2 = 12$ एवं L
        (अंग्रेजी वर्णमाला में L का स्थान 12वां है।)
        अतः $11 \times 2 = 22$ एवं V
        (अंग्रेजी वर्णमाला में V का स्थान 22 वां है।)

35. (c) जिस प्रकार 'ग्राम', 'भार' की एक इकाई है उसी प्रकार सेन्टीमीटर, 'लम्बाई' को एक इकाई है।

36. (d) कमल, जल (कीचड़) में उत्पन्न होता है।

37. (d) ABCD के अलावे सभी में पहले अक्षर के बाद तीसरा अक्षर है।

38. (d) (a) Summer (b) Winter (c) Spring (d) Cloud
        अन्य सभी मौसमों के नाम हैं।

39. (b) अंतिम से अनीता का स्थान
        = [कुल छात्रों की संख्या−उसका ऊपर से स्थान] + 1
        $= (46 - 12) + 1 = 35$ वां

40. (d) मोहन > प्रबीर > सुरेश
        प्रबीर > मिहिर > सुरेश
        अतः मोहन > प्रबीर > मिहिर > सुरेश

41. (a) सीमा के ग्रैंडफादर का एकमात्र पुत्र, अर्थात् सीमा के पिता तथा पिता का पुत्र अर्थात सीमा का भाई।

42. (d) C पत्नी है D की तथा E पुत्र है A का । अतः A या तो पिता है या माता है E की

43. (d) प्रश्नानुसार,

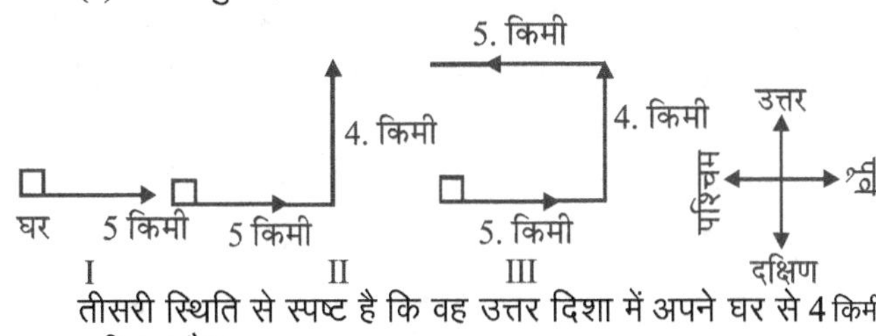

तीसरी स्थिति से स्पष्ट है कि वह उत्तर दिशा में अपने घर से 4 किमी दूरी पर है।

44. (a) ∴ आरंभिक बिंदु से दूरी
        $20 + 20 = 40$ किमी.

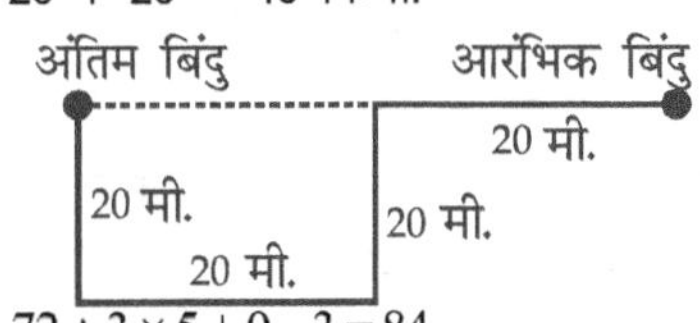

45. (a) $72 \div 3 \times 5 + 9 - 3 = 84$
        $72 - 3 + 5 \times 9 \div 3 = 84$
        $72 - 3 + 5 \times 3 = 84$
        $72 - 3 + 15 = 84$

46. (b) दोनों घोड़ों के बीच कुल मिलाकर अनुपात में अंतर
        $= \dfrac{2+7+9}{3} - \dfrac{3+4+8}{3} = 1$

47. (a) गाजर और सब्जी दोनों खाद्य पदार्थ के अन्तर्गत आते हैं जबकि गाजर एक सब्जी का नाम है अत: सब्जी के अन्तर्गत आता है।

48. (a)

49. (c) $(8 - 1) \times 3 = 7 \times 3 = 21$
        $(6 - 1) \times 5 = 5 \times 5 = 25$
        $(12 - 1) \times 2 = 11 \times 2 = 22$

50. (a) $(5 \times 3) + (6 \times 8) = 63$
        $(2 \times 7) + (3 \times 9) = 41$
        इसी प्रकार,
        $(6 \times 7) + (8 \times 5) = 82$

51. (a) 340 ईसा पूर्व
52. (d) मुगल
53. (c) कोपरनिकस
54. (d) कोणीय वेग
55. (c) प्रक्षेपवक्र
56. (c) 1984
57. (d) दोनों हिंदी और अंग्रेजी
58. (d) न्यूजीलैंड
59. (d) एलेक्जेंडर डुमास
60. (c) 46
61. (d) मकड़ीनुमा बन्दर
62. (b) रिचर्ड स्मैले
63. (c) एनीमिया
64. (c) सात
65. (c) दमा
66. (a) लुसीमीटर
67. (b) तमिल शैव पर
68. (c) सहसीवी
69. (a) इस्लाम
70. (b) लाल बहादुर शास्त्री
71. (d) पित्त
72. (d) पटरिडोफायटा
73. (d) सिकंदर फ्लेमिंग
74. (c) $CHfOH$
75. (a) संभावित ऊर्जा को कम करने और स्थिरता हासिल करने के लिए
76. (a) मध्य प्रदेश
77. (b) आसुत जल
78. (b) कृषि कीट
79. (c) नेप्च्यून
80. (c) वाट
81. (b) एनीमोमीटर
82. (a) हवा के दबाव में कमी के कारण
83. (a) 1/9
84. (b) फरवरी, 28
85. (a) नीला प्रकाश
86. (c) सिंगापुर
87. (b) deoÜyribo nucleic acid
88. (b) रूस
89. (d) कर्नाटक
90. (b) सोडियम क्लोराइड
91. (a) गुजरात
92. (d) फोटॉन
93. (c) वर्षा का पानी
94. (c) हीलियम
95. (c) सिल्टींग और अपरदन को घटाने के लिए
96. (d) विषाणु जो जीवाणु चेपी है
97. (c) प्रकाश संश्लेषण
98. (d) उपरोक्त में से कोई नहीं
99. (b) भारतीय स्टेट बैंक
100. (d) शेर बहादुर देउबा

12 प्रैक्टिस सेट

समय : 90 मिनट　　　　　**अधिकतम अंक: 100**

1. एक द्विअंकीय संख्या और इस द्विअंकीय संख्या के दोनों अंकों को परस्पर बदलने के बाद प्राप्त संख्या के बीच का अंतर 18 है। इस संख्या के दोनों अंकों का योग 12 है। इस द्विअंकीय संख्या के दोनों अंकों का गुणनफल क्या है?
   (a) 35　　　　(b) 27
   (c) 32　　　　(d) ज्ञात नहीं किया जा सकता

2. एक बॉक्स में 15 दर्जन मोमबत्तियां हैं। ऐसे 39 बॉक्स हैं। सभी बॉक्सों में मिलकर कितनी मोमबत्तियां हैं?
   (a) 7020　　　　(b) 6660
   (c) 6552　　　　(d) 3510

3. $\dfrac{256 \times 256 - 144 \times 144}{112}$ किसके बराबर है?
   (a) 420　　　　(b) 400
   (c) 360　　　　(d) 320

4. $\left(1-\dfrac{1}{3}\right)\left(1-\dfrac{1}{4}\right)\left(1-\dfrac{1}{5}\right)....\left(1-\dfrac{1}{25}\right)$ किसके बराबर है?
   (a) $\dfrac{2}{25}$　　　　(b) $\dfrac{1}{25}$
   (c) $1\dfrac{19}{25}$　　　　(d) $\dfrac{1}{325}$

5. वह अधिकतम संख्या क्या है जिसे 5834 में से घटाने पर प्राप्त संख्या 28, 28, 32 तथा 35 प्रत्येक से पूर्णतः विभाजित है?
   (a) 1120　　　　(b) 4714
   (c) 5200　　　　(d) 5600

6. दी गई तीन संख्याओं में से पहली, दूसरी से दुगुनी और तीसरी से तिगुनी है। तीनों संख्याओं का औसत 154 है। पहली और तीसरी संख्या के बीच का अंतर क्या है?
   (a) 126　　　　(b) 42
   (c) 166　　　　(d) इनमें से कोई नहीं

7. तीन लड़कों P, T और R का औसत वजन $54\dfrac{1}{3}$ कि.ग्रा. है, जबकि तीन लड़कों T, F, और G का औसत वजन 53 कि.ग्रा. है। P, T, R, F, और G का औसत वजन कितना है?
   (a) 53.8 कि.ग्रा.　　　　(b) 52.4 कि.ग्रा.
   (c) 53.2 कि.ग्रा.　　　　(d) इनमें से कोई नहीं

8. 20 लड़कों में, 6 लड़कों की लम्बाई 1 मी. 15 सेमी., 8 की लम्बाई 1 मी. 10 सेमी. तथा बचे लड़कों की लम्बाई 1 मी. 12 सेमी. सभी लड़कों की औसत लम्बाई ज्ञात करें?
   (a) 1 मी. 12 सेमी.　　　　(b) 1 मी. 12.1 सेमी.
   (c) 1 मी. 21.1 सेमी.　　　　(d) 1 मी. 21 सेमी.

9. एक शहर की जनसंख्या 126800 है। पहले वर्ष में यह 15% बढ़ती है। और दूसरे वर्ष में यह 20% घटती है। 2 वर्ष के अन्त में इस शहर की जनसंख्या कितनी है?
   (a) 174984　　　　(b) 135996
   (c) 116656　　　　(d) 145820

10. एक संख्या के 75% और उसी संख्या के 20% के बीच का अंतर 378.4 है। इस संख्या का 40% कितना होगा?
    (a) 275.2　　　　(b) 274
    (c) 267.2　　　　(d) 266

11. प्रणव के वार्षिक वेतन का 25% सूर्य के वार्षिक वेतन के 80% के समान है। सूर्य का मासिक वेतन धीरू के मासिक वेतन का चालीस प्रतिशत है। धीरू का वार्षिक वेतन ₹ 6 लाख है। प्रणव का मासिक वेतन क्या है ? (कहीं पर वार्षिक आय और कहीं पर मासिक आय दी गई है।)
    (a) ₹ 7.68 लाख　　　　(b) ₹ 56,000
    (c) ₹ 8.4 लाख　　　　(d) ₹ 64,000

12. ₹ 450 के मूलधन पर 2 वर्ष में कितना ब्याज मिलेगा यदि चार वर्ष बाद ₹ 1 पर साधारण ब्याज की उसी दर से ₹ 0.40 का ब्याज मिलता है।
    (a) ₹ 90
    (b) ₹ 180
    (c) ₹ 36
    (d) निर्धारित नहीं किया जा सकता

13. मोहन ने एक वस्तु खरीद कर ₹ 2817.50 में बेचकर लागत कीमत पर 15% लाभ कमाया। इस वस्तु की लागत कीमत क्या है?
    (a) ₹ 2,500
    (b) ₹ 2,450
    (c) ₹ 2,540
    (d) ₹ 3,315

14. प्रतीक ने 20% लाभ पर कार्तिक को एक म्यूजिक सिस्टम बेचा और कार्तिक ने इसे स्वस्तिक को 40% लाभ पर बेचा। यदि स्वस्तिक ने म्यूजिक के लिए ₹ 10,500 अदा किए तो प्रतीक ने इसके लिए कितनी राशि अदा की थी?
    (a) ₹ 8,240
    (b) ₹ 7,500
    (c) ₹ 6,250
    (d) निर्धारित नहीं किया जा सकता

15. एक व्यापारी नगद भुगतान करने पर अंकित मूल्य पर की 10% छूट देता है। 17% का लाभ कमाने के लिए उसे अपनी वस्तुओं का मूल्य, क्रममूल्य से कितना अधिक अंकित करना चाहिए।
    (a) 30%
    (b) 33%
    (c) 40%
    (d) 27%

16. एक रकम Z, X, Y के बीच क्रमशः 4 : 5 : 6 के अनुपात में बांटनी है। तथा दूसरी रकम A तथा B में बराबर-बराबर बांटनी है। यदि Z को A से ₹ 2,000 कम मिलते हैं। तो X को कितने रुपये मिले?
    (a) ₹ 10,000
    (b) ₹ 5,000
    (c) ₹ 4,000
    (d) तय नहीं कर सकते

17. A, B और C तीन बल्लेबाज हैं। उनके द्वारा बनाए गए रनों का अनुपात क्रमश: A : B = 5 : 3, B : C = 4 : 5 है तीनों मिलकर कुल 564 रन बनाते हैं। तो B द्वारा बनाए गए रन ज्ञात करें।
    (a) 124
    (b) 104
    (c) 114
    (d) 144

18. 12 पुरुष एक-तिहाई काम 8 दिन में पूरा कर सकते हैं। इस काम को 16 पुरुष कितने दिन में पूरा कर सकते हैं?
    (a) 18
    (b) 12
    (c) 24
    (d) निर्धारित नहीं किया जा सकता है।

19. यदि 10 पुरुष या 20 महिलाएँ या 40 बच्चे किसी काम को 7 महीने में कर सकते हैं, तो 5 पुरुष, 5 महिलाएँ तथा 5 बच्चे मिलकर आधे काम को कितने समय में पूरा करेंगे?
    (a) 8 महीने
    (b) 6 महीने
    (c) 4 महीने
    (d) 5 महीने

20. विश्रामों को छोड़कर, एक बस की गति 64 किमी / घंटा है और विश्रामों सहित बस की गति 48 किमी / घंटा है। प्रति घंटा बस कितने समय विश्राम के लिए रूकती है?
    (a) 12.5 मिनट
    (b) 15 मिनट
    (c) 10 मिनट
    (d) 18 मिनट

21. एक नाविक धारा की दिशा में 1 कि.मी. दूरी 5 मिनट में तय करता है तथा धारा के प्रतिकूल दिशा में 6 कि.मी. दूरी 1 घंटे में तय करता है, तो धारा की गति ज्ञात करें?
    (a) 3 कि.मी./घंटा
    (b) 6 कि.मी./घंटा
    (c) 10 कि.मी./घंटा
    (d) 12 कि.मी./घंटा

22. एक आयत का क्षेत्रफल एक वर्ग के क्षेत्रफल से 4 गुना है। आयत की लम्बाई 90 से.मी. हैं और चौड़ाई वर्ग की भुजा का $\frac{2}{3}$ है। वर्ग की भुजा कितनी से.मी. है?
    (a) 10 से.मी.
    (b) 20 से.मी.
    (c) 9 से.मी.
    (e) इनमें से कोई नहीं

23. किसी वृत की परिधि में 50% की कमी की गयी। उसके क्षेत्रफल में प्रतिशत कमी ज्ञात करें?
    (a) 25
    (b) 50
    (c) 60
    (d) 75

24. किसी धनराशि पर 3 वर्ष का साधारण ब्याज 240 रुपए है और उसी धनराशि पर 2 वर्ष का उसी दर पर चक्रवृद्धि ब्याज 170 रुपए है। ब्याज की दर क्या है?
    (a) 8%
    (b) $29\frac{1}{6}\%$
    (c) $12\frac{1}{2}\%$
    (d) $5\frac{5}{17}\%$

25. एक सब्जी विक्रेता अपनी सब्जियाँ 20% लाभ पर बेचता है। बेचते समय वह गलत बाट का प्रयोग करता है जो वास्तविक बाट से 10% कम निकलता है। उसका कुल लाभ प्रतिशत क्या होगा?
    (a) 25%
    (b) 30%
    (c) 33.33%
    (d) $18\frac{7}{9}\%$

26. यदि 'चम्मच' को 'प्लेट' कहा जाए, 'प्लेट' को 'चाकू' कहा जाए, 'चाकू' को 'जग' कहा जाए, 'जग' को 'ग्लास' कहा जाए, 'ग्लास' को 'तष्तरी' कहा जाए और 'तष्तरी' को चम्मच कहा जाए तो हम पफल किससे काटते हैं?
    (a) चम्मच
    (b) जग
    (c) ग्लास
    (d) तष्तरी

27. यदि 'A' को 26 द्वारा विस्थापित कर दिया जाए, 'B' को 25 से तथा इसी प्रकार 'Z' को 1 द्वारा विस्थापित कर दिया जाए, तो 'WAXY' के मानों का योग क्या होगा?
    (a) 33
    (b) 35
    (c) 37
    (d) 73

28. AMONG को NAOGM और SPINE को NSIEP लिखते हैं तो LAMON को कैसे लिखा जायेगा?
    (a) OALNM
    (b) MLONA
    (c) OLMNA
    (d) OLNMA

निर्देश (प्र.स. 29) अक्षरों के कौन से एक समूह को दिए गए अक्षर श्रृंखला में खाली स्थानों पर क्रमानुसार

29. _ b b m _ a m b _ m _ a _ b b
    (a) m b a b m
    (b) a b m a b
    (c) m a b a m
    (d) a m b b m

30. NOA, PQB, RSC, ?
    (a) TUD
    (b) DTU
    (c) ENO
    (d) FNQ

31. 15, 31, 64, 131, ?
    (a) 266   (b) 256   (c) 192   (d) 524
32. 45 43 83 245 975 ?
    (a) 4869   (b) 4846   (c) 4896   (d) 4852
33. गलत संख्या ज्ञात करें–
    1236, 2346, 3456, 4566, 5686
    (a) 1236   (b) 3456
    (c) 4566   (d) 5686
34. '12', '15' से उसी प्रकार संबंधित है, जिस प्रकार '15' संबंधित है
    __________ से।
    (a) 24   (b) 21   (c) 18   (d) 16
35. 'BEAN' का 'NEAB' से और 'SAID' का ''DAIS' से वहीं संबंध
    है जो 'LIME' का __________ से है।
    (a) MLEI   (b) ELMI
    (c) EIML   (d) EILM

निर्देश (प्र.स. 36–37) दिए गए विकल्पों में से विषम शब्द / अखर को ज्ञात करें।

36. (a) चमगादड़   (b) मकड़ी
    (c) मच्छर   (d) तितली
    (e) तिलचट्टा
37. (a) NPQ   (b) HJK
    (c) TVW   (d) LMO
38. राकेष ऊपर से 7वें स्थान पर तथा नीचे से 28वें स्थान पर है। कक्षा
    में छात्रों की कुल संख्या क्या है?
    (a) 34वां   (b) 35वां
    (c) 36वां   (d) 37वां
39. M आयु में R से बड़ा है। Q, R एवं N से छोटा है। N, M जितना बड़ा
    नहीं है। M, N, R एवं Q में से सबसे बड़ा कौन है?
    (a) M   (b) R
    (c) M या R   (d) आंकड़ा अपर्याप्त
40. दीपिका श्रद्धा से कहती है, 'तुम्हारी मां के पिता के पुत्र मेरी बहन
    के पति है' दीपिका किस प्रकार श्रद्धा से संबंधित हैं?
    (a) सिस्टर-इन लॉ   (b) कजिन
    (c) चाची   (d) आंकड़े अपर्याप्त
    (e) इनमें से कोई नहीं
41. A, B का भाई है। C, B की माँ है। M, C की बहन है। M का B से
    क्या संबंध है?
    (a) भतीजा   (b) भानजी
    (c) मौसी   (d) ज्ञात नहीं कर सकते
42. सुरेश अपने घर से शुरुआत करते हुए हुए 4 किमी पूर्व की ओर
    चलता है, उसके बाद वह दायीं ओर मुड़ता है और 3 किमी चलता
    है। उसे पुनः वापस जाने से कितना न्यूनतम दूरी तय करना
    पड़ेगा?
    (a) 4 किमी   (b) 5 किमी
    (c) 6 किमी   (d) 7 किमी
43. राहुल एक स्थान से Y की ओर सीधे 90 मीटर की दूरी तक चला।
    वह दाई ओर मुड़ा और 40 मीटर तक चला। उसके बाद फिर से
    दाई ओर मुड़ा और 70 मीटर तक चला। अंत में वह दाई ओर मुड़ा
    और 40 मीटर चला। वह प्रारंभिक स्थान से कितनी दूरी पर है?

    (a) 70 मीटर   (b) 10 मीटर
    (c) 20 मीटर   (d) 30 मीटर
44. यदि a '÷' को दर्शाता है, b '+' को दर्शाता है, c '–' को दर्शाता
    है, और d '×' को दर्शाता है तो 24a 6d 4b 9c 8 = ?
    (a) 20   (b) 6
    (c) 17   (d) 19
45. 24 मीटर ऊँची दीवार पर चढ़ने वाला एक आदमी एक दिन में 16
    मीटर चढ़ा। लेकिन शाम को 3 मी 40 सेमी नीचे फिसल गया। उस
    दिन वह आदमी कितनी दूर पहुँचा?
    (a) 12.6 मी   (b) 19 मी 40 सेमी
    (c) 12 मी 40 सेमी   (d) 11.4 मी
46. एक रात्रि भोज में मछली और माँस दोनों परोसे गए, कुछ ने केवल
    मछली ली और कुछ ने केवल माँस। कुछ शाकाहारी थे जिन्होंने दोनों
    में से कुछ भी नहीं लिया। बाकी लोगों ने मछली और माँस दोनों लिया।
    निम्नलिखित तर्क रेखा (Logic diagram) में से कौन-सा एक उपरोक्त
    स्थिति को सही प्रदर्शित करता है?

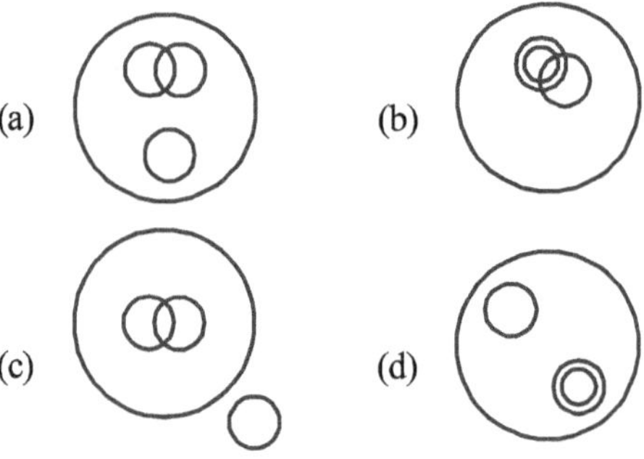

47. नीचे दिए गए आकृति के आधार पर इनमें से कौन उन छात्रों को
    दर्शाता है जो पोलो, बैंडमिटन तथा टेनिस खेलते हैं।

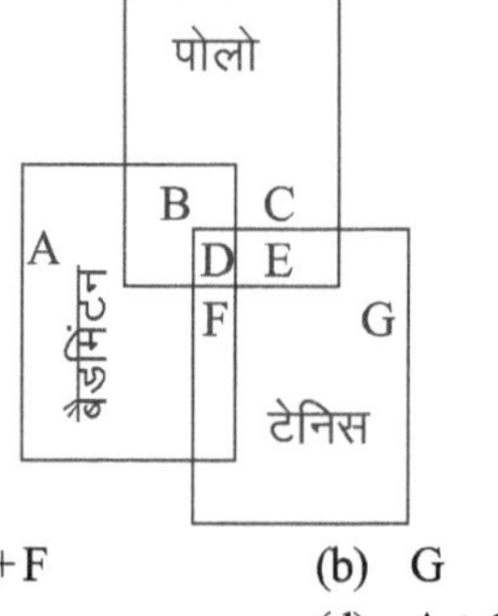

    (a) D + E + F   (b) G
    (c) D   (d) A + C + F

निर्देश (प्र.स. 48–49) विलुप्त संख्या ज्ञात करें

48.

5	7	8
4	6	6
2	3	?
10	14	12

    (a) 2   (b) 4   (c) 61   (d) 3

49.

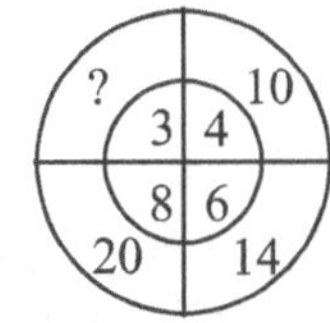

(a) 18   (b) 19
(c) 12   (d) 24

50. किसी विशेष सांकेतिक भाषा में COUNTRY शब्द को EMWLVPA के रूप में कूटबद्ध किया जाता है। इसी विशेष भाषा में ELECTORATE किस रूप में लिखा जाएगा?

(a) CJCEVQPYWC   (b) GJGERQTYVG
(c) CNCERQPCRG   (d) GJGAVMTYVC

51. एम–वाणिज्य क्या है?

(a) मशीन वाणिज्य   (b) मोबाइल वाणिज्य
(c) धन वाणिज्य   (d) विपणन वाणिज्य

52. गौतम बुद्ध का गुरु कौन था?

(a) पाणिनी   (b) अलार कलाम
(c) कपिल   (d) पातंजलि

53. जनसंख्या के अध्ययन को कहते हैं–

(a) जानांकिकी   (b) जलवायु विज्ञान
(c) शैलविज्ञान   (d) जल विज्ञान

54. लोकसभा का पहला अध्यक्ष था?

(a) एस. राधाकृष्णन   (b) एम. अनंतशयनम आयंगर
(c) सरदार हुकम सिंह   (d) जी.वी. मावलंकर

55. मेगास्थनीज कौन था?

(a) चंद्रगुप्त मौर्य की राजसभा में यूनानी राजदूत
(b) अशोककालीन यूनानी व्यापारी
(c) गुप्तकालीन यूनानी व्यापारी
(d) हर्षकालीन चीनी तीर्थयात्री

56. भारत का राष्ट्रपति आपातकाल की उद्घोषणा–

(a) प्रधानमंत्री की सलाह पर कर सकता है
(b) मंत्रिपरिषद् की सलाह पर कर सकता है
(c) अपने विवेक पर कर सकता है
(d) तब कर सकता है, जब ऐसी उद्घोषणा करने के लिए संघ के मंत्रिमण्डल का निर्णय उसे लिखित रूप में संसूचित किया गया हो।

57. अशोक के धर्मादेशों का उद्वाचन पहले किया था?

(a) सर जॉन मार्शल   (b) सर विलियम जोन्ज ने
(c) चार्ल्स विल्किन्ज   (d) जेम्स प्रिन्सेप ने

58. भारतीय संविधान के किस अनुच्छेद में सरकारी रोजगार नागरिकों के लिए समान अवसरों का प्रावधान है?

(a) अनुच्छेद– 16   (b) अनुच्छेद - 20
(c) अनुच्छेद - 25   (d) अनुच्छेद - 22

59. अन्तर्राष्ट्रीय जल दिवस किस दिन मनाया जाता है?

(a) 22 जनवरी   (b) 22 फरवरी
(c) 22 मार्च   (d) 22 अप्रैल

60. राजाराम मोहन राय को राजा की उपाधि किसने दी?

(a) लार्ड विलियम बैंटिक ने
(b) अकबर–II

(c) ब्रह्म समाज के अनुनायियों ने
(d) आम आदमियों ने

61. डंक्कन पेसिज किसके बीच स्थित है?

(a) दक्षिण और छोटा अंडमान
(b) उत्तर और दक्षिण अंडमान
(c) उत्तर और मध्य अंडमान
(d) अंडमान और निकोबार

62. मौसम परिवर्तन कहां पर होता है?

(a) आयन मंडल   (b) क्षोभ मंडल
(c) समताप मंडल   (d) क्षोभ सीमा

63. 'सर्वेन्ट्स ऑफ इंडिया सोसाइटी' के संस्थापक कौन थे?

(a) जी.के. गोखले   (b) एम.जी. रानाडे
(c) बी.जी. तिलक   (d) विपिन चन्द्र पाल

64. शब्द 'कास्ट' किस भाषा से प्राप्त हुआ है?

(a) पुर्तगाली   (b) डच
(c) जर्मन   (d) अंग्रेजी

65. शब्द "ग्रेटर इंडिया" क्या दर्शाता है–

(a) राजनीतिक एकता   (b) सांस्कृतिक एकता
(c) धार्मिक एकता   (d) सामाजिक एकता

66. महात्मा गाँधी किस लेखक से प्रभावित थे?

(a) बर्नार्ड शॉ   (b) कार्ल मार्क्स
(c) लेनिन   (d) लियो टॉल्स्टॉय

67. अधिकतम जैव विविधता वाला क्षेत्र है?

(a) उष्णकटिबंधीय   (b) शीतोष्ण
(c) मानसूनी   (d) इक्वेटोरियल

68. भारत में "क्षेत्रीय स्व सरकार का पिता" किसे कहा जाता है?

(a) लॉर्ड मेयो   (b) लॉर्ड रिपन
(c) लॉर्ड कर्जन   (d) लॉर्ड क्लाइव

69. राज्य के नीति निदेशक सिद्धांत कहाँ से

(a) ब्रिटिश संविधान   (b) स्विस संविधान
(c) अमेरिकी संविधान   (d) आयरिश संविधान

70. निम्नलिखित में से कौन लोकतंत्र के दो प्रकार है?

(a) संसदीय और राष्ट्रपति   (b) प्रत्यक्ष और अप्रत्यक्ष
(c) राजतंत्रीय और गणतंत्र (d) संसदीय और राजा

71. अंजैव अवक्रमणीय कचरे (नान–बायोडीग्रेडेबल वेस्ट) के निपटान का सर्वोत्तम तरीका क्या है?

(a) जलाना   (b) ढेर लगाना
(c) दफनाना   (d) पुनर्चक्रण

72. यीस्ट, महत्वपूर्ण स्रोत है

(a) विटामिन B का   (b) इन्वर्टेस का
(c) विटामिन C का   (d) प्रोटीन का

73. जैविक जीवन समर्थन तंत्र किसके लिए विकसित किया गया है?

(a) अंतरिक्ष विमान   (b) आई.सी.यू. में रोगी
(c) दक्षिण ध्रुव में वैज्ञानिक (d) हृदय की शल्यक्रिया

74. सोने के दौरान एक मनुष्या का रक्ते दाब–

(a) बढ़ जाता है   (b) घट जाता है
(c) स्थिर रहता है   (d) घटता बढ़ता रहता है

75. डेलेनिक्स रजिया रफिन (Deloni regia Rafin) ________ का वैज्ञानिक नाम है।

    (a) बरगद   (b) गुलमोहर
    (c) इमली   (d) चीकू

76. एक स्वस्थ मानव शरीर में प्रतिदिन कितने मिली मूत्र का निर्माण होता है?
    (a) 800–2000 मिली   (b) 500–1500 मिली
    (c) 800–300 मिली   (d) 700–2500 मिली

77. पौधों में जाइलिन की उपस्थिति से निम्नलिखित में से क्या होता है?
    (a) जल का वहन   (b) खाद्य पदार्थ का वहन
    (c) अमीनों अम्ल का वहन   (d) ऑक्सीजन का वहन

78. मधुमक्खी के डंक में क्या होता है?
    (a) अम्लीय तरल   (b) लवणीय घोल
    (c) क्षारीय तरल   (d) संक्षारक तरल

79. "इबोला" शब्द से आप क्या समझते हैं?
    (a) पश्चिम अफ्रीका में एक विषाणु रोग प्रकोप
    (b) बांग्लादेश में एक विषाणु रोग प्रकोप
    (c) आई.एस.आई.एस दवारा विनाश किया गया सीरिया का एक शहर
    (d) कोई भी विकल्प सही नहीं है

80. निम्नलिखित में से कौन सा स्तनधारी जानवर अंडे देता है?
    (a) चमगादड़   (b) व्हेल
    (c) नेवला   (d) प्लैटिपस

81. निम्नलिखित में से किसके कारण स्वाइन फ्लू होता है?
    (a) फंजाइ (कवक)   (b) टेपवर्म (फीता क्रिमि)
    (c) वाइरस   (d) बैक्टीरिया (जीवाणु)

82. फ्लोएम का अन्य नाम है
    (a) लकड़ी   (b) स्क्लेरेइड
    (c) फाइबर   (d) बास्ट

83. चमगादड़ अंधेरे में उड़ सकता है क्यो कि–
    (a) तीव्र किरणें   (b) तेज आँखें
    (c) अल्ट्रोसोनिक तरंगों   (d) प्राकृतिक रूप से

84. तेल की एक छोटी बूंद पानी फैल जाती है क्योंकि
    (a) तेल का पृष्ठ तनाव अधिक होता है
    (b) जल का पृष्ठ तनाव अधिक होता है
    (c) तल की श्यानता अधिक होती है
    (d) जल की ष्यानता अधिक होती है

85. चंद्र सतह पर एक प्रेक्षक को, दिन के समय, आकाश दिखाई देगा
    (a) हल्का पीला   (b) नीला
    (c) नारंगी   (d) काला

86. ट्रांसफॉर्मर किससे काम करता हैं?
    (a) केवल प्रत्यावर्ती धारा से
    (b) केवल दिष्ट धारा से
    (c) ए सी और डी सी दोनों से
    (d) किसी भी सिग्नल से

87. निम्न में से कौन सा गुण ठोस पदार्थ द्वारा नहीं दिखाया गया जाता है?
    (a) तन्यता   (b) तरलता
    (c) कठोरता   (d) भंगुरता

88. न्युटन के पहले नियम को भी कहते हैं?
    (a) आघूर्ण का नियम   (b) जड़त्व का नियम
    (c) ऊर्जा का नियम   (d) संवेग का नियम

89. बल की परिभाषा न्यूटन के _______ से आती है।
    (a) गति के पहले नियम   (b) गति के द्वितीय नियम
    (c) गति के तीसरे नियम   (d) गुरुत्वाकर्षण के नियम

90. पृथ्वी घूमती है।
    (a) पूर्व से पश्चिम   (b) पश्चिम से पूर्व तक
    (c) उत्तर से दक्षिण   (d) उत्तर से दक्षिण तक

91. ग्रह गति का केपलर नियम बताता है कि कालावधि का वर्ग _____ के बराबर है।
    (a) अर्ध दीर्घ अक्ष   (b) अर्ध दीर्घ अक्ष के वर्ग
    (c) अर्ध दीर्घ अक्ष के घन (d) अर्ध दीर्घ अक्ष की चौथी शक्ति

92. एक भू–स्थिर उपग्रह का परिभ्रमण काल होता है।
    (a) बारह घंटे   (b) चौबीस घंटे
    (c) अड़तालीस घंटे   (d) छः घंटे

93. पृथ्वी के पृष्ठ से पलायन वेग का मान है
    (a) 11.2 किमी. से   (b) 11.2 मी. से
    (c) 11.2 सेमी. से   (d) 11.2 मिमी. से

94. निम्नलिखित में से कौन सा तत्व रेडियोधर्मी नहीं है?
    (a) रेडियम   (b) प्लूटोनियम
    (c) जरकोनियम   (d) यूरेनियम

95. निम्नलिखित में कौन से अधातु अपनी तरलीय अवस्था में अपरुपता प्रदषित करता है?
    (a) कार्बन   (b) सल्फर
    (c) फॉस्फोरस   (d) ब्रोमीन

96. एल्यूमीनियम ऑक्साइड एक _____ है।
    (a) बेसिक ऑक्साइड   (b) न्यूट्रल ऑक्साइड
    (c) अम्फोटेरिक   (d) एसिड ऑक्साइड

97. निम्नलिखित में से किस महीने में भारत सरकार "वर्ल्ड फूड इंडिया 2017" नामक एक वैश्विक खाद्य मेला का आयोजन करेगी?
    (a) सितंबर   (b) नवंबर
    (c) अगस्त   (d) दिसंबर

98. भारतीय पुरुष क्रिकेट टीम के नए नियुक्त प्रमुख कोच कौन है?
    (a) रवि शास्त्री   (b) वीरेंद्र सहवाग
    (c) वीवीएस लक्ष्मण   (d) सौरव गांगुली

99. निम्नलिखित में से कौन सा देश वैश्विक साइबर सिक्योरिटी इंडेक्स सूची में शीर्ष स्थान पर है?
    (a) नॉर्वे   (b) स्वीडन
    (c) सिंगापुर   (d) फिनलैंड

100. निम्नलिखित में से किस देश ने हाल ही में अत्यधिक रोगजनक एवियन इन्फ्लुएंजा (H5N1 and H5N8) से खुद को मुक्त कर दिया है?
    (a) चीन   (b) श्री लंका
    (c) पाकिस्तान   (d) भारत

RESPONSE SHEET

1. ⓐⓑⓒⓓ	2. ⓐⓑⓒⓓ	3. ⓐⓑⓒⓓ	4. ⓐⓑⓒⓓ	5. ⓐⓑⓒⓓ
6. ⓐⓑⓒⓓ	7. ⓐⓑⓒⓓ	8. ⓐⓑⓒⓓ	9. ⓐⓑⓒⓓ	10. ⓐⓑⓒⓓ
11. ⓐⓑⓒⓓ	12. ⓐⓑⓒⓓ	13. ⓐⓑⓒⓓ	14. ⓐⓑⓒⓓ	15. ⓐⓑⓒⓓ
16. ⓐⓑⓒⓓ	17. ⓐⓑⓒⓓ	18. ⓐⓑⓒⓓ	19. ⓐⓑⓒⓓ	20. ⓐⓑⓒⓓ
21. ⓐⓑⓒⓓ	22. ⓐⓑⓒⓓ	23. ⓐⓑⓒⓓ	24. ⓐⓑⓒⓓ	25. ⓐⓑⓒⓓ
26. ⓐⓑⓒⓓ	27. ⓐⓑⓒⓓ	28. ⓐⓑⓒⓓ	29. ⓐⓑⓒⓓ	30. ⓐⓑⓒⓓ
31. ⓐⓑⓒⓓ	32. ⓐⓑⓒⓓ	33. ⓐⓑⓒⓓ	34. ⓐⓑⓒⓓ	35. ⓐⓑⓒⓓ
36. ⓐⓑⓒⓓ	37. ⓐⓑⓒⓓ	38. ⓐⓑⓒⓓ	39. ⓐⓑⓒⓓ	40. ⓐⓑⓒⓓ
41. ⓐⓑⓒⓓ	42. ⓐⓑⓒⓓ	43. ⓐⓑⓒⓓ	44. ⓐⓑⓒⓓ	45. ⓐⓑⓒⓓ
46. ⓐⓑⓒⓓ	47. ⓐⓑⓒⓓ	48. ⓐⓑⓒⓓ	49. ⓐⓑⓒⓓ	50. ⓐⓑⓒⓓ
51. ⓐⓑⓒⓓ	52. ⓐⓑⓒⓓ	53. ⓐⓑⓒⓓ	54. ⓐⓑⓒⓓ	55. ⓐⓑⓒⓓ
56. ⓐⓑⓒⓓ	57. ⓐⓑⓒⓓ	58. ⓐⓑⓒⓓ	59. ⓐⓑⓒⓓ	60. ⓐⓑⓒⓓ
61. ⓐⓑⓒⓓ	62. ⓐⓑⓒⓓ	63. ⓐⓑⓒⓓ	64. ⓐⓑⓒⓓ	65. ⓐⓑⓒⓓ
66. ⓐⓑⓒⓓ	67. ⓐⓑⓒⓓ	68. ⓐⓑⓒⓓ	69. ⓐⓑⓒⓓ	70. ⓐⓑⓒⓓ
71. ⓐⓑⓒⓓ	72. ⓐⓑⓒⓓ	73. ⓐⓑⓒⓓ	74. ⓐⓑⓒⓓ	75. ⓐⓑⓒⓓ
76. ⓐⓑⓒⓓ	77. ⓐⓑⓒⓓ	78. ⓐⓑⓒⓓ	79. ⓐⓑⓒⓓ	80. ⓐⓑⓒⓓ
81. ⓐⓑⓒⓓ	82. ⓐⓑⓒⓓ	83. ⓐⓑⓒⓓ	84. ⓐⓑⓒⓓ	85. ⓐⓑⓒⓓ
86. ⓐⓑⓒⓓ	87. ⓐⓑⓒⓓ	88. ⓐⓑⓒⓓ	89. ⓐⓑⓒⓓ	90. ⓐⓑⓒⓓ
91. ⓐⓑⓒⓓ	92. ⓐⓑⓒⓓ	93. ⓐⓑⓒⓓ	94. ⓐⓑⓒⓓ	95. ⓐⓑⓒⓓ
96. ⓐⓑⓒⓓ	97. ⓐⓑⓒⓓ	98. ⓐⓑⓒⓓ	99. ⓐⓑⓒⓓ	100. ⓐⓑⓒⓓ

संकेत और हल

1. (a) माना कि संख्या $= 10x + y$ जहां $x > y$

    प्रश्नानुसार,

    $10x + y - 10y - x = 18$

    या, $9x - 9y = 18$

    या, $x - y = \dfrac{18}{9} = 2$ ...(i)

    एवं, $x + y = 12$ ...(ii)

    समीकरण (i) एवं (ii) से

    $2x = 14 \Rightarrow x = \dfrac{14}{2} = 7$

    समीकरण (i) से

    $y = 7 - 2 = 5$

    $\therefore$ अभीष्ट गुणनफल $= xy = 7 \times 5 = 35$

2. (a) मोमबत्तियों की कुल संख्या $= 15 \times 12 \times 39 = 7020$

3. (b) यदि $256 = a$ और $144 = b$, तब

    $\dfrac{a^2 - b^2}{a - b}$

    $[a - b = 256 - 144 = 112]$

    $= \dfrac{(a+b)(a-b)}{(a-b)} = a + b = 256 + 144 = 400$

4. (a) $\left(1 - \dfrac{1}{3}\right)\left(1 - \dfrac{1}{4}\right)\left(1 - \dfrac{1}{5}\right) \cdots \left(1 - \dfrac{1}{24}\right)\left(1 - \dfrac{1}{25}\right)$

    $= \dfrac{2}{3} \times \dfrac{3}{4} \times \dfrac{4}{5} \cdots \times \dfrac{23}{24} \times \dfrac{24}{25} = \dfrac{2}{25}$

5. (b) 20, 28, 32, 35 का ल.स. है 1120

    $\therefore$ वांछित संख्या $= 5834 - 1120 = 4714$

6. (b) माना कि पहली संख्या $= 6x$

    $\therefore$ दूसरी संख्या $= 3x$

    एवं तीसरी संख्या $= 2x$

    प्रश्नानुसार,

    $6x + 3x + 2x = 154 \times 3$

    या, $11x = 154 \times 3$

    $\therefore x = \dfrac{154 \times 3}{11} = 42$

7. (d) $\therefore$ P, T और R का कुल वजन $= 54\dfrac{1}{3} \times 3 = 165$

    E, F, G का वजन $= 53 \times 3 = 159$

    कुल $= 322$

    औसत $= \dfrac{322}{6}$

    $= 53.67$

8. (b) औसत लंबाई $= \dfrac{6 \times (1.15) + 8 \times (1.10) + 6(1.12)}{20}$

    $\Rightarrow \dfrac{22.42}{20} = 1.121$ और 1 मी. 12.1 सेमी.

9. (c) अभीष्ट जनसंख्या

    $= 126800 \times \left(1 + \dfrac{15}{100}\right) \times \left(1 - \dfrac{20}{100}\right)$

    $= 126800 \times \dfrac{115}{100} \times \dfrac{80}{100} = 116656$

10. (a) माना कि संख्या x है।

    $\therefore \quad \dfrac{75x}{100} - \dfrac{20x}{100} = 378.4$

    या, $x = \dfrac{378.4 \times 100}{55} = 688$

    $\therefore \quad \dfrac{40x}{100} = 688 \times \dfrac{40}{100} = 275.20$

11. (d) धीरू का मासिक वेतन $= \dfrac{600000}{12} = ₹\ 50000$

    सूर्य का मासिक वेतन $= 50000 \times \dfrac{40}{100}$

    $= ₹\ 20000$

    प्रणव का मासिक वेतन $= 20000 \times \dfrac{80}{25} = ₹\ 64000$

12. (a) $\because$ ₹ 1 पर 4 वर्ष का ब्याज $= ₹\ 0.4$

    $\therefore$ ₹ 100 पर 4 वर्ष का ब्याज $= ₹\ 40$

    $\therefore$ ₹ 100 पर 1 वर्ष का ब्याज $= ₹\ 10$

    $\therefore$ ब्याज $= \dfrac{\text{मूलधन} \times \text{समय} \times \text{दर}}{100} = ₹\ 90$

13. (b) लागत कीमत $= \dfrac{2817.50 \times 100}{115}$

    $= ₹\ 2450$

14. (c) अभीष्ट राशि

    $= \dfrac{10500 \times 100 \times 100}{120 \times 140} = ₹\ 6250$

15. (a) लघु विधि द्वारा हल करने पर

    कुल लाभ % $= x + y + \dfrac{xy}{100}$

    $17\% = -10 + y + \dfrac{(-10) \times y}{100}$ [$\because$ '–' बट्टे के लिए]

    $27 = y - \dfrac{y}{10} \Rightarrow 27 = \dfrac{10y - y}{10}$

    $27 \times 10 = 9y$

    $y = 30\%$

    अत : उसे अपने सामान को क्रय मूल्य से 30% अधिक अंकित करना चाहिए।

16. (d)

17. (d)

$$A : B : C$$

$$5 \quad 3 \qquad \times$$
$$\qquad 4 : 5$$
$$\overline{20 \quad 12 : 15}$$

माना, $20x : 12x : 15x$

$\therefore \quad 20x + 12x + 15x = 47x$

$47x = 564$

$$x = \frac{564}{47} \Rightarrow 12$$

$\therefore$ B का प्राप्तांक

$= 12x = 12 \times 12 = 144$

18. (a)   12 आदमी संपूर्ण कार्य को $8 \times 3 = 24$ दिन में पूरा कर सकते हैं।

$\therefore$ अभीष्ट दिनों की संख्या

$$= \frac{12 \times 24}{16} = 18$$

19. (c)   10 पुरुष $= 20$ महिलाएँ $= 40$ बच्चे

i.e. $1m = 2w = 4\,m$

$\therefore \ S_m + S_w + S_{ch}$

$\Rightarrow 5 \times 4 + 5 \times 2 + 5 = 35$

$$\frac{M_1 D_1}{W_1} = \frac{M_2 D_8}{W_2}$$

$$\frac{40 \times 7}{1} = \frac{35 \times D_2}{\frac{1}{2}}$$

$$\frac{40 \times 7}{35 \times 2} = D_2$$

$D_2 = 4$ महिने

20. (b)   प्रति घंटा बस का ठहराव

$$= \frac{(64 - 48) \times 60}{64} = 15 \text{ मिनट}$$

21. (a)   धारा की चाल

$= \dfrac{1}{2}$ (धारा के साथ की चाल $-$ धारा के विपरीत चाल)

$= \dfrac{1}{2} (12 - 6)$ कि.मी./घंटा   [धारा के साथ चाल]

$= \dfrac{1}{5} \times 60 = 12$ कि.मी./घंटा $= 3$ कि.मी./घंटा

22. (e)   माना वर्ग की भुजा x सेमी है।

वर्ग का क्षेत्रफल $= x^2$

आयत का क्षेत्रफल $= 90 \times \dfrac{2}{3} x$

$$90 \times \frac{2}{3} x = 4x^2$$

$\Rightarrow \ x = 15$ सेमी

23. (d)   परिधि $= 2\pi r$ (एक)

$\therefore$ क्षेत्रफल में कमी $= 50 - 50 + \dfrac{50 \times 50}{100} = -75\%$

24. (c) $\therefore$ 3 वर्ष का साधारण ब्याज

$=$ 240 रुपए

$\therefore$ 2 वर्ष का साधारण ब्याज

$$= \frac{240}{3} \times 2 = 160 \text{ रुपए}$$

$\therefore \quad \dfrac{PR \times 2}{100} = 160$

$\Rightarrow \quad PR = 160 \times 50 = 8000 \ .... \ (i)$

पुनः चक्रवृद्धि ब्याज $-$ साधारण ब्याज

$= \quad 170 - 160 = 10$ रुपए

$\Rightarrow \quad \dfrac{PR^2}{10000} = 10$

$\Rightarrow \quad \dfrac{8000 \times R}{10000} = 10$

$\Rightarrow \quad R = \dfrac{100}{8} = \dfrac{25}{2} = 12\dfrac{1}{2}\%$

25. (c)   सब्जी का क्रय मूल्य

$=$ 100 रुपए / किग्रा.

$\therefore$ 900 ग्राम का विक्रय मूल्य $= 120$

$\therefore$ 1000 ग्राम का विक्रय मूल्य

$$= \frac{120}{900} \times 1000 = 133.33 \text{ रुपए}$$

$\therefore$ लाभ $\% = 33.33\%$

26. (b)   हम फल को चाकू से काटते हैं। परन्तु यहाँ चाकू को जग कहा गया है।

27. (b)

$$W \qquad A \qquad X \qquad Y$$
$$\downarrow \qquad \downarrow \qquad \downarrow \qquad \downarrow$$
$$4 + 26 + 3 + 2 = 35$$

28. (c)

1	2	3	4	5		4	1	3	5	2
A	M	O	N	G	$\rightarrow$	N	A	O	G	M
1	2	3	4	5		4	1	3	5	2
S	P	I	N	E	$\rightarrow$	N	S	I	E	P

अतः

1	2	3	4	5		4	1	3	5	2
L	A	M	O	N	$\rightarrow$	O	L	M	N	A

29. (c)   **m** b b / m **a a** / m b b / m **a a** / m **b** b

30. (a)

$$\text{N O A} \quad \text{P Q B} \quad \text{R S C} \quad \text{T U D}$$

31. (a)   15   31   64   131   **266**

$\times 2 + 1 \quad \times 2 + 2 \quad \times 2 + 3 \quad \times 2 + 4$

32. (a)   45   43   83   245   975   **4869**

$\times 1 - 2 \quad \times 2 - 3 \quad \times 3 - 4 \quad \times 4 - 5 \quad \times 5 - 6$

33. (d)

$$1236 \quad 2346 \quad 3456 \quad 4566 \quad \boxed{5686}$$
$$5676$$
$$\lfloor +1110 \uparrow \rfloor +1110 \uparrow \lfloor +1110 \uparrow \rfloor +1110 \uparrow$$

34. (b) $12 + (1+2) = 15$
$15 + (1+5) = 21$

35. (c) EIML

36. (a) चमगादड़ एक स्तनपायी है।

37. (a) $N \xrightarrow{+2} P \xrightarrow{+1} Q$

$H \xrightarrow{+2} J \xrightarrow{+1} K$

$T \xrightarrow{+2} V \xrightarrow{+1} W$

$C \xrightarrow{+2} E \xrightarrow{+1} F$

$L \xrightarrow{+1} M \xrightarrow{+2} O$

38. (a) कुल छात्रों की संख्या = $7 + 28 - 1 = 34$वां

39. (a) $R < M; Q < R, N; N < M$
$M > N \, / \, R > Q$

40. (c) दीपिका श्रद्धा की चाची है।

41. (c) प्रश्नानुसार,

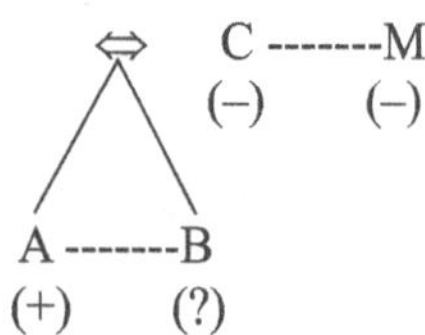

उपर्युक्त से स्पष्ट है कि M, B की मौसी है।

42. (b)

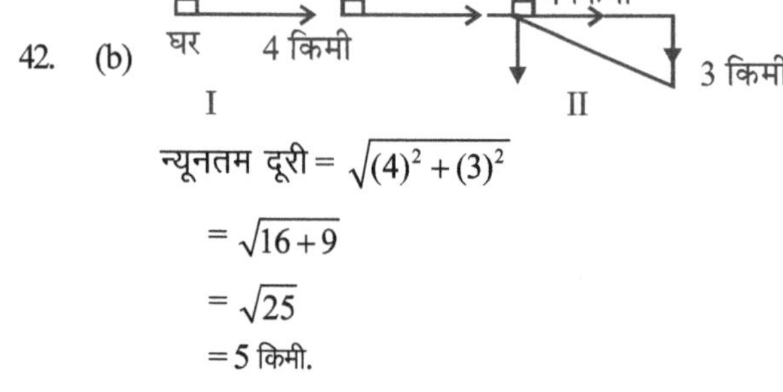

न्यूनतम दूरी $= \sqrt{(4)^2 + (3)^2}$

$= \sqrt{16 + 9}$

$= \sqrt{25}$

$= 5$ किमी.

43. (c)

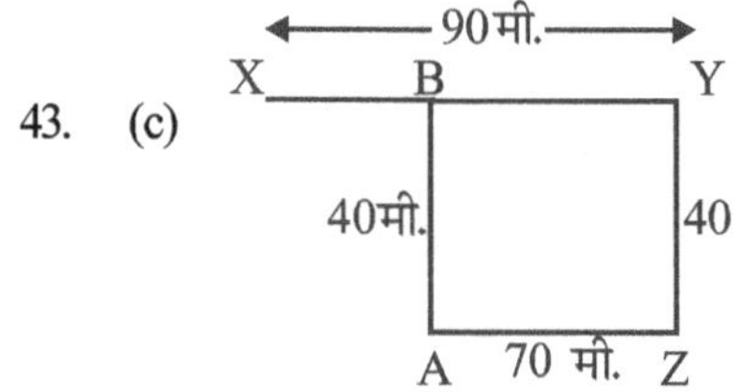

अभिष्ट दूरी $= XB = 90 - 70$
$= 20$ मीटर

44. (c) $(24 \div 6) \times 4 + 9 - 8$
$4 \times 4 + 9 - 8$
$16 + 9 - 8$
$25 - 8 = 17$

45. (a) प्रश्न के अनुसार, उस दिन तय की हुई दूरी
$= 16 - 3.4 = 12.6$ मी.

46. (a) दिये गये संबंध को निम्नलिखित प्रकार से दिखाया जा सकता है:

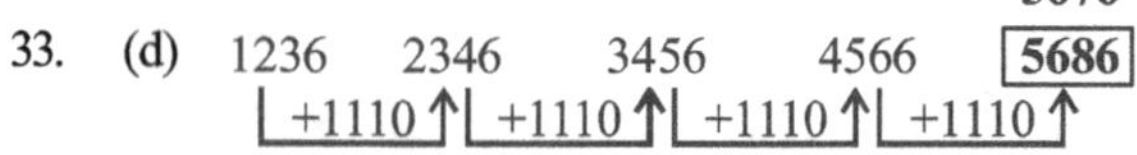

47. (c)

48. (b) $(5 \times 4) \div 2 = 10$
$(7 \times 6) \div 3 = 14$
इसी प्रकार,
$(8 \times 6) \div x = 12$
$48 \div x = 12$
$\therefore \quad x = 48 \div 12$
$= 4$

49. (b) $20 + 8 + 4 + 10 = 42$
$\therefore x + 14 + 6 + 3 = 42$
$\Rightarrow x = 19$

50. (d) शब्द को कूटबद्ध करने के लिए शब्द के अक्षरों से वर्णमाला के क्रम में क्रमशः 2 चरण आगे और दो चरण पीछे के अक्षर लिए गए हैं।

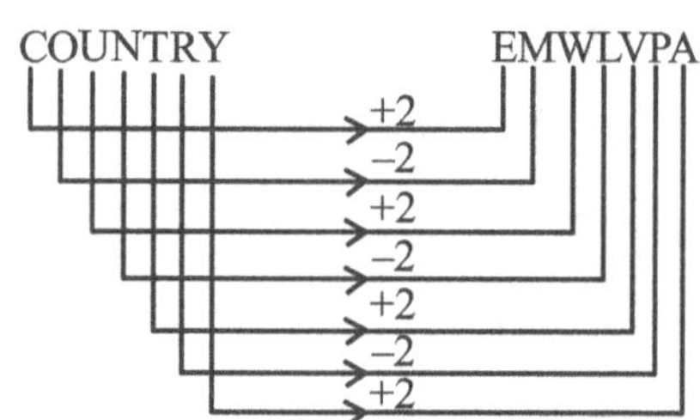

इसी प्रकार,

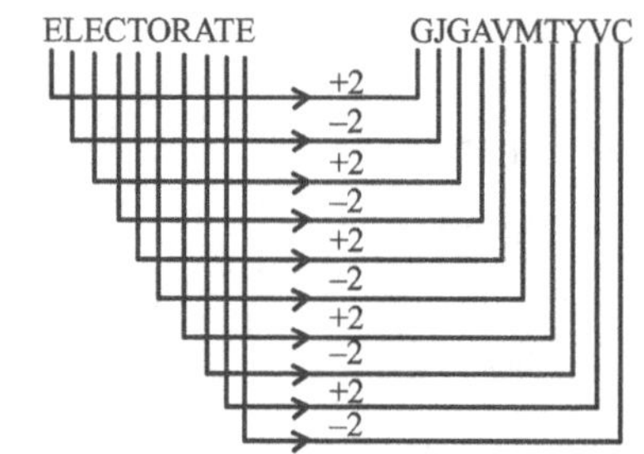

51. (b)	52. (b)	53. (a)	54. (d)
55. (a)	56. (d)	57. (d)	58. (a)
59. (c)	60. (b)	61. (a)	62. (b)
63. (a)	64. (a)	65. (b)	66. (d)
67. (a)	68. (b)	69. (d)	70. (a)
71. (d)	72. (a)	73. (a)	74. (d)
75. (b)	76. (a)	77. (a)	78. (a)
79. (a)	80. (d)	81. (c)	82. (d)
83. (c)	84. (b)	85. (d)	86. (a)
87. (b)	88. (b)	89. (b)	90. (b)
91. (c)	92. (b)	93. (a)	94. (c)
95. (b)	96. (c)	97. (b)	98. (a)
99. (c)	100. (d)		

निर्देश

1. इस प्रैक्टिस सेट में 100 वस्तुनिष्ठ बहुविकल्पीय प्रश्न दिए गए हैं।
2. प्रैक्टिस सेट में गणित, सामान्य बुद्धि और तर्कशक्ति, सामान्य विज्ञान, सामान्य ज्ञान और सामयिक विषय से सम्बन्धित बहुविकल्पीय प्रश्न दिए गए हैं।
3. प्रैक्टिस सेट को हल करने की अवधि 90 मिनट है।

समय : 90 मिनट   **अधिकतम अंक : 100**

1. तीन क्रमिक पूर्णांकों का योग 39 है। उन तीनों में से सबसे बड़ा निम्नलिखित में से कौन है?
   (a) 12
   (b) 15
   (c) 13
   (d) इनमें से कोई नहीं

2. 3 कुर्सियों और 10 टेबलों की कीमत ₹9,856 है। 6 कुर्सियों और 20 टेबलों की कीमत क्या होगी?
   (a) ₹17227
   (b) ₹18712
   (c) ₹19172
   (d) ज्ञात नहीं किया जा सकता

3. $(0.1 \times 0.01 \times 0.001 \times 10^7)$ किसके बराबर है?
   (a) 100
   (b) $\dfrac{1}{10}$
   (c) $\dfrac{1}{100}$
   (d) 10

4. $\dfrac{3\sqrt{2}}{\sqrt{3}+\sqrt{6}} - \dfrac{4\sqrt{3}}{\sqrt{6}+\sqrt{2}} + \dfrac{\sqrt{6}}{\sqrt{3}+\sqrt{2}}$ का मान क्या है?
   (a) 4
   (b) 0
   (c) $\sqrt{2}$
   (d) $3\sqrt{6}$

5. तीन अलग–अलग चौराहों के ट्रेफिक लाइटें क्रमशः 24, 36 तथा 54 सेकेण्ड के अंतराल पर बदलती है, यदि वे सभी एक साथ 10 : 15 AM पर बदलती हों, तो वे अगली बार कब बदलेंगी?
   (a) 10 : 16 : 54 AM
   (b) 10 : 18 : 36 AM
   (c) 10 : 17 : 02 AM
   (d) 10 : 22 : 12 AM

6. लगातार 5 सम संख्या A, B, C, D और E का औसत 52 है, तो B और E का गुणनफल क्या है?
   (a) 2916
   (b) 2988
   (c) 3000
   (d) 2800

7. गणना करने पर 75 लड़कियों के एक समूह का औसत भार 47 किग्रा आता है। बाद में पता चला कि एक लड़की का भार 45 किग्रा गिन लिया गया था, जबकि वास्तव में उसका भार 25 किग्रा था। 75 लड़कियों के समूह का वास्तविक औसत भार कितना है ? (दशमलव के बाद 2 अंकों तक पूर्णांकित)
   (a) 46.73 किग्रा
   (b) 46.64 किग्रा
   (c) 45.96 किग्रा
   (d) निर्धारित नहीं किया जा सकता
   (e) इनमें से कोई नहीं

8. एक क्रिकेट खिलाड़ी के 30 पारियों का औसत 40 रन है। उसका अधिकतम स्कोर, उसके न्यूनतम स्कोर से 100 रन अधिक है। यदि इन दो पारियों को हटा दिया जाये, तो बची हुई 28 पारियों का औसत 38 रन है। न्यूनतम स्कोर ज्ञात करें?
   (a) 15
   (b) 18
   (c) 20
   (d) 12

9. मनीष बीमा पॉलिसियों में ₹3818 निवेश करता है, जो उसकी मासिक आय का 20 प्रतिशत है। उसका मासिक वेतन कितना है?
   (a) ₹19090
   (b) ₹19900
   (c) ₹19990
   (d) ₹19009

10. एक छात्र को 6 प्रश्नपत्रों में 64% अंक मिले। प्रत्येक प्रश्नपत्र 150 अंकों का था। उसे हिंदी और अंग्रेजी में मिलाकर उसके कुल अंकों के 25% अंक मिले। इन दोनों प्रश्नपत्रों में उसे कुल कितने अंक मिले?
    (a) 120
    (b) 124
    (c) 140
    (d) 144

11. एक कक्षा से 72% छात्र जीव विज्ञान तथा 44% छात्र गणित का चयन करते हैं। यदि प्रत्येक छात्र ने जीव विज्ञान तथा गणित में से कम से कम एक विषय लिया हो और 40 छात्रों ने दोनों विषय लिए हो तो कक्षा में कुल कितने छात्र हैं?
    (a) 200
    (b) 240
    (c) 250
    (d) 320

12. सुश्री संध्या 12 प्र.श.प्र.व. की दर से साधारण ब्याज पाने के लिए ₹ 31,400 की राशि को 8 वर्ष के लिए जमा करता है। 8 वर्ष के अंत में सुश्री संध्या को कुल कितनी राशि मिलेगी?

  (a) ₹ 31,444   (b) ₹ 61,544

  (c) ₹ 41,544   (d) ₹ 31,144

  (e) इनमें से कोई नहीं

13. एक वस्तु को ₹ 1,754 में बेचकर उतना ही लाभ होता है जितनी उसे ₹ 1,492 में बेचकर हानि होती है। वस्तु की लागत कीमत कितनी है?

  (a) ₹ 1,623   (b) ₹ 1,523

  (c) ₹ 1,689   (d) ₹ 1,589

  (e) इनमें से कोई नहीं

14. श्री रामलाल ने ₹ 12,500 में एक TV सेट खरीदा और परिवहन में ₹ 300 और ₹ 800 इंस्टालेशन पर खर्च किए कुल 15% के लाभार्जन के लिए उसे TV सेट को कितनी कीमत में बेचना चाहिए?

  (a) ₹ 14,560   (b) ₹ 14,375

  (c) ₹ 15,460   (d) इनमें से कोई नहीं

15. एक व्यक्ति ने एक वस्तु ₹ 1500 में खरीदी और लागत मूल्य से 25% अधिक पर उसे बेच दिया। यदि उसे इस पर ₹ 75 कर के रूप में देना पड़ा है तो उसके निवल लाभ की प्रतिशतता क्या होगी?

  (a) 25%   (b) 30%

  (c) 15%   (d) 20%

16. धन की एक राशि P, Q और R के बीच क्रमश: 5 : 6 : 7 के अनुपात में और एक अन्य राशि S और T के बीच समान रूप से बांटी जानी है। S को ₹ 2100, P से कम मिले हैं तो Q को कितनी राशि मिली है?

  (a) ₹ 2,500   (b) ₹ 2,000

  (c) ₹ 1,500   (d) निर्धारित नहीं किया जा सकता

  (e) इनमें से कोई नहीं

17. दो व्यक्तियों की वर्तमान आयु क्रमश: 36 और 50 वर्ष है। यदि n साल बाद आयु का अनुपात 3 : 4 हो जाता है तो n का मान ज्ञात करें।

  (a) 3   (b) 4

  (c) 7   (d) 6

18. यदि A और B किसी काम को 15 दिनों में कर सकते हैं तथा B अकेले इस काम को 20 दिनों में कर सकता है, तो A अकेले उस काम को कितने दिनों में करेगा?

  (a) 60 दिन   (b) 45 दिन

  (c) 40 दिन   (d) 30 दिन

19. A, B से 20% कम काम करता है। यदि A किसी काम को $7\frac{1}{2}$ घंटे में समाप्त करता है, तो B कितने घंटे में काम समाप्त करेगा?

  (a) 6 घंटे   (b) 8 घंटे

  (c) 10 घंटे   (d) 4 घंटे

20. एक ही गति के ट्रेन - A, एक स्थिर ट्रेन - B को 35 सेकंड और एक खंभे को 14 सेकंड में पार करती है। ट्रेन-A की लम्बाई 280 मीटर है। स्थिर ट्रेन - B की लंबाई कितनी है ?

  (a) 360 मीटर   (b) 480 मीटर

  (c) 400 मीटर   (d) इनमें से कोई नहीं

21. जब एक विद्यार्थी $\frac{5}{2}$ कि.मी./घंटा की गति से अपने घर से स्कूल जाता है तो 6 मिनट लेट हो जाता है। परंतु 3 कि.मी./घंटा से जाने पर वह 10 मिनट जल्दी पहुँच जाता है। उसके घर से स्कूल के बीच की दूरी (कि.मी. में) बतायें।

  (a) 5   (b) 4

  (c) 3   (d) 1

22. 36 मीटर लम्बा तथा 2 मिमी. व्यास वाले तार को पिघलाकर एक गोला बनाया गया। गोले की त्रिज्या (सेमी.) में ज्ञात करें?

  (a) 2.5   (b) 3

  (c) 3.5   (d) 4

23. किसी त्रिभुज का परिमाप 40 सेमी. तथा क्षेत्रफल 60 सेमी^{2} है। त्रिभुज की सबसे लम्बी भुजा 17 सेमी हो, तब सबसे छोटी भुजा की लम्बाई ज्ञात करें?

  (a) 4   (b) 6

  (c) 8   (d) 16

24. P और Q केंद्रों वाले दो वृत्त B तथा C पर प्रतिच्छेद करते हैं। P तथा Q केंद्रों वाले दो वृत्त पर क्रमश: A, D बिंदु इस प्रकार है कि A, C, D संरेख हैं। यदि $\angle APB = 130°$ और $\angle BQD = x°$, तो X का मान है

  (a) 65   (b) 130

  (c) 195   (d) 135

25. यदि $\dfrac{\sin\theta}{x} = \dfrac{\cos\theta}{y}$, तो $\sin\theta - \cos\theta$ का मान है

  (a) $x - y$ (b) $x + y$

  (c) $\dfrac{x - y}{\sqrt{x^2 + y^2}}$ (d) $\dfrac{y - x}{\sqrt{x^2 + y^2}}$

26. यदि 'A' को '1' से विस्थापित किया जाए, 'B' को '2' से तथा इसी प्रकार Z तक के अक्षरों को विस्थापित करते हुए, 'Z' को '26' से विस्थापित कर दिया जाए तो शब्द DECAY के अक्षरों का कुल मान क्या होगा?

  (a) 38   (b) 41

  (c) 40   (d) 37

27. किसी खास कोड में RETAIL को UFSBJM लिखते हैं। इस कोड में EXPECT कैसे लिखा जाएगा?

  (a) FQYFDU   (b) QYDUDF

  (c) FYQFDU   (d) QYFFDU

28. एक निश्चित कूट भाषा में 'do re me' का अर्थ है 'he is late', 'fa me la' का अर्थ है 'she is early' तथा 'so ti do' का अर्थ है 'he leaves soon'। उस कूट भाषा में किस शब्द का अर्थ 'late' है?

  (a) la   (b) do

  (c) me   (d) इनमें से कोई नहीं

निर्देश : (प्र. स. 29) अक्षरों का कौन–सा समूह खाली स्थानों पर क्रमवार रखने से दी गई अक्षर श्रृंखला को पूरा करेगा?

29.   a b _ a a _ a a a _ a _ a b _ a
- (a) a b b a b
- (b) a b a a a
- (c) a a b b a
- (d) a b b a a

निर्देश : (प्र. स. 30) दिए गए विकल्पों में से वह सही विकल्प चुनिए जो अनुक्रम को पूरा करे।

30.   DFI, KMP, ?, YAD
- (a) QSV
- (b) RTW
- (c) SUX
- (d) RTV

31.   16 16 40 140 ?
- (a) 804
- (b) 840
- (c) 408
- (d) 968

32.   28. 24, 35, 20, 31, 16, 27, __, __
- (a) 9, 9
- (b) 8, 25
- (c) 12, 23
- (d) 5, 30

निर्देश (प्र. स. 33) : गलत संख्या को चुनिए?

33.   12439, 23549, 34659, 45769, 57689
- (a) 34659
- (b) 23549
- (c) 57689
- (d) 12439

34. जिस प्रकार 'सरसों' संबंधित है 'बीज' से, उसी प्रकार 'गाजर' संबंधित है ____ से।
- (a) फल
- (b) तना
- (c) फूल
- (d) जड़

35. जिस प्रकार 'FI' संबंधित है 'LO' से, उसी प्रकार 'PS' संबंधित है __________ से।
- (a) VY
- (b) VZ
- (c) WZ
- (d) UX

निर्देश (प्र. स. 36–38) निम्नलिखित पांच में से चार किसी प्रकार समान हैं। अतः उनका एक समूह बनता है। इनमें से कौन–सा एक समूह में नहीं आता है?

36.
- (a) 119
- (b) 123
- (c) 143
- (d) 149

37.
- (a) सेब
- (b) पपीता
- (c) लीची
- (d) अमरूद

38.
- (a) OMQ
- (b) HFJ
- (c) TPR
- (d) TRV

39. लड़कों की पंक्ति में अक्षय बायीं ओर से 16वां है और विजय दायीं ओर से 18वां है। अविनाष, अक्षय से दायीं ओर 11वां है और विजय से तीसरा है। पंक्ति में कुल कितने लड़के हैं?
- (a) डाटा अधूरा है
- (b) 40
- (c) 48
- (d) इनमें से कोई नहीं

40. पांच मित्रों में महेश करण से लंबा है पर यष से नहीं। ऋतिक यष से लम्बा है पर अभिषेक से नहीं। यदि सभी ऊंचाई के अनुसार बढ़ते क्रम में एक पंक्ति में खड़े हो तो पहला व्यक्ति कौन होगा?
- (a) अभिषेक
- (b) यष
- (c) करण
- (d) आंकड़ें अपर्याप्त

41. हरि के फोटोग्राफ की ओर इषारा करते हुए विजय कहता है कि ''उसकी बहन का पिता मेरी पत्नी की माँ का पति है।'' विजय किस प्रकार हरि से संबंधित है?
- (a) भाई
- (b) जीजा / साला
- (c) अंकल
- (d) डाटा अपर्याप्त
- (e) इनमें से कोई नहीं

42. R, Q की पुत्री है। M, B की बहन है जो Q का पुत्र है। M, का R से क्या सम्बन्ध है?
- (a) कजिन
- (b) नीस
- (c) बहन
- (d) आन्ट

43. हरि के फोटोग्राफ की ओर इषारा करते हुए विजय कहता है कि ''उसकी बहन का पिता मेरी पत्नी की माँ का पति है।'' विजय किस प्रकार हरि से संबंधित है?
- (a) भाई
- (b) जीजा / साला
- (c) अंकल
- (d) डाटा अपर्याप्त
- (e) इनमें से कोई नहीं

44. X तथा Y, Z के बच्चे है, यदि Z, X का पिता है लकिन Y, Z का पुत्र नहीं है, तो Y तथा Z के बीच संबंध ज्ञात करें।
- (a) बहन तथा भाई
- (b) पुत्र तथा पिता
- (c) पुत्री तथा माँ
- (d) पुत्री तथा पिता

45. यदि '+' का अर्थ भाग है; '×' का अर्थ जोड़ है; '–' का अर्थ गुणा है; '÷' का अर्थ घटा है, तो निम्नलिखित में से क्या सही है?
- (a) $46 \times 6 \div 4 - 5 + 3 = 74$
- (b) $46 - 6 + 4 \times 5 \div 3 = 71$
- (c) $46 \div 6 \times 4 - 5 + 3 = 75.5$
- (d) $46 \times 6 - 4 + 5 \div 3 = 70.1$

46. गौरव, संदीप और सचिन ने 2 : 3 : 4 के अनुपात में कुछ टिकटों को शेयर किया। एक खेल के बाद अनुपात 5 : 2 : 2 हो गया। यदि गौरव ने 21 टिकटें जीती तो सचिन ने कितनी टिकटें हारीं।
- (a) 7
- (b) 28
- (c) 14
- (d) 21

47. अधिकतर गिटारवादक दाढ़ी वाले पुरुष होते हैं। यदि P सब पुरूषों को निरूपित (Represent) करता है, Q दाढ़ी वाले पुरुषों को निरूपित करता है और R सब पुरुष गिटारवादकों को निरूपित करता है, तो उनके सम्बन्धों के लिए सही रेखाचित्र-

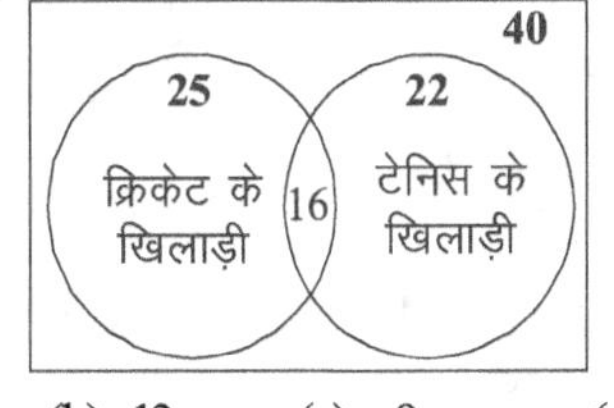

48. उन व्यक्तियों की संख्या कितनी है, जो कोई भी खेल नहीं खेलते?

- (a) 11
- (b) 13
- (c) 9
- (d) 15

49.

5	4	9
6	3	?
7	2	4
65	20	45

(a) 1 (b) 2
(c) 3 (d) 4

50.

8		12		14	
6	54	7	8	51	4	9	?	5
	4			7			9	

(a) 53 (b) 68
(c) 76 (d) 71

51. भारत का प्रधान मंत्री _____ द्वारा चुना जाता है?
(a) चुनाव प्रक्रिया (b) नियुक्ति
(c) नामांकन (d) चयन

52. निम्नलिखित में से कौन अखिल भारतीय सेवा है?
(a) भारतीय प्रशासन सेवा (b) भारतीय पुलिस सेवा
(c) भारतीय विदेश सेवा (d) भारतीय वन सेवा

53. भारत की मुद्रा नीति किसके द्वारा निर्धारित की जाते है?
(a) केन्द्रीय सरकार
(b) भारतीय औद्योगिक वित्त निगम
(c) भारतीय रिजर्व बैंक
(d) भारतीय औद्योगिक विकास बैंक

54. राष्ट्रीय आय क्या है?
(a) बाजार मूल्य पर शुद्ध राष्ट्रीय उत्पाद
(b) कारक लागत पर शुद्ध राष्ट्रीय उत्पाद
(c) बाजार मूल्य पर शुद्ध घरेलू उत्पाद
(d) कारक लागत पर शुद्ध घरेलू उत्पाद

55. राष्ट्रकुट साम्राज्य की स्थापना निम्नलिखित में से किस ने की थी?
(a) अमोघवर्ष (b) दंति दुर्गा
(c) ध्रुव (d) कृष्णा

56. गांधी–इरविन समझौता के हस्ताक्षर में किसने महत्वपूर्ण भूमिका निभाई?
(a) मोतीलाल नेहरू (b) मदन मोहन मालवीय
(c) तेज बहादुर सप्रू (d) चिन्तामणि

57. एडवर्ड जेनर किससे संबंधित है?
(a) हैजा (a) टाइपफाइड
(c) चेचक (d) पक्षाघात

58. निम्नलिखित में से कौन–सा राष्ट्रीय राजमार्ग सबसे लम्बी है?
(a) एनएच-2 (b) एनएच-7
(c) एनएच.8 (d) एनएच-15

59. एक पौध जिसमें यौगिक पत्तियां होती है?
(a) पपीता (b) नारियल
(c) पीपल (d) हिबिस्कुस

60. वैज्ञानिक जिन्होंने पहली बार रक्त परिसंचरण के बारे में विस्तार से बताया था?
(a) एंटोनीवैन लीवन हॉक (d) विलियम हार्वे
(c) ग्रेगर मेंडल (d) रोनाल्ड रॉस

61. भारत में सबसे पहले कौन–से शहर की खोज की गई थी?
(a) हड़प्पा (b) पंजाब
(c) मोहनजोदड़ो (d) सिंध

62. बालू और नेथ्थलीन को किसके द्वारा अलग किया जाता है।
(a) आंशिक आसवन (b) उदात्तीकरण
(c) क्रोमेटोग्राफी (d) और इ दोनों

63. भारत को स्वतंत्र देश की उपाधि कब प्राप्त हुई?
(a) 15 जनवरी 1947 (b) 15 अगस्त 1947
(c) 15 अगस्त 1950 (d) 15अक्टूबर,1947

64. निरंकुशता संभव है.
(a) एक दलीय प्रणाली में
(b) दो दलीय प्रणाली में
(c) बहु दलीय प्रणाली में
(d) दो एवं बहु दलीय प्रणाली में

65. मार्क्स का सम्बन्ध है –
(a) जर्मनी (b) हॉलैंड
(c) फ्रांस (d) ब्रिटेन

66. दाद एक .... बीमारी है
(a) बैक्टीरियल (b) प्रोतोजोआ
(c) वायरल (d) फफूंदी

67. अवशिष्ट अंगो के अध्ययन को कहा जाता है?
(a) डर्मटालॉजी (b) नियोनेटोलॉजी
(c) लेपिडोटेरोलॉजी (d) पालीनालॉजी

68. पिट्यूटरी ग्रंथि स्थित है
(a) ह्दय के आधार में (b) मस्तिष्क के आधार में
(c) गले में (d) पेट में

69. शब्द शिक्षा किससे सम्बंधित है
(a) संघ सूची (b) राज्य सूची
(c) समवर्ती सूची (d) अवशिष्ट विषय

70. शून्यकाल 'संसदीय प्रणाली के लिए जो किस देश का योगदान है?
(a) भारत (b) अमेरिका
(c) ब्रिटेन (d) स्विट्जरलैंड

71. नालंदा विश्वविद्यालय भारत के किस राज्य में स्थित है?
(a) बंगाल (b) बिहार
(c) उड़ीसा (d) उत्तर प्रदेश

72. निम्नलिखित से में से कौन सा स्थान जैन धर्म से संबंधित है?
(a) कपिलवस्तु (b) पावा
(c) प्रयाग (d) श्रावस्ती

73. पिछले जैन त्रिथनकारा कौन है–
(a) पार्श्वनाथ (b) महावीर
(c) सिद्धार्थ (d) सुभद्रा

74. टेलीफोन की खोज किसने की:
(a) जी.मार्कोनी (b) एलेक्जेंडर ग्राहम बेल
(c) जे.एल. बैयर्ड (d) थॉमस बैरो

75. सीमेंट सामन्यतः किसका मिश्रण होता है:
(a) कैल्शियम सिलिकेट और कैल्शियम एल्युमिनेट
(b) कैल्शियम सिलिकेट और कैल्शियम फेरेट
(c) कैल्शियम एल्युमिनेट और कैल्शियम फेरेट
(d) चूने के पत्थर और सिलिकॉन डाइऑक्साइड

76. हाल ही में जारी की गयी थथ्। वर्ल्ड रैंकिंग में भारत 96 वें स्थान पर पहुँच गया ह। FIFA का मुख्यालय कहाँ पर है?
    - (a) ज्यूरिख, स्विट्जरलैंड
    - (b) जकार्ता, इंडोनेशिया
    - (c) एथेंस, ग्रीस
    - (d) पेरिस, फ्रांस

77. जीवाणु दूध से दही बनाने में सहायक
    - (a) माइकोबैक्टीरियम
    - (b) स्टेफिलियोकोकस
    - (c) लैक्टोबैसिलस
    - (d) खमीर

78. मानव शरीर का एकमात्र आंतरिक अंग कौन–सी खोखले ऊतकों को पुनर्जन्म करने में सक्षम है?
    - (a) फेफड़े
    - (b) गुर्दा
    - (c) जिगर
    - (d) मस्तिष्क

79. हृदय की धड़कन की गति निम्नलिखित में से किससे बढती है?
    - (a) परिधीय तंत्रिका
    - (b) अनुकम्पी तंत्रिका
    - (c) परानुकम्पी तंत्रिका
    - (d) कपाल तंत्रिका

80. हैप्टीस क्या है?
    - (a) कूट प्रतिजन
    - (b) अपूर्ण प्रतिजन
    - (c) प्रतिरक्षी
    - (d) सम प्रतिजन

81. निम्नलिखित में से कौन सी एक अंतःड्रावी ग्रंथि नहीं है?
    - (a) पीयूष ग्रंथि
    - (b) थायरॉयड
    - (c) अधिवृक्क
    - (d) तिल्ली (प्लीहा)

82. निम्नलिखित में से कौन–सी सबसे निचली वायुमण्डलीय परत है?
    - (a) समतापमंडल
    - (b) क्षोभमंडल
    - (c) जलमंडल
    - (d) स्थल मंडल

83. हार्मोन का उत्पादन निम्न में से किस प्रणाली का कार्य है?
    - (a) तंत्रिका तंत्र
    - (b) श्वसन प्रणाली
    - (c) प्रजनन प्रणाली
    - (d) पाचन तंत्र

84. पुरुष के पुरुषत्व के लिए कौन–सा गुणसूत्री संयोजन उत्तरदायी हैं
    - (a) XO
    - (b) XXX
    - (c) XX
    - (d) XY

85. निम्न में से क्या फेफड़ों से शरीर में ऊतकों तक ऑक्सीजन को पहुंचाता है?
    - (a) लाल रक्त कोशिकायें
    - (b) प्लाज्मा
    - (c) डब्लूबीसी
    - (d) इनमें से कोई नहीं

86. निम्नलिखित में से किस युक्ति (साधन) को विकिरण ऊष्मा का पता लगाने के लिए प्रयुक्त किया जा सकता है?
    - (a) द्रव थर्मामीटर
    - (b) षट् का अधिकतम और न्यूनतम थर्मामीटर
    - (c) अचर आयतन वायु थर्मामीटर
    - (d) ताप–वैद्युत पुंज

87. निम्नयलिखित में से कौन उष्मो का सबसे अच्छा सुचालक है?
    - (a) एल्कोयहल
    - (b) पारा
    - (c) ईथर
    - (d) पानी

88. एक फोटोसेल प्रकाश में, ऊर्जा _______ में परिवर्तित होता है।
    - (a) स्थितिज ऊर्जा
    - (b) रासायनिक ऊर्जा
    - (c) उष्ण ऊर्जा
    - (d) विद्युत ऊर्जा

89. पृथ्वी के केन्द्र से चन्द्रमा के केंद्र तक की दूरी को क्या कहा जाता है?
    - (a) चंद्रमा की कक्षीय लंबाई
    - (b) पृथ्वी की कक्षीय लंबाई
    - (c) चंद्रमा की कक्षीय त्रिज्या
    - (d) पृथ्वी की कक्षीय त्रिज्या

90. दौड़ के दौरान धावक का गुरुत्व केन्द्र होता है:
    - (a) उसके पैरों के आगे
    - (b) उसके पैरों के पीछे
    - (c) शरीर के मध्य में
    - (d) शरीर के बाई ओर

91. एक कपड़े धोने की मशीन का काम करने का सिद्धांत_____ है?
    - (a) सेंट्रीफुगेशन
    - (b) डायलिसिस
    - (c) रिवर्स ओसमोसिस
    - (d) डिफ्यूशन

92. ध्वनि प्रदूषण (स्तर) की यूनिट क्या है?
    - (a) डेसिबल
    - (b) डेसिमल
    - (c) ppm
    - (d) उपरोक्त में से कोई नहीं

93. निम्नलिखित में से किसमें प्रकाश के पूर्ण आंतरिक परावर्तन की परिघटना प्रयुक्त की जाती है?
    - (a) इनमे से कोई नहीं
    - (b) बाइनाक्युलर का प्रचालन
    - (c) इंद्रधनुष का निर्माण
    - (d) तारों का टिमटिमाना

94. पानी की कठोरता इसलिए है, क्योंकि इसमें शामिल है।
    - (a) सोडियम क्लोराइड
    - (b) कैल्सियम और मैग्नीशियम लवण
    - (c) दोनों A और B
    - (d) इनमें से कोई नहीं

95. निम्नलिखित तत्वों में से किसका गलनांक सबसे कम है?
    - (a) बोरोन
    - (b) कैल्सियम
    - (c) निओन
    - (d) गोल्ड

96. वाशिंग सोडा है:
    - (a) सोडियम क्लोराइड
    - (b) हाइड्रेटेड सोडियम कार्बोनेट
    - (c) सोडियम बाइकार्बोनेट
    - (d) केल्सियम कार्बोनेट

97. प्रोटोन की समान संख्या लेकिन न्यूट्रॉन की भिन्न–भिन्न संख्या वाले परमाणुओं को क्या कहते हैं?
    - (a) धनायन
    - (b) ऋणायन
    - (c) समस्थानिक
    - (d) हिग्स–बोसोन

98. निम्नलिखित में से किस कंपनी ने हाल ही में भारत में अपनी पहली डिजिटल फैक्ट्री खोली है?
    - (a) माइक्रोसॉफ्ट
    - (b) TCS
    - (c) गूगल
    - (d) सीमेंस

99. हाल ही में संपन्न हुआ G -20 शिखर सम्मेलन, शिखर सम्मेलन का _____ संस्करण था
    - (a) 14 वां
    - (b) 16 वां
    - (c) 12 वां
    - (d) 10 वां

100. विश्व स्वास्थ्य संगठन के वर्तमान महानिदेशक कौन हैं?
    - (a) मार्गरेट चौन
    - (b) टेकिहिको नाकाओ
    - (c) बान की मून
    - (d) टेडरोस अदानाम गिब्रेयसस
    - (e) सान ली आंग

RESPONSE SHEET

1. ⓐⓑⓒⓓ	2. ⓐⓑⓒⓓ	3. ⓐⓑⓒⓓ	4. ⓐⓑⓒⓓ	5. ⓐⓑⓒⓓ
6. ⓐⓑⓒⓓ	7. ⓐⓑⓒⓓ	8. ⓐⓑⓒⓓ	9. ⓐⓑⓒⓓ	10. ⓐⓑⓒⓓ
11. ⓐⓑⓒⓓ	12. ⓐⓑⓒⓓ	13. ⓐⓑⓒⓓ	14. ⓐⓑⓒⓓ	15. ⓐⓑⓒⓓ
16. ⓐⓑⓒⓓ	17. ⓐⓑⓒⓓ	18. ⓐⓑⓒⓓ	19. ⓐⓑⓒⓓ	20. ⓐⓑⓒⓓ
21. ⓐⓑⓒⓓ	22. ⓐⓑⓒⓓ	23. ⓐⓑⓒⓓ	24. ⓐⓑⓒⓓ	25. ⓐⓑⓒⓓ
26. ⓐⓑⓒⓓ	27. ⓐⓑⓒⓓ	28. ⓐⓑⓒⓓ	29. ⓐⓑⓒⓓ	30. ⓐⓑⓒⓓ
31. ⓐⓑⓒⓓ	32. ⓐⓑⓒⓓ	33. ⓐⓑⓒⓓ	34. ⓐⓑⓒⓓ	35. ⓐⓑⓒⓓ
36. ⓐⓑⓒⓓ	37. ⓐⓑⓒⓓ	38. ⓐⓑⓒⓓ	39. ⓐⓑⓒⓓ	40. ⓐⓑⓒⓓ
41. ⓐⓑⓒⓓ	42. ⓐⓑⓒⓓ	43. ⓐⓑⓒⓓ	44. ⓐⓑⓒⓓ	45. ⓐⓑⓒⓓ
46. ⓐⓑⓒⓓ	47. ⓐⓑⓒⓓ	48. ⓐⓑⓒⓓ	49. ⓐⓑⓒⓓ	50. ⓐⓑⓒⓓ
51. ⓐⓑⓒⓓ	52. ⓐⓑⓒⓓ	53. ⓐⓑⓒⓓ	54. ⓐⓑⓒⓓ	55. ⓐⓑⓒⓓ
56. ⓐⓑⓒⓓ	57. ⓐⓑⓒⓓ	58. ⓐⓑⓒⓓ	59. ⓐⓑⓒⓓ	60. ⓐⓑⓒⓓ
61. ⓐⓑⓒⓓ	62. ⓐⓑⓒⓓ	63. ⓐⓑⓒⓓ	64. ⓐⓑⓒⓓ	65. ⓐⓑⓒⓓ
66. ⓐⓑⓒⓓ	67. ⓐⓑⓒⓓ	68. ⓐⓑⓒⓓ	69. ⓐⓑⓒⓓ	70. ⓐⓑⓒⓓ
71. ⓐⓑⓒⓓ	72. ⓐⓑⓒⓓ	73. ⓐⓑⓒⓓ	74. ⓐⓑⓒⓓ	75. ⓐⓑⓒⓓ
76. ⓐⓑⓒⓓ	77. ⓐⓑⓒⓓ	78. ⓐⓑⓒⓓ	79. ⓐⓑⓒⓓ	80. ⓐⓑⓒⓓ
81. ⓐⓑⓒⓓ	82. ⓐⓑⓒⓓ	83. ⓐⓑⓒⓓ	84. ⓐⓑⓒⓓ	85. ⓐⓑⓒⓓ
86. ⓐⓑⓒⓓ	87. ⓐⓑⓒⓓ	88. ⓐⓑⓒⓓ	89. ⓐⓑⓒⓓ	90. ⓐⓑⓒⓓ
91. ⓐⓑⓒⓓ	92. ⓐⓑⓒⓓ	93. ⓐⓑⓒⓓ	94. ⓐⓑⓒⓓ	95. ⓐⓑⓒⓓ
96. ⓐⓑⓒⓓ	97. ⓐⓑⓒⓓ	98. ⓐⓑⓒⓓ	99. ⓐⓑⓒⓓ	100. ⓐⓑⓒⓓ

संकेत और हल

1. (d) माना कि तीन क्रमिक पूर्णांक संख्याएं क्रमश: $x, x + 1$ और $x + 2$ हैं।

   प्रश्नानुसार,

   $x + x + 1 + x + 2 = 39$

   या, $3x + 3 = 39$

   या, $3x = 39 - 3 = 36$

   या, $x = \dfrac{36}{3} = 12$

   ∴ अभीष्ट सबसे बड़ी संख्या $= x + 2 = 12 + 2 = 14$

2. (d) माना कि एक कुर्सी की कीमत $= x$ एवं एक टेबल की कीमत $= ₹y$

   प्रश्नानुसार,

   $3x + 10y = ₹9856$

   या, $2 \times (3x + 10y) = 2 \times 9856$

   ∴ $6x + 20y = ₹19712$

3. (d) $0.1 \times 0.01 \times 0.001 \times 10^7 = 10^{-6} \times 10^7 = 10$

4. (b) व्यंजक

   $= \dfrac{3\sqrt{2}}{\sqrt{3} + \sqrt{6}} - \dfrac{4\sqrt{3}}{\sqrt{6} + \sqrt{2}} + \dfrac{\sqrt{6}}{\sqrt{3} + \sqrt{2}}$

   $= \dfrac{3\sqrt{2}(\sqrt{6} - \sqrt{3})}{(\sqrt{6} + \sqrt{3})(\sqrt{6} - \sqrt{3})} - \dfrac{4\sqrt{3}(\sqrt{6} - \sqrt{2})}{(\sqrt{6} + \sqrt{2})(\sqrt{6} - \sqrt{2})} +$

   $\qquad\qquad \dfrac{\sqrt{6}}{(\sqrt{3} + \sqrt{2})} \times \dfrac{\sqrt{3} - \sqrt{2}}{\sqrt{3} - \sqrt{2}}$

   $= \dfrac{3\sqrt{2}(\sqrt{6} - \sqrt{3})}{6 - 3} - \dfrac{4\sqrt{3}(\sqrt{6} - \sqrt{2})}{(6 - 2)} + \dfrac{\sqrt{6}(\sqrt{3} - \sqrt{2})}{3 - 2}$

   $= \sqrt{2}(\sqrt{6} - \sqrt{3}) - \sqrt{3}(\sqrt{6} - \sqrt{2}) + \sqrt{6}(\sqrt{3} - \sqrt{2})$

   $= \sqrt{12} - \sqrt{6} - \sqrt{18} + \sqrt{6} + \sqrt{18} - \sqrt{12} = 0$

5. (b) 24, 36 और 54 सेकंड का ल.स.

   $= 216$ सेकंड

   $= 3$ मिनट 36 सेकंड

   ∴ वांछित समय $= 10 : 15 : 00 +$

   3 मिनट 36 सेकंड

   $= 10 : 18 : 36$ am

6. (d) माना लगातार पांच सम संख्याएँ A, B, C, D और E क्रमश: $x, x + 2, x + 4, x + 6, x + 8$ हैं।

   प्रश्नानुसार,

   $x + x + 2 + x + 4 + x + 6 + x + 8 = 5 \times 52$

   या, $x = \dfrac{240}{5} = 48$

   ∴ B $= x + 2 = 48 + 2 = 50$ और E $= x + 8 = 48 + 8 = 56$

   ∴ B $\times$ E $= 50 \times 56 = 2800$

7. (a) अतिरिक्त भार $= 45 - 25 = 20$ किग्रा

   ∴ वास्तविक औसत भार $= 47 - \dfrac{20}{75}$

   $= 46.73$ किग्रा

8. (b) न्यूनतम स्कोर $= x$

   उच्चतम स्कोर $= x + 100$

   ∴ $28 \times 38 + x + x + 100 = 30 \times 40$

   $\Rightarrow 1064 + 2x + 100 = 1200$

   $\Rightarrow 2x = 1200 - 1164 = 36$

   $\Rightarrow x = 18$

9. (a) मासिक आय $= \dfrac{3818 \times 100}{20} = ₹19090$

10. (d) छात्र का कुल प्राप्तांक $= 6 \times \dfrac{64}{100} \times 150 = 576$

    हिंदी एवं अंग्रेजी के प्राप्तांक $= 576$ का 25%

    $= 576 \times \dfrac{25}{100} = 144$

11. (c) माना कक्षा में कुल विद्यार्थियों की संख्या x है

    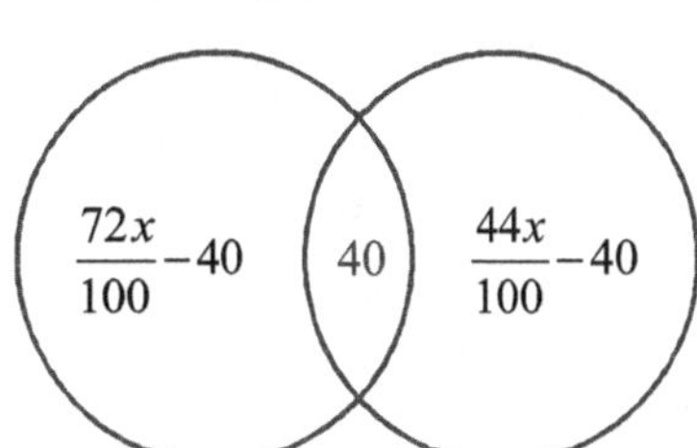

    ∵ $\dfrac{72x}{100} - 40 + 40 + \dfrac{44x}{100} - 40 = x$

    $\Rightarrow \dfrac{72x}{100}x + \dfrac{44x}{100}x - x = 40$

    $\Rightarrow \dfrac{16x}{100} = 40 \Rightarrow x = \dfrac{40 \times 100}{16}$

    $\Rightarrow x = 250$

12. (b) साधारण ब्याज $= \dfrac{\text{मूलधन} \times \text{समय} \times \text{दर}}{100}$

    $\dfrac{31400 \times 8 \times 12}{100} = ₹30144$

    ∴ अभीष्ट धनराशि $= ₹ (31400 + 30144)$

    $= ₹61544$

13. (a) लागत कीमत $= \dfrac{1754 + 1492}{2} = ₹ . 1623$

14. (d) विक्रय मूल्य

$$= (12500 + 300 + 800) \times \frac{115}{100}$$

$$= 13600 \times \frac{115}{100}$$

$$= ₹ 15640$$

15. (d) $CP = ₹ 1500$

$$SP = 1500 \times \frac{125}{100} = ₹ 1875$$

$$= ₹ 75$$

असल $SP = 1875 - 75 = ₹ 1800$

$$कुल\ लाभ = \frac{1800 - 1500}{1500} \times 100 = 20\%$$

16. (d)

17. (d) A तथा B का वर्तमान आयु क्रमशः 36 तथा 50 है।
n वर्ष के बाद

$$\frac{A}{B} = \frac{36 + n}{50 + n} \Rightarrow \frac{3}{4}$$

$$144 + 4n = 150 + 3n$$

$$n = 6$$

18. (a) $(A + B)$ का 1 दिन का कार्य $= \frac{1}{15}$

B's का 1 दिन का कार्य $= \frac{1}{20}$

∴ A's अकेला 60 दिन में कार्य पूरा करलेगा

$$= \frac{1}{15} - \frac{1}{20} = \frac{4 - 3}{60} = \frac{1}{60}$$

∴ A अकेला 60 दिन में कार्य पूरा करलेगा।

19. (a) A और B = 4 : 5 की कार्यक्षमता
उनके द्वारा लिए गए समय का अनुपात = 5 : 4
∴ B द्वारा लिया गया समय

$$= \frac{4}{5} \times \frac{15}{2} = 6\ घंटे$$

20. (d) ट्रेन A की गति $= \frac{280}{14} = 20$ मी./से.
ट्रेन B की लम्बाई $= 20 \times 35 - 280$
$$= 700 - 280$$
$$= 420\ मीटर$$

21. (b) माना अभीष्ट दूरी x कि.मी.

$$\frac{\frac{x}{5} - \frac{x}{3}}{\frac{5}{2}} = \frac{16}{60}$$

$$\Rightarrow \frac{2x}{5} - \frac{x}{3} = \frac{4}{15}$$

$$\Rightarrow \frac{6x - 5x}{15} = \frac{4}{15} \Rightarrow x = 4\ कि.मी.$$

22. (b) तार का आयतन $= \pi r^2 h$
∴ $\pi \times 0.1 \times 0.1 \times 3600\ cm^3$
$$\Rightarrow 36\pi\ घन\ से.मी.$$

बेलन का आयतन = गोले का आयतन

गोले का आयतन $= \frac{4}{3}\pi R^3 = 36\pi$

$$\Rightarrow R^3 = \frac{36 \times 3}{4} = 27$$

$$\therefore R = \sqrt[3]{27} = 3\ सेमी.$$

23. (c) त्रिभुज की दूसरी भुजा = x से.मी. (माना)
$$= 40 - 17 - x = 23 - x$$

अर्द्ध परिमाय $= s = \frac{40}{2} = 20$

$$\therefore \sqrt{s(s-a)(s-b)(s-c)} = 60$$

$$\Rightarrow \sqrt{20(20-17)(20-x)(20-23+x)} = 60$$

$$\Rightarrow (20-x)(x-3) = 60$$

$$\Rightarrow x^2 - 23x + 120 = 0$$

$$\Rightarrow (x-8)(x-15) = 0$$

$$\Rightarrow x = 8\ या\ 15$$

24. (b)

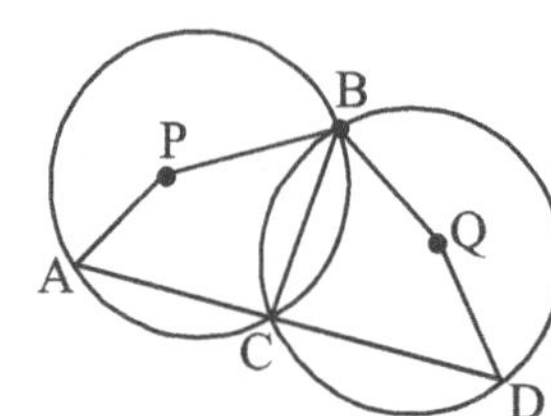

∴　$\angle APB = 130°$

∴　$\angle BCA = \dfrac{130°}{2} = 65°$

∴　$\angle BCD = 180° - 65° = 115°$

∴　बाह्य $\angle BQD = 2 \times 115° = 230°$

∴　$\angle BQD = 360° - 230° = 130°$

25. (c) $\dfrac{\sin\theta}{x} = \dfrac{\cos\theta}{y} = \dfrac{1}{k} \Rightarrow x = k\sin\theta; y = k\cos q$

$$\therefore\ x^2 + y^2$$
$$= k^2(\sin^2\theta + \cos^2\theta) = k^2$$

$$\Rightarrow k = \sqrt{x^2 + y^2}$$

$$\therefore\ \sin\theta - \cos\theta$$

$$= \frac{x}{k} - \frac{y}{k} = \frac{x-y}{k} = \frac{x-y}{\sqrt{x^2 + y^2}}$$

26. (a) D　E　C　A　Y
$$\quad\downarrow\ \downarrow\ \downarrow\ \downarrow\ \downarrow$$
$$4 + 5 + 3 + 1 + 25 = 38$$

27. (d) जिस प्रकार,

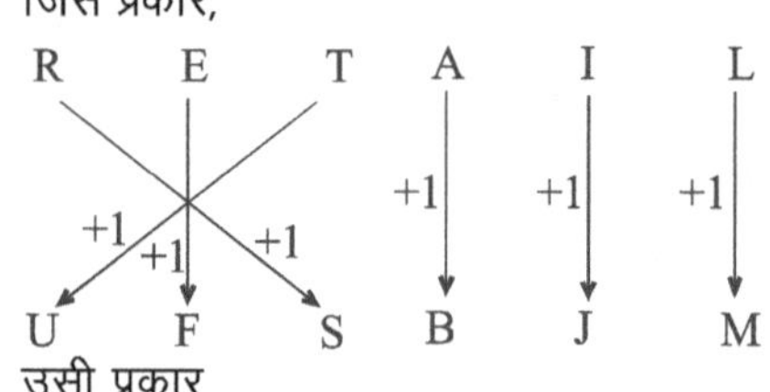

उसी प्रकार,

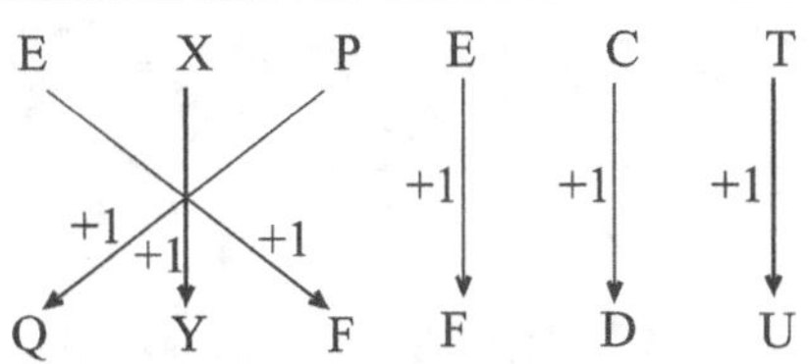

28. (d)
do re me → he is late
fa me la → she is early
so ti do → he leaves soon

29. (d) a b a a a b a a a b a a a b a a

30. (b)
D F I KM P R T W YA D
+7 +7 +7

31. (b)
16   16   40   140   **840**
   ×1   ×2.5   ×3.5   ×6

32. (c)
+4   +4   +4
24, 35, 20, 31, 16, 27, 12, 23
+4   +4   +4

33. (c)
1 2 4 3 9
+1 +1 +1 +1 +0
2 3 5 4 9
+1 +1 +1 +1 +0
3 4 6 5 9
4 5 7 6 9
+1 +2 +1 +2 +0
5 7 6 8 9

34. (d) जिस प्रकार 'सरसों' एक 'बीज' है उसी प्रकार 'गाजर' एक 'जड़' है।

35. (a)
F $\xrightarrow{+6}$ L
I $\xrightarrow{+6}$ O
इसी प्रकार
P $\xrightarrow{+6}$ V
S $\xrightarrow{+6}$ Y

36. (d) संख्या 149 को छोड़कर अन्य सभी रूढ़ संख्याएं हैं।

37. (c)

38. (c) TPR के अलावा सभी में पहला अक्षर तीसरे अक्षर के दो स्थान पहले का है।

39. (d) लड़कों की संख्या = 41

40. (c) यष > महेष > करण
अभिषेक > ऋतिक > यष
करण < महेष < यष < ऋतिक < अभिषेक

41. (b) विजय की पत्नी की माँ का अर्थ हुआ विजय की सास और सास की बेटी का भाई साला हुआ। अतः हरि विजय का साला है।

42. (c)
R $\xrightarrow{पुत्री}$ Q $\xrightarrow{पुत्र}$ B $\xrightarrow{बहन}$ M
∴ M, R की बहन है।

43. (b) विजय की पत्नी की माँ का अर्थ हुआ विजय की सास और सास की बेटी का भाई साला हुआ। अतः हरि विजय का साला है।

44. (d)

इसलिए उपरोक्त आरेख के अनुसार, X तथा Z के बीच पुत्रों तथा पिता का संबंध है।

45. (b)
$46 \times 6 \div 4 + 5 - 3 = 71$
$46 \times 6 \div 4 + 5 - 3 = 71$
$46 \times \dfrac{6}{4} + 5 - 3 = 71$
$69 + 5 - 3 = 71$
$74 - 3 = 71$
$71 = 71$ (सही)

46. (c)

	गौरव	संदीप	सचिन
पहले	2	3	4
बाद में	5	2	2

गौरव ने 21 टिकटें जीतीं लेकिन अनुपात में 3 इकाई की बढ़ोत्तरी हुई, अतः
3 इकाई = 21 टिकटें
1 इकाई = 7 टिकटें
सचिन ने 2 इकाई हारीं यानि 14 टिकट हारीं।

47. (a) जैसा कि दिया गया है, सभी जातियाँ पुरुष जाति के अन्तर्गत हैं इसलिए B और C, A के अंदर आती हैं। कुछ गिटार बजाने वाले दाढ़ी वाले पुरुष हैं इसलिए B और C के बीच आपस में कुछ समान विशेषताएँ हैं।

48. (c) जो व्यक्ति कोई भी खेल नहीं खेलते
$= 40 - (25 + 22 - 16)$
$= 40 - 31 = 9$

49. (a)
$(7 + 6) \times 5 = 65$
$(3 + 2) \times 4 = 20$
$(4 + x) \times 9 = 45$
$36 + 9x = 45$
$9x = 45 - 36$
$9x = 9$
∴ $x = 1$

50. (b)
$(6 \times 7) + (8 + 4) = 54$
$(8 \times 4) + (12 + 7) = 51$
∴ $(9 \times 5) + (14 + 9) = 68$

51.	(b)	52.	(c)	53.	(c)	54.	(b)	55.	(b)
56.	(c)	57.	(c)	58.	(b)	59.	(b)	60.	(b)
61.	(a)	62.	(b)	63.	(b)	64.	(a)	65.	(a)
66.	(d)	67.	(b)	68.	(b)	69.	(c)	70.	(c)
71.	(b)	72.	(b)	73.	(b)	74.	(b)	75.	(a)
76.	(a)	77.	(c)	78.	(c)	79.	(b)	80.	(b)
81.	(d)	82.	(b)	83.	(c)	84.	(d)	85.	(a)
86.	(d)	87.	(b)	88.	(d)	89.	(c)	90.	(a)
91.	(a)	92.	(a)	93.	(c)	94.	(b)	95.	(c)
96.	(d)	97.	(c)	98.	(a)	99.	(c)	100.	(d)

14 प्रैक्टिस सेट

निर्देश

1. इस प्रैक्टिस सेट में 100 वस्तुनिष्ठ बहुविकल्पीय प्रश्न दिए गए हैं।
2. प्रैक्टिस सेट में गणित, सामान्य बुद्धि और तर्कशक्ति, सामान्य विज्ञान, सामान्य ज्ञान और सामयिक विषय से सम्बन्धित बहुविकल्पीय प्रश्न दिए गए हैं।
3. प्रैक्टिस सेट को हल करने की अवधि 90 मिनट है।

समय : 90 मिनट **अधिकतम अंक: 100**

1. एक निश्चित कूट भाषा में NAMES को TFNBO लिखा जाता है। उसी कूट भाषा में CRANE को किस प्रकार लिखा जाएगा?
   (a) FMBQD
   (b) DSBOF
   (c) FOBSD
   (d) FBODS

2. किसी खास कोड में DAYLONG को ZBEKHOP लिखा जाता है। इस कोड में CORDIAL कैसे लिखा जाएगा?
   (a) SPDCMBJ
   (b) SPDEMBJ
   (c) DPSCMBJ
   (d) SPDCJBM

3. एक खास कोड में 'in ba pe ' का अर्थ है 'he has won', 'le ki ba' का अर्थ है 'she has lost' और 'in se pe' का अर्थ है 'he always won ' । उस भाषा में किस शब्द का अर्थ 'he' है?
   (a) in
   (b) pe
   (c) se
   (d) डाटा अपर्याप्त है।

4. LU _ TUPLUBTU _ LUBT _ P _ UBTUP
   (a) PBUL
   (b) BPUL
   (c) LBPU
   (d) BUPL

5. IKM, NPR, SUW, ?
   (a) XZB
   (b) XAZ
   (c) AZX
   (d) ZAX

6. 3, 5, 35, 10, 12, 35, ___, ___
   (a) 19, 35,
   (b) 17, 19
   (c) 19, 24
   (d) 22, 35

7. 36, 34, 30, 28, 24, ?
   (a) 26
   (b) 23
   (c) 22
   (d) 20

8. निम्नलिखित में किस जोड़े का संबंध OFTEN : FOTNE के समान है?
   (a) HEART : TRAHE
   (b) OPENS : SNEOP
   (c) ROSLU : IRSYK
   (d) इनमे से कोई नही

9. जो संबंध HEART : THREA के बीच है, वही संबंध निम्नलिखित में से किसके बीच है?
   (a) SWORN : NSOWR
   (b) FUNDS : FSDUN
   (c) GLAZE : EGZAL
   (d) इनमें से कोई नहीं

10. निम्नलिखित पाँच में से चार किसी न किसी प्रकार एक समान हैं तथा एक समूह बनाते हैं। वह एक कौनसा है जो उस समूह से सम्बंधित नहीं है?
    (a) बोलना
    (b) झपकाना
    (c) लिखना
    (d) बैठना

निर्देश (प्र 11 से 12) निम्नलिखित पांच में से चार किसी प्रकार समान हैं। अतः उनका एक समूह बनता है। इनमें से कौन–सा एक समूह में नहीं आता है?

11. (a) 72
    (b) 96
    (c) 68
    (d) 82

12. (a) OMQ
    (b) HFJ
    (c) TPR
    (d) TRV

13. उत्तराभिमुख बच्चों की एक पंक्ति में, रितेष बाएं छोर से बारहवां है। सुधीर जो दाएं छोर से बाइसवां है, रितेष से दाएं का चौथा है। पंक्ति में कुल कितने बच्चे है?
    (a) 35
    (b) 36
    (c) 37
    (d) 34

14. A, B, C, D और E में से A, B की अपेक्षा लम्बा है, परन्तु C से छोटा है। B केवल E से लम्बा है। यदि C सबसे लम्बा नहीं है, तो उनको ऊँचाई के क्रम में रखने से बीच में कौन होगा?
    (a) A
    (b) C
    (c) B
    (d) ज्ञात नहीं कर सकते

15. एक फोटो की ओर संकेत करते हुए सचिन ने कहा वह मेरे पिता की बहन के पुत्र की ग्रैंडमदर है। फोटो वाली महिला का सचिन से क्या संबंध है?
    (a) माता
    (b) आंट
    (c) कैजिन
    (d) ग्रैंडमदर

16. M, N का भाई है। S, D की माता है और M की आंट है। D का M से क्या संबंध है?

    (a) बहन
    (b) कजिन
    (c) आंट
    (d) निर्धारित नहीं किया जा सकता

17. राम का मुँह दक्षिण की ओर है। रमेश उसकी तरफ आता है, रुकता है और फिर अपने दाहिनी ओर मुड़ जाता है। वह देखता है कि उमेश उसके सामने उसकी ओर मुँह करके खड़ा है। उमेश का मुख किस ओर है?

    (a) पश्चिम
    (b) दक्षिण
    (c) पूर्व
    (d) जानकारी अधूरी है

18. A, B के पूर्व तथा C के पश्चिम में है। H, C के दक्षिण–पश्चिम में है तथा B, X के दक्षिण–पूर्व में है। पश्चिम में सबसे दूर कौन है?

    (a) C
    (b) A
    (c) X
    (d) B

19. + और – को, 8 और 7 को परस्पर बदलने पर निम्नलिखित में से कौन–सा समीकरण सही होगी?

    (a) $6 + 8 \times 2 - 7 = 0$
    (b) $7 \times 8 + 6 - 9 = 25$
    (c) $8 \times 2 + 7 - 6 = 9$
    (d) $8 - 7 + 3 \times 5 = 35$

20. एक चिड़ियाघर में हिरण और मोर हैं। सिर गिनने पर वे 80 हैं। उनकी टांगों की संख्या 200 है। मोर कितने हैं?

    (a) 20
    (b) 50
    (c) 30
    (d) 60

21. इनमें से कौन–सा आरेख पृष्ठ, अध्याय तथा पुस्तक के बीच सही संबंध इंगित करता है?

    (a) 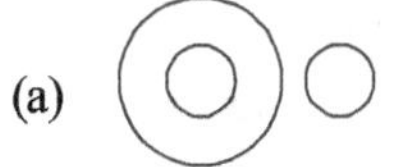
    (b) 
    (c) 
    (d) 

22. कौन–सी संख्या उन भारतीय प्रोफेसरों को दर्शाती है जो वकील भी है?

    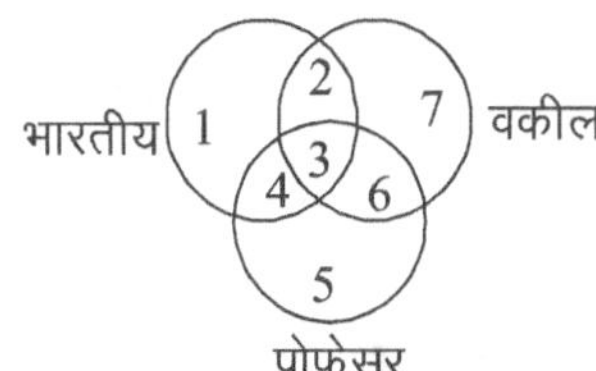

    (a) 2
    (b) 3
    (c) 4
    (d) 6

23.

15	16	10
3	2	2
5	4	3
0	4	?

    (a) 60
    (b) 15
    (c) 4
    (d) 2

24.

6 0 4	2 5	1 5
(133) 5 3 1	8 (196) 6 3 4	2 (?) 4 7 3

    (a) 154
    (b) 535
    (c) 451
    (d) 702

25. एक महिला उत्तर दिशा में 12 किमी. चलती है, तब वह दक्षिण दिशा में 6 किमी. चलती है और तत्पश्चात् पूर्व दिशा में 8 किमी चलती है। इस समय वह अपने आरंभिक बिंदु से कितनी दूरी पर है और किस दिशा में चल रही है?

    (a) 5 किमी., उत्तर–पूर्व
    (b) 5 किमी., पूर्व
    (c) 10 किमी., उत्तर–पूर्व
    (d) 10 किमी., पश्चिम

26. यदि भिन्न $\dfrac{1}{2}, \dfrac{2}{3}, \dfrac{5}{9}, \dfrac{6}{13}$, और $\dfrac{7}{9}$ अपने मूल्य के आरोही क्रम में सजाए जाएं तो इनमें से कौन सा चौथा भिन्न होगा?

    (a) $\dfrac{2}{3}$
    (b) $\dfrac{6}{13}$
    (c) $\dfrac{5}{9}$
    (d) $\dfrac{7}{9}$

27. A, B, C, D और E निरंतर 5 विषम संख्याएं हैं। A और C का योग 146 है। E का मूल्य कितना है ?

    (a) 75
    (b) 81
    (c) 71
    (d) 79

28. $3 + \dfrac{1}{\sqrt{3}} + \dfrac{1}{3 + \sqrt{3}} + \dfrac{1}{\sqrt{3} - 3}$ का मान क्या है?

    (a) $3 + \sqrt{3}$
    (b) 3
    (c) 1
    (d) 0

29. यदि कोई संख्या 31 से उतनी ही बड़ी है जितनी की 75, से छोटी तो संख्या ज्ञात करें।

    (a) 53
    (b) 106
    (c) 44
    (d) 74

30. चार धावक किसी वृत्ताकार पथ पर किसी बिंदु से दौड़ना आरंभ करते हैं। एक चक्कर पूरा करने में वे क्रमशः 200 सेकेण्ड, 300 सेकेण्ड, 360 सेकेण्ड तथा 450 सेकेण्ड लेते हैं, तो कितने समय के बाद आरंभिक बिंदु पर वे पहली बार मिलेंगे।

    (a) 1800 सेकंड
    (b) 3600 सेकंड
    (c) 2400 सेकंड
    (d) 4800 सेकंड

31. 75 लड़कियों की एक कक्षा में लड़कियों की कुल आयु 1050 है, इनमें से पहले 25 की औसत आयु 12 वर्ष ओर दूसरे 25 की 16 वर्ष है। शेष लड़कियों की औसत आयु का पता लगाइए।

    (a) 12 वर्ष
    (b) 13 वर्ष
    (c) 14 वर्ष
    (d) 15 वर्ष

32. किसी परिवार में पिता तथा माता की औसत आयु 35 वर्ष है। पिता, माता तथा पुत्र की औसत आयु 27 वर्ष है। पुत्र की आयु ज्ञात करें?

    (a) 12 वर्ष
    (b) 11 वर्ष
    (c) 15 वर्ष
    (d) 10 वर्ष

33. 15 नाविकों का औसत वजन 1.6 कि.ग्रा. बढ़ जाता है, जब 42 कि. ग्रा. वजन वाले एक नाविक के बदले एक नया नाविक आ जाता है, तो नये नाविक का वजन ज्ञात करें?
(a) 65
(b) 66
(c) 43
(d) 67

34. एक शहर की जनसंख्या 198000 है। पहले वर्ष में यह 7% बढ़ती है और दूसरे वर्ष में यह 5% घटती है। दो वर्ष के अंत में शहर की जनसंख्या क्या होगी?
(a) 211860
(b) 201267
(c) 222453
(d) 198900

35. यदि एक भिन्न के अंश को 200% और हर को 160% बढ़ा दिया जाए तो परिणामी भिन्न $\dfrac{7}{13}$ होता है। मूल भिन्न क्या है?
(a) $\dfrac{7}{15}$
(b) $\dfrac{2}{5}$
(c) $\dfrac{8}{15}$
(d) $\dfrac{5}{7}$

36. एक बड़े बगीचे में 60% पेड़ नारियल के हैं। नारियल के पेड़ों की संख्या के 25% पेड़ आम के पेड़ हैं और आम के पेड़ों की संख्या के 20% पेड़ सेब के पेड़ हैं। यदि सेब के पेड़ों की संख्या 1440 है, तो बगीचे में कुल कितने पेड़ हैं?
(a) 48000
(b) 50000
(c) 51000
(d) 45000

37. सुश्री शुचि 14 प्रतिशत प्रति वार्षिक की दर से साधारण ब्याज पाने के लिए 8 वर्ष के लिए ₹24000 की राशि जमा करती है। 8 वर्ष के अंत में सुश्री शुचि को कुल कितनी राशि मिलेगी?
(a) ₹52080
(b) ₹28000
(c) ₹50880
(d) ₹26880

38. किसी वस्तु के निर्माण का खर्च ₹50 है और इसे 20% की छूट के साथ बेचा जाता है। यदि उसका लाभ 25% है, तो वस्तु का क्रय मूल्य क्या है?
(a) ₹40
(b) ₹35
(c) ₹32
(d) ₹30

39. यदि अंकित मूल्य पर एक 30% की छूट और दूसरी दो क्रमिक: छूट क्रमश: 20% तथा 10% के साथ विक्रय मूल्य का अन्तर ₹72 है तो वस्तु का अंकित मूल्य क्या है?
(a) 3,600
(b) 3,000
(c) 2,500
(d) 2,400

40. एक घड़ी का अंकित मूल्य ₹720 है। एक व्यक्ति इस घड़ी को ₹550.80 में खरीदता है। उसे इस घड़ी पर दो क्रमिक छूट मिलता है, यदि पहली छूट 10% है, तो दूसरी छूट क्या है?
(a) 12%
(b) 14%
(c) 15%
(d) 18%

41. A और B की कमाई का अनुपात क्रमश: 4 : 7 है। यदि A की कमाई में 50% की वृद्धि हुई और B की कमाई में 25% की कमी हुई, तो उनकी कमाई का नया अनुपात क्रमश: 8 : 7 बन जाता है, A की कमाई कितनी है?
(a) ₹26,000
(b) ₹28,000
(c) ₹21,000
(d) जानकारी अधूरी है

42. तीन संख्याएं 1 : 2 : 3 अनुपात में है। अगर हर एक संख्या में 5 जोड़ा जाता है, तो नया अनुपात 2 : 3 : 4 हो जाता है। संख्याएं ज्ञात करें।
(a) 5, 10, 15
(b) 10, 20, 30
(c) 15, 30, 45
(d) 1, 2, 3

43. 7 पुरूष किसी काम को 12 दिनों में कर सकते हैं। दोगुने काम को 8 दिनों में खत्म करने के लिए कितने अतिरिक्त पुरूषों की जरूरत होगी?
(a) 28
(b) 21
(c) 14
(d) 7

44. A के 2 दिनों का काम B के 3 दिनों के काम के बराबर हैं। यदि A काम को 8 दिनों में समाप्त कर सकता है, तो A काम को कितने दिनों में समाप्त करेगा।
(a) 14 दिन
(b) 15 दिन
(c) 16 दिन
(d) 12 दिन

45. एक बाइक 64 कि.मी./घंटा की गति से 8 घंटे में अमुक दूरी तय करती है। यदि यही दूरी लगभग 6 घंटे में कवर करनी हो तो बाइक की गति लगभग कितनी होनी चाहिए ?
(a) 80 कि.मी./घंटा
(b) 85 कि.मी./घंटा
(c) 90 कि.मी./घंटा
(d) 75 कि.मी./घंटा

46. 5 कि.मी./घंटा की गति से अपने घर से पाठशाला जाने पर एक विद्यार्थी 15 मिनट जल्दी से पहुँचता है। परन्तु 3 कि.मी./घंटा से जाने पर 9 मिनट लेट हो जाता है। उसके घर से पाठशाला के बीच की दूरी ज्ञात करें।
(a) 5 कि.मी.
(b) 8 कि.मी.
(c) 3 कि.मी.
(d) 2 कि.मी.

47. एक तार को वर्ग के रूप में मोड़ गया, जिसका क्षेत्रफल 81 सेमी^{2} हैं यदि उसी तार को अर्धवृत्त के रूप में मोड़ा जाये, तो अर्धवृत्त की त्रिज्या ज्ञात करें? $\left(\text{मानाकि}\ \ \pi = \dfrac{22}{7}\right)$
(a) 16
(b) 14
(c) 10
(d) 7

48. 14 सेमी. व्यास वाले पाईप से किसी 50 मी. लम्बे तथा 44 मी. चौड़े टैंक में 5 किमी/घंटा की चाल से पानी गिरता है। पानी की सतह को 7 सेमी ऊंचा उठने में लगा समय (घंटे में) ज्ञात करें?
(a) 2
(b) $1\dfrac{1}{2}$
(c) 3
(d) $2\dfrac{1}{2}$

49. प्रथम 20 विषम प्राकृतिक संख्याओं का समांतर माध्य क्या है?
(a) 19
(b) 17
(c) 22
(d) 20

50. दो संख्याओं का अनुपात 2 : 3 है और दोनों संख्याओं में 8 जोड़ने पर अनुपात 3 : 4 हो जाता है तो उन दोनों संख्याओं का योग है
(a) 10
(b) 80
(c) 40
(d) 100

51. सुनामी लहरें किसके द्वारा निर्मित होती हैं–
(a) समुद्र के नीचे भूकंप
(b) चन्द्रमा गुरुत्वाकर्षण
(c) ज्वार
(d) चक्रवात

52. गाँधी जी ने किस वर्ष में रोल्ट एक्ट सत्याग्रह आन्दोलन आरम्भ किया?
    (a) 1919 (b) 1927
    (c) 1934 (d) 1942

53. कौन सी वायुमंडलीय गैस ग्रीन हाउस प्रभाव के लिए मुख्य कारक है–
    (a) ओजोन (b) नाइट्रोजन
    (c) ऑक्सीजन (d) कार्बन–डाई–ऑक्साइड

54. जहाँगीर का क्या अर्थ है ?
    (a) राष्ट्रीय सम्राट (b) महान सम्राट
    (c) दुनिया का विजेता (d) सौ लड़ाई का नायक

55. विद्युत बल्ब में क्या भरा जाता है–
    (a) नाइट्रोजन (b) कार्बन डाइऑक्साइड
    (c) आर्गन (d) आक्सीजन

56. सिद्धू संबंधित थे।
    (a) संथाल विद्रोह से (b) मुंडा विद्रोह से
    (c) कोल विद्रोह से (d) सन्यासी विद्रोह से

57. निम्न में से कौन सा ''भूरे रंग के कागज'' कहा जाता है?
    (a) जूट (b) कपास
    (c) रबर (d) चाय

58. महारानी की उद्घोषणा के लिए 1 नवंबर 1858 को रॉयल दरबार कहां आयोजित किया गया था?
    (a) लखनऊ (b) कानपूर
    (c) दिल्ली (d) इलाहाबाद

59. निम्न में से कौन हार्डवेयर नहीं है?
    (a) प्रोसेसर चिप (b) प्रिंटर
    (c) माउस (d) जावा

60. समुद्री जल में लवणता घटती है जब–
    (a) वाष्पोत्सर्जन अधिक होता है;
    (b) हवा की गति अधिक हो
    (c) वर्षा अधिक हो
    (d) जलवाष्प अधिक हो

61. निम्नलिखित में से किस नदी का जलग्रहण क्षेत्र सबसे बड़ा है?
    (a) कावेरी (b) कृष्णा
    (c) महादनी (d) नर्मदा

62. रेगूर शब्द का उपयोग किसके लिए होता है?
    (a) जलोढ़ मिट्टी (b) पीट मिट्टी
    (c) लेटेराइट मिट्टी (d) काली मिट्टी

63. पूगा घाटी और मणीकर्ण किससे संबंधित है?
    (a) ज्वारीय उर्जा (b) सौर उर्जा
    (c) भूतापीय उर्जा (d) पवन उर्जा

64. गैस का तापमान किसके द्वारा मापा जाता है?
    (a) प्लेटिनम प्रतिरोध थर्मामीटर
    (b) पाइरोमीटर
    (c) गैसे थर्मामीटर
    (d) वाष्प दाबित थर्मामीटर

65. पेट्रोलियम एक मिश्रण है–
    (a) अल्कीन (b) साइक्लोअल्केन
    (c) एरोमेटिक हाइड्रोकार्बन (d) उपरोक्त सभी

66. वायु में उच्च सान्द्रता के हाइड्रोकार्बन प्रदूषक कारक है–
    (a) कैंसर का
    (b) सिलिकोसिस का
    (c) श्वसन रोग (जैसे अस्थमा) का
    (d) फसल उत्पादन में कमी का

67. किसके कारण दालें प्रोटीन से समृद्ध होती हैं?
    (a) कीटभक्षी आदत
    (b) नाइट्रोजन उर्वरकों के उच्च मात्रा की आवश्यकता
    (c) राइजोबियम
    (d) हरित खाद्य

68. 1853 के बाद ब्रिटिश पूंजी की एक बड़ी धनराशी को कहां निवेश किया गया था–
    (a) जूट मील (b) कोयला खदान
    (c) रेलवे (d) चाय के पौधरोपण

69. दक्षिण पूर्व एशियाई देशों में पाये गये हिन्दु उपनिवेश ज्यादातर किस अवधि के हैं–
    (a) गुप्त (b) मौर्य
    (c) राजपुत (d) चोल

70. भारत का प्रथम नगर निगम कहां स्थापित किया गया था–
    (a) दिल्ली (b) चेन्नई
    (c) मुम्बई (d) कोलकाता

71. भारत के संविधान का संरक्षक है–
    (a) भारत का प्रधानमंत्री
    (b) राज्य के उच्च न्यायालय
    (c) भारतीय संसद
    (d) भारत का सर्वोच्च न्यायालय

72. दक्षिण ध्रुव के आसपास के क्षेत्र को जाना जाता है–
    (a) भूमध्य रेखा (b) आर्कटिक
    (c) अंटार्कटिक (d) मकर

73. दक्षिण भारत की सबसे ऊंची चोटी है–
    (a) नंदा देवी (b) अनाडमुडी
    (c) माउंट आबू (d) डी धोद्दोबेट्टा

74. हड़प्पा स्थलों का सबसे ज्यादा केन्द्रीकरण पाया गया है?
    (a) घग्घर–हकारा नदियों के किनारे
    (b) रावी
    (c) सतलज
    (d) सिन्धु

75. गायत्री मंत्र की रचना किसने की?
    (a) विश्वमित्र (b) वशिष्ठ
    (c) इन्द्र (d) परिक्षित

76. AB रक्त समूह में
    (a) एंटीजैन नहीं रहते
    (b) एन्टीबॉडी नहीं रहते
    (c) ना तो एंटीजैन और ना ही एन्टीबॉडी पाए जाते हैं
    (d) एंटीजैन तथा एन्टीबॉडी दोनों पाए जाते हैं

77. पोलियो की रोगथाम के लिए पहली प्रभावी वैक्सीन किसने बनाई थी?
   (a) जे. एच.गिब्बन   (b) जोनस ई. साल्क
   (c) रॉबर्ट एडवर्ड्स   (d) जेम्स सिम्पसन

78. तम्बाकू का धूआँ स्वास्थ्य के लिए हानिकारक है क्योंकि उसमें होता है:
   (a) कार्बन मोनोक्साइड
   (b) निकोटीन
   (c) पॉलिसाइक्लिक ऐरोमैटिक हाइड्रोकार्बन
   (d) मेथीलीन

79. एरिस्टोटल किस नाम से जाने जाते है?
   (a) जीव विज्ञान के जनक   (b) रसायन विज्ञान के पिता
   (c) भौतिकी के संस्थापक   (d) वनस्पति विज्ञान के जनक

80. प्रोटीन निम्न में से किसके बने होते हैं?
   (a) चीनी   (b) एमिनो एसिड
   (c) फैटी एसिड   (d) न्यूक्लिक एसिड

81. पर्यावरण के संबंध में जीवों के अध्ययन में कहा जाता है–
   (a) इकोलॉजी   (b) जूलॉजी
   (c) कीटविज्ञान   (d) पल्यनोलोजी

82. पौधे ___________ के दौरान कार्बन डाइआक्सोराइड निर्मुक्त करते है ।
   (a) प्रकाश संश्लेषण   (b) रस की अनुपस्थिति
   (c) स्वेदीकरण   (d) श्वसन

83. पेड़ों में ऊर्जा उत्पन्न करने की प्रक्रिया को ___________ के नाम से जाना जाता है ।
   (a) अवषोषण   (b) अवकरण
   (c) प्रकाष संश्लेषण   (d) वाष्पीकरण

84. आयोडीन की कमी के कारण कौन सा रोग होता है?
   (a) रिकेट्स   (b) स्कर्वी
   (c) गंडमाला   (d) विकास का रुकना

85. मानव शरीर में गुर्दे की कार्यात्मक इकाई क्या है?
   (a) इनमे से कोई नहीं   (b) एक्सन
   (c) नेफ्रॉन   (d) उपरोक्त सभी

86. मृदा की लवणता मापी जाती है
   (a) चालकता मापी से   (b) आर्द्रता मापी से
   (c) साइक्रोमीटर से   (d) वृद्धिमापी से

87. अधिक ऊँचाई पर वायुमंडलीय ताप के बढ़ने को क्या कहा जाता है?
   (a) विकिरण   (b) तापोक्रमण (व्युत्क्रमण)
   (c) चालन   (d) संवहन

88. किस तरह की ऊर्जा एक सूखे शैल में जमा होती है?
   (a) मैकेनिकल (यांत्रिक)   (b) इलेक्ट्रिकल (विद्युत)
   (c) केमिकल (रासायनिक)   (d) हीट

89. पाकिस्तान ने हाल ही में ___________ नामक लघु–सीमा वाली सतह–से–सतह बैलिस्टिक मिसाइल का सफलतापूर्वक परीक्षण किया.
   (a) बाबर –II   (b) नस्र
   (c) गैरी III   (d) शाहीन II

90. हाल में ___________ में आयोजित 20 शक्तिशाली राष्ट्रों का जी –20 शिखर सम्मेलन, मुख्य रूप से आतंकवाद का मुकाबला करने पर केंद्रित था.
   (a) ब्रसेल्स, बेल्जियम   (b) पेरिस, फ्रांस
   (c) न्यू यॉर्क, यूएसए   (d) हैम्बर्ग, जर्मनी

91. कम तापमात्रा पर सीसा निम्नलिखित किस रूप में बताव करता है?
   (a) अर्द्ध चालक   (b) श्रेष्ठ चालक
   (c) विधुत रोधक(प्रताक्कासी)   (d) चालक

92. ऊष्मा विकिरण का अमान्य लक्षण यह हैं के यह यात्रा करती हैं –
   (a) सरल रेखा में
   (b) सभी दिशाओं में
   (d) प्रकाश के गति के साथ
   (d) जिस माध्यम से गुजरता हैं उसे गर्म कर देता हैं ।

93. नमी को मापने के लिए किस यंत्र का प्रयोग किया जाता है?
   (a) ऐनेमोमीटर   (b) ह्यग्रोमीटर
   (c) थर्मोमीटर   (d) पाईरहेलिओमीटर

94. शिक्षा के ब्रिक्स मंत्रियों की बैठक हाल ही में ___________ में आयोजित की गई थी?
   (a) चीन   (b) ब्राजिल
   (c) इंडिया   (d) श्री लंका

95. जोको विदोदो ___________ के राष्ट्रपति हैं?
   (a) ओमान   (b) इंडोनेशिया
   (c) युगंडा   (d) रवांडा

96. वाष्प इंजन में उबलते हुए जल का तापमान किस कारण से उच्च हो सकता है?
   (a) जल में विलीन पदार्थ होते है
   (b) बॉयलर के अंदर निम्न दाब होता है
   (c) बॉलर के अंदर उच्च दाब होता है
   (d) अग्नि अत्यधिक उच्च तापमान पर होती है

97. जो ऊर्जा पृथ्वी की सतह के नीचे संचित ऊर्जा को काम में ला सकती है उसे क्या कहा जाता है?
   (a) उष्णीय ऊर्जा   (b) परमाणुक ऊर्जा
   (c) ज्वारीय ऊर्जा   (d) भूतापीय ऊर्जा

98. भारतीय रिजर्व बैंक ने हाल ही में ___________ को नई पेंशन योजना (एनपीएस) को बेचने और मार्किट करने की अनुमति दी है ।
   (a) एनबीएफसी   (b) सभी निजी बैंक
   (c) भुगतान बैंक   (d) विनियामक निकायों

99. ऊर्जा मंत्रालय ने हाल ही में घरेलू कोयला आधारित IPP के लिए ई–बिडिंग पोर्टल लॉन्च किया है. IPP का पूर्ण रूप क्या है?
   (a) Internal Power Producer
   (b) Independent Power Producer
   (c) Independent Paper Producer
   (d) International Power Products

100. पुष्प की सुखाई गई कलियों का प्रयोग मासले के रूप में किया जाता है
   (a) इलायची में   (b) दालचीनी में
   (c) लौंग में   (d) केसर में

RESPONSE SHEET

1. ⓐⓑⓒⓓ	2. ⓐⓑⓒⓓ	3. ⓐⓑⓒⓓ	4. ⓐⓑⓒⓓ	5. ⓐⓑⓒⓓ
6. ⓐⓑⓒⓓ	7. ⓐⓑⓒⓓ	8. ⓐⓑⓒⓓ	9. ⓐⓑⓒⓓ	10. ⓐⓑⓒⓓ
11. ⓐⓑⓒⓓ	12. ⓐⓑⓒⓓ	13. ⓐⓑⓒⓓ	14. ⓐⓑⓒⓓ	15. ⓐⓑⓒⓓ
16. ⓐⓑⓒⓓ	17. ⓐⓑⓒⓓ	18. ⓐⓑⓒⓓ	19. ⓐⓑⓒⓓ	20. ⓐⓑⓒⓓ
21. ⓐⓑⓒⓓ	22. ⓐⓑⓒⓓ	23. ⓐⓑⓒⓓ	24. ⓐⓑⓒⓓ	25. ⓐⓑⓒⓓ
26. ⓐⓑⓒⓓ	27. ⓐⓑⓒⓓ	28. ⓐⓑⓒⓓ	29. ⓐⓑⓒⓓ	30. ⓐⓑⓒⓓ
31. ⓐⓑⓒⓓ	32. ⓐⓑⓒⓓ	33. ⓐⓑⓒⓓ	34. ⓐⓑⓒⓓ	35. ⓐⓑⓒⓓ
36. ⓐⓑⓒⓓ	37. ⓐⓑⓒⓓ	38. ⓐⓑⓒⓓ	39. ⓐⓑⓒⓓ	40. ⓐⓑⓒⓓ
41. ⓐⓑⓒⓓ	42. ⓐⓑⓒⓓ	43. ⓐⓑⓒⓓ	44. ⓐⓑⓒⓓ	45. ⓐⓑⓒⓓ
46. ⓐⓑⓒⓓ	47. ⓐⓑⓒⓓ	48. ⓐⓑⓒⓓ	49. ⓐⓑⓒⓓ	50. ⓐⓑⓒⓓ
51. ⓐⓑⓒⓓ	52. ⓐⓑⓒⓓ	53. ⓐⓑⓒⓓ	54. ⓐⓑⓒⓓ	55. ⓐⓑⓒⓓ
56. ⓐⓑⓒⓓ	57. ⓐⓑⓒⓓ	58. ⓐⓑⓒⓓ	59. ⓐⓑⓒⓓ	60. ⓐⓑⓒⓓ
61. ⓐⓑⓒⓓ	62. ⓐⓑⓒⓓ	63. ⓐⓑⓒⓓ	64. ⓐⓑⓒⓓ	65. ⓐⓑⓒⓓ
66. ⓐⓑⓒⓓ	67. ⓐⓑⓒⓓ	68. ⓐⓑⓒⓓ	69. ⓐⓑⓒⓓ	70. ⓐⓑⓒⓓ
71. ⓐⓑⓒⓓ	72. ⓐⓑⓒⓓ	73. ⓐⓑⓒⓓ	74. ⓐⓑⓒⓓ	75. ⓐⓑⓒⓓ
76. ⓐⓑⓒⓓ	77. ⓐⓑⓒⓓ	78. ⓐⓑⓒⓓ	79. ⓐⓑⓒⓓ	80. ⓐⓑⓒⓓ
81. ⓐⓑⓒⓓ	82. ⓐⓑⓒⓓ	83. ⓐⓑⓒⓓ	84. ⓐⓑⓒⓓ	85. ⓐⓑⓒⓓ
86. ⓐⓑⓒⓓ	87. ⓐⓑⓒⓓ	88. ⓐⓑⓒⓓ	89. ⓐⓑⓒⓓ	90. ⓐⓑⓒⓓ
91. ⓐⓑⓒⓓ	92. ⓐⓑⓒⓓ	93. ⓐⓑⓒⓓ	94. ⓐⓑⓒⓓ	95. ⓐⓑⓒⓓ
96. ⓐⓑⓒⓓ	97. ⓐⓑⓒⓓ	98. ⓐⓑⓒⓓ	99. ⓐⓑⓒⓓ	100. ⓐⓑⓒⓓ

संकेत और हल

1. **(c)**

N A M E S
↓+1 ↓+1 ↓+1 ↓+1 ↓+1
O B N F T

↓ व्युत्क्रम करने पर

T F N B O

उसी प्रकार,

C R A N E
↓+1 ↓+1 ↓+1 ↓+1 ↓+1
D S B O F

↓

F O B S D

2. **(a)** जिस प्रकार,

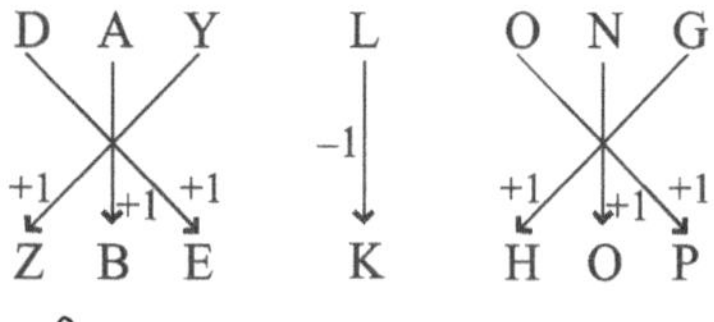

उसी प्रकार

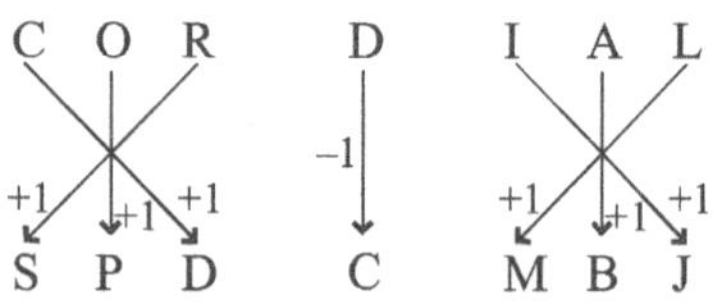

3. **(d)** in (ba) pe → he (has) won

Ie ke (ba) → she (has) lost

in se pe → he always won

शब्द 'he' के लिए कोड है 'in' या 'pe'.

4. **(b)** LU **B** TUP/LUBTU **P** / LUBT U P/L UBTUP]

5. **(a)**

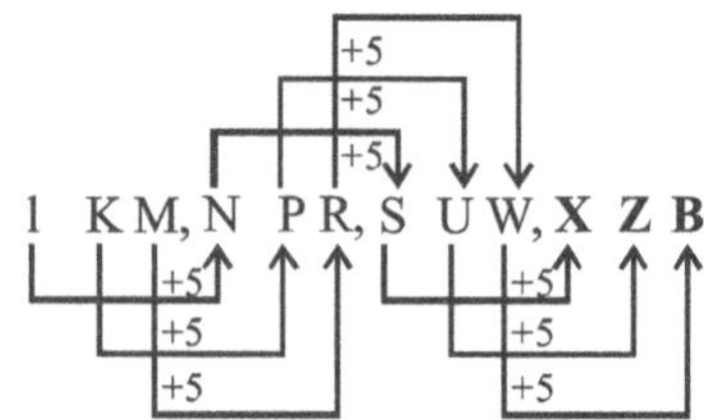

6. **(b)**

3   5   35   10   12   35   **17**   **19**

+7   +7   +0

7. **(c)**   36   34   30   28   24   **22**

−6   −6   −6   −6

8. **(d)**

1	2	3	4	5		2	1	3	5	4
O	F	T	E	N	→	F	O	T	N	E
1	2	3	4	5		5	4	3	1	2
H	E	A	R	T	→	T	R	A	H	E
1	2	3	4	5		5	4	3	1	2
O	P	E	N	S	→	S	N	E	O	P
1	2	3	4	5		2	1	3	5	4
R	I	S	K	Y	→	I	R	S	Y	K

9. **(d)**

1	2	3	4	5		5	1	4	2	3
H	E	A	R	T	→	T	H	R	E	A
1	2	3	4	5		5	1	3	2	4
S	W	O	R	N	→	N	S	O	W	R
1	2	3	4	5		1	5	4	2	3
F	U	N	D	S	→	F	S	D	U	N
1	2	3	4	5		5	1	4	3	2
G	L	A	Z	E	→	E	G	Z	A	L

10. **(b)** अन्य सभी शारीरिक गतिविधि हैं जिसमें शारीरिक हलचल होती है।

11. **(d)** संख्या 82 को छोड़कर अन्य सभी संख्याऐं 4 की गुणा (multiple) है।

12. **(c)** TPR के अलावा सभी में पहला अक्षर तीसरे अक्षर के दो स्थान पहले का है।

13. **(c)** पंक्ति में बच्चो की कुल संख्या
= 12 + 4 + 22 − 1 = 37

14. **(a)** D > C > $\boxed{A}$ > B > E

∴ ऊँचाई के क्रम में रखने पर A बीच में होगा।

15. **(d)** औरत सचिन के पिता के बहन के पुत्र की ग्रैंडमदर है। अतः वह औरत सचिन की ग्रैंडमदर है।

16. **(b)** S, D की माता है तथा M की आंट है। अतः D, M की कजिन है।

17. **(a)**

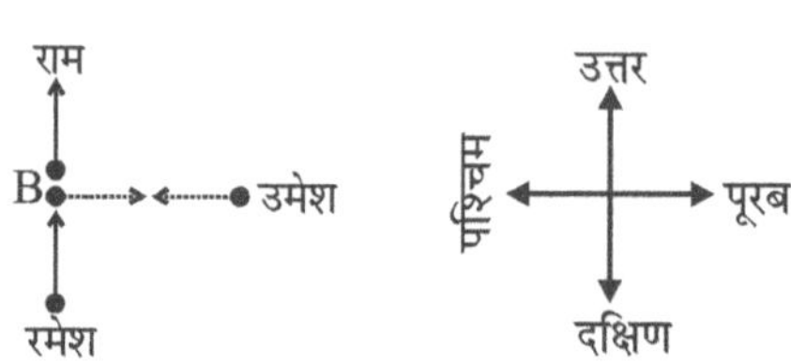

∴ उमेश का मुँह पश्चिम की ओर है।

18. (c) स्पष्टता, पश्चिम में सबसे दूर X है।

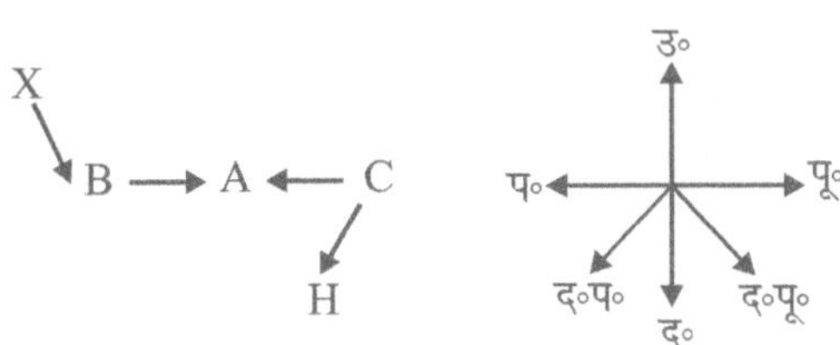

19. (a) $6 - 7 \times 2 + 8 = 6 - 14 + 8 = 14 - 14 = 0$

20. (d) यहाँ हम हिरण और मोर की टाँगों की संख्या पर मिश्रण का सिद्धांत लागू करते हैं।

जानवरों की कुल संख्या $= 80$

टाँगों की कुल संख्या $= 200$

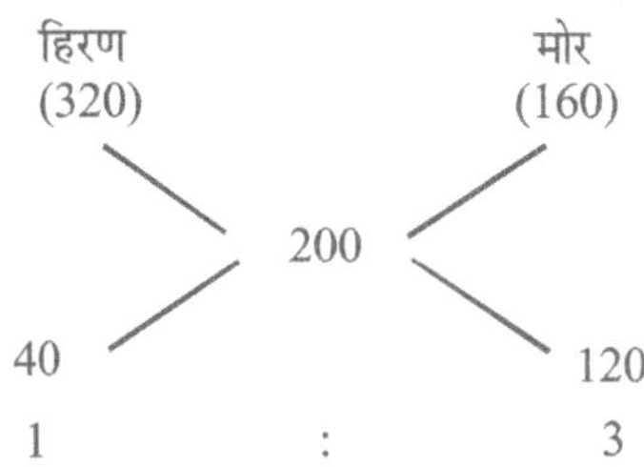

हिरण और मोरों का अनुपात $= 1 : 3$

मोरों की संख्या $= \dfrac{3}{(1+3)} \times 80 = 60$ मोर

21. (d)

22. (b) हम आरेख में यह देख सकते हैं कि संख्या 3 उन भारतीय प्रोफेसरों को दर्शाती है जो वकील भी हैं।

23. (d) $(0 + 5) \times 3 = 15$

तथा $(4 + 4) \times 2 = 16$

इसी प्रकार, $(x + 3) \times 2 = 10$

$\Rightarrow \quad x = 2$

24. (a) $(6 + 4 + 3 + 1 + 5 + 0) \times 7 = 133$

$(2 + 5 + 3 + 4 + 6 + 8) \times 7 = 196$

इसी प्रकार,

$(1 + 5 + 7 + 3 + 4 + 2) \times 7 = 154$

25. (c) $AB = \sqrt{AC^2 + BC^2}$

$AB = \sqrt{8^2 + 6^2} = \sqrt{64 + 36} = \sqrt{100} = 10$

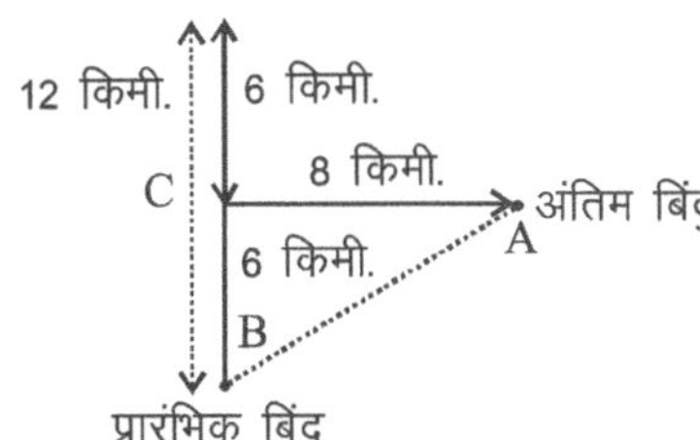

26. (a) दिए गए भिन्नों का दशमलव समतुल्य :

$\dfrac{1}{2} = 0.5$; $\dfrac{2}{3} = 0.67$;

$\dfrac{5}{9} = 0.56$; $\dfrac{6}{13} = 0.46$;

$\dfrac{7}{9} = 0.78$

$\therefore 0.46 < 0.5 < 0.56 < 0.67 < 0.78$

$\dfrac{6}{13} < \dfrac{1}{2} < \dfrac{5}{9} < \dfrac{2}{3} < \dfrac{7}{9}$

$\therefore$ अभीष्ट भिन्न $= \dfrac{2}{3}$

27. (d) $A + C = 146$

या $A + A + 4 = 146$

(लगातार विषम संख्या)

या $A = \dfrac{146 - 4}{2} = 71$

$\therefore E = A + 8 = 71 + 8 = 79$

28. (b) $3 + \dfrac{1}{\sqrt{3}} + \left(\dfrac{1}{3 + \sqrt{3}} - \dfrac{1}{3 - \sqrt{3}} \right)$

$= 3 + \dfrac{1}{\sqrt{3}} + \left(\dfrac{3 - \sqrt{3} - 3 - \sqrt{3}}{(3 + \sqrt{3})(3 - \sqrt{3})} \right)$

$= 3 + \dfrac{1}{\sqrt{3}} + \dfrac{-2\sqrt{3}}{9 - 3} = 3 + \dfrac{1}{\sqrt{3}} - \dfrac{\sqrt{3}}{3} = 3 + \dfrac{1}{\sqrt{3}} - \dfrac{1}{\sqrt{3}} = 3$

29. (a) $x - 31 = 75 - x$

$2x = 106$

$x = 53$

30. (a) वांछित समय $= 200, 300, 360$ और 450 सेकंड का ल.स. $= 1800$ सेकंड

31. (c) शेष लड़कियों की औसत आयु

$= \dfrac{1050 - (25 \times 12 + 25 \times 16)}{75 - (25 + 25)}$

$= \dfrac{1050 - 700}{25} = 14$ वर्ष

32. (b) पिता + माता

$= 2 \times 35 = 70$ वर्ष

पिता + माता + पुत्र

$= 27 \times 3 = 81$ वर्ष

$\therefore$ पुत्र की आयु $= 81 - 70 = 11$ वर्ष

33. (b) माना आरंभ में 15 नाविकों का औसत वजन x कि.ग्रा.।

माना नए व्यक्ति का वजन $= y$ कि.ग्रा.

प्रश्नानुसार

$15x - 42 = 15(x + 1.6) - y$

$15x - 42 = 15x + 24 - y$

$y = 24 + 42 = 66$ कि.ग्रा.

34. (b) 2 वर्ष पश्चात् शहर की जनसंख्या

$= 198000 \left(1 + \dfrac{7}{100}\right)\left(1 - \dfrac{5}{100}\right)$

$= \dfrac{198000 \times 107 \times 95}{100 \times 100} = 201267$

35. (a) माना कि मूल भिन्न $= \dfrac{x}{y}$

प्रश्नानुसार,

$$\dfrac{\dfrac{300x}{100}}{\dfrac{260y}{100}} = \dfrac{7}{13}$$

या, $\dfrac{30x}{26y} = \dfrac{7}{13}$

$$\therefore \ \dfrac{x}{y} = \dfrac{7}{13} \times \dfrac{26}{30} = \dfrac{7}{15}$$

36. (b) यदि बाग में पेड़ों की संख्या x है तब

$$x \times \dfrac{60}{100} \times \dfrac{25}{100} \times \dfrac{20}{100} = 1500$$

$$\Rightarrow x \times \dfrac{3}{5} \times \dfrac{1}{4} \times \dfrac{1}{5} = 1500$$

$$\Rightarrow x = \dfrac{1500 \times 5 \times 4 \times 5}{3} = 50000$$

37. (c) अभीष्ट राशि $= 24000\left(1 + \dfrac{14 \times 8}{100}\right)$

$$= 24000 \times \dfrac{212}{100} = ₹50880$$

38. (c) एक वस्तु का अंकित मूल्य $= ₹50$

एक वस्तु का विक्रय मूल्य $= 80\%$ का $50 = \dfrac{80}{180} \times 50 = ₹40$

वस्तु का क्रय मूल्य

$$\dfrac{125 \times x}{100} = 40$$

$$\Rightarrow x = \dfrac{40 \times 100}{125} = ₹32$$

39. (a) माना अंकित मूल्य $= ₹\ x.$

I. $\therefore \ SP_1 = ₹\ \dfrac{70x}{100}$

एकल छूट जो कि 20% और फिर 10% क्रमिक छूट के बराबर है

$$= \left(20 + 10 - \dfrac{20 \times 10}{100}\right)\% = 28\%$$

II. $\therefore \ SP_2 = ₹\ \dfrac{75x}{100}$

$$\therefore \ \dfrac{72x}{100} - \dfrac{70x}{100} = ₹\ 72$$

$$\Rightarrow \dfrac{2x}{100} = 72$$

$$\therefore \ x = \dfrac{72 \times 100}{2} = ₹3600$$

40. (c) माना दूसरा बट्टा $x\%$ है

720 के 90% का $(100-x)\%$

$(100-x)\%$ का 90% का $720 = 550.80$

$$\Rightarrow \dfrac{100-x}{100} \times \dfrac{90}{100} \times 720 = \dfrac{55080}{100}$$

$$\Rightarrow (100-x) = \dfrac{55080 \times 100}{90 \times 720} = 85$$

$$\Rightarrow x = 100 - 85 = 15\%$$

41. (d) प्रश्न से, $\dfrac{A}{B} = \dfrac{4}{7}$ ...(i)

तथा $\dfrac{A\left(1 + \dfrac{50}{100}\right)}{B\left(1 - \dfrac{25}{100}\right)} = \dfrac{8}{7}$ ...(ii)

समीकरण (i) तथा (ii) से A तथा B की कमाई का पता नहीं चलता है।

42. (a)

	A	:	B	:	C
मूलत :	1	:	2	:	3
प्रत्येक संख्या में 5 जोड़ने पर	2	:	3	:	4
	1	:	1	:	1

$(-)\downarrow(2-1) \quad (-)\downarrow(3-2) \quad (-)\downarrow(4-3)$

1 इकाई $= 5$

$\therefore$ संख्याएँ है $= A = 1 \times 5 = 5$

$B = 2 \times 5 = 10$

$C = 3 \times 5 = 15$

43. (c) $M_1 D_1 W_2 = M_2 D_2 W_1$

$$\Rightarrow 7 \times 12 \times 2 = M_2 \times 8 \times 1$$

$$\Rightarrow M_2 = \dfrac{7 \times 12 \times 2}{8} = 21$$

$\therefore$ अतिरिक्त व्यक्तियों की संख्या $= 21 - 7 = 14$

44. (d) A का 2 दिन का कार्य = B का 3 दिन का कार्य 8 घंटों में कार्य पूर्ण करता है।

A का 1 दिन का कार्य $= \dfrac{1}{8}$ कार्य का भाग

A का 2 दिन का कार्य $= \dfrac{1}{8} \times 2 = \dfrac{1}{4}$ कार्य का भाग

B का 3 दिन का कार्य $= \dfrac{1}{4}$ कार्य का भाग

B का 1 दिन का कार्य $= \dfrac{1}{12}$ कार्य का भाग

$\therefore$ B कार्य को समाप्त करने में 12 दिन लगेगा।

45. (b) दूरी $= 64 \times 8 = 512$ कि.मी.

$\therefore$ गति $= \dfrac{512}{6} = 85$ कि.मी./घं. (लगभग)

46. (c) माना अभीष्ट दूरी x कि.मी.

$\therefore \dfrac{x}{3} - \dfrac{x}{5} = \dfrac{24}{60}$

$\Rightarrow \dfrac{5x - 3x}{15} = \dfrac{2}{5} \Rightarrow \dfrac{2x}{3} = 2$

$\Rightarrow 2x = 2 \times 3 \Rightarrow x = 3$ कि.मी.

47. (d) वर्ग की भुजा $= \sqrt{81} = 9$ सेमी.

$\therefore$ तार की लंबाई $= 4 \times 9 = 36$ से.मी.

$\therefore$ अर्द्ध वृत्त की परिधि $= (\pi + 2)r$

जहाँ $r =$ त्रिज्या

$\Rightarrow \left(\dfrac{22}{7} + 2\right)r = 36 \Rightarrow \dfrac{36}{7}r = 36$

$\Rightarrow r = \dfrac{36 \times 7}{36} = 7$ से.मी.

48. (a) 1 घंटे में प्रवाहित जल का आयतन

$= \pi r^2 h$

$= \dfrac{22}{7} \times \dfrac{7 \times 7}{100 \times 100} \times 5000$ घन मीटर $= 77$ घन मीटर

टंकी में जल का आयतन

$\Rightarrow \dfrac{50 \times 44 \times 7}{100}$

$= 154$ घन मीटर

$\therefore$ अभीष्ट समय $= \dfrac{154}{77} = 2$ घंटा

49. (d) प्रथम n विषम प्राकृत संख्याओं का योग $= n^2 = (20)^2 = 400$

$\therefore$ अभीष्ट औसत $= \dfrac{400}{20} = 20$

50. (c) माना, संख्याएँ $= 2x$ एवं $3x$ (क्रमशः) हैं।

प्रश्नानुसार,

$\dfrac{2x + 8}{3x + 8} = \dfrac{3}{4}$

$\Rightarrow \quad 9x + 24 = 8x + 32$

$\Rightarrow \quad 9x - 8x = 32 - 24 = 8$

$\Rightarrow \quad x = 8$

$\Rightarrow$ संख्याओं का योग $= 2x + 3x$

$5x = 5 \times 8 = 40$

51. (a)	52. (a)	53. (d)	54. (c)	55. (c)
56. (b)	57. (a)	58. (d)	59. (d)	60. (c)
61. (b)	62. (d)	63. (c)	64. (b)	65. (d)
66. (c)	67. (c)	68. (c)	69. (b)	70. (d)
71. (d)	72. (c)	73. (b)	74. (a)	75. (a)
76. (b)	77. (b)	78. (b)	79. (a)	80. (b)
81. (a)	82. (d)	83. (c)	84. (c)	85. (c)
86. (a)	87. (b)	88. (c)	89. (b)	90. (d)
91. (b)	92. (d)	93. (b)	94. (a)	95. (b)
96. (c)	97. (d)	98. (a)	99. (b)	100. (c)

15 प्रैक्टिस सेट

निर्देश

1. इस प्रैक्टिस सेट में 100 वस्तुनिष्ठ बहुविकल्पीय प्रश्न दिए गए हैं।
2. प्रैक्टिस सेट में गणित, सामान्य बुद्धि और तर्कशक्ति, सामान्य विज्ञान, सामान्य ज्ञान और सामयिक विषय से सम्बन्धित बहुविकल्पीय प्रश्न दिए गए हैं।
3. प्रैक्टिस सेट को हल करने की अवधि 90 मिनट है।

समय : 90 मिनट **अधिकतम अंक: 100**

1. एक संख्या को जब 136 से भाग दिया जाता है, तो शेषफल 36 प्राप्त होता है। यदि उसी संख्या को 17 से भाग दिया जाए, तो शेषफल क्या होगा?
   - (a) 9
   - (b) 7
   - (c) 3
   - (d) 2

2. दो अंकों की संख्याओं की पुनरावृत्ति के द्वारा एक चार अंकों की संख्या बनायी जाती है जैसे 1515, 3737 आदि। इस तरह की कोई भी संख्या किससे विभाजित होगी?
   - (a) 7
   - (b) 11
   - (c) 13
   - (d) 101

3. यदि $a = 2, b = 3$, तो $(a^b + b^a)^{-1}$? के बराबर है।
   - (a) $\dfrac{1}{31}$
   - (b) $\dfrac{1}{17}$
   - (c) $\dfrac{1}{21}$
   - (d) $\dfrac{1}{13}$

4. 4 अंकों की सबसे बड़ी जो कि पूर्ण वर्ग हो क्या है?
   - (a) 9999
   - (b) 9909
   - (c) 9801
   - (d) 9081

5. वह न्यूनतक संख्या क्या है, जिसमें 48, 64, 90 तथा 120 भाग देने पर क्रमशः 38, 54, 80 तथा 110 शेष बचता है?
   - (a) 2870
   - (b) 2860
   - (c) 2890
   - (d) 2880

6. 50 संख्याओं का औसत 30 है। बाद में ज्ञात हुआ कि दो मानों को 28 एवं 31 के स्थान पर 82 एवं 13 अंकित किया गया। सही औसत ज्ञात करें?
   - (a) 36.12
   - (b) 30.66
   - (c) 29.28
   - (d) 38.21

7. एक बल्लेबाज 12वीं पारी में 63 रन बनाता है, जिसके कारण उसका औसत 2 रन बढ़ जाता है। 12वीं पारी के बाद नया औसत ज्ञात करें?
   - (a) 13
   - (b) 41
   - (c) 49
   - (d) 87

8. A एवं B की औसत मासिक आय ₹15,050 है। B एवं C की औसत मासिक आय ₹15,350 है। C एवं A की औसत मासिक आय ₹15,200 है। A की मासिक आय ज्ञात करें?
   - (a) ₹15,900
   - (b) ₹15,200
   - (c) ₹14,900
   - (d) ₹15,500

9. बोवीना ने ₹44,668 एयर टिकट पर और ₹56,732 परिवार के सदस्यों के लिए उपहार खरीदने पर खर्च किए और कुल रकम का शेष 22% उसके पास नकद था। कुल राशि कितनी थी?
   - (a) ₹28,600
   - (b) ₹1,30,000
   - (c) ₹1,01,400
   - (d) ₹33,800

10. दो उम्मीदवारों के बीच कालेज के एक चुनाव में, एक को कुल वैध वोट के 55% वोट मिले। कुल वोट 15,200 थे। 15% वोट वैध नही थे। दूसरे उम्मीदवार को प्राप्त वैध वोट कितने थे ?
    - (a) 7106
    - (b) 6840
    - (c) 8360
    - (d) 5814

11. एक परीक्षा में एक छात्र को सफल होने के लिये 36% अंक चाहिए। एक छात्र को 190 अंक प्राप्त हुए और वह 35 अंकों से असफल हो गया तो परीक्षा का अधिकतम अंक क्या है?
    - (a) 625
    - (b) 450
    - (c) 500
    - (d) 810

12. ₹45,000 की राशि पर 4 वर्ष के अंत में ₹15,300 साधारण ब्याज मिलता है। इतनी ही अवधि में इसी ब्याज दर पर, इसी राशि पर लगभग कितना चक्रवृद्धि ब्याज मिलेगा?
    - (a) ₹18,244
    - (b) ₹18,244
    - (c) ₹16,285
    - (d) ₹17,364

13. एक घड़ी को बेचते समय, एक दुकानदार इस पर 5% की छूट देता है। यदि वह इस पर 6% छूट देता, तो उसे लाभ के रूप में ₹15 कम मिलते, तो उसका अंकित मूल्य क्या है?
    - (a) ₹1,250
    - (b) ₹1,400
    - (c) ₹1,500
    - (d) ₹750

14. किसी वस्तु का मुद्रित मूल्य ₹275 है दुकानदार 5% की छूट देकर 4.5% का लाभ कमाता है, तो इस वस्तु का क्रय मूल्य क्या होगा?
    (a) ₹250
    (b) ₹225
    (c) ₹215
    (d) ₹210

15. एक रिटेलर ने हॉलसेलर से 400 ₹ प्रति रेडियों की दर से रेडियों खरीदे। प्रत्येक रेडियो पर उसने 30% मूल्य बढ़ाकर अंकित किया तथा 8% छूट देता है, तो उसका प्रतिशत लाभ ज्ञात करें।
    (a) 19%
    (b) 78.4%
    (c) 22%
    (d) 19.6%

16. पिंकू रिंकू और टिंकू आपस में ₹4200 की राशि क्रमश: $7 : 8 : 6$ के अनुपात में बांटते हैं। इनमें से प्रत्येक के हिस्से में ₹200 जोड़े जाएं, तो उनकी राशि के हिस्सों का क्रमश: नया अनुपात क्या होगा?
    (a) $8 : 9 : 6$
    (b) $7 : 9 : 5$
    (c) $7 : 8 : 6$
    (d) $8 : 9 : 7$

17. एक बैग में 280 सिक्के एक रूपया, 50 पैसे व 25 पैसे के रूप में है। यदि उनका मान $8 : 4 : 3$ के अनुपात में है तो एक रुपया के सिक्कों की संख्या ज्ञात करें।
    (a) 52
    (b) 81
    (c) 60
    (d) 80

18. X पुरूषों की संख्या किसी काम को 30 दिनों में कर सकती है। यदि 6 पुरूष और आ जाएँ तो काम 10 दिन पहले समाप्त हो जायेगा, तो पुरूषों की आरंभिक संख्या ज्ञात करें।
    (a) 6
    (b) 10
    (c) 12
    (d) 15

19. 12 बन्दर 12 केले 12 मिनट में खा सकते हैं, तो 4 बन्दर 4 केले कितनी देर में खाएगें?
    (a) 12
    (b) 10
    (c) 4
    (d) 8

20. 175 मीटर लंबी ट्रेन 35 मीटर लंबे प्लेटफॉर्म को 12 सेकेंड में पार करती है। ट्रेन की गति कितने कि.मी/प्रति घंटा है?
    (a) 42
    (b) 64
    (c) 63
    (d) 59

21. शांत जल में एक व्यक्ति 3 किमी./घंटे की गति से तैर सकता है। यदि धारा की गति 2 किमी./घंटा है, तो धारा के प्रतिकूल 10 कि.मी. तथा वापस आने में उसे तैरने में कितना समय लगेगा।
    (a) $8\frac{1}{3}$ घंटा
    (b) $9\frac{1}{3}$ घंटा
    (c) 10 घंटा
    (d) 12 घंटा

22. त्रिभुज की भुजाओं में अनुपात $2 : 3 : 4$ हैं। त्रिभुज का परिमाप 18 सेमी. है। त्रिभुज का क्षेत्रफल ज्ञात करें?
    (a) 9
    (b) 36
    (c) $\sqrt{42}$
    (d) $3\sqrt{15}$

23. किसी वृत्ताकार मैदान के चारों ओर एक चौड़ा रास्ता है। बाहरी परिधि तथा आंतरिक परिधि का अन्तर 66 मीटर है। तब मार्ग की चौड़ाई ज्ञात करें? $\left(\text{Take } \pi = \frac{22}{7}\right)$
    (a) 21 मीटर
    (b) 10.5 मीटर
    (c) 7 मीटर
    (d) 5.25 मीटर

24. 6 लगातार प्राकृत संख्याओं का औसत ज्ञ है। यदि अगली दो प्राकृत संख्याएँ और शामिल कर दी जाएं, तो इन 8 संख्याओं का औसत ज्ञ से कितना अधिक होगा?
    (a) 1.3
    (b) 1
    (c) 2
    (d) 1.8

25. अंकित मूल्य पर जब 20% की छूट दी जाती है तो 20% का लाभ होता है। यदि छूट 30% की दी जाए तो लाभ कितना होग?
    (a) 4%
    (b) 5%
    (c) 6%
    (d) 7.5%

26. एक खास कोड में के 'MOTHER' को 'OMHURF' के रूप में लिखा जाता है। उस कोड में 'ANSWER' को कैसे लिखा जाएगा?
    (a) NBWRRF
    (b) MAVSPE
    (c) NBWTRD
    (d) इनमें से कोई नहीं

27. एक खास कोड में DUPLICATE को MRVFJFVBE लिखा जाता है। उस कोड में CARTOUCHE कैसे लिखा जाएगा?
    (a) UTBEPWDJF
    (b) UTBFQFJDW
    (c) UTBEQFJDW
    (d) UTBEPFJDW

28. यदि 1 का कोड $ हो, 5 का कोड % हो, 9 का कोड ★ हो, 3 का कोड + हो, 7 का कोड # हो, 4 का कोड ? हो तो संख्या 435971 का सही रूप क्या होगा?
    (a) $? + \% \star \# \$$
    (b) $? + \% \$ \# \star$
    (c) $? + \star \% \# \$$
    (d) $\$ \# \star \% + ?$
    (e) इनमें से कोई नहीं

निर्देश (29-32) : दी गयी श्रृंखला को पूरा करें।

29. SH _ ELAS _ EELA _ HEELA SHEE _ A
    (a) ELHA
    (b) EHSL
    (c) EEHS
    (d) HHSS

30. AZBY, CXDW, EVFU, ?
    (a) SHTG
    (b) GXHW
    (c) GTHS
    (d) STHO

31. 96 94 373 3353 ? 1341069
    (a) 83819
    (b) 53483
    (c) 63813
    (d) 53643

32. 325, 259, 204, 160, 127, 105, ?
    (a) 94
    (b) 96
    (c) 98
    (d) 100

निर्देश (33-36) : निम्नलिखित चार में से तीन किसी न किसी प्रकार से एक से हैं और इस प्रकार से ये अपने एक समूह का निर्माण करते हैं। बताएँ कि इनमें से कौन सा एक ऐसा है, जो अन्य तीन से भिन्न है?

33. (a) BY
    (b) LO
    (c) EW
    (d) GT

34. (a) ज्वार
    (b) धान
    (c) बाजरा
    (d) तिल

35. (a) 50
    (b) 65
    (c) 170
    (d) 255

36. (a) NEERG
    (b) DER
    (c) KNIP
    (d) DLEIF

37. मधु बाई ओर से 18वें क्रम में है तथा संधु दाई ओर से 11वें क्रम में है । यदि कक्षा में 40 लड़के हैं तो मधु और संधु के बीच में कितने लड़के हैं?
    - (a) 10
    - (b) 9
    - (c) 12
    - (d) 11

38. P, Q, R, S और T में S, R से बड़ा है । लेकिन T जितना बड़ा नहीं है, Q सिर्फ P से बड़ा है । उनमें से सबसे छोटा कौन है?
    - (a) P
    - (b) Q
    - (c) R
    - (d) निर्धारित नहीं किया जा सकता
    - (e) इनमें से कोई नहीं

39. एक महिला की ओर संकेत करते हुए निर्मल ने कहा "वह मेरी पत्नी के ग्रैन्डफादर की एकमात्रा संतान की पुत्री है" । इस महिला का निर्मल से क्या संबंध है ?
    - (a) पत्नी
    - (b) सिस्टर-इन-ला
    - (c) बहन
    - (d) डाटा अपर्याप्त है

40. J का पिता P है । N की माँ S है । J का भाई N है । S का बेटा B है । यदि B की बहन C है, तो J का C से क्या संबंध है?
    - (a) जानकारी अधूरी है
    - (b) कजिन
    - (c) भाई
    - (d) बहन

41. रमन बिन्दु P से आरम्भ करके दक्षिण की ओर चलता है और बिन्दु Q पर रूक जाता है । अब वह दायें मुड़ता है, फिर बायें मुड़ता है और बिन्दु R पर रूक जाता है । अन्ततः वह बायें मुड़ता है और बिन्दु S पर रूक जाता है । यदि वह मुड़ने से पहले प्रत्येक बार 5 कि.मी. चलता है तो बिन्दु S से बिन्दु Q तक पहुँचने के लिए रमन को किस दिशा में चलना होगा?
    - (a) उत्तर
    - (b) दक्षिण
    - (c) पश्चिम
    - (d) पूर्व

42. अक्षय A से B की ओर पूर्व में 10 फीट चला । उसके बाद वह दाएं मुड़ा तथा 3 फीट चला । उसके बाद दोबारा वह दाएं मुड़ा तथा 14 फीट चला । वह A से कितना दूर है?
    - (a) 4 फीट
    - (b) 5 फीट
    - (c) 24 फीट
    - (d) 27 फीट

43. यदि R का अर्थ ÷, P का अर्थ ×, Q का अर्थ +, और S का अर्थ – है, तो 7 P 391 R 17 Q 6 S 5 का मान क्या होगा?
    - (a) 168
    - (b) 114
    - (c) 162
    - (d) 122

44. विकास जमीन से उठकर खड़े होने में 15 सेकण्ड और जमीन पर बैठने में 11 सेकण्ड का समय लेता है । वह इस प्रक्रिया को कुछ समय तक जारी रखता है । 93 सेकण्ड में वह कितनी बार खड़ा होगा?
    - (a) 3 बार
    - (b) 6 बार
    - (c) 5 बार
    - (d) 4 बार

45. इनमें से कौन–सा आरेख अध्यापक, लेखक तथा संगीतकार के बीच सही संबंध इंगित करता है?

(a)    (b) 

(c) 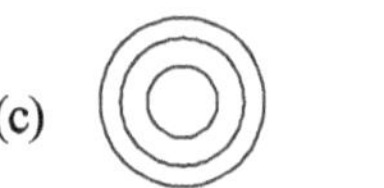   (d) 

46. दिए गए निम्न आकृति के त्रिभुज 'लड़कियों' को दर्शाता है, वर्ग खिलाड़ियों को तथा वृत्त कोच को । आकृति का कौन–सा भाग उन लड़कियों को दर्शाता है जो खिलाड़ी हैं पर कोच नहीं है?

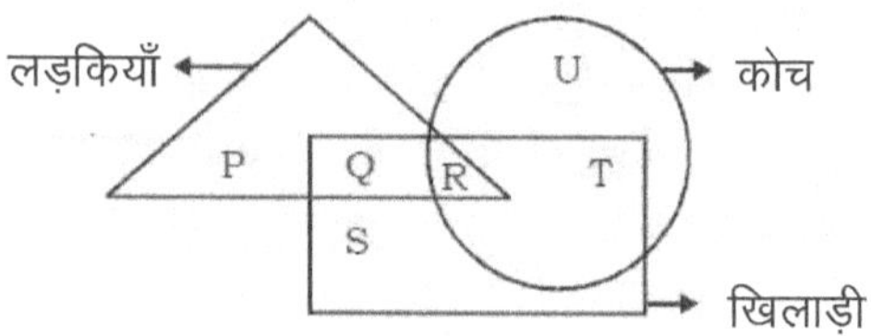

- (a) P
- (b) Q
- (c) R
- (d) S

47.

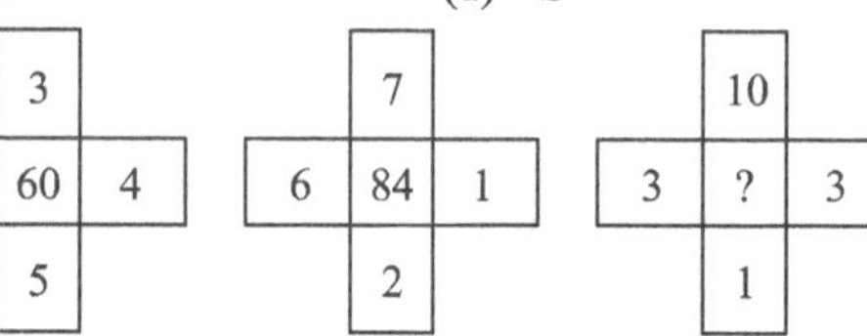

- (a) 12
- (b) 16
- (c) 90
- (d) 48

48.

- (a) 84
- (b) 74
- (c) 104
- (d) 94

निर्देश (प्र. सं. 49) : दिए गए विकल्पों से उस एक शब्द का चयन करें जिसे प्रश्न में दिए गए शब्द के अक्षरों का प्रयोग करके लिखा नहीं जा सकता ।

49. PROGNOSTICATION
    - (a) RONTGEN
    - (b) SPITOON
    - (c) ROGATION
    - (d) START

50. यदि × का आशय 'जोड़' की संक्रिया से हो, < का आशय 'घटाव' की संक्रिया से हो, + का आशय 'भाग' की संक्रिया से हो, > का आशय 'गुणा' की संक्रिया से हो, – का आशय 'बराबर' हो, ÷ का आशय 'बडा होना' हो और = का आशय 'छोटा होना' हो तो बताइए कि निम्नलिखित में से कौन–सा विकल्प सत्य है?
    - (a) $5 \times 3 < 7 \div 8 + 4 \times 1$
    - (b) $3 \times 4 > 2 - 9 + 3 < 3$
    - (c) $5 > 2 + 2 = 10 < 4 \times 8$
    - (d) $3 \times 2 < 4 \div 16 > 2 + 4$

51. निम्नलिखित में से किसने 'शून्यवाद' के सिद्धान्त की शिक्षा दी?
    - (a) नागार्जुन
    - (b) शंकराचार्य
    - (c) हरिशेन
    - (d) बल्लभाचार्य

52. किसके समय में गौतम बुद्ध को भगवान के पद पर पदोन्नत किया गया?
    - (a) अशोक
    - (b) कनिष्क
    - (c) चन्द्रगुप्त विक्रमादित्य
    - (a) हर्ष

53. निम्नलिखित में से कौन भारत के 'मार्टिन लूथर' के रूप में जाना जाता है?
(a) स्वामी दयानन्द सरस्वती   (b) राजा राम मोहन राय
(c) स्वामी विवेकानंद   (d) स्वामी श्रद्धानन्द

54. बाल गंगाधर तिलक को किसने 'भारतीय अशांति का जनक कहा है?
(a) लार्ड कर्जन   (b) विन्सेन्ट स्मिथ
(c) वेलेन्टाइन शिरोल   (d) हेनरी काटन

55. पूना समझौता का उद्देश्य था–
(a) हिन्दू–मुस्लिम एकता
(b) निम्न जातियों का प्रतिनिधित्व
(c) राजाओं के विशेषाधिकार
(d) द्वैधशासन का मूल्यांकन

56. एक खगोलीय ईकाई के बीच की औसत दूरी है?
(a) पृथ्वी और सूर्य   (b) पृथ्वी और चन्द्रमा
(c) बृहस्पति और सूर्य   (d) प्लूटो और सूर्य

57. पृथ्वी का कौन सा आन्तरिक भाग पृथ्वी की त्रिज्या के आधे भाग के बराबर है?
(a) कोर   (b) क्रस्ट
(c) मेंटल   (d) इनमें से कोई नहीं

58. निम्नलिखित में से कौन गर्म जलधारा है?
(a) क्यूरोशिवो   (b) पेरूवियन
(b) लेबराडोर   (a) ओयाशिवो

59. निम्नलिखित में से किस राज्य में, देश में सबसे पुरानी चट्टानी संरचना है?
(a) असम   (b) बिहार
(c) कर्नाटक   (d) उत्तर प्रदेश

60. निम्नलिखित में से किस पदार्थ का ग्लनांक नहीं होता?
(a) ब्रोमीन   (b) सोडियम क्लोराइड
(c) पारा   (d) ग्लास

61. मेसोन की खोज किसने की?
(a) पावेल   (b) युकावा
(c) श्न्डरसन   (d) जे जे थाम्पसन

62. प्रायद्वीपीय भारत की सबसे बड़ी नदी है?
(a) नर्मदा   (b) गोदावरी
(c) कृष्णा   (d) कावेरी

63. निम्नलिखित में से कौन–सा जानवर सिंधु घाटी सभ्यता में ज्ञात नहीं था?
(a) सांढ   (b) घोड़ा
(c) हाथी   (d) जिराफ

64. न्याय दर्शन दिया गया था–
(a) गौतम द्वारा   (b) कपिल द्वारा
(c) कन्नड़ द्वारा   (d) जैमिनी द्वारा

65. किस राजा के कार्य काल में चौथी बौध संगीति का आयोजन हुआ था?
(a) अशोक   (b) अजातशत्रु
(c) कनिष्क   (d) महापदमानंद

66. निम्नलिखित में से किस सुल्तान ने एक नगर की स्थापना की जहां आज आगरा स्थित है?
(a) मोहम्मब–बिन–तुगलक   (b) फिरोजशाह तुगलक
(c) बहलोल लोदी   (d) सिकन्दर लोदी

67. कौन तुती-ए-हिन्दुस्तान के रूप में जाना जाता है?
(a) अमिर खुसरो   (b) मलिक मोहम्मद जायसी
(c) राय वानमल   (d) पुरन्दर खान

68. अंग्रेजो ने रैयतवारी बन्दोबस्त कहा किया था?
(a) बंगाल प्रेसीडेन्सी
(b) मद्रास प्रेसीडेन्सी
(c) बाम्बे प्रेसीडेन्सी
(d) मद्रास और बाम्बे प्रेसीडेन्सी

69. निम्नलिखित में से कौन एक उदारवादी नहीं थे?
(a) विपिन चन्द्रपाल   (b) फिरोजशाह मेहता
(c) सुरेन्द्रनाथ चटर्जी   (d) गोपाल कृष्ण गोखले

70. भारतीय राष्ट्रीय कांग्रेस के अध्यक्ष कौन थे, जब माउन्टबेटन योजना स्वीकार की गई थी?
(a) जवाहर लाल नेहरू   (b) सरदार पटेल
(c) मौलाना आजाद   (d) जे बी कृपलानी

71. किस घटना से गांधीजी को असहयोग आन्दोलन वापस लेना पड़ा?
(a) काकोरी कांड   (b) चौरी–चौरा कांड
(c) जालियावाला कांड   (d) मुज्जफरपुर कांड

72. कोकण तट का विस्तार किसके बीच है?
(a) गोआ और कोचिन   (a) गोआ और मुम्बई
(c) गोआ और दमन   (a) गोआ और द्विव

73. भारत में नमक का सबसे बड़ा उत्पादक कौन है?
(a) राजस्थान   (b) महाराष्ट्र
(c) गुजरात   (d) तमिलनाडु

74. किस अनुच्छेद के अन्तर्गत पंचायतों को संवैधानिक दर्जा दिया गया है?
(a) 219   (b) 226
(c) 239   (d) 243

75. राष्ट्रपति द्वारा जारी अध्यादेश प्रभावी रहता है–
(a) तीन माह के लिए   (b) छः सप्ताह के लिए
(c) नौ माह के लिए   (d) अनन्त काल के लिए

76. भारत के संसद का सचिवालय है–
(a) संसदीय मामलों के मंत्री के अन्तर्गत
(b) राष्ट्रपति के अन्तर्गत
(c) संघीय कैबिनेट के अन्तर्गत
(d) कार्मिक, लोक शिकायत एवं पेंशन मंत्रालय के अन्तर्गत

77. कृषि ऋण के क्षेत्र में सर्वोच्च संस्थान है–
(a) भारतीय स्टेट बैंक   (b) भारतीय रिजर्व बैंक
(c) क्षेत्रीय ग्रामीण बैंक   (d) नाबार्ड

78. एक रडार के किरण पूंज में होता है–
    (a) एक्स–किरणे   (b) अवरक्त किरणें
    (c) पराबैंगनी किरणे   (d) माइक्रोवेव

79. पानी के अन्दर हवा के बुलबुले किस प्रकार कार्य करते हैं?
    (a) उत्तल दर्पण की तरह   (b) उत्तल लेन्स की तरह
    (c) अवतल दर्पण की तरह   (d) अवतल लेन्स की तरह

80. Fe, Co और Ni उदाहरण हैं–
    (a) लौहचुम्बक का   (b) समचुंबक का
    (c) प्रतिचुम्बकीय का   (d) इनमें से कोई नहीं

81. बीज प्रस्तुति किससे नियंत्रित होती है?
    (a) एबसिसिक अम्ल   (b) जिबेरिलिक अम्ल
    (c) इंडोल एसिटिक अम्ल   (d) इथीलीन

82. छड़ चुम्बटक के केन्द्रक पर चुम्बकत्व होता है–
    (a) उच्च   (b) अधिकतम
    (c) लगभग शून्य   (d) निम्नतम या अधिकतम

83. प्राकृतिक रेडियोधर्मिता ______ द्वारा खोजी गयी थी।
    (a) मेरी क्यूरी   (b) अर्नेस्ट रूथरफोर
    (c) हेनरी बेकेरल   (d) एनरिको फर्मी

84. जल सतह पर तेल की पतली परत रंगीन क्यों दिखाई देती है?
    (a) परावर्तन के कारण   (b) व्यतिकरण के कारण
    (c) विवर्तन के कारण   (d) ध्रुवीकरण के कारण

85. लाल बत्ती ट्राफिक सिग्नल में यातायात रोकने के लिये प्रयोग की जाती है क्यों कि–
    (a) आंख लाल रोशनी के लिये अधिक संवेदनशील है
    (b) यह कम से कम बिखरती है और इसलिए आसानी से लम्बीं दूरी से देखी जा सकती है
    (c) यह आंखों के लिये बहुत ही सुखद है।
    (d) यह अधिक दूर दृष्टि वाले लोगों को भी दिखाई दे जाती है

86. विषुवत रेखा पर गुरूत्व के कारण त्वरण
    (a) ध्रुवों पर त्वरण की अपेक्षा कम है।
    (b) ध्रुवों पर त्वरण की अपेक्षा अधिक है।
    (c) ध्रुवों पर त्वरण के बराबर है।
    (d) पृथ्वी के अभिकेन्द्री त्वरण पर निर्भर नहीं करता ।

87. फ्यूज तार किस मिश्रधातु के बने होते है ?
    (a) सीसा और तांबा   (b) टिन और तांबा
    (c) टिन और सीसा   (d) तांबा और चांदी

88. निम्न लिखित में से किसका प्रयोग करके ऊष्मीय विघुत पैदा की जाती है ?
    (a) केवल कोयला
    (b) कोयला और प्राकृतिक गैस
    (c) कोयला, प्राकृतिक गैस और पेट्रोलियम
    (d) इनमें से कोई नहीं

89. प्रकाष के किस/किन रंगों का निर्वात में अधिकतम वेग होता है?
    (a) नीला   (b) लाल
    (c) हरा   (d) उपर्युक्त सभी

90. परमाणु आकार एक इकाई में व्यक्त किये जाते हैं जिसका नाम है?
    (a) फर्मी   (b) ऐंग्स्टॉम
    (c) न्यूटन   (d) टेस्ला

91. चीन स्थित एशियन इंफ्रास्ट्रक्चर इन्वेस्टमेंट बैंक (एआईआईबी) ने ______ में 4,000 गांवों में सड़कों का निर्माण करने के लिए $ 329 मिलियन लोन को मंजूरी दे दी है.
    (a) असम   (b) गुजरात
    (c) मध्य प्रदेश   (d) हिमाचल प्रदेश

92. एशियाई बुनियादी ढांचा निवेश बैंक (एआईआईबी) के वर्तमान अध्यक्ष कौन है?
    (a) ताकेहिको नाकाओ   (b) सुन बन किन
    (c) आंग जन ली   (d) जिन लीकुन

93. निम्न में से कौन सा राज्य जीएसटी बिल पारित करने वाला अंतिम राज्य बन गया है?
    (a) हरियाणा   (b) सिक्किम
    (c) जम्मू और कश्मीर   (d) असम

94. कॉन्टेक्ट लेंस का आविष्कार किसने किया?
    (a) एनरिको फर्मी
    (b) एडॉल्फ गेस्टोन यूजीन फिक
    (c) सैंडफोर्ड फ्लेमिंग
    (d) बेनोइट फोरनेरोन

95. लोकसभा में विपक्ष का पहला नेता ______ था.
    (a) बी. आर.अम्बेडकर   (b) ए. के. गोपालन
    (c) एस. राधाकृष्णन   (d) वल्लभभाई पटेल

96. मानव मूत्र के पीले रंग के होने का कारण क्या है
    (a) पित्त नमक   (b) कोलेस्टॉल
    (c) लसीका   (d) यूरोक्रोम

97. देश ने 26 जनवरी को राजपथ, नई दिल्ली में अपना 69 वां गणतंत्र गणतंत्रा दिवस पर कितने आसियान देशों के प्रमुख चीफ गेस्ट थे?
    (a) 8   (b) 9
    (c) 10   (d) 11

98. हाल में घोषित पद्म पुरस्कार 2018 में, पद्म भूषण से किस खिलाड़ी को सम्मानित किया गया?
    (a) दोनों (b) और (d)   (b) पंकज आडवाणी
    (c) विराट कोहली   (d) महेन्द्र सिंह धोनी
    (e) दोनों (c) और (b)

99. फ्लोटिंग मार्केट प्राप्त करने वाले पहले भारतीय मेट्रो बनने वाले शहर का नाम बताएं.
    (a) चेन्नई   (b) मुंबई
    (c) दिल्ली   (d) कोलकाता

100. जनवरी 2018 में सरकार के केंद्रीय सांख्यिकी कार्यालय (CSO) के नए आंकड़ों के अनुसार, 2017-18 में भारतीय अर्थव्यवस्था का ______ विस्तार होगा.
    (a) 6-1%   (b) 6-3%
    (c) 6-7%   (d) 6-5%

RESPONSE SHEET

1. ⓐⓑⓒⓓ	2. ⓐⓑⓒⓓ	3. ⓐⓑⓒⓓ	4. ⓐⓑⓒⓓ	5. ⓐⓑⓒⓓ
6. ⓐⓑⓒⓓ	7. ⓐⓑⓒⓓ	8. ⓐⓑⓒⓓ	9. ⓐⓑⓒⓓ	10. ⓐⓑⓒⓓ
11. ⓐⓑⓒⓓ	12. ⓐⓑⓒⓓ	13. ⓐⓑⓒⓓ	14. ⓐⓑⓒⓓ	15. ⓐⓑⓒⓓ
16. ⓐⓑⓒⓓ	17. ⓐⓑⓒⓓ	18. ⓐⓑⓒⓓ	19. ⓐⓑⓒⓓ	20. ⓐⓑⓒⓓ
21. ⓐⓑⓒⓓ	22. ⓐⓑⓒⓓ	23. ⓐⓑⓒⓓ	24. ⓐⓑⓒⓓ	25. ⓐⓑⓒⓓ
26. ⓐⓑⓒⓓ	27. ⓐⓑⓒⓓ	28. ⓐⓑⓒⓓ	29. ⓐⓑⓒⓓ	30. ⓐⓑⓒⓓ
31. ⓐⓑⓒⓓ	32. ⓐⓑⓒⓓ	33. ⓐⓑⓒⓓ	34. ⓐⓑⓒⓓ	35. ⓐⓑⓒⓓ
36. ⓐⓑⓒⓓ	37. ⓐⓑⓒⓓ	38. ⓐⓑⓒⓓ	39. ⓐⓑⓒⓓ	40. ⓐⓑⓒⓓ
41. ⓐⓑⓒⓓ	42. ⓐⓑⓒⓓ	43. ⓐⓑⓒⓓ	44. ⓐⓑⓒⓓ	45. ⓐⓑⓒⓓ
46. ⓐⓑⓒⓓ	47. ⓐⓑⓒⓓ	48. ⓐⓑⓒⓓ	49. ⓐⓑⓒⓓ	50. ⓐⓑⓒⓓ
51. ⓐⓑⓒⓓ	52. ⓐⓑⓒⓓ	53. ⓐⓑⓒⓓ	54. ⓐⓑⓒⓓ	55. ⓐⓑⓒⓓ
56. ⓐⓑⓒⓓ	57. ⓐⓑⓒⓓ	58. ⓐⓑⓒⓓ	59. ⓐⓑⓒⓓ	60. ⓐⓑⓒⓓ
61. ⓐⓑⓒⓓ	62. ⓐⓑⓒⓓ	63. ⓐⓑⓒⓓ	64. ⓐⓑⓒⓓ	65. ⓐⓑⓒⓓ
66. ⓐⓑⓒⓓ	67. ⓐⓑⓒⓓ	68. ⓐⓑⓒⓓ	69. ⓐⓑⓒⓓ	70. ⓐⓑⓒⓓ
71. ⓐⓑⓒⓓ	72. ⓐⓑⓒⓓ	73. ⓐⓑⓒⓓ	74. ⓐⓑⓒⓓ	75. ⓐⓑⓒⓓ
76. ⓐⓑⓒⓓ	77. ⓐⓑⓒⓓ	78. ⓐⓑⓒⓓ	79. ⓐⓑⓒⓓ	80. ⓐⓑⓒⓓ
81. ⓐⓑⓒⓓ	82. ⓐⓑⓒⓓ	83. ⓐⓑⓒⓓ	84. ⓐⓑⓒⓓ	85. ⓐⓑⓒⓓ
86. ⓐⓑⓒⓓ	87. ⓐⓑⓒⓓ	88. ⓐⓑⓒⓓ	89. ⓐⓑⓒⓓ	90. ⓐⓑⓒⓓ
91. ⓐⓑⓒⓓ	92. ⓐⓑⓒⓓ	93. ⓐⓑⓒⓓ	94. ⓐⓑⓒⓓ	95. ⓐⓑⓒⓓ
96. ⓐⓑⓒⓓ	97. ⓐⓑⓒⓓ	98. ⓐⓑⓒⓓ	99. ⓐⓑⓒⓓ	100. ⓐⓑⓒⓓ

संकेत और हल

1. (d) यदि पहला भाजक दूसरे भाजक का गुणक है तो अपेक्षित शेष = पहली संख्या से भाग दिए जाने पर प्राप्त किए गए शेष (36) को दूसरे भाजक (17) से भाग देने पर शेष

∵ 17, 136 का भाजक है।

∴ जब 36 को 17 से भाग दिया गया शेष = 2

2. (d) $xyxy = xy \times 100 + xy$

$= xy(100 + 1) = 101 \times xy$

अत: यह संख्या 101 से पूर्णत: विभाजित है।

3. (b) $(a^b + b^a)^{-1} = (2^3 + 3^2)^{-1} = (8 + 9)^{-1} = (17)^{-1} = \dfrac{1}{17}$

4. (c) $99 \times 99 = 9801$

5. (a) यहाँ, $(48 - 38) = 10$, $(64 - 54) = 10$, $(90 - 80) = 10$ और $(120 - 110) = 10$.

∴ वांछित संख्या = (48, 64, 90 और 120 का ल.स.) − 10 = 2870

6. (c) अभीष्ट औसत

$$= 30 + \frac{(28 + 31 - 82 - 13)}{50} = 29.28$$

7. (b) माना की 11वीं पारी के बाद बल्लेबाज का औसत = A

$$\frac{11\text{वीं पारी के अन्त तक बनाए गए स्कोर}}{11} = A$$

∴ 11वीं पारी के बाद कुल स्कोर = 11 A

अब $\dfrac{11\text{वीं पारी तक कुल स्कोर} + 12\text{वीं पारी में स्कोर}}{12} = A + 2$

$\Rightarrow 11A + 63 = (A + 2) \times 12$

$\Rightarrow 11A - 12A = 24 - 63$

$\Rightarrow A = 39$

12 पारीयों का औसत = 39 + 2 = 41

8. (c) A + B की मासिक आय का योग = 30100   ...(i)

B + C की मासिक आय का योग = 30700   ...(ii)

A + C की मासिक आय का योग = 30400   ...(iii)

समीकरण (ii) में से (i) घटाने पर

B + C − A − B = 30700 − 30100

C − A = 600   ...(iv)

C + A = 30400   ...(v)

समीकरण (v) में से (v) घटाने पर

C − A − C − A = 600 − 30400

$-2A = -29800$

$A = 14900$

9. (b) कुल खर्च = 44668 + 56732 = 101400

कुल प्रतिशत खर्च = 100 − 22 = 78 %

∴ कुल राशि $= \dfrac{101400 \times 100}{78} = ₹\ 130000$

10. (d) कुल वैद्य मतों की संख्या = 15200 का 85% = 12920

∴ दूसरे उम्मीदवार के कुल वैद्य मतों की संख्या = 12920 का 45% = 5814

11. (a) माना परीक्षा के कुल अंक = x.

$\Rightarrow \quad x \times \dfrac{36}{100} = 190 + 35$

$\Rightarrow \quad \dfrac{x \times 36}{100} = 225$

$x = 625$

12. (d) दर $= \dfrac{15300 \times 100}{45000 \times 4} = 8.5\%$

चक्रवृद्धि ब्याज

$$= 45000\left(1 + \frac{8.5}{100}\right)^4 - 45000$$

$$= 45000\left\{\left(\frac{108.5}{100}\right)^4 - 1\right\}$$

$= 45000 \times 0.3858 = ₹\ 17364\ (लगभग)$

13. (c) बट्टे में अन्तर = 1%

$\dfrac{1}{100} \times x = 15$

$x = 1500$

14. (a) MP = 275

5% बट्टे के बाद SP $= \dfrac{95}{100} \times 275$

CP जहाँ P % 4.5 है $= \dfrac{100}{104.5} \times \dfrac{95}{100} \times 275 = ₹250$

15. (d) रेडियो सेट का अंकित मूल्य

$$= \frac{400 \times 130}{100} = ₹\ 520$$

$$\text{S.P.} = \frac{520 \times 92}{100} = ₹478.4$$

$$\therefore \text{लाभ प्रतिशत} = \frac{78.4}{100} \times 100 = 19.6\%$$

16. (d) पिंकू, रिंकू और टिंकू को वितरित राशि का अनुपात
$$= 7 : 8 : 6$$

$\therefore$ अनुपाती योग $= 7 + 8 + 6 = 21$

पिंकू को प्राप्त धन $= \dfrac{7}{21} \times 4200 = ₹1400$

रिंकू को प्राप्त धन $= \dfrac{8}{21} \times 4200 = ₹1600$

टिंकू को प्राप्त धन $= \dfrac{6}{21} \times 4200 = ₹1200$

प्रश्नानुसार,

₹200 जोड़ने पर उनके हिस्से का नया अनुपात
$$= 1600 : 1800 : 1400$$
$$= 8 : 9 : 7$$

17. (d)

	₹ 1	:	50P	:	25P
सिक्कों का मूल्य	8x	:	4x	:	3x
सिक्कों की संख्या	$8x \times 1$	:	$4x \times 2$	:	$3x \times 4$

$\therefore$ कुल सिक्के

$\Rightarrow 8x + 8x + 12x = 28x$

$28x = 280$ दिया हुआ

$$x = \frac{280}{28} = 10$$

$\therefore$ एक रुपया के सिक्कों की संख्या $= 8x = 8 \times 10 = 80$

18. (c) $m_1 d_1 = m_2 d_2$

$$x(30) = (x + 6)20$$

$\Rightarrow 2x + 12 = 3x$

$\Rightarrow 3x - 2x = 12$

$\Rightarrow x = 12$ पुरुष

19. (a) 12 बन्दर 12 केले खाते हैं। 12 मिनट में

तब 1 बन्दर 1 केला खाता है। 12 मिनट में

4 बन्दर 4 केले खाते हैं। 12 मिनट में

20. (c) ट्रेन की गति

$$= \frac{(\text{प्लेटफार्म} + \text{ट्रेन}) \text{ की लंबाई}}{\text{समय}}$$

$$= \frac{175 + 35}{12} = \frac{210}{12} \text{ मीटर/सेकण्ड}$$

$$= \frac{210}{12} \times \frac{18}{5} \text{ किमी/घंटा} = 63 \text{ किमी/घंटा}$$

21. (d) चाल धारा के साथ $= 5$ कि.मी./घंटा

चाल धारा के विपरीत $= 1$ कि.मी./घंटा

$\therefore$ अभीष्ट समय

$$= \frac{10}{5} + \frac{10}{1} = 12 \text{ घंटा}$$

22. (d) अनुपात $= 2 : 3 : 4$

$$= 4 : 6 : 8$$

परिमाप $= 18$ से.मी.

$\therefore$ अर्द्ध परिमाप $= \dfrac{4 + 6 + 8}{2} = 9$

$\therefore$ त्रिभुज का क्षेत्रफल

$$= \sqrt{s(s - a)(s - b)(s - c)}$$

$$= \sqrt{9(9 - 4)(9 - 6)(9 - 8)}$$

$$= \sqrt{9 \times 5 \times 3 \times 1} = 3\sqrt{15} \text{ वर्ग सेमी.}$$

23. (b)

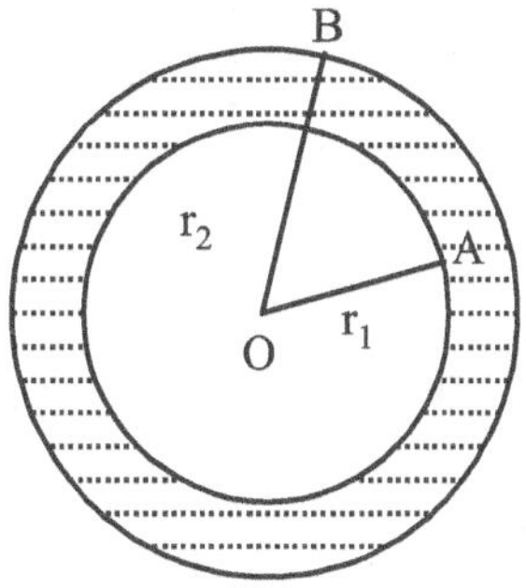

सड़क की चौड़ाई $= r_2 - r_1$

$C_2 - C_1 = 66$

$\therefore 2\pi r_2 - 2\pi r_1 = 66$

$\Rightarrow 2\pi(r_2 - r_1) = 66$

$\Rightarrow r_2 - r_1 = \dfrac{66}{2\pi} = \dfrac{66 \times 7}{2 \times 22} = 10.5$ मीटर

24. (b) $x + x + 1 + x + 2 + x + 3 + x + 4 + x + 5 = 6K$

$\Rightarrow 6x + 15 = 6K$

$$x + \frac{15}{6} = K$$

⇒ $x+\frac{5}{2}=K$ ....(i)

पुनः,

$$\frac{x+(x+1)+..........(x+6)+(x+7)}{8}$$

$$=\frac{8x}{8}+\frac{28}{8}=x+\frac{7}{2} \quad ....(ii)$$

अब, $x+\frac{7}{2}-x-\frac{5}{2}=1$

25. (b) माना वस्तु का अंकित मूल्य = x रुपए एवं क्रय मूल्य = 100 रुपए

प्रश्नानुसार,

$$x\times\frac{80}{100}=\frac{100\times120}{100}$$

$$\Rightarrow \quad x=\frac{120\times100}{80}=150 \text{ रुपए}$$

30% की छूट के बाद विक्रय मूल्य

$=\frac{150\times70}{100}$ = 105 रुपए यानी 5% लाभ

26. (d) जिस प्रकार,

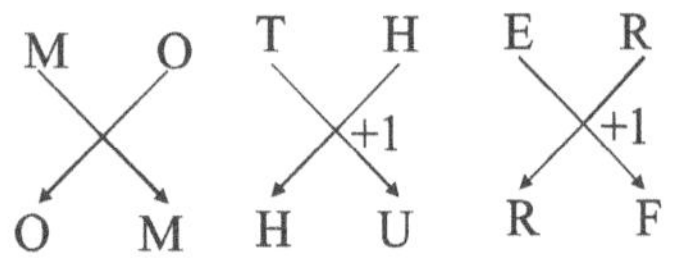

उसी प्रकार,

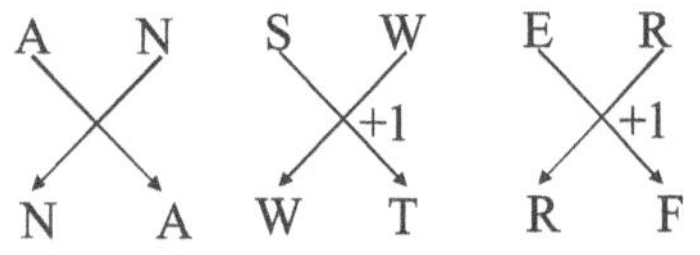

27. (d) जिस प्रकार,

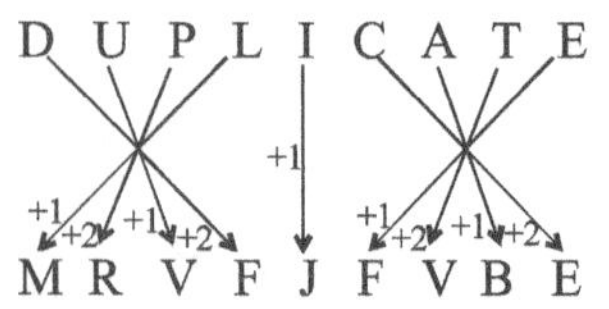

उसी प्रकार,

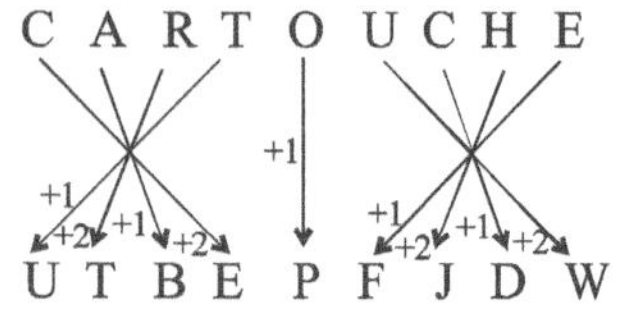

28. (a)

4	3	5	9	7	1
↓	↓	↓	↓	↓	↓
?	+	%	★	#	$

29. (b) S**H**E E L A / S **H** E E L A / **S** H E E L A / S H E E **L** A

30. (c)

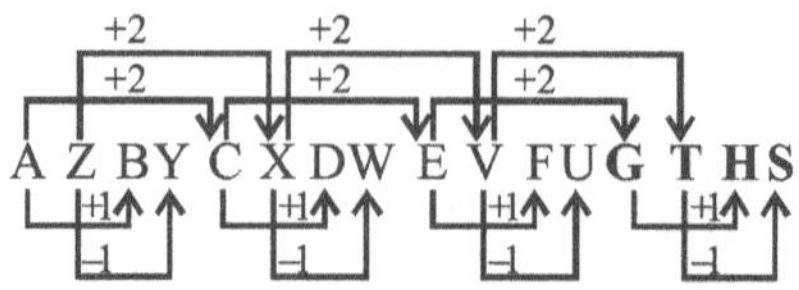

31. (d) 96 94 373 3353 **53643** 1341069

$\times(1)^2-2, \times(2)^2-3, \times(3)^2-4, \times(4)^2-5, \times(5)^2-6$

32. (a) 325 259 204 160 127 105 **94**

–66 –55 –44 –33 –22 –11

–11 –11 –11 –11 –11

33. (c) अन्य सभी समूह में दोनों अक्षर एक-दूसरे के विपरीत अक्षर हैं।

34. (d) अन्य सभी अनाज हैं, जबकि तिल इसके अन्तर्गत नहीं आता है।

35. (d) संख्या 255 को छोड़कर अन्य सभी संख्याएं पूर्ण वर्ग से 1 अधिक है।

$50=(7)^2+1, 65=(8)^2+1;$

$170=(13)^2+1, 290=(17)^2+1$

परंतु, $255=(16)^2-1$

36. (d) अन्य सभी रंगों के नाम उलटे क्रम में हैं।

जैसे NEERG → GREEN

DER → RED

KNIP → PINK

37. (c) 17 + ● ● + 10

मधु संधु

∴ मधु और संधु के बीच लड़कों की संख्या

$= 40 - 18 - 11 = 12$

38. (a) T > S > R > Q > P

∴ सबसे छोटा P है।

39. (d) ग्रेंडफादर के एकमात्र संतान का अर्थ है या तो माता या पिता। अतः महिला निर्मल की या तो पत्नी है या सिस्टर–इन–लॉ है।

40. (a)

P(+) ⇔ S (-)

J – N(+) B(+) – C(–)

J का लिंग पता नहीं है इसलिए J,C की बहन या भाई हो सकता है।

41. (a)

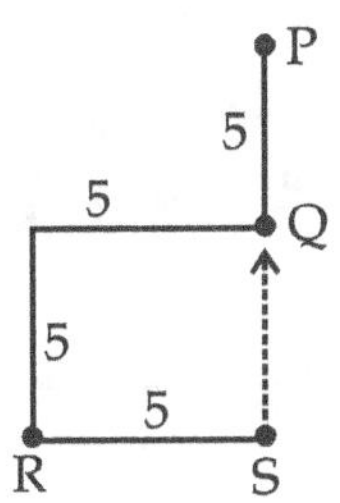

अतः रमन बिंदु S से Q तक चलने के लिए उत्तर दिशा में मुड़ेगा।

42. (b)

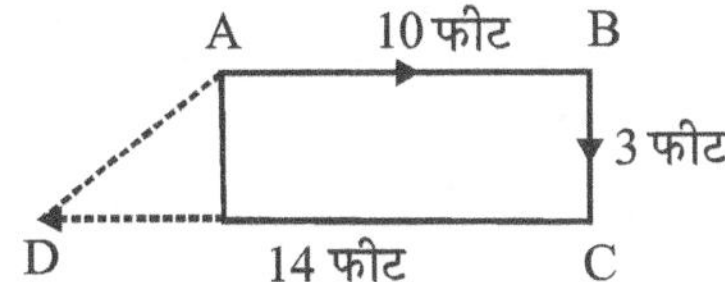

अभिष्ट दूरी = AD

$$= \sqrt{3^2 + (14-10)^2} = \sqrt{9+16} = 5 \text{ ft}$$

43. (c) $7 \times 391 \div 17 + 6 - 5$

$= 7 \times 23 + 6 - 5$

$= 161 + 6 - 5 = 167 - 5 = 162$

44. (d) विकास 15 सेकण्ड में खड़ा हुआ और फिर हर 26 सेकण्ड बाद, वह यही दोहराता है।

पहली बार → 15 सेकण्ड

दूसरी बार → 15 + 26 = 41 सेकण्ड

तीसरी बार → 41 + 26 = 67 सेकण्ड

चौथी बार → 67 + 26 = 93 सेकण्ड

45. (b) कुछ शिक्षक, लेखक हो सकते हैं और ठीक इसके विपरीत भी।

46. (b)

47. (c) $5 \times 4 \times 3 \times 1 = 60$

$2 \times 1 \times 7 \times 6 = 84$

इसी प्रकार,

$1 \times 3 \times 10 \times 3 = 90$

48. (a) $(11 \times 12) - (6 \times 9) = 132 - 54 = 78$

इसी प्रकार,

$(14 \times 10) - (7 \times 8) = 140 - 56 = 84$

49. (a)

50. (c)

(a) $5 \times 3 < 7 \div 8 + 4 \times 1$ $1 > 3$

(b) $3 \times 4 > 2 - 9 + 3 < 3$ $11 = 0$

(c) $5 > 2 + 2 = 10 < 4 \times 8$ $5 < 14$

(d) $3 \times 2 < 4 \div 16 > 2 + 4$ $1 > 8$

51. (a) 52. (b) 53. (a) 54. (c) 55. (b) 56. (a)

57. (c) 58. (d) 59. (b) 60. (b) 61. (b) 62. (a)

63. (c) 64. (d) 65. (b) 66. (b) 67. (b) 68. (a)

69. (c) 70. (d) 71. (a) 72. (d) 73. (a) 74. (d)

75. (b) 76. (a) 77. (c) 78. (d) 79. (b) 80. (a)

81. (a) 82. (c) 83. (c) 84. (b) 85. (b) 86. (a)

87. (c) 88. (c) 89. (c) 90. (a) 91. (b) 92. (d)

93. (c) 94. (b) 95. (b) 96. (d) 97. (c) 98. (a)

99. (d) 100. (d)

सामान्य ज्ञान

भारतीय राज्य तथा संघ शासित क्षेत्र

भारत / राज्य	राजधानी	क्षेत्रफल (वर्ग किमी.)	भाषा	स्थापना दिवस	लिंग अनुपात / 1000	साक्षरता दर :	जनसंख्या घनत्व (वर्ग किमी.)	त्यौहार	नृत्य	जनजातियाँ
भारत	नई दिल्ली	3.3 मिलियन	कोई राष्ट्रीय भाषा नहीं	15-08-1947	940	73	382	गांधी जयंती, नववर्ष, गणतंत्र दिवस	—	—
1. आंध्र प्रदेश	हैदराबाद	1,60,205	तेलगु, उर्दू	01-10-1953	992	67.7	308	संक्रांति, उगाडी	कुचिपुडी	अंध, बगता, भील, कोंडा
2. अरुणाचल प्रदेश	ईटानगर	83,743	अंग्रेजी	20-02-1987	920	66.95	17	लोसर या नववर्ष	बारदो छाम	अबोर, आका, अपतानी
3. आसाम	दिसपुर	78,550	असमी, बंगाली	01-04-1912	—	—	397	बिहू	अंकिया नाट	मिकिर, खसिस नागा, बोरो
4. बिहार	पटना	99,200	भोजपुरी, मैथिली	01-04-1936	916	63.4	1,102	छठ	विदेसिया, कजरी	गोंडा, मुंडा, गौर
5. छत्तीसगढ़	रायपुर	1,36,034	छत्तीसगढ़ी, हिन्दी	01-11-2000	991	71.04	189	बस्तर दुसेरे, भोरामदेव	पंथी, रावत नाच	अगारिया, आंध बैगा, भैना
6. गोवा	पणजी	3,702	कोंकणी	30-05-1987	968	88.70	394	गणेश चतुर्थी	डेकनी, फुग्दी	धोडिया, दुबला (हलपाती)
7. गुजरात	गांधी नगर	1,96,204	गुजराती	01-05-1960	918	79.31	310	मकर संक्रांति	रास–गरबा	भील, बारदा, बावचा
8. हरियाणा	चंडीगढ़	44,212	पंजाबी, हरियाणवी	01-11-1966	877	76.64	573	हरियाली तीज, लोहड़ी	सांग, धमाल	मेयो, रोर
9. हिमाचल प्रदेश	शिमला	55,673	पहाड़ी, कांगड़ी	25-01-1971	974	83.78	123	कुल्लु, शोलिनी चुकसाम	लोसार सोना	भाट, गड्डी गुज्जर
10. जम्मू और कश्मीर	श्रीनगर	2,22,236	कश्मीरी, उर्दू	26-10-1947	883	66.7	124	हेमिस, उर्स	डुम्हाल, रऊफ	बाल्टी, बेडा, बाट, बोटो
11. झारखंड	रांची	79,714	संथाली, मुंदरी, हो	15-11-2000	947	67.6	414	झूमर, पैका, छाउ, अग्नि	करम, वट सावित्री	असउर, अगारिया, बैगा, बंजारा
12. कर्नाटका	बेंगलुरु	1,91,791	कन्नड़	01-11-1956	968	75.60	320	मैसूर दसरा, उगाडी	भरतनाट्यम, बोलाक आट	आदियान, बावचा, बारदा, भील
13. केरला	तिरुवनंतपुरम	38,863	मलयालम, अंग्रेजी	01-07-1949	1,084	93.91	860	ओणम	कथकली	आदियान, अरंदन
14. मध्य प्रदेश	भोपाल	3,08,245	हिन्दी	01-11-1956	930	70.60	236	शिवरात्रि, भगोरिया	सायरा, राय, बधाई	भील, भुंजिया बैर, बिझवार

भारत /राज्य	राजधानी	क्षेत्रफल (वर्ग किमी.)	भाषा	स्थापना दिवस	लिंग अनुपात /1000	साक्षरता दर :	जनसंख्या घनत्व (वर्ग किमी.)	त्यौहार	नृत्य	जनजातियाँ
15. महाराष्ट्र	मुंबई	3,07,713	मराठी	01-05-1960	929	82.9	370	विजयदशमी या दशहरा	लवानी, कोली	अंध, बैगा, बारदा
16. मणिपुर	इंफाल	22, 327	मणिपुरी	21-01-1972	987	79.21	122	लुई-नगाई-नी निंगोल चकौबा, याओशांग	मणिपुरी	ऐमोल, अनाल अंगामी
17. मेघालय	शिलांग	22, 429	खासी, गारो	21-01-1972	986	75.84	132	नांग्क्रेम, वांगला	नांग्क्रेम	चकमा, डिमासा, गारो
18. मिजोरम	आइजोल	21,087	मिजो	20-02-1987	975	91.58	52	चपचर कुट, थालफवांग कुट	चेराव, खुल्लम	चकमा, डिमासा, गारो
19. नागालैंड	कोहिमा	16,579	अंग्रेजी	01-12-1963	931	80.11	119	हार्नबिल, सेक्रेन्यी	जेलियांग	नागा, कुकी, मिकिर
20. उड़ीसा	भुवनेश्वर	1,55,820	उड़िया, अंग्रेजी	01-04-1936	978	73.45	270	गणेश चतुर्थी	ओडिसी	अगता, बथूड़ी, बिरहोर
21. पंजाब	चंडीगढ़	50,362	पंजाबी	15-08-1947	893	76.68	550	बांदी छोर, वैसाखी, लोहड़ी	भांगड़ा, गिद्ध ा	—
22. राजस्थान	जयपुर	3,42,239	हिन्दी, राजस्थानी	01-11-1956	926	67.68	201	गंगौर, तीज, गोगाजी	घूमर	—
23. सिक्किम	गंगटोक	7,096	नेपाली, भूटिया	16-05-1975	889	82.2	86	माधे, लोसर	सिंघी छाम	भूटिया, लेपचा, लिम्बो
24. तमिलनाडु	चेन्नई	1,30,058	तमिल	26-01-1950	995	80.33	555	पोंगल	भरतनाट्यम	आदियान, अरानदन
25. तेलंगाना	हैदराबाद	1,14,840	तेलगु, उर्दू	02-06-2014		66.50	310	उगाडी	कुचिपुडी	अंध, कोंडा
26. त्रिपुरा	अगरतला	10,491.69	बंगाली, कोकबरक	21-01-1972	961	94.65	350	—	गोरिया, झूम	भील, भूटिया, चैमल
27. उत्तराखंड	देहरादून	53,483	गढ़वाली, कुमाऊंनी	09-11-2000	963	79.63	189	कंडाली, रम्मन	लंगवीर नृत्य	भूटिया, बुक्सा जौन्सारी, राजी
28. उत्तर प्रदेश	लखनऊ	2,43,286	हिन्दी, उर्दू	01-04-1937	908	69.7	828	मकर संक्रांति, छठ	कथक	भूटिया, बुक्सा थारु, बैगा
29. पश्चिम बंगाल	कोलकाता	88,752	बंगाली, अंग्रेजी	15-08-1947	947	77.08	1,029	दुर्गा पूजा, काली पूजा	छाऊ नृत्य	असउर, बैगा, बेडिया, छेरो

संघ शासित क्षेत्र	राजधानी	क्षेत्रफल	भाषा	स्थापना दिवस	लिंग अनुपात /1000	साक्षरता दर %	जनसंख्या घनत्व (वर्ग कि. मी.)	त्योहार	नृत्य	जनजा. तियाँ
1. अंडमान और निकोबार द्वीप समूह	पोर्ट ब्लेयर	8,249	अंग्रेजी, हिन्दी	01—11—1956	878	86.27	46	—	—	अंदमानिज, चरियार, चेरी
2. चंडीगढ़	चंडीगढ़	114	पंजाबी	01—11—1966	818	81.43	9,252	लोहड़ी	भांगड़ा	—
3. दादर और नगर हवेली	सिलवासा	491	अंग्रेजी, गुजराती	11—08—1961	775	77.65	698	पोंगल	तारपा, भावडा	वार्लिस, दुबला

4. दमन और दीव	दमन	112	गुजराती, मराठी	30–05–1987	618	87.07	2,169	गरबा	मांडो, विरा	धोडिया, दुबला (हिलपाती)
5. लक्षद्वीप	कावारत्ती	32	अंग्रेजी, मलयालम	01–11–1956	946	92.28	2,013	इद–उल–फितर, मोहर्रम	लावा, कोलकली	कोया, माल्मी
6. राष्ट्रीय राजधानी क्षेत्र दिल्ली	नई दिल्ली	1,484	हिन्दी	01–02–1992	866	86.34	11,297	दिवाली, इद–उल–फितर	–	–
7. पुडुचेरी	पांडिचेरी	492	मलयालम, तमिल	07–01–1963	1,038	86.55	2,598	पोंगल	गरडी	गुलस, विल्ली

राज्यों की स्थापना दिवस	
1. जनवरी	नागालैंड दिवस
21 जनवरी	मणिपुर, मेघालय और त्रिपुरा दिवस
6 फरवरी	जम्मू और कश्मीर दिवस
20 फरवरी	मिजोरम और अरुणाचल प्रदेश दिवस
11 मार्च	अंडमान और निकोबार द्वीप दिवस
22 मार्च	बिहार दिवस
30 मार्च	राजस्थान दिवस
1 अप्रैल	उड़ीसा दिवस
14 अप्रैल	तमिलनाडु दिवस
15 अप्रैल	हिमाचल प्रदेश दिवस
1 मई	गुजरात एवं महाराष्ट्र दिवस
16 मई	सिक्किम दिवस
2 जून	तेलंगाना दिवस
1 नवंबर	छत्तीसगढ़ दिवस
9 नवंबर	उत्तराखंड दिवस
15 नवंबर	झारखंड दिवस

राष्ट्रीय चिन्ह

राष्ट्रीय ध्वज	राष्ट्रीय ध्वज तिरंगे में समान अनुपात में तीन क्षैतिज पट्टियाँ हैं गहरा केसरिया रंग सबसे ऊपर, सफेद बीच में और हरा रंग सबसे नीचे है। ध्वज की लंबाई–चौड़ाई का अनुपात 3 : 2 है। सफेद पट्टी के बीच में नीले रंग का चक्र है। भारत की संविधान सभा ने राष्ट्रीय ध्वज का प्रारूप 22 जुलाई, 1947 को अपनाया।
राष्ट्रीय पक्षी	भारतीय मोर, पावों क्रिस्तातुस, भारत का राष्ट्रीय पक्षी।
राष्ट्रीय पुष्प	कमल (निलम्बो नूसीपेरा गेर्टन) भारत का राष्ट्रीय फूल है।
राष्ट्रीय पेड़	भारतीय बरगद का पेड़ फाइकस बैंगालेंसिस, जिसकी शाखाएँ और जड़ें एक बड़े हिस्से में एक नए पेड़ के समान लगने लगती हैं।
राष्ट्रीय गान	नोबल पुरस्कार सम्मानित कवि रविन्द्र नाथ टैगोर द्वारा **जन गण मन** के नाम से प्रख्यात शब्दों और संगीत की रचना भारत का राष्ट्र गान है।
राष्ट्रीय नदी	गंगा भारत की सबसे लंबी नदी है जो पर्वतों, घाटियों और मैदानों में 2,510 किलो मीटर की दूरी तय करती है।
राष्ट्रीय जलीय जीव	मीठे पानी की डॉलफिन भारत का राष्ट्रीय जलीय जीव है।
राजकीय प्रतीक	भारत का राजचिह्न सारनाथ स्थित अशोक के सिंह स्तंभ की अनुकृति है, जो सारनाथ के संग्रहालय में सुरक्षित है।
राष्ट्रीय पंचांग	राष्ट्रीय कैलेंडर शक संवत पर आधारित है, चैत्र इसका प्रथम माह होता है और ग्रेगोरियन कैलेंडर के साथ–साथ 22 मार्च 1957 से सामान्यतः 365 दिन सरकारी प्रयोजनों के लिए अपनाया गया।
राष्ट्रीय पशु	राजसी बाघ, तेंदुआ टाइग्रिस धारीदार जानवर है। लावण्यता, ताकत, फुर्तीलापन और अपार शक्ति के कारण बाघ को भारत के राष्ट्रीय जानवर के रूप में गौरवान्वित किया गया है।
राष्ट्रीय गीत	वन्दे मातरम गीत बंकिम चन्द्र चटर्जी द्वारा रचा गया है। इसे पहली बार 1896 में भारतीय राष्ट्रीय कांग्रेस के सत्र में गाया गया था।
राष्ट्रीय फल	मेग्नीफेरा इंडिका प्रजाति का फल अर्थात आम है, जो उष्ण कटिबंधीय हिस्से का सबसे अधिक महत्वपूर्ण और व्यापक रूप से उगाया जाने वाला फल है।
मुद्रा चिन्ह	भारतीय रुपए का प्रतीक चिन्ह अंतरराष्ट्रीय स्तर पर आदान–प्रदान तथा आर्थिक सबलता को परिलक्षित करता है। रुपए का चिन्ह भारत के लोकाचार का भी एक रूपक है।

प्रतिरक्षा तथा सुरक्षा

प्रतिरक्षा : भारत

- भारतीय सशस्त्र बल का सर्वोच्च सेनापति भारत का राष्ट्रपति होता है। रक्षा मंत्रालय तथा तीन सेना मुख्यालयों द्वारा सशस्त्र बलों पर प्रशासनिक तथा क्रियात्मक नियंत्रण रखा जाता है।

(I) थल सेना तथा मुख्यालय

कमांड	मुख्यालय
पश्चिमी कमांड	चंडीगढ़
उत्तरी कमांड	ऊधमपुर
सेना प्रशिक्षण कमांड	शिमला
दक्षिण पश्चिम कमांड	जयपुर
पूर्वी कमांड	कोलकाता
दक्षिणी कमांड	पुणे
केंद्रीय कमांड	लखनऊ

(II) जल सेना तथा मुख्यालय

कमांड	मुख्यालय
पूर्वी कमांड	विशाखापत्तनम
पश्चिमी कमांड	मुंबई
दक्षिणी कमांड	कोच्चि

(III) वायु सेना तथा मुख्यालय

पूर्वी कमांड	शिलांग
दक्षिणी पश्चिमी कमांड	गांधीनगर
दक्षिणी कमांड	तिरुअनंतपुरम
पश्चिमी कमांड	नई दिल्ली
केन्द्रीय कमांड	इलाहाबाद
क्रियात्मक कमांड	**मुख्यालय**
रखरखाव कमांड	नागपुर
प्रशिक्षण कमांड	बंगलौर

(IV) कमीशन रैंक

थल सेना	वायु सेना	जल सेना
जनरल	एयर चीफ मार्शल	एडमिरल
लेफ्टिनेंट जनरल	एयर मार्शल	वाइस-एडमिरल
मेजर जनरल मार्शल	एयर वाइस	रियर एडमिरल
ब्रिगेडियर	एयर कमोडोर	कमोडोर
कर्नल	ग्रुप कैप्टन	कैप्टन
लेफ्टिनेंट कर्नल	विंग कमांडर	कमांडर
मेजर	स्क्वॉड्रन लीडर	लेफ्टिनेंट कमांडर
कैप्टन फ्लाइट	लेफ्टिनेंट	लेफ्टिनेंट
लेफ्टिनेंट	फ्लाइंग ऑफिसर	सब लेफ्टिनेंट

आंतरिक सुरक्षा : भारत

संगठन	वर्ष	मुख्यालय
सेन्ट्रल रिजर्व पुलिस फोर्स (CRPF)	1939	नई दिल्ली
नेशनल कैडेट कोर (NCC)	1948	नई दिल्ली
इंडो तिब्बत बॉर्डर पुलिस (ITBP)	1962	नई दिल्ली
सीमा सुरक्षा बल (BSF)	1965	नई दिल्ली

संगठन	वर्ष	मुख्यालय
केन्द्रीय औद्योगिक सुरक्षा बल (CISF)	1969	नई दिल्ली
असम राइफल्स (AR)	1835	शिलांग
होम गार्ड्स (HG)	1946	विभिन्न राज्यों में
प्रादेशिक सेना (TA)	1949	विभिन्न राज्यों में
तटरक्षा बल (Coast Guard)	1978	नई दिल्ली
राष्ट्रीय सुरक्षा गार्ड (NSG)	1984	नई दिल्ली
त्वरित कार्य बल (RAF)	1992	

भारत के प्रतिरक्षा प्रशिक्षण संस्थान

- राष्ट्रीय रक्षा अकादमी (NDA), खड़गवासला (पुणे के नजदीक)
- राष्ट्रीय रक्षा महाविद्यालय (NDC), नई दिल्ली
- राष्ट्रीय इंडियन मिलिट्री कॉलेज (RIMC), देहरादून
- आर्मी सप्लाई कोर सेंटर एण्ड स्कूल, बंगलुरु
- सशस्त्र बल मेडिकल कॉलेज (AFMC), पुणे
- वायु सेना एडमिनिस्ट्रेटिव ट्रेनिंग विद्यालय, साम्ब्रा (बेलगाँव)
- कॉलेज ऑफ एयर वारफेयर, सिकंदराबाद एयरफोर्स अकादमी, हैदराबाद
- आई० एन० एस० चिल्का भुवनेश्वर (ओडिशा)
- आई० एन० एस० मंदोवी, गोवा
- नेवल अकादमी, कोच्चि
- आर्मी स्कूल ऑफ फिजिकल ट्रेनिंग, पुणे
- आर्मी मेडिकल कोर सेंटर एण्ड स्कूल, लखनऊ

भारत के प्रमुख शोध संस्थान

- भारतीय कृषि अनुसंधान संस्थान – नई दिल्ली
- केंद्रीय चावल अनुसंधान संस्थान – कटक
- केंद्रीय आलू अनुसंधान संस्थान – शिमला
- केंद्रीय वन अनुसंधान संस्थान – देहरादून
- भारतीय प्राकृतिक रेजिन तथा गोंद संस्थान (IINRG) – राँची
- राष्ट्रीय डेयरी अनुसंधान संस्थान – करनाल
- राष्ट्रीय खनन अनुसंधान संस्थान – धनबाद
- केंद्रीय जूट तकनीकी अनुसंधान संस्थान – कोलकाता
- राष्ट्रीय भू-भौतिकी अनुसंधान संस्थान – हैदराबाद
- टाटा इंस्टीट्यूट ऑफ फंडामेंटल रिसर्च – मुंबई
- हाई अल्टीट्यूड रिसर्च लैबोरेटरी – गुलमर्ग
- कोशिकीय तथा आण्विक जीवविज्ञान केंद्र – हैदराबाद
- नाभिकीय तथा अंतरिक्ष अनुसंधान केंद्र – (भारत में)
- इंडिया रेयर अर्थस लिमिटेड – अल्वाए (केरल)

- यूरेनियम कॉर्पोरेशन ऑफ इंडिया – जादुगोड़ा
- भाभा एटॉमिक रिसर्च सेंटर (BARC) – ट्राम्बे (मुंबई)
- साहा इंस्टीट्यूट ऑफ न्यूक्लियर फिजिक्स – कोलकाता
- विक्रम साराभाई स्पेस सेंटर – तिरुअनंतपुरम्
- भारतीय अंतरिक्ष अनुसंधान संगठन (ISRO) – बंगलुरू
- केन्द्रीय गन्ना अनुसंधान संस्थान – कोयम्बटूर
- भारतीय मौसम विज्ञान संस्थान – नई दिल्ली
- अखिल भारतीय आयुर्विज्ञान संस्थान – नई दिल्ली
- भारतीय भू-चुम्बकीय संस्थान – मुंबई
- राष्ट्रीय समुद्र विज्ञान संस्थान – पणजी
- केन्द्रीय ट्रैक्टर संस्थान – नई दिल्ली
- भारतीय पुरातात्विक सर्वेक्षण विभाग – कोलकता
- केन्द्रीय भवन निर्माण अनुसंधान संस्थान – रुड़की
- केन्द्रीय नमक एवं समुद्री रसायन अनुसंधान संस्थान – भावनगर
- भारतीय राष्ट्रीय राजमार्ग प्राधिकरण – नई दिल्ली
- प्लाज्मा अनुसंधान संस्थान – गाँधी नगर
- भारतीय मौसम वेधशाला – पुणे
- औद्योगिक विष विज्ञान अनुसंधान केन्द्र – लखनऊ
- सेंटर फॉर डी.एन.ए. फिंगर प्रिंटिंग एण्ड डायग्नोस्टिक्स – हैदराबाद
- कपड़ा उद्योग अनुसंधान संस्थान – अहमदाबाद
- केंद्रीय चमड़ा अनुसंधान संस्थान – चेन्नई
- केंद्रीय पर्यावरण इंजीनियरिंग अनुसंधान संस्थान – नागपुर

भारतीय प्रक्षेपास्त्र (मिसाइल)

- अस्त्र – हवा से हवा में मार करने वाली मिसाइल (क्षमता 80 कि.मी.)
- पृथ्वी I – सतह से सतह पर मार करने
- (थल सेना) वाली मिसाइल (क्षमता 150 कि.मी.)
- पृथ्वी II – सतह से सतह पर मार करने
- (वायु सेना) वाली मिसाइल (क्षमता 250 कि.मी.)
- पृथ्वी III – सतह से सतह पर मार करने
- (नौ सेना) वाली मिसाइल (क्षमता 350 कि.मी.)
- धनुष – सतह से सतह पर मार करने
- (अग्नि I) वाली मिसाइल (क्षमता 750-1250 कि.मी.)
- अग्नि (II) – सतह से सतह पर मार करने वाली मिसाइल (क्षमता 2000-3000 कि.मी.)
- अग्नि (III) – 3000 कि.मी. से अधिक
- अग्नि (IV) – 3000 कि.मी.- 4000 कि.मी.
- अग्नि (V) – 5000 कि.मी. से अधिक
- शौर्य – सतह से सतह पर मार करने वाली मिसाइल
- त्रिशूल – सतह से हवा में मार करने वाली मिसाइल (क्षमता . 500 मी. से 9 किमी.)
- आकाश – सतह से हवा में मार करने वाली मिसाइल (20-30 कि. मी.)
- मैत्री – सतह से हवा में मार करने वाली मिसाइल
- बराक 2 – सतह से हवा में मार करने वाली मिसाइल
- ब्रह्मोस – सुपरसोनिक क्रूज मिसाइल
- ब्रह्मोस II – हाइपर सुपर सोनिक क्रूज मिसाइल
- K-15 – सागरिका लांच्ड बैलिस्टिक मिसाइल
- K-XX – सबमैरिन लांच्ड बैलिस्टिक मिसाइल
- हेलिना – एंटी टैंक गाइडेड मिसाइल
- निर्भय – सब सोनिक क्रूज मिसाइल

भारत में नाभिकीय शक्ति संयंत्र				
शक्ति केंद्र	राज्य	प्रकार	संचालक	संपूर्ण क्षमता (MW)
कैगा	कर्नाटक (2000)	PHWR	NPCIL	660
कलपक्कम	तमिलनाडु (1983)	PHWR	NPCIL	440
काकरापार	गुजरात (1993)	PHWR	NPCIL	440
रावतभाटा	राजस्थान (1972)	PHWR	NPCIL	1180
तारापुर	महाराष्ट्र (1969)	BWR (PHWR)	NPCIL	1400
नरौरा	U.P. (1991)	PHWR	NPCIL	440

भारत में प्रथम (पुरुष)

- बंगाल का गवर्नर – लॉर्ड क्लाइव (1757-60)
- बंगाल का गवर्नर जनरल – लॉर्ड वारेन हेस्टिंग्स (1774-85)
- भारत का गवर्नर जनरल – लॉर्ड विलियम बेंटिक (1833-35)
- भारत का वायसराय – लॉर्ड कैनिंग (1856-62)
- भारतीय राष्ट्रीय कांग्रेस अध्यक्ष – डब्ल्यू० सी० बनर्जी
- स्वतंत्र भारत का गवर्नर जनरल – सी० राजगोपालाचारी (21 जून, 1948-25 जनवरी, 1950)
- आई०सी०एस० उत्तीर्ण भारतीय – सत्येन्द्र नाथ टैगोर (1873)
- भारत का गवर्नर जनरल – लॉर्ड लुईस माउण्टबेटन (स्वतंत्रता उपरांत)
- भारतीय नोबल पुरस्कार विजेता – रवीन्द्र नाथ टैगोर (1913, साहित्य)
- भारत रत्न पुरस्कार प्राप्ति करने वाले भारतीय – डॉ० एस० राधाकृष्णन
- संविधान सभा का सभापति – डॉ० राजेन्द्र प्रसाद
- भारतीय गणतंत्र के मुस्लिम राष्ट्रपति – डॉ० जाकिर हुसैन
- लोक सभा अध्यक्ष – जी० वी० मावलंकर (1952-27)
- भारतीय गणतंत्र के राष्ट्रपति – डॉ० राजेन्द्र प्रसाद
- स्वतंत्र भारत के प्रधानमंत्री – पं० जवाहर लाल नेहरू
- स्वतंत्र भारत के उपराष्ट्रपति – डॉ० एस० राधाकृष्णन
- नोबल पुरस्कार विजेता भारतीय वैज्ञानिक – सी० वी० रमन (भौतिक विज्ञान)
- नोबल पुरस्कार प्राप्तकर्त्ता भारतीय मूल के वैज्ञानिक – डॉ० हरगोविंद खुराना
- भारत भ्रमण करने वाला चीनी यात्री – फाह्यान
- मेग्सेसे पुरस्कार भारतीय विजेता – आचार्य विनोवा भावे (1958)
- भारत भ्रमणकर्त्ता ब्रिटिश नागरिक – हॉकिंस

- भारतीय चुनाव आयुक्त – सुकुमार सेन
- भारतीय राष्ट्रीय कांग्रेस का मुस्लिम सभापति – बदरुद्दीन तैयब जी
- भारत का मुख्य न्यायाधीश – हीरालाल जे० कानिया (1950-51)
- अर्थशास्त्र में नोबल पुरस्कार प्राप्तकर्त्ता भारतीय व्यक्ति – डॉ० अमर्त्य सेन
- कार्यकाल के दौरान दिवंगत भारतीय राष्ट्रपति – डॉ० जाकिर हुसैन
- भारत भ्रमण करने वाला अमेरिकी राष्ट्रपति – ड्वाइट डेविड आइजन हावर
- भारत भ्रमण करने वाला ब्रिटिश प्रधानमंत्री – हेराल्ड मैक मिलन
- भारतीय वायुयान चालक – जे० आर० डी० टाटा (1929)
- उत्कृष्ट सांसद पुरस्कार प्राप्त करने वाला – चंद्रशेखर (1995)
- इंग्लिश चैनल तैर कर पार करने वाला प्रथम भारतीय – मिहिर सेन (1958)
- स्वतंत्र भारत के प्रथम कमाण्डर-इन-चीफ – जनरल के. एम. करिअप्पा (1949)
- मरणोपरान्त 'भारत रत्न' से सम्मानित प्रथम व्यक्ति – लाल बहादुर शास्त्री
- अंतरिक्ष में जाने वाला प्रथम स्क्वाड्रन लीडर – राकेश शर्मा (1984)
- भारत में परमवीर चक्र पाने वाला प्रथम व्यक्ति – मेजर सोमनाथ शर्मा
- भारतीय ज्ञानपीठ पुरस्कार से सम्मानित होने वाले प्रथम साहित्यकार – सुमित्रानंदन पंत
- भारत के प्रथम फील्ड मार्शल – एस एच एफ जे मानेकशा (1971)
- दक्षिण ध्रुव पर पहुँचने वाले प्रथम भारतीय – लेफ्टिनेंट रामचरण (1960)
- टेस्ट क्रिकेट में तिहरा शतक लगाने वाला प्रथम भारतीय खिलाड़ी – वीरेन्द्र सहवाग
- लेनिन शांति पुरस्कार से सम्मानित प्रथम भारतीय – डॉ. सैफुद्दीन किचलू

भारत में प्रथम (महिला)

- राष्ट्रपति – श्रीमती प्रतिभा देवी सिंह पाटिल
- प्रधानमंत्री – श्रीमती इंदिरा गांधी
- राज्यपाल – सरोजिनी नायडू
- शासिका (दिल्ली राजसिंहासन पर) – रजिया सुल्तान
- भारतीय पुलिस सेवा अधिकारी – किरन बेदी
- राज्य का मुख्यमंत्री – सुचेता कृपलानी (उत्तर प्रदेश)
- भारतीय राष्ट्रीय कांग्रेस की सभापति – एनी बेसेण्ट (1917)
- न्यायाधीश (सर्वोच्च न्यायालय) – मीरा साहिब फातिमा बीबी
- संयुक्त राष्ट्रसंघ में राजदूत – विजयालक्ष्मी पंडित (1953)
- इंग्लिश चैनल को तैर कर पार करने वाली महिला – आरती साहा (गुप्ता)
- नोबल पुरस्कार विजेता – मदर टेरेसा (1979)
- माउण्ट एवरेस्ट पर चढ़ने वाली महिला – बचेन्द्री पाल (1984)
- विश्व सुंदरी – मिस रीता फारिया (1966)
- ब्रह्मांड सुंदरी (मिस युनिवर्स) – सुष्मिता सेन
- भारत रत्न पुरस्कृत – श्रीमती इंदिरा गांधी
- भारतीय राष्ट्रीय कांग्रेस की प्रथम भारतीय अध्यक्षा – सरोजनी नायडू (1925)
- अंतरिक्ष यात्री – कल्पना चावला
- एशियाड स्वर्ण पदक विजेता – कमलजीत सन्धू
- डब्ल्यू टी ए टेनिस टूर्नामेंट जीतने वाली – सानिया मिर्जा

- मुख्य न्यायाधीश (हिमाचल प्रदेश) – लीला सेठ (1991)
- लोकसभा अध्यक्ष – मीरा कुमार (2009)
- विदेश मंत्री – लक्ष्मी एन. मेनन
- आई ए एस अधिकारी – अन्ना राजम जॉर्ज (1950)
- किसी राज्य की डी जी पी (उत्तराखंड) – कंचन सी भट्टाचार्या
- न्यायाधीश – अन्ना चांडी (1937)
- राष्ट्रीय महिला आयोग की अध्यक्ष – जयन्ती पटनायक (1992)
- बुकर पुरस्कार विजेता – अरून्धती राय
- साहित्य अकादमी पुरस्कार से सम्मानित – अमृता प्रीतम
- भारतीय ज्ञानपीठ पुरस्कार से सम्मानित – आशापूर्णा देवी (1976)
- पेप्सिको की प्रथम महिला सी ई ओ – इन्द्रा नूयी
- एवरेस्ट पर दो बार चढ़ने वाली – संतोष यादव
- अण्टार्कटिका जाने वाली – मेहरमूसा (1976)
- नौका से संपूर्ण विश्व का भ्रमण – उज्ज्वला पाटिल
- अंतरिक्ष में सर्वधिक समय तक रहने वाली – सुनीता विलियम्स
- इंडियन एयरलाइंस की पायलट – कैप्टन दुर्गा बनर्जी (1966)
- ओलम्पिक खेलों में भाग लेने वाली – एन पोल्ले (1924 टेनिस)

भारत में सर्वप्रथम (अन्य तथ्य)

- भारत का प्रथम प्रक्षेपास्त्र – पृथ्वी (1988)
- भारत का प्रथम विमान वाहक युद्ध पोत – आई. एन.एस. विक्रांत
- प्रथम पनडुब्बी – आई.एन.एस. कावेरी
- प्रथम परमाणु रिएक्टर – अप्सरा
- प्रथम परमाणु पनडुब्बी – आई.एन.एस. अरिहंत
- प्रथम मध्यम दूरी मिसाइल – अग्नि
- प्रथम दूरदर्शन केन्द्र – नई दिल्ली
- प्रथम परमाणु केन्द्र – तारापुर
- प्रथम विश्वविद्यालय–नालंदा विश्वविद्यालय
- प्रथम बार दूरदर्शन में रंगीन कार्यक्रमों का प्रसारण – 15 अगस्त, 1982
- प्रथम मूक चलचित्र – राजा हरिश्चंद्र (1912)
- प्रथम बोलती फिल्म – आलम-आरा (1931)
- प्रथम 3-D चलचित्र – माई डियर कुट्टी चातन
- प्रथम समाचार पत्र – बंगाल गजट (1780)
- प्रथम डाक घर – कोलकाता (1727)
- नियमित दशकीय जनगणना – वर्ष 1981 से
- अंतर्राष्ट्रीय दूर संचार सेवा – बम्बई से लंदन (1851)
- मनरेगा की शुरुआत – अनन्तपुर (आंध्र प्रदेश 2006)
- लोकायुक्त नियुक्त करने वाला राज्य – महाराष्ट्र (1971)
- 100% साक्षरता दर प्राप्त करने वाला जिला – एर्नकुलम (केरल)
- हिन्दी समाचार पत्र – उदन्त मार्तण्ड
- प्रथम एक्सप्रेस वे – मुंबई पुणे एक्सप्रेस वे (2000)
- प्रथम चन्द्र अभियान – चन्द्रयान (22 अक्टूबर, 2008)
- प्रथम सैन्य संचार उपग्रह – रूक्मिणी (G-SAT-7, 2013)
- सी एन जी से चलने वाली प्रथम रेलगाड़ी – रेवाड़ी से रोहतक (13 जनवरी, 2015)
- प्रथम मंगल अभियान – 5 नवम्बर, 2013
- प्रथम जल विद्युत परियोजना – शिव समुद्रम (1902)
- प्रथम प्रायोजित धारावाहिक – हमलोग (1984)
- प्रथम उपग्रह – आर्यभट्ट (19 अप्रैल, 1975)
- स्वदेश निर्मित उपग्रह – इनसैट-2 ए, (1992)

- भूमिगत आण्विक परीक्षण – पोखरण (18 मई, 1974)
- प्रथम यात्री रेलगाड़ी – मुम्बई से थाणे (1853)
- प्रथम मेट्रो रेलगाड़ी – कलकत्ता मेट्रो (1984)
- भारत में निर्मित कम्प्यूटर – सिद्धार्थ

विश्व में प्रथम (महिला/पुरुष)

- संयुक्त राज्य अमेरिका के राष्ट्रपति – जॉर्ज वाशिंगटन
- संयुक्त राष्ट्रसंघ का गवर्नर जनरल – त्रिग्वे ली (Trygve Lie) (नार्वे)
- भारत पर आक्रमण करने वाला यूरोप निवासी – सिकंदर महान
- वायुयान उड़ाने वाले व्यक्ति – राइट बंधु
- चंद्रमा पर उतरने वाला व्यक्ति – नील आर्मस्ट्रांग (बाद में एडविन एल्ड्रिन)
- इंग्लैंड की महिला प्रधानमंत्री – मार्गरेट थैचर
- मुस्लिम महिला प्रधानमंत्री – बेनजीर भुट्टो (पाकिस्तान)
- महिला प्रधानमंत्री – श्रीमती एस॰ भंडारनायके (श्रीलंका)
- विश्व की महिला अंतरिक्ष यात्री – बेलेटीना टेरेसकोवा (रूस)
- संयुक्त राष्ट्र संघ महासभा की महिला अध्यक्षा – विजयालक्ष्मी पंडित
- पुरुष अंतरिक्ष यात्री – यूरी गैगरीन (रूस)
- माउण्ट एवरेस्ट पर्वतारोही (पुरुष) – शेरपा तेनजिंग नारगे तथा सर एडमंड हिलेरी
- उत्तरी ध्रुव पर पहुँचने वाला व्यक्ति – रॉबर्ट ई. पियरे (संयुक्त राज्य अमेरिका)
- दक्षिणी ध्रुव पर पहुँचने वाला व्यक्ति – रोनाल्ड एमंडसन (नार्वे)
- गणतंत्र चीन के राष्ट्रपति – डॉ॰ सन-यात-सेन
- भारत भ्रमण पर आने वाली रूसी (सोवियत) प्रधानमंत्री – बल्गेनीन
- उत्तरी ध्रुव पर पहुँचने वाली महिला – केरोलिन माइकेल्सेन (नार्वे)
- दक्षिणी ध्रुव पर पहुँचने वाली महिला – मिस फ्रान फिप्स (कनाडा)
- विम्बलडन ट्रॉफी जीतने वाला (एशियाई) – आर्थर आयसे
- पुरुष नोबल पुरस्कार विजेता (साहित्य हेतु) – रेने एफ॰ ए॰ तथा सुल्ली प्रधोम (फ्रांस)
- पुरुष नोबल पुरस्कार विजेता (शांति हेतु) – जिन एफ॰ दुनांट (स्विटजरलैंड)
- पुरुष नोबल पुरस्कार विजेता (भौतिक शास्त्र) – डब्ल्यु॰ के॰ रोएंटजन (जर्मनी)
- पुरुष नोबल पुरस्कार विजेता (रसायन शास्त्र) – जे॰एच॰ वेंटहाफ (हॉलैण्ड)
- पुरुष नोबल पुरस्कार विजेता (औषधि) – ए॰ ई॰ वान बेहरिंग (जर्मनी)
- पुरुष नोबल पुरस्कार विजेता (अर्थशास्त्र) – रांगर फिश (नार्वे) तथा जान टिंबर जेन (हॉलैण्ड)
- महिला राष्ट्रपति – मारिया एस्टेला पैरो (अर्जेंटीना)
- अंतरिक्ष पर्यटक (पुरुष) – डेनिस टीटो (यू॰एस॰ए॰)
- जिब्रालटर सन्धि को पार करने वाली महिला – आरती प्रधान (भारत)
- जिब्रालटर सन्धि पार करने वाला दिव्यांग पुरुष (गूंगा-बहरा) – तारानाथ शेनाय (भारत) 1988
- दो बार अन्तरिक्ष यात्रा करने वाला प्रथम अन्तरिक्ष पर्यटक – चार्ल्स सिमोन्यी (2007 एवं 2009 अमेरिका)
- माउण्ट एवरेस्ट पर चढ़ने वाला प्रथम दिव्यांग व्यक्ति – टॉम ह्विटकर
- बिना ऑक्सीजन के एवरेस्ट चोटी पर चढ़ने वाला प्रथम व्यक्ति – फू दोरजी

- सर्वाधिक आयु में एवरेस्ट चोटी पर चढ़ने वाला प्रथम व्यक्ति – युइचिरो मियुरा (जापान)
- श्री लंका की प्रथम महिला प्रधानमंत्री – सिरिमाओ बंडारनायके
- अन्तरिक्ष में घूमने वाली प्रथम महिला – स्वेतलाना सेवित्स्काया (सोवियत संघ)
- अण्टार्कटिका महाद्वीप पर पहुँचने वाली प्रथम महिला – मिस कैरोलिन मिकल्सन (डेनमार्क)

विश्व में प्रथम (राष्ट्र/नगर)

- कागजी मुद्रा जारी करने वाला देश – चीन
- आधुनिक ओलंपिक का आयोजन करने वाला देश – ग्रीस
- वह शहर जिस पर परमाणु बम गिराया गया – हिरोशिमा (जापान)
- विश्व धर्म – सनातन धर्म
- विश्व कप फुटबॉल विजेता राष्ट्र – उरुग्वे (1930)
- अंतरिक्ष में उपग्रह प्रक्षेपित करने वाला राष्ट्र – रूस (यू॰ एस॰ एस॰ आर॰)
- प्रथम विश्वविद्यालय – तक्षशिला विश्वविद्यालय
- चन्द्रमा पर मानव को पहुँचाने वाला प्रथम यान – अपोलो-11
- कृत्रिम उपग्रह का अंतरिक्ष में प्रक्षेपण करने वाला प्रथम देश – रूस
- भूमिगत मेट्रो रेल प्रारम्भ करने वाला देश – ब्रिटेन
- सूचना का अधिकार लागू करने वाला प्रथम देश – स्वीडन
- धूम्रपान पर रोक लगाने वाला प्रथम देश – आयरलैंड
- परिवार नियोजन लागू करने वाला प्रथम देश – भारत
- वैल्यू ऐडेड टैक्स (VAT) लागू करने वाले प्रथम देश – ब्राजील, डेनमार्क, जर्मनी (1954)
- इच्छामृत्यु को कानूनी मान्यता देने वाला प्रथम देश – नीदरलैंड
- राष्ट्रीय गान प्रारम्भ करने वाला प्रथम देश – जापान
- संविधान निर्माण करने वाला प्रथम देश – अमेरिका
- गुट निरपेक्ष आन्दोलन के प्रथम सम्मेलन का आयोजन स्थल – बेलग्रेड
- कागज का आविष्कार करने वाला प्रथम देश – चीन (105 ई.)
- रेशम का उत्पादन करने वाला प्रथम देश – चीन (50 ईसा पूर्व)
- मंगल ग्रह पर उतरने वाला प्रथम अंतरिक्ष यान – वाइकिंग
- अंतरिक्ष में भेजा जाने वाला प्रथम अंतरिक्ष शटल – कोलम्बिया
- सद्भावना खेल आयोजित करने वाला प्रथम देश – रूस
- एशियाई खेलों का प्रथम आयोजन स्थल – नई दिल्ली

भारत में सर्वोत्कृष्ट

(सबसे बड़ा, सबसे ऊँचा, सबसे लंबा, सबसे छोटा इत्यादि)

- सबसे लंबा नदी सेतु (पुल) – महात्मा गांधी सेतु पटना (5.575 कि. मी.)
- सबसे बड़ा पशु मेला – सोनपुर (बिहार)
- मीठे पानी की सबसे बड़ी झील – वुलर झील (जम्मू-कश्मीर)
- खारे पानी की सबसे बड़ी झील – चिल्का झील (ओडिसा)
- सबसे ऊँचा बाँध – भांखड़ा बांध, सतलज नदी पर (पंजाब)
- सबसे बड़ा चिड़ियाघर – प्राणि उद्यान (कोलकाता)
- सबसे बड़ा गुफा मंदिर – कैलाश मंदिर (एलोरा, महाराष्ट्र)
- सबसे ऊँची चोटी – गॉडविन ऑस्टिन/K-2 (8611 मी.)
- सबसे लंबी सुरंग – जवाहर सुरंग, बनिहाल दर्रा (जम्मू तथा कश्मीर)
- सबसे बड़ा डेल्टा – सुंदरवन (पश्चिम बंगाल)
- सबसे ऊँचा जलप्रपात – जोग या गारसोप्पा (कर्नाटक)
- सबसे लंबी सड़क – ग्रांड ट्रंक रोड (कोलकाता से दिल्ली)

- सबसे ऊँचा प्रवेशद्वार – बुलंद दरवाजा, फतेहपुर सीकरी (उ०प्र०)
- सबसे लंबी नदी –गंगा (2640 कि०मी०)
- सबसे बड़ा गुंबद – गोल गुंबद, बीजापुर (कर्नाटक)
- सबसे लंबा रेलवे प्लेटफार्म – गोरखपुर (उ०प्र०) (1355.4 मी०)
- सबसे लंबी रेलवे सुरंग – पीर पंजाल रेलवे सुरंग (जम्मू-कश्मीर) 11.215 किमी०
- सबसे लंबा रेलमार्ग – डिब्रूगढ़ से कन्याकुमारी
- सबसे लंबा राष्ट्रीय राजमार्ग – NH-7 (वाराणसी से कन्याकुमारी)
- सबसे लंबा समुद्र तटीय राज्य – गुजरात (1200 कि.मी.)
- दक्षिण भारत की सबसे लंबी नदी – गोदावरी (1465 कि.मी.)
- सबसे लंबा बाँध – हीराकुंड बाँध (ओडिशा)
- सर्वोच्च वीरता पुरस्कार – परमवीर चक्र
- सर्वोच्च पुरस्कार – भारत रत्न
- सबसे बड़ा गुरुद्वारा – स्वर्ण मंदिर (अमृतसर)
- सबसे ऊँचाई पर स्थित सड़क - खरदुंगला (लेह - मनाली सेक्टर में)समुद्र तल से ऊँचाई 5602 मीटर
- सबसे बड़ी कृत्रिम झील – गोविंद सागर (भाखड़ा नांगल)
- सबसे ऊँचा युद्ध क्षेत्र तथा सबसे बड़ा ग्लेशियर (हिमनद) – सियाचीन ग्लेशियर
- सबसे बड़ा प्लेनेटोरियम (ताराघर) – बिड़ला ताराघर (कोलकाता)
- सबसे ऊँचाई पर स्थित हवाई अड्डा – लेह हवाई अड्डा (लद्दाख)
- सबसे बड़ा शहर – कोलकाता
- सबसे बड़ा सभागार – शानमुखानंद हाल मुंबई (3,012 सीटें)
- सबसे बड़ी चर्च – सेंट जॉन कैथेड्रल, गोवा
- सबसे बड़ी सड़क – जी. टी. रोड
- सबसे ऊँची मूर्ति – गोमतेश्वर मूर्ति, मैसूर
- सबसे ऊँची चिमनी – थर्मल पावर स्टेशन टाटा इलेक्ट्रिक कं०, मुंबई, (275 मी०)
- सबसे अधिक साक्षरता वाला राज्य – केरल
- सबसे बड़ा सिनेमा हाल – थंगम (मदुराई) - 2,500 सीटें
- सबसे बड़ी मस्जिद – जामा मस्जिद, दिल्ली

विश्व में सर्वोत्कृष्ट

(सबसे बड़ा, सबसे ऊँचा, सबसे विस्तृत, सबसे लंबा तथा सबसे छोटा इत्यादि)

- सबसे लंबा प्राणी (ऊँचाई) धरातल पर – जिराफ
- सबसे तेज पक्षी - स्वीफ्ट
- सबसे बड़ा पक्षी - शुतुरमुर्ग
- सबसे छोटा पक्षी - हमिंग बर्ड
- सबसे ऊँची इमारत - बुर्ज खलीफा, दुबई (यू०ए०इ०) 830 मी०
- सबसे बड़ी जलयान नहर - स्वेज नहर (लाल सागर तथा भूमध्य सागर को जोड़ने वाली)
- सबसे बड़ा शहर (जनसंख्या में) - टोकियो (3,43,00,000) 2011 जनगणना
- क्षेत्रफल में बड़ा शहर - माउंट इसा, क्वींसलैंड, ऑस्ट्रेलिया (41,225 वर्ग कि.मी.)
- सबसे बड़ा महाद्वीप - एशिया
- सबसे छोटा महाद्वीप - ऑस्ट्रेलिया
- सबसे बड़ा देश (जनसंख्या में) - चीन
- सबसे लंबी प्रवाल संरचना - द ग्रेट बैरियर रीफ (ऑस्ट्रेलिया)

- सबसे बड़ा दिन – 21 जून (उत्तरी गोलार्ध में)
- सबसे छोटा दिन –22 दिसम्बर (उत्तरी गोलार्ध में)
- सबसे बड़ा डेल्टा – सुंदरवन, (भारत) 8000 वर्ग मील
- सबसे बड़ा रेगिस्तान – सहारा, अफ्रीका (84,00,000 वर्ग कि०मी०)
- सबसे बड़ा महाकाव्य – महाभारत
- सबसे बड़ा द्वीप – ग्रीनलैंड
- सबसे लंबी पर्वतश्रृंखला – एण्डिज (द० अमेरिका) लंबाई 5500 मील
- सबसे ऊँची स्वतंत्र मीनार – कुतुब मीनार, दिल्ली (238 फीट)
- गहरा तथा विशाल महासागर – प्रशांत महासागर
- सबसे बड़ा ग्रह – बृहस्पति
- सबसे चमकदार तथा गर्म ग्रह – शुक्र
- सूर्य से सबसे अधिक दूर ग्रह – नेप्च्यून
- सूर्य के सबसे नजदीक ग्रह – बुध
- सबसे ऊँचा पठार – पामीर (तिब्बत)
- सबसे व्यस्त बंदरगाह – राटरडम (नीदरलैंड)
- सबसे लंबी रेलवे – ट्रांस साइबेरियन रेलवे (6000 मील लंबा)
- सबसे लंबी नदी – नील (6690 कि०मी०) अमेजन (6570 कि०मी०)
- सबसे हल्की गैस – हाइड्रोजन
- सबसे हल्की धातु – लीथियम
- सबसे कठोर पदार्थ – हीरा
- सबसे बड़ा पुष्प – रेफलेसिया (जावा)
- सबसे गर्म स्थान – अजीजिया (लीबिया)
- सबसे छोटी सीमा वाला देश – जिब्राल्टर
- सबसे अधिक सीमा वाला देश – चीन (13 देशों की सीमाएँ)
- सबसे बड़ा देश (क्षेत्रफल की दृष्टि से) – रूस
- सबसे छोटा देश (क्षेत्रफल की दृष्टि से) – वेटिकन सिटी
- सर्वाधिक निर्वाचक की संख्या वाला देश – भारत
- सर्वाधिक जनसंख्या घनत्व वाला देश – सिंगापुर
- सबसे ऊँचा नगर – वानचुआन (तिब्बत)
- सबसे कम आबादी वाला नगर – वेटिकन सिटी
- सबसे बड़ा रेलवे स्टेशन – नगोया (जापान)
- सबसे लंबा रेल मार्ग – ट्रांस साइबेरियन रेल मार्ग
- सबसे बड़ी रेल सुरंग – सीकान टनल (जापान)
- सबसे बड़ी सड़क सुरंग – लेरडल सुरंग 24.5 कि.मी. (नार्वे)
- सबसे बड़ा सड़क पुल – बैंग-ना-एक्सप्रेस -वे (थाइलैंड)
- सबसे बड़ा राजमार्ग – ट्रांस कैनेडियन
- सबसे बड़ा बन्दरगाह – न्यूयॉर्क (संयुक्त राज्य अमेरिका)
- सबसे ठंडा प्रदेश – वर्खोयान्स्क (साइबेरिया)
- सबसे लंबी दीवार – चीन की दीवार
- सबसे बड़ा स्टेडियम – स्टारहोव स्टेडियम प्राग (चेक)
- सबसे बड़ा इनडोर स्टेडियम – सुपर डोम ल्यूसियाना (सं.रा.अ)
- सबसे बड़ी गुम्बद – काऊब्वाय स्टेडियम (संयुक्त राज्य अमेरिका)
- सबसे विशाल मन्दिर – अंगकोरवाट (कम्बोडिया)
- सबसे बड़ी मूर्ति – स्टैच्यू ऑफ लिबर्टी (संयुक्त राज्य अमेरिका)
- सबसे बड़ा संग्रहालय – ब्रिटिश संग्रहालय (लंदन)
- सबसे बड़ा पुस्तकालय – कांग्रेस पुस्तकालय (लंदन)
- सबसे बड़ा प्लेनेटोरियम – मियाझाकी (जापान)
- सबसे बड़ा राजप्रासाद – इम्पीरियल पैलेस, बीजिंग (चीन)
- सबसे बड़ा घंटाघर – द ग्रेट बेल ऑफ मास्को (रूस)
- सबसे बड़ी कार्यालयी इमारत – पेन्टागन (संयुक्त राज्य अमेरिका)
- सबसे बड़ा चिड़ियाघर – टोरंटो जू (कनाडा)

- सबसे विशालकाय पशु – ब्लू ह्वेल
- सर्वाधिक बुद्धिमान पशु – चिम्पांजी
- सर्वाधिक वर्षा का स्थान – मासिनराम (मेघालय, भारत)
- सबसे बड़ी झील – कैस्पियन सागर (रूस)
- सबसे बड़ी ताजे पानी की झील – सुपीरियर झील (अमेरिका)
- सबसे गहरी झील – बैकाल झील (रूस)

विश्व की महत्त्वपूर्ण ऐतिहासिक इमारतें (स्मारक)

- पीसा की झुकी मीनार – इटली
- स्वतंत्रता की प्रतिमा (स्टैच्यू ऑफ लिबर्टी – यू० एस० ए० (न्यूयॉर्क)
- एफिल टावर – फ्रांस (पेरिस)
- ग्रेट वाल (महान दीवार) – उत्तरी चीन
- विलाप करती दीवार – जेरुसलम

विश्व के प्रमुख स्मारक

स्मारक	देश
इम्पीरियल पैलेस	टोकियो
स्टैच्यू ऑफ लिबर्टी	न्यूयॉर्क
एफिल टावर	पेरिस
क्रेमलिन	रूस
ओपेरा हाउस	सिडनी

महत्त्वपूर्ण देश एवं उनके राष्ट्रीय प्रतीक

देश	प्रतीक
भारत	अशोक चक्र
पाकिस्तान	स्टार एण्ड क्रीसेंट
बेल्जियम	शेर
सीरिया	हॉक
रूस	डबल हेडेड ईगल
तुर्की	चाँद-तारा
नीदरलैण्ड्स	शेर
न्यूजीलैण्ड्स नार्वे	शेर किवी, सदर्न क्रास, फर्न
सूडान	ईगल
इटली	सफेद-पाँच सितारा
डेनमार्क	कोट ऑफ आर्म्स में तीन शेर
जापान	क्राईसैन्थेमम
कनाडा	मैपल लीफ
संयुक्त राज्य अमेरिका	गोल्डेन रॉड
ईरान	शेर
फ्रांस	लिली
ऑस्ट्रेलिया	वैटल
बांग्लादेश	कमल
स्कॉटलैंड	थिसल
यू०के०	सफेद लिली

अंतर्राष्ट्रीय सीमाएँ

मैगीनॉट रेखा	जर्मनी तथा फ्रांस
मैकमोहन रेखा	भारत तथा चीन
रेडक्लिफ रेखा	भारत तथा पाकिस्तान
ड्युरण्ड रेखा	पाकिस्तान तथा अफगानिस्तान
हिण्डनबर्ग रेखा	जर्मनी एवं पोलैण्ड
17 वीं समानान्तर रेखा	भारत एवं पाकिस्तान (पाकिस्तान के दावे के अनुसार)
38 वीं समानान्तर रेखा	उत्तर कोरिया एवं दक्षिण कोरिया
49 वीं समानान्तर रेखा	USA एवं कनाडा
ओडरनास रेखा	जर्मनी एवं पोलैंड

महत्त्वपूर्ण चिह्न या संकेत

- कमल का फूल – संस्कृति एवं सभ्यता
- रेडक्रास – चिकित्सीय सहायता तथा औषधालय
- काला ध्वज – विरोध-प्रतीक
- चक्र – प्रगति का प्रतीक
- सफेद झंडा – सन्धि या समर्पण
- पीला झंडा – संक्रामक रोग से प्रभावित रोगियों को ले जाने वाला वाहन
- झुका हुआ झंडा – राष्ट्रीय शोक
- कबूतर पक्षी – शांति
- लाल त्रिकोण – परिवार नियोजन
- हाथ में तराजू तथा आँखों पर पट्टी धारण की हुई स्त्री – न्याय
- क्रास करती हुई दो हड्डियाँ तथा उनके ऊपर खोपड़ी – खतरा
- ओलिव (जैतून) की शाखा – शांति
- बाँह पर काली पट्टी - शोक, विरोध और दुःख का प्रतीक

महत्त्वपूर्ण अधिकारिक पुस्तकें

- **श्वेत (व्हाइट) पुस्तक** – पुर्तगाल, चीन तथा जर्मनी का अधिकारिक प्रकाशन
- **नीली (ब्ल्यू) पुस्तक** – ब्रिटिश सरकार की रिपोर्ट
- **हरित (ग्रीन) पुस्तक** – इटली तथा ईरान की सरकारी रिपोर्ट
- **ग्रे पुस्तक** – जापान तथा बेल्जियम की सरकारी रिपोर्ट
- **ऑरेन्ज पुस्तक** – नीदरलैंड की सरकारी रिपोर्ट
- **श्वेत पत्र** भारत – किसी विशेष मामले में ब्रिटेन और सरकार द्वारा प्रस्तुत रिपोर्ट
- **येलो पुस्तक** – फ्रांस की सरकारी रिपोर्ट

समाचार पत्र तथा उनका प्रकाशन स्थल

समाचार पत्र	प्रकाशन स्थल
डेली मिरर	लंदन
वाशिंगटन पोस्ट	वाशिंगटन
द टाइम्स आफ इंडिया	भारत
डॉन	कराची
द गार्डियन	लंदन

ली फिगारो, ला मांद	पेरिस	मैसिडोनिया	सिकन्दर महान
द आइलैंड	कोलम्बो	जीरादेई	डॉ० राजेन्द्र प्रसाद
डेली न्यूज	न्यूयार्क	आनंद भवन	जवाहर लाल नेहरू
डेली मेल	लंदन	साबरमती	महात्मा गांधी
प्रावदा	मास्को	सिताब दियारा	जयप्रकाश नारायण
द हिंदू	भारत	शांति निकेतन	रवीन्द्रनाथ टैगोर
खलीज टाइम्स	दुबई	जलियाँवाला बाग	जनरल डायर
स्टार	जोहांसबर्ग	हल्दीघाटी	महाराणा प्रताप
फाइनेंशियल टाइम्स इंडिपेंडेंट	लंदन	मकदूनिया	सिकंदर महान
मैनेची सिम्बुन	टोकियो	बेलूर मठ	रामकृष्ण परमहंस
बांग्लादेश ऑब्जर्बर	ढाका	जेरुसलम	ईसा मसीह
पीपुल्स डेली	बीजिंग	मक्का	पैगंबर मोहम्मद
अल अहरम	काहिरा	पोरबंदर	महात्मा गांधी
मर्डेका	जकार्ता	फतेहपुर सीकरी	अकबर महान

विश्व की विमान सेवाएँ

देश	विमान सेवाएँ
भारत	एयर इंडिया
फ्रांस	एयर फ्रांस
बेल्जियम	नेशनल बेल्जियम एयरलाइंस
ग्रीस	ओलंपिक एयरवेज
इंडोनेशिया	गरूड़ इंडोनेशियन एयरवेज
ईरान	ईरान एयर
नेपाल	रॉयल नेपाल एयरलाइंस
पोलैंड	पोलिश स्टेट एयर सर्विस
रूस	एयरोफ्लोट
स्विट्जरलैंड	स्विस एयर
ब्रिटेन	ब्रिटिश एयरवेज
हांगकांग	कैथी पैसिफिक
स्पेन	इबीरिया
यू०एस०ए०	पैन अमेरिकन एयरवेज
इजरायल	ई०आई०ए०आई०
लंका	एयर लंका
जापान	जापान एयरलाइंस
म्याँमार	यूनियन ऑफ म्याँमार एयरवेज

(दूसरे स्तंभ के आगे के प्रविष्टियाँ):

पुदुचेरी	अरबिंदो घोष
पावापुरी	महावीर
वाटरलू	नेपोलियन
वारदोली	सरदार पटेल
फतेहपुर सिकरी	अकबर महान
पवनार	बिनोवा भावे
ट्रेफल्गर	नेल्सन
तलबंडी	गुरुनानक
कुशीनगर	गौतमबुद्ध
कुण्डग्राम	महावीर

प्रसिद्ध व्यक्तियों के समाधि स्थल

समाधि स्थल	व्यक्ति
राजघाट	महात्मा गांधी
विजयघाट	लाल बहादुर शास्त्री
किसान घाट	चौ० चरण सिंह
वीर भूमि	राजीव गांधी
एकता स्थल	ज्ञानी जैल सिंह तथा चंद्रशेखर
उदय भूमि	के० आर० नारायणन
शांति वन	जवाहर लाल नेहरू
शक्ति स्थल	इंदिरा गांधी
अभयघाट	मोरारजी देसाई
समता स्थल	जगजीवन राम
कर्म भूमि	डॉ० शंकर दयाल शर्मा
महाप्रयाण घाट	डॉ० राजेन्द्र प्रसाद
नारायण घाट	गुलजारी लाल नंदा

महत्त्वपूर्ण व्यक्तियों से संबंधित स्थल

स्थल	व्यक्ति
कार्सिका	नेपोलियन बोनापार्ट
कपिलवस्तु	गौतम बुद्ध

महत्त्वपूर्ण व्यक्तियों के उपनाम

उपनाम	व्यक्ति
राष्ट्रपिता, बापू	महात्मा गांधी
सीमांत गांधी	खान अब्दुल गफ्फार खान
लौह पुरुष	सरदार वल्लभ भाई पटेल
भारत का नेपोलियन	समुद्र गुप्त
भारत का शेक्सपीयर	महाकवि कालिदास
भारत के पितामह	दादाभाई नौरोजी
महामना	पं० मदन मोहन मालवीय
देशबंधु	चितरंजनदास
दीनबंधु	सी०एफ० एंड्रूज
राजाजी/सी० आर०	चक्रवर्ती राजगोपालाचारी
भारत कोकिला	सरोजिनी नायडू
लेडी विद लैम्प	फ्लोरेंस नाइटिंगल
तोता-ए-हिंद	अमीर खुसरो
गुरुजी	एम०एस० गोलवलकर
बंगाल केसरी	आशुतोष मुखर्जी
लोक नायक	जय प्रकाश नारायण
राजर्षि	पुरुषोत्तम दास टंडन
गुरुदेव	रवीन्द्र नाथ टैगोर
स्पैरो	मेजर जनरल राजेन्द्र सिंह
विद्रोही कवि	काजी नजरुल इस्लाम
कश्मीर का अकबर	जैनुल आबदीन
स्वर कोकिला	लता मंगेशकर
उड़न परी	पी०टी० उषा
मैन आफ डेस्टिनी	नेपोलियन बोनापार्ट
कविगुरु	रवीन्द्रनाथ ठाकुर
भारतीय मैकियावेली	चाणक्य
हाकी के जादूगर	ध्यानचंद
महात्मा गांधी के पाँचवें पुत्र	जमनालाल बजाज
ब्लैक गांधी	मार्टिन लूथर किंग
कायदे-आजम	मुहम्मद अली जिन्ना
लाल-बाल-पाल	लाला लाजपत राय, बाल गंगाधर तिलक, विपिन चन्द्र पाल
पंजाब केसरी	लाला लाजपत राय

आन्ध्र केसरी	टी. प्रकाशम्
शेरे कश्मीर	शेख अब्दुल्लाह
बंगबन्धु	शेख मुजीबुर्रहमान
लोकमान्य	बाल गंगाधर तिलक
जननायक	कर्पूरी ठाकुर
अंकल हो	हो. ची. मिन्ह
बिहार विभूति	अनुग्रह नारायण सिंह
देश प्रिय	यतीन्द्र मोहन सेन गुप्त
विद्रोही कवि	काज़ी नज़रुल इस्लाम
देशरत्न	डॉ. राजेन्द्र प्रसाद
ताऊ	चौधरी देवीलाल
शहीद-ए-आजम	भगत सिंह
निर्मल हृदय	मदर टेरेसा
विश्व कवि	रवीन्द्र नाथ ठाकुर
बाबू जी	जगजीवन राम
लिटिल मास्टर	सुनील गावस्कर
फ्यूहरर	एडोल्फ हिटलर
गुजरात का जनक	रविशंकर महाराज
लिटिल कार्पोरल	नेपोलियन बोनापार्ट

महत्वपूर्ण पुस्तकें तथा उनके लेखक

लेखक	पुस्तकें
पं० विष्णु शर्मा	पंचतंत्र
विशाखदत्त	मुद्रा राक्षस
पाणिनी	अष्टाध्यायी
कालिदास	रघुवंशम्, कुमार संभवम्, मेघदूत, अभिज्ञान शाकुंतलम्
वात्स्यायन	कामसूत्र
कौटिल्य (चाणक्य)	अर्थशास्त्र
वेदव्यास	भगवद्गीता, महाभारत
अश्वघोष	बुद्ध चरितम्
भर्तृहरि	नीति शतक, श्रृंगार शतक
फिरदौसी	शाहनामा
अबुल फजल	आइने अकबरी, अकबरनामा
गुलबदन बेगम	हुमायूँनामा
मलिक मोहम्मद जायसी	पद्मावत

रवींद्रनाथ टैगोर	गीतांजलि, चित्रांगदा	ई० एम० फॉर्स्टर	ए पैसेज टू इंडिया
श्री अरबिंदो घोष	लाइफ डिवाइन	विन्सेंट चर्चिल	गैदरिंग स्टॉर्म्स
मुंशी प्रेमचंद	गोदान, गबन, कर्मभूमि, रंगभूमि	चार्ल्स डार्विन	डिसेंट ऑफ मैन, ओरिजन ऑफ स्पेसीज
सरोजिनी नायडू	गोल्डन थ्रेशोल्ड, ब्रोकेन विंग्स	लियो टालस्टाय	वार एण्ड पीस
एडम स्मिथ	वेल्थ आफ नेशंस	जॉन मिल्टन	पैराडाइज लॉस्ट
एडोल्फ हिटलर	मेन कैम्फ	जार्ज बनार्ड शॉ	मैन एण्ड सुपरमैन, सीजर एण्ड क्लियोपेट्रा
ए० एल० बाशम	द वंडर दैट वाज इंडिया	मैक्सिम गोर्की	मदर
अरस्तू	पॉलिटिक्स	माओ-त्से-तुंग	ऑन कण्ट्राडिक्शन
बोरिस पास्तरनाक	डॉक्टर जिवागो	प्लेटो	रिपब्लिक

पुरस्कार तथा सम्मान

अंतर्राष्ट्रीय पुरस्कार

पुरस्कार	स्थापित वर्ष	संस्थापक	क्षेत्र
नोबल पुरस्कार	1900	अल्फ्रेड बर्नहार्ड नोबल	साहित्य, विज्ञान, चिकित्सा, अर्थशास्त्र, शांति
पुलित्जर पुरस्कार	1917	जोसेफ पुलित्जर	पत्रकारिता, साहित्य, संगीत
मैग्सेसे पुरस्कार	1957	रामन मैग्सेसे	जन सेवा, सामुदायिक नेतृत्व, पत्रकारिता, साहित्य, सर्जनात्मक कला, अंतर्राष्ट्रीय विशिष्टता
मान बुकर पुरस्कार	1969	बुकर कंपनी	साहित्य
राइट लाइवली हुड अवार्ड	1980	राइट लाइवली हुड सोसायटी	विश्व की ज्वलंत तथा आवश्यक चुनौतियों का व्यावहारिक तथा अनुकरणीय समाधान प्रस्तुत करने पर
आस्कर अवार्ड	1929	नेशनल एकेडमी ऑफ मोशन पिक्चर्स	फिल्म जगत में उल्लेखनीय योगदान हेतु
संयुक्त राष्ट्र मानवाधिकार अवार्ड	1966	—	प्रत्येक 5 वर्ष पर मानवाधिकार के संरक्षण हेतु

राष्ट्रीय पुरस्कार

पुरस्कार	स्थापित वर्ष	संस्थापक	क्षेत्र
दादा साहब फाल्के अवार्ड	1969	दादा साहब फाल्के (धुंदीराज गोविंद फाल्के)	फिल्म (सर्वोच्च राष्ट्रीय फिल्म)
भारतीय ज्ञानपीठ पुरस्कार	1944	साहू शांति प्रसाद जैन	भारतीय संविधान में उल्लेखित आठ भारतीय भाषाओं में से किसी भी भाषा में रचित साहित्यिक कृति हेतु भारतीय व्यक्ति को
गांधी शांति पुरस्कार	1994	भारत सरकार	विश्व शांति में उल्लेखनीय भूमिका निभाने हेतु
इंदिरा गांधी पुरस्कार	1985	भारतीय राष्ट्रीय कांग्रेस	शांति, निःशस्त्रीकरण तथा विकास हेतु
बॉरलाग पुरस्कार	1972	नार्मन ई. बारलॉग (विश्व खाद्य पुरस्कार फाउंडेशन)	कृषि क्षेत्र में उल्लेखनीय योगदान हेतु कृषि वैज्ञानिकों को
साहित्य अकादमी पुरस्कार	1954	भारत सरकार	साहित्य के क्षेत्र में उल्लेखनीय योगदान हेतु

कला एवं संस्कृति

भारत में कला रूप

नाम	उत्पत्ति क्षेत्र (राज्य)
पटचित्र चित्रकारी	ओडिसा के पुरी जिले के रघुराजपुर गाँव के आसपास का क्षेत्र
बंगाल पट चित्रकारी	बंगाल
मधुबनी चित्रकारी	बिहार का मधुबनी जिला
लघु चित्रकारी	मुगल काल में (16वीं–19वीं शताब्दी)
तंजौर कला	दक्षिणी तमिलनाडु का जनपद–तंजौर
कलमकारी	चेन्नई (कालहस्ती), हैदराबाद (मछलीपत्तनम)
वर्ली चित्रकारी	प्राचीनकाल (2100 या 3000 ई. पूर्व) की आदिवासी चित्रकारी
गोंड कला	मध्यकालीन भारत की गोंड जनजातियों द्वारा

विख्यात भारतीय चित्रकार

रवींद्रनाथ टैगोर	7 मई 1861–7 अगस्त 1941
अवनींद्रनाथ टैगोर	7 अगस्त 1871–5 दिसम्बर 1951
अमृता शेरगिल	30 जनवरी 1913–5 दिसम्बर 1941
जैमिनी रॉय	1 अप्रैल 1887–24 अप्रैल 1972
फ्रैंसिस न्यूटन सूजा	12 अप्रैल 1924–28 मार्च 2002
एस.एच. रज़ा	22 फरवरी 1922–23 जुलाई 2016
तैयब मेहता	25 जुलाई 1925–2 जुलाई 2009
सतीश गुजराल	25 दिसम्बर 1925–आज तक
नन्दलाल बोस	3 दिसम्बर 1882–16 अप्रैल 1966
मंजीत बावा	1941–29 दिसम्बर 2008
एम.एफ. हुसैन	17 सितम्बर 1915–9 जनवरी 2011

भारतीय संगीत के दिग्गज (कलाकार)

दिग्गज (कलाकार)	वाद्य यंत्र में विशिष्टता
पं. रविशंकर	सितार
पं. हरिप्रसाद चौरसिया	बाँसुरी
पं. शिवकुमार शर्मा	संतूर
उस्ताद अमजद अली खान	सरोद
उस्ताद बिस्मिल्ला खाँ	शहनाई
उस्ताद जाकिर हुसैन	तबला
पं. भीमसेन गुरुराज जोशी	भारतीय शास्त्रीय गायक
पं. जसराज	भारतीय शास्त्रीय गायक
एम.एस. सुब्बुलक्ष्मी	शास्त्रीय गायक
डॉ. लक्ष्मीनारायण सुब्रमणियम	शास्त्रीय, कर्नाटक शैली, जैज फ्यूजन, इंडो जैज, वर्ल्ड फ्यूजन, वेस्टर्न संगीत

भारतीय नृत्य

नृत्य रूप	राज्य	प्रमुख कलाकार
ओडिशी	ओडिशा	केलुचरन मोहपात्रा, सोनल मानसिंह मायाधर राउत, झेलम परानजपे, कुमकुम मोहांती, मधुमिता राउत, आलोक कानूनगो, इलियाना सितारिस्टी
भरतनाट्यम	तमिलनाडु	अलारमेल बल्ली, यामिनी कृष्णमूर्ति, रुक्मिणी देवी, पदम सुब्रमणियम, मृणालिनी साराभाई, मीनाक्षी सुंदरम पिल्लई, बाला सरस्वती।
कुचिपुड़ी	आन्ध्र प्रदेश	भावना रेड्डी, यामिनी रेड्डी, राजा तथा राधा रेड्डी, कौशल्या रेड्डी
कथक	उत्तरी भारत	पं. बिरजू महाराज, कुमुदिनी लखिया, सितारा देवी, शोभना नारायण, मालविका मित्र, कार्तिक राम कल्याण दास, मनीषा गुल्यानी

कथकली	केरल	कला मंडलम कृष्ण प्रसाद, काबुंगल चुभुन्नी पाणिकर, कलामंडलम् रमनकुट्टी नायर। केरावन नाम्बूदिर, कोट्टाक्कल शिवरमन, कलामंडलम गोपी.
मोहिनीअट्टम	केरल	स्मिता राजन, सुनंदा नाइ, जयाप्रभा मेनन, पल्लवी कृष्णन, गोपिका वर्मा, विजयलक्ष्मी
मणिपुरी	मणिपुर	पौशाली चटर्जी, राजकुमार सिंह, अजीत सिंह, सोहिनी राय, गुरु निलेश्वर मुखर्जी, गुरु विपिन सिंह.

थिएटर तथा चलचित्र

आधुनिक भारत के कुछ महत्वपूर्ण थिएटर

नाम	संस्थापक	वर्ष तथा स्थापना स्थल	संबंधित कलाकार
नेशनल स्कूल ऑफ ड्रामा (डिम्ड यूनिवर्सिटी)	सांस्कृतिक मंत्रालय, भारत सरकार	1959, नई दिल्ली	नसिरुद्दीन शाह, इरफान खाँ, अनुपम खेर, नवाजुद्दीन सिद्दकी, पंकज कपूर, हिमानी शिवपुरी तथा अन्य
भारतेंदु अकादमी ऑफ ड्रामैटिक आर्ट्स	पद्म श्री राज बिसारिया	1975, लखनऊ	राजीव जैन, राजपाल यादव, अनुपम श्याम
थिएटर आर्ट्स वर्कशॉप (TAW)	राज बिसारिया	1966, लखनऊ	

दस्तकारी

सुंदर तथा रचनात्मक दस्तकारी के क्षेत्र में भारत की अंतर्राष्ट्रीय स्तर पर प्रतिष्ठा बढ़ी है।

राज्य	दस्तकारी / शिल्पकला
ओडिशा	बुनाई शिल्पकला, ताड़पत्र लेखन, पटचित्र, कढ़ाई, पत्थरों पर नक्काशी, धातु शिल्पकला।
दिल्ली	जरदोजी, बर्तनों पर कलई चढ़ाना, मिट्टी तथा कपड़ों की गुड़िया बनाना।
महाराष्ट्र	पै-थानी साड़ी, सावंतवाड़ी शिल्पकला, वार्ली चित्रकला, कोल्हापुरी चप्पल, नारायन पेठ।
पश्चिम बंगाल	चर्म शिल्पकारी, पीतल तथा घंटी धातु कला, बर्तन शिल्पकला, चटाई बनाना, धोकरा धातु ढलाई, बेंत तथा बांस शिल्पकला, फाइन आर्ट्स, मिट्टी की गुड़िया, सींग शिल्प कला, जूट उत्पाद, सीप–शंख कवच शिल्पकारी, प्रसिद्ध हैंडलूम साड़ियाँ जैसे– धमकारी जमदानी, टानगैल इत्यादि।
गुजरात	माला बनाना, आभूषण, पच्चीकारी, ज़री का काम, काष्ठकला, वस्त्र छपाई, रंगना, पटोला फैब्रिक, कसीदाकारी।
राजस्थान	टाई & डाई वस्त्र उद्योग, हैंड ब्लॉक प्रिंटिंग, रूजाई गद्दे बनाना, आभूषण, रत्न तथा पत्थर शिल्पकारी, ब्ल्यू बर्तन कला, चर्म दस्तकारी, काष्ठ कला
हिमाचल	आभूषण, चर्म दस्तकारी, काष्ठकला, वास्तुकला, कांगड़ा चित्रकला।
गोवा	बर्तन तथा टेराकोटा, पीतल के बर्तन बनाना, क्रोचेट तथा कसीदाकारी, बांस शिल्पकला, फाइबर शिल्पकारी, जूट मैक्रेम दस्तकारी, नारियल के आवरण पर नक्काशी, सीप की शिल्पकारी
कर्नाटक	लकड़ियों पर नक्काशी, हाथी दाँत पर नक्काशी
झारखंड	काष्ठकला, पैटकर पेंटिंग धातुकर्म, पत्थरों पर नक्काशी, आभूषण, खिलौने बनाना
मणिपुर	लकड़ियों पर नक्काशी, वस्त्र बुनना, पत्थरों पर नक्काशी, ब्लॉक प्रिंटिंग, कौना की चटाई बनाना, हस्त कढ़ाई।
जम्मू तथा कश्मीर	कार्पेट, टोकरी बनाना, नामदास, पश्मीना शाल, पपियर मची, चमड़ा तथा फर, लकड़ियों पर नक्काशी
आंध्र प्रदेश	मोती उद्योग

खेल-कूद

खेलों से संबंधित प्रमुख कप एवं ट्राफियाँ

राष्ट्रीय	
कप एवं ट्रॉफी	**संबंधित खेल**
आगा खान कप	हॉकी
बार्ना बेल्लेक कप	टेबल टेनिस
बेटन कप	हॉकी
बाम्बे गोल्ड कप	हॉकी
बर्दवान ट्रॉफी	वेट लिफ्टिंग (भारोत्तोलन)
डी.सी.एम. ट्रॉफी	फुटबॉल
ध्यान चंद ट्रॉफी	हॉकी
डॉ.बी.सी.राय. ट्रॉफी	फुटबॉल
दिलीप ट्रॉफी	क्रिकेट
डूरंड कप	फुटबॉल
एजरा कप	पोलो
आई.एफ.ए. शील्ड	फुटबॉल
लेडी रतन टाटा ट्रॉफी	हॉकी
मोइन उद्दौला गोल्ड कप	क्रिकेट
रंगास्वामी कप	हॉकी
रनजी ट्रॉफी	क्रिकेट
संतोष ट्रॉफी	फुटबॉल
सिंधिया गोल्ड कप	हॉकी
सुब्रोतो मुखर्जी कप	फुटबॉल (इंटर स्कूल)
वेलिंगटन ट्रॉफी	नौकायन

अंतर्राष्ट्रीय	
कप एवं ट्रॉफी	**संबंधित खेल**
नेहरू ट्रॉफी	हॉकी
अमेरिकन कप	याच रेसिंग
एशेज कप	क्रिकेट (ऑस्ट्रेलिया-इंग्लैंड)
अजलान शाह	हॉकी
यू.एस. मास्टर्स	गोल्फ
होपमैन कप	लॉन टेनिस
कोलंबो कप ट्रॉफी	फुटबॉल
डेविस कप	लॉन टेनिस
किंग्स कप रेस	एयर रेस (इंग्लैंड)
मर्डेका कप	फुटबॉल (एशिया)
थॉमस कप	वर्ल्ड बैडमिंटन (पुरुष)
उबेर कप	वर्ल्ड बैडमिंटन (महिला)
यू एस ओपन	लॉन टेनिस
फ्रेंच ओपन	लॉन टेनिस
ऑस्ट्रेलियन ओपन	लॉन टेनिस
विंबलडन	लॉन टेनिस
मास्टर्स चैम्पियंस	हॉकी
ब्रिटिश ओपन	गोल्फ
मलेशियन ओपन	बैडमिंटन
टाटा ओपन	लॉन टेनिस

प्रत्येक पक्ष में खिलाड़ियों की संख्या

बैडमिंटन	1 या 2
बेसबॉल	9
वास्केटबॉल	5
क्रिकेट	11
फुटबॉल	11
हॉकी	11
जिम्नास्टिक	8
चेस	1
पोलो	4
रग्बी फुटबॉल	15
टेनिस एवं टेबल टेनिस	1 या 2
वाटर पोलो	7
वॉलीबॉल	6
कबड्डी	7

प्रसिद्ध देशों के राष्ट्रीय खेल

देश	राष्ट्रीय खेल
आस्ट्रेलिया	क्रिकेट
ब्राजील	फुटबॉल
कनाडा	आइस हॉकी
चीन	टेबल टेनिस
इंग्लैंड	क्रिकेट
भारत	अघोषित
जापान	जूडो या जू जित्सु
मलेशिया	बैडमिंटन
पाकिस्तान	हॉकी
रूस	चेस, फुटबॉल
स्कॉटलैंड	रग्बी, फुटबॉल
स्पेन	सॉंड युद्ध
संयुक्त राज्य अमेरिका	बेसबॉल

खेलों से संबंधित महत्वपूर्ण शब्दावली

बैडमिण्टन : ड्यूस, डबल, ड्राप, फाल्ट, गेम, लेट, लव, स्मैश।

बेसबॉल : बंट, डायमंड, होम, पिचर, पुट आउट, स्ट्राइक।

बिलियर्ड्स : ब्रेक, कैनन्स, क्यू, इन ऑफ, जिगर, स्क्रैच।

नौकायन : काकस।

मुक्केबाजी : हूक, जाब, नाक-आउट, पन्च, अपर कट।

ब्रिज : डायमंड, डमी, ग्रैंड स्लैम, लिटिल स्लैम, रिवोक, रफ, ट्रिक्स, ट्रम्प।

चेस : चेक, चेकमेट, गैम्बिट, स्टालमेट।

क्रिकेट : बाउलिंग, बाउंसर, क्रीज, कवर प्वाइंट, डाइव, डक, फालो आन, गुगली, गुल्ले, हैट्रिक, हिट विकेट, एल.वी.डब्लू, लेग ब्रक, लेग स्पिनर, लेग बाई, मेडेन ओवर, नो बाल, पिच, रन, सिल्ली प्वाइंट, स्टम्प्ड, विकेट कीपर, वाइड, स्लिप।

फुटबॉल : ड्रिबल, ड्राप किक, फाउल, हैट्रिक, ऑफ साइड, पेनाल्टी, थ्रो इन, टच डाउन।

गोल्फ : बोगी, कैडी, होल, लिंक्स, पुट, पुटिंग द ग्रीन, स्टाइमी, टी।

हॉकी : बुल, कैरी, सेंटर फॉरवर्ड, कैरीड, ड्रिबल, गोल, हैट ट्रिक, पेनाल्टी कॉर्नर, स्कूप, शार्ट कॉर्नर, स्टिक्स, स्टाइकिंग सर्किल, अंडर कटिंग।

घुड़दौड़ : जॉकी, प्लेस, प्रोटेस्ट, पण्टर, विन।

लॉन टेनिस : बैक हैंड ड्राइव, सर्विस, स्मैश, वोल्ले, ड्यूस, गेम, सेट, लव।

पोलो : बंडर, चक्कर, मैलेट।

राइफल शूटिंग : बुल्स आई।

रग्बी : ड्राप किक, स्ट्रोक।

तैराकी : स्ट्रोक

वालीबॉल : वूस्टर, ड्यूस, लव, सर्विस, स्पिकर्स।

रेस्टलिंग (कुश्ती) : हाफ नेल्सन, हीव

खेलों से संबंधित पुरस्कार

1. **द्रोणाचार्य पुरस्कार :** यह पुरस्कार 1985 में आरंभ किया गया। इसमें उन खेल प्रशिक्षकों (कोच) को सम्मानित किया जाता है जिन्होंने खिलाड़ियों को प्रशिक्षित करके अंतर्राष्ट्रीय प्रतियोगिताओं में उत्कृष्ट प्रदर्शन हेतु योग्य बनाया। इस पुरस्कार में गुरु द्रोणाचार्य की प्रतिमा, प्रशस्ति पत्र, 05 लाख रुपए एवं समारोह परिधान प्रदान किया जाता है।

2. **राजीव गांधी खेल रत्न पुरस्कार :** यह पुरस्कार 1991–92 में आरंभ किया गया । यह किसी खेल में खिलाड़ी के सराहनीय प्रदर्शन पर दिया जाता है। इस में पुरस्कार 7.5 लाख रुपए और प्रशस्ति पत्र दिया जाता है।

3. **अर्जुन पुरस्कार :** यह पुरस्कार 1961 में आरंभ किया गया। यह पुरस्कार उस खिलाड़ी को प्रदान किया जाता है जिसने अंतर्राष्ट्रीय स्तर पर लगातार तीन वर्षों से विशेष उपलब्धि प्राप्त की हो। प्रत्येक वर्ष अधिकतम 15 अर्जुन पुरस्कार दिए जाते हैं। इस पुरस्कार में अर्जुन की कांस्य प्रतिमा, प्रशस्ति पत्र, 05 लाख रुपए एवं समारोह परिधान प्रदान किया जाता है।

4. **ध्यानचंद पुरस्कार :** यह पुरस्कार 2002 में आरंभ किया गया। इस पुरस्कार के अंतर्गत उस खिलाड़ी को सम्मानित किया जाता है जिसने अपने जीवन भर खेलों में उत्कृष्ट प्रदर्शन किया है तथा खेल से संन्यास लेने के बाद भी खेलों के क्षेत्र में प्रगति के लिए अपना बहुमूल्य योगदान दिया हो। यह पुरस्कार प्रत्येक वर्ष अधिकतम तीन खिलाड़ियों को दिया जाता है। इस पुरस्कार में प्रशस्ति पत्र के साथ 05 लाख रुपए दिये जाते हैं।

5. **मौलाना अबुल कलाम आजाद ट्राफी :** यह ट्राफी देने की शुरुआत 1956–57 में हुई। यह ट्राफी अन्तर विश्वविद्यालय टूर्नामेंट में सर्वश्रेष्ठ प्रदर्शन करने वाले विश्वविद्यालय को दी जाती है। इसमें ट्राफी के साथ विश्वविद्यालय को 10 लाख रुपए प्रदान किए जाते हैं। टूर्नामेंट में द्वितीय स्थान प्राप्त करने वाले विश्वविद्यालय को 05 लाख रुपए एवं तृतीय स्थान प्राप्त करने वाले विश्वविद्यालय को 03 लाख रुपए पुरस्कार के तौर पर दिये जाते हैं।

ओलम्पिक

- प्रथम आधुनिक ओलम्पिक खेल की शुरुआत 6 अप्रैल, 1836 को एथेंस में हुई। तब से प्रत्येक चार वर्ष के बाद इनका आयोजन किया जाता है।

- ओलम्पिक प्रतीक में पाँच वलय प्रदर्शित हैं। इनका आशय पाँचों प्रमुख महाद्वीपों (यूरोप, एशिया, अफ्रीका, आस्ट्रेलिया तथा अमेरिका) के खेल प्रेमियों के बीच मित्रता को प्रोत्साहित करना है। नीला वलय-यूरोप, पीला-एशिया, काला अफ्रीका, हरा आस्ट्रेलिया एवं लाल उत्तरी एवं दक्षिणी अमेरिका।

- ओलम्पिक खेलों में विजेताओं को तीन प्रकार के पदक दिए जाते हैं- स्वर्ण, रजत एवं कांस्य।

- ओलम्पिक आदर्श वाक्य-"साइट्रस- अल्टीयस -फोर्टीयस" (तीव्रतर, उच्चतर, मजबूततर)

- ओलम्पिक खेलों में भाग लेने वाली प्रथम भारतीय महिला - **मैरी लीला राव**

- ओलम्पिक खेलों में स्वर्ण पदक 60 मि.मी. गोलाई में 3 मि.मी. मोटाई का होता है।

  यह 92.5% रजत परत चढ़ा 6 ग्राम स्वर्ण का होता है। इसी प्रकार रजत पदक 60 मि.मी. गोलाई में 3 मि.मी. मोटाई वाला होता है। यह पूर्ण रूप से 92.5% रजत का निर्मित होता है। जबकि कांस्य पदक पूर्ण रूप से कांस्य से ही निर्मित होता है।

ओलम्पिक खेलों में भारत का प्रदर्शन

खेल	वर्ष	प्रदर्शन
कुश्ती	2012	सुशील कुमार ने रजत पदक जीता पुरुषों के 66 कि.ग्रा. फ्री स्टाइल में
	2012	योगेश्वर दत्त ने कांस्य पदक जीता पुरुषों के 60 कि. ग्रा. फ्री स्टाइल में
हॉकी	1972	कांस्य पदक जीता
	1980	स्वर्ण पदक जीता
तीरंदाजी	2004	राज्यवर्धन सिंह राठौर ने रजत पदक जीता, डबल ट्रैप में अभिनव बिन्दा ने स्वर्ण पदक जीता पुरुषों के 10 मी० एयर राईफल स्पर्धा में
	2008	विजय कुमार ने रजत पदक जीता 25 रैपिड फायर पिस्टल में
	2012	गगन नारंग ने कांस्य पदक जीता 10 मी० एयर राईफल में
एथलेटिक्स	1900	नार्मन प्रिचाई ने दो रजत पदक जीता 200 मी० और 200 मी० हर्डल आयोजन में
	1960	मिल्खा सिंह चौथे स्थान पर रहे 400 मी० फाइनल एवं जोरा सिंह आठवें स्थान पर रहे 50 कि०मी० दौड़ में
	1964	गुरबचन सिंह रंधावा पाँचवें स्थान पर रहे 100 मी० हर्डल (फाइनल) स्पर्धा में
	1976	श्री राम सिंह सातवें स्थान पर रहे 800 मी० फाइनल में एवं शिवनाथ सिंह 11 वें स्थान पर रहे मैराथन में
	1980	श्री राम सिंह सेमीफाइनल में पहुँचे 800 मी० मे
	1984	पी०टी० उषा चौथे स्थान पर रहीं 400 मी० हर्डल स्पर्धा में
फुटबाल	1956	सेमी फाइनल में पहुँचा
टेनिस	1996	लिएन्डर पेस ने कांस्य पदक जीता पुरुषों के एकल स्पर्धा में
भारोत्तोलन	2000	कर्णम मल्लेश्वरी ने कांस्य पदक जीता महिलाओं के 69 कि०ग्रा० वर्ग में
मुक्केबाजी	2008	विजेन्दर सिंह ने कांस्य पदक जीता (75 कि०ग्रा०)
	2012	मैरी कॉम ने कांस्य पदक जीता महिलाओं की मुक्केबाजी स्पर्धा में

बैडमिंटन	2012	सायना नेहवाल ने कांस्य पदक जीता महिलाओं की एकल स्पर्धा में
	2016	पी०वी० सिन्धु ने रजत पदक जीता महिलाओं की एकल स्पर्धा में
कुश्ती	2016	साक्षी मलिक ने कांस्य पदक जीता महिलाओं के 58 कि.ग्रा० फ्री स्टाइल स्पर्धा में

ग्रीष्मकालीन ओलम्पिक खेलों का आयोजन

वर्ष	आयोजित करने वाला देश
2000	सिडनी (ऑस्ट्रेलिया)
2004	एथेंस (यूनान)
2008	बीजिंग (चीन)
2012	लंदन (ग्रेट ब्रिटेन)
2016	रियो डि जेनेरो (ब्राजील)
2020	टोक्यो, (जापान)

- शीतकालीन ओलम्पिक खेलों की शुरुआत 1924 ई० से हुई। यह सर्व प्रथम फ्रांस के शैमॉनिक्स शहर में आयोजित हुआ। इस खेल में शीतकालीन खेलों को सम्मिलित किया गया, जैसे–आइस हॉकी, फिगर स्केटिंग, स्पीड स्केटिंग, अल्पाइन स्कीइंग, स्किटिंग इत्यादि।
- ग्रीष्मकालीन खेलों की भाँति शीतकालीन खेलों में भी विजेताओं को स्वर्ण, रजत एवं कांस्य पदक दिया जाता है।

शीतकालीन ओलम्पिक खेलों का आयोजन

वर्ष	आयोजित करने वाला देश
2002	साल्ट लेक सिटी (यू.एस.ए.)
2006	ट्यूरिन (इटली)
2010	वैन्कूवर (कनाडा)
2014	सॉची (रूस)
2018	पेइयांग चांग (दक्षिण कोरिया)
2022	बीजिंग (चीन)

पैरालिम्पिकेल

- मानसिक रोग विशेषज्ञ डॉ. सर लुडविंग गट्टमैन वर्ष 1948 में द्वितीय विश्वयुद्ध में गंभीर रूप से शारीरिक अक्षमता वाले मरीजों का इलाज कर रहे थे। उन्होंने अपने अस्पताल के मरीजों के मनोरंजन हेतु उन्हें कुछ खेलों की तरफ आकर्षित किया और अन्य अस्पतालों के मरीजों के साथ प्रतियोगिताएँ आयोजित की। यह खेल प्रतियोगिता लंदन ओलम्पिक का हिस्सा बनी।

- पैरालिम्पिक खेलों में ऐसे खिलाड़ी भाग लेते हैं जिनमें मुख्यत: छ: प्रकार से शारीरिक अक्षमता पायी जाती है–
  चलने-फिरने में असमर्थ, बौद्धिक कमी, सुनने, बोलने में असमर्थ, अपंगता तथा सेरेब्रल पल्सी रोगग्रस्त।
- पैरालिम्पिक खेलों में शामिल हैं- एथलेटिक्स, साइकिलिंग, जूडो, नौकायन, तैराकी एवं वॉलीबाल।
- पहला पैरालिम्पिक खेल सन् 1960 ई० में रोम (इटली) में आयोजित किया गया था, जिसमें 23 देशों में कुल 400 खिलाड़ियों ने भाग लिया। इसमें केवल पहिएदार कुर्सी पर चलने वाले खिलाड़ी ही मुख्य तौर पर खेलों में हिस्सा लेने हेतु आमंत्रित थे।
- पैरालिम्पिक खेलों का आयोजन दो बार ग्रीष्मकालीन और शीतकालीन खेल के रूप में होता है।

शीतकालीन पैरालिम्पिक खेल

वर्ष	आयोजित करने वाला देश
2002	पैरालिम्पिक–VIII–साल्ट लेक सिटी (यूनाइटेड स्टेट)
2006	पैरालिम्पिक–IX–ट्यूरिन (इटली)
2010	पैरालिम्पिक–X–वैन्कूवर (कनाडा)
2014	पैरालिम्पिक–XI–साची (रूस)
2018	पेपेंग्वांग (दक्षिण कोरिया)
2000	पैरालिम्पिक–XI–सिडनी (ऑस्ट्रेलिया)
2004	पैरालिम्पिक–XII–एथेंस (यूनान)
2008	पैरालिम्पिक–XIII–बीजिंग (चीन)
2012	पैरालिम्पिक–XIV–लंदन (यूनाइटेड किंगडम)
2016	पैरालिम्पिक–XV–रियो-डी-जेनेरो (ब्राजील)
2020	टोक्यो (जापान)

राष्ट्रमंडल खेल (कॉमनवेल्थ गेम)

- ओलम्पिक खेल के बाद दूसरा सबसे बड़ा खेल महोत्सव-कॉमनवेल्थ गेम ही है।
- कॉमनवेल्थ गेम का आयोजन प्रत्येक चार वर्ष के उपरांत परंतु ओलम्पिक वर्षों के मध्य होता है।
- सर्वप्रथम कॉमनवेल्थ गेम का आयोजन, सन् 1930 में हैमिल्टन (कनाडा) में किया गया।
- भारत ने सबसे पहले, सन् 1934 में लंदन में आयोजित द्वितीय कॉमनवेल्थ गेम्स में भाग लिया।
- प्रत्येक चार वर्ष बाद इन खेलों का आयोजन होता है। इसमें केवल राष्ट्रमंडल सदस्य देश ही भाग लेते हैं।

1930 से अब तक के संपन्न राष्ट्रमंडल खेल

वर्ष	स्थान	भाग लेने वाले देशों की सं.	प्रतियोगिताएँ	प्रथम स्थान	भारत का पदक
2002	मैनचेस्टर (इंग्लैंड)	72	17	ऑस्ट्रेलिया	स्वर्ण-32, रजत-21, कांस्य-8 (तीसरा स्थान)
2006	मेलबोर्न (ऑस्ट्रेलिया)	71	16	ऑट्रेलिया	स्वर्ण-22, रजत-17, कांस्य-11 (चौथा स्थान)
2010	दिल्ली (भारत)	71	17	ऑस्ट्रेलिया	स्वर्ण-74, रजत-55, कांस्य-48 (दूसरा स्थान)
2014	ग्लास्गो (स्कॉटलैंड)	71	18	इंग्लैंड	स्वर्ण-15, रजत-30, कांस्य-19 (पाँचवाँ स्थान)
2018	गोल्ड कोस्ट (ऑस्ट्रेलिया)	प्रस्तावित	–	–	–

एशियन गेम्स

- सर्वप्रथम एशियन गेम्स की शुरुआत 4 मार्च, 1951 को नई दिल्ली में हुई।
- एशियन गेम्स फेडरेशन (AGF) का आदर्श वाक्य-Ever onward (सदैव प्रगतिशील) पं॰ जवाहर लाल नेहरू द्वारा दिया गया।
- इसका प्रतीक है - आयत में गुथे हुए वलयों के साथ पूर्ण उदय हुआ सूर्य।
- 16वें एशियन गेम्स में क्रिकेट T-20 को सम्मिलित किया गया।
- 17वें एशियन गेम्स 2014 का आयोजन इंचियोन (दक्षिणी कोरिया) में किया गया। (19 सितम्बर – 4 अक्टूबर, 2014). भारत ने 57 पदक प्राप्त किए (11 स्वर्ण, 10 चाँदी तथा 36 कांस्य)।
- जापानी तैराक कोसुके हैजिनो को खेल का अति महत्त्वपूर्ण खिलाड़ी (MVP) घोषित किया गया।
- पहली बार इन गेम्स में, संयुक्त तीरंदाजी, मिक्स्ड रिले ट्रायएथल तथा जूडो टीम इवेंट्स को सम्मिलित किया गया।

1951 से आयोजित एशियाई खेल

खेल क्रमांक	वर्ष	स्थान	देशों की संख्या	खेलों की संख्या	खिलाड़ियों की संख्या
1.	2002	बुसान (दक्षिण कोरिया)	44	38	7711
2.	2006	दोहा (कतर)	45	39	9524
3.	2010	गुआंगझाउ (चीन)	45	42	9704
4.	2014	इंचियोन (दक्षिण कोरिया)	45	36	9501
5.	2018	जकार्ता (इंडोनेशिया)	प्रस्तावित	–	–

आई.सी.सी. ट्वेंटी-20 क्रिकेट वर्ल्ड कप

वर्ष	मेजबान	फाईनल मैच खेले जाने का स्थान	विजेता	उप विजेता
2007	दक्षिण अफ्रीका	जोहान्सबर्ग	भारत	पाकिस्तान
2009	इंग्लैंड	लंदन	पाकिस्तान	श्रीलंका
2010	वेस्टइंडीज	बार्वादोस	इंग्लैंड	ऑस्ट्रेलिया
2012	श्रीलंका	कोलम्बो	वेस्टइंडीज	श्रीलंका
2014	बांग्लादेश	ढाका	श्रीलंका	भारत
2016	भारत	कोलकाता	वेस्टइंडीज	इंग्लैंड
2020	आस्ट्रेलिया			

क्रिकेट विश्व कप

- यह एक दिवसीय अंतर्राष्ट्रीय क्रिकेट चैम्पियन से संबंधित है।
- इसका आयोजन अंतर्राष्ट्रीय क्रिकेट परिषद (ICC) द्वारा किया जाता है। इसका मुख्यालय 01 अगस्त 2005 से दुबई में है, पहले यह लाड्र्स में था।
- यह प्रत्येक चार वर्ष पर होता है।
- सर्वप्रथम विश्व कप का आयोजन जून 1975 में इंग्लैंड में हुआ।
- मौजूदा ट्रॉफी चाँदी तथा स्वर्ण से निर्मित होती है। इसमें तीन चाँदी के स्तम्भ होते हैं जिस पर सुनहरा ग्लोब टिका रहता है।
- मूल ट्रॉफी आई.सी.सी. के पास रहती है तथा इसका प्रतिरूप विजेता टीम को प्रदान किया जाता है।

क्रिकेट विश्व कप

वर्ष	मेजबान	विजेता	उपविजेता
1975	इंग्लैंड	वेस्टइंडीज	ऑस्ट्रेलिया
1979	इंग्लैंड	वेस्टइंडीज	इंग्लैंड
1983	इंग्लैंड	भारत	वेस्टइंडीज
1987	भारत, पाकिस्तान	ऑस्ट्रेलिया	इंग्लैंड
1992	ऑस्ट्रेलिया, न्यूजीलैंड	पाकिस्तान	इंग्लैंड
1996	लाहौर, पाकिस्तान	श्रीलंका	ऑस्ट्रेलिया
1999	इंग्लैंड	ऑस्ट्रेलिया	पाकिस्तान
2003	द. अफ्रीका	ऑस्ट्रेलिया	भारत
2007	वेस्टइंडीज	ऑस्ट्रेलिया	श्रीलंका
2011	भारत, श्रीलंका, बांग्लादेश	भारत	श्रीलंका
2015	ऑस्ट्रेलिया, न्यूजीलैंड	ऑस्ट्रेलिया	न्यूजीलैंड
2019	इंग्लैंड	–	–
2023	भारत	–	–

फीफा विश्व कप

- फीफा विश्व कप, अंतर्राष्ट्रीय फुटबॉल प्रतियोगिता संघ का है।
- इस संघ के सदस्य एवं सीनियर नेशनल टीम के बीच प्रतियोगिता का आयोजन होता है।
- इसका आयोजन प्रति चार वर्ष के बाद होता है।

विश्व कप : फुटबाल

वर्ष	मेजबान	विजेता	स्कोर	उप विजेता
1930	उरुग्वे	उरुग्वे	4–2	अर्जेंटीना
1982	स्पेन	इटली	3–1	पश्चिम जर्मनी
1986	मेक्सिको	अर्जेंटीना	3–2	पश्चिम जर्मनी
1990	इटली	प॰ जर्मनी	1–0	अर्जेंटीना
1994	संयुक्त राज्य अमेरिका	ब्राजील	3–2	इटली
1998	फ्रांस	फ्रांस	3–0	ब्राजील
2002	द॰ कोरिया तथा जापान	ब्राजील	2–0	जर्मनी
2006	जर्मनी	इटली	5–2	फ्रांस
2010	द॰ अफ्रीका	स्पेन	1–0	नीदरलैंड
2014	ब्राजील	जर्मनी	1–0	अर्जेंटीना
2018	रूस	प्रस्तावित	–	–
2022	कतर	प्रस्तावित	–	–

हॉकी विश्व कप

- यह एक अंतर्राष्ट्रीय हॉकी प्रतियोगिता है। इसका आयोजन अंतर्राष्ट्रीय हॉकी फेडरेशन द्वारा किया जाता है।
- इसकी शुरुआत सन् 1971 में हुई थी।
- इसका आयोजन प्रत्येक चार वर्ष के बाद होता है।
- सिलारू (हिमाचल प्रदेश) में भारत का सबसे ऊँचाई वाला हॉकी का स्ट्रोटर्फ (रबड़ मैदान) बनाया गया है।
- हॉकी विश्व कप ट्रॉपी का डिजाइन वशीर मुजिद द्वारा तैयार किया गया था। जिसका श्रेय पाकिस्तानी सेना को जाता है।
- ट्रॉफी में एक विश्व ग्लोब होता है जो स्वर्ण तथा रजत से निर्मित होता है।
- यह ग्लोब हस्ति दंत से निर्मित कलाकृति युक्त फलक पर आधारित होता है। यह कप पुष्प सुसज्जित डिजाइन से अलंकृत होता है।

वर्ष	मेजबान	विजेता	उपविजेता
2002	कुआलालम्पुर	जर्मनी मलेशिया	ऑस्ट्रेलिया
2006	मांचेरालैंडबाक	जर्मनी	ऑस्ट्रेलिया
2010	नई दिल्ली, भारत	ऑस्ट्रेलिया	जर्मनी
2014	द हेग, नीदरलैंड्स	ऑस्ट्रेलिया	नीदरलैंड्स
2018	भुवनेश्वर, भारत	–	–

टेनिस ग्रैंड स्लैम्स

वार्षिक टेनिस आयोजन में चार मुख्य ग्रैंड स्लैम टूर्नामेंट होते है। इसके अंतर्गत 'ऑस्ट्रेलियन ओपन' मध्य जनवरी में, 'फ्रेंच ओपन' मई/जून में, 'विंबलडन' जून/जुलाई में और 'यू.एस.ओपन' अगस्त/सितम्बर में आयोजित किया जाता है। प्रत्येक टूर्नामेंट दो सप्ताह की अवधि तक चलता है।

	ग्रैंड स्लैम्स	कोर्ट की प्रकृति
1.	ऑस्ट्रेलियन ओपन	हार्ड कोर्ट
2.	फ्रेंच ओपन	क्ले कोर्ट (लाल)
3.	विंबलडन	ग्रास कोर्ट
4.	यू.एस. ओपन	हार्ड कोर्ट

इंडियन सुपर लीग

भारत में खेल के क्षेत्र में फुटबाल को शीर्ष स्तर का दर्जा देने हेतु वर्ष 2013 में 'इंडियन सुपर लीग' की स्थापना की गई। संपूर्ण भारत में कुल 8 टीमें फुटबाल खेल को आगे बढ़ाने में प्रयासरत हैं–

टीम	शहर/प्रदेश	स्टेडियम
अटलेटिको डी कोलकाता	कोलकाता, पश्चिम बंगाल	साल्ट लेक स्टेडियम
चेन्नइन	चेन्नई, तमिलनाडु	जवाहर लाल नेहरू स्टेडियम
डेलही डिनेमोस	दिल्ली	जवाहर लाल नेहरू स्टेडियम
केरला ब्लास्टर्स	कोच्चि, केरला	जवाहर लाल नेहरू स्टेडियम
मुंबई सिटी	मुंबई, महाराष्ट्र	डी वाय पाटिल स्टेडियम
नार्थ ईस्ट यूनाइटेड	गुवाहाटी, आसाम	इंदिरा गांधी एथलेटिक स्टेडियम
गोवा	मारगाबो, गोवा	फैटोर्डा स्टेडियम
पुणे सिटी	पुणे, महाराष्ट्र	श्री शिव छत्रपत्ति स्पोर्ट्स कम्प्लेक्स

यूरोपियन फुटबाल एसोसिएशन संघ (UEFA)

यह संघ उच्च स्तरीय यूरोपियन क्लबों द्वारा फुटबाल प्रतियोगिता आयोजित कराता है। क्लब प्रतियोगिता की स्थापना वियेना में 2 मार्च 1955 को मनाई गई यू ई एफ ए की पहली कांग्रेस सभा के एक माह बाद हुई थी। क्लब टीमों के 8 ग्रुप हैं –

अब तक के उच्च स्कोर

क्रमांक	खिलाड़ी	गोल	खेलों में भाग लिया	वर्ष	क्लब
1.	किस्टियानो रोनाल्डो	88	121	2003	मानचेस्टर यूनाइटेड, रीयल मैड्रिड
2.	लायनेल मेस्सी	80	102	2005	बार्सीलोना
3.	राउल	71	142	1995–2011	रीयल मैड्रिड, चाक-04
4.	रुड वान निस्टोलरोय	56	73	1998–2009	पी.एस.वी. मानचेस्टर यूनाइटेड, रीयल मैड्रिड
5.	थियेरी हेनरी	50	112	1997–2010	मनाको, आर्सेनिल, बार्सीलोना
6.	अलफ्रेडो डी स्टीफेनो	49	58	1955–1964	रीयल मैड्रिड
7.	एन्ड्रीय शेवचेन्को	48	100	1994–2012	डायनामो कीव, मिलन, चोल्सिया
8.	इयूसेबियो	46	65	1961–1974	बेन्फिका
	करीमू बेन्जेमा	46	77	2006	लियान, रीयल मैड्रिड
	फ्लिपो इन्जाघी	46	81	1997–2012	ज्युवेन्टस, मिलन

प्रश्नावली

1. निम्नलिखित में से किसने सुख मृत्यु (Euthanasia) को वैध कर दिया है?
   (a) अमेरिका में टेक्सास ने
   (b) ऑस्ट्रेलिया में उत्तरी क्षेत्र ने
   (c) कनाडा में क्यूबेक ने
   (d) भारत में महाराष्ट्र ने

2. संयुक्त राष्ट्र संघ की अधिकृत भाषाएँ कौन-कौन सी है?
   (a) अंग्रेजी, फ्रेंच और रूसी
   (b) अंग्रेजी, फ्रेंच, जर्मन और रूसी
   (c) अंग्रेजी, फ्रेंच, रूसी, चीनी और हिन्दी
   (d) अंग्रेजी, फ्रेंच, चीनी, रूसी, अरबी और स्पेनी

3. 'MERCOSUR' बना है-
   (a) अफ्रीका के देशों के समूह से
   (b) एशिया के देशों के समूह से
   (c) लैटिन अमेरिका के देशों के समूह से
   (d) दक्षिण-पूर्वी एशिया के देशों के समूह से

4. किसे योग का पिता कहा जाता है?
   (a) पतंजलि
   (b) रामदेव
   (c) चाणक्य
   (d) वराहमिहिर

5. फालुन गौंग
   (a) पूर्वी चीन में एक नृजातीय अल्पसंख्यक समुदाय है
   (b) पश्चिमी चीन में एक विद्रोही संगठन है
   (c) चीन में जनतन्त्र समर्थक आन्दोलन है
   (d) चीन में आध्यात्मिक आन्दोलन है

6. चन्द्रा एक्स-रे दूरबीन का नाम किस वैज्ञानिक के सम्मान में रखा गया?
   (a) चन्द्रशेखर वेंकटरमन
   (b) जगदीश चन्द्र बोस
   (c) प्रफुल्ल चन्द्र राय
   (d) सुब्रह्मण्यम चन्द्रशेखर

7. प्रायः चर्चा में रहने वाला बर्बर भाषी समुदाय रहता है-
   (a) अफगानिस्तान में
   (b) अल्जीरिया में
   (c) अर्जेन्टीना में
   (d) आस्ट्रेलिया में

8. निम्न देशों में से कौन सा एक स्थलरुद्ध है?
   (a) बोलीविया
   (b) पेरु
   (c) सूरीनाम
   (d) उरुग्वे

9. विश्व में निम्न भाषाओं में से किस एक भाषा के सर्वाधिक बोलने वाले व्यक्ति हैं?
   (a) बंगाली
   (b) फ्रांसीसी
   (c) जापानी
   (d) पुर्तगाली

10. निम्न देशों में से किसने सर्वप्रथम महिलाओं को मताधिकार प्रदान किया?
    (a) आइसलैण्ड
    (b) भारत
    (c) न्यूजीलैण्ड
    (d) यू. एस. ए.

11. निम्नलिखित देशों में से किसमें तमिल एक प्रमुख भाषा है?
    (a) म्यांमार
    (b) इण्डोनेशिया
    (c) मॉरीशस
    (d) सिंगापुर

12. निम्नलिखित नगरों में से कौन से एक में दक्षिण अफ्रीका की पार्लियामेन्ट स्थित है?
    (a) प्रिटोरिया
    (b) डरबन
    (c) जोहान्सबर्ग
    (d) केपटाउन

13. निम्नलिखित युग्मों में से कौन सा एक सही सुमेलित नहीं है?
    (a) स्लोवेनिया   - ब्राटिसलावा
    (b) सेशेल्स   - विक्टोरिया
    (c) सिएरा लियोन   - फ्रीटाउन
    (d) उज्बेकिस्तान   - ताशकन्द

14. भारत के राष्ट्रीय ध्वज का डिजाइन किसने बनाया था?
    (a) झंडा चयन समिति
    (b) पिंगली वेंकय्या
    (c) सरदार वल्लभ भाई पटेल
    (d) इनमें से कोई नहीं

15. निम्नलिखित में से किसने कार्ल मार्क्स के साथ मिलकर 'दि कम्यूनिस्ट मेनिफेस्टो' लिखा?
    (a) एमाइल दुर्खीम
    (b) फ्रैडरिक एंजल्स
    (c) रॉबर्ट ओवन
    (d) मैक्स वेबर

16. निम्नलिखित युग्मों में से कौन सा एक सही सुमेलित नहीं है?
    (a) सिगमण्ड फ्रायड   मनोविश्लेषण
    (b) अन्ना फ्रायड   बाल मनोरोगविज्ञान
    (c) मिल्टन फ्राइडमैन   अर्थशास्त्र
    (d) एरिक आर. कैन्डल   साहित्य

17. निम्नलिखित युग्मों में से कौन-सा एक सही सुमेलित नहीं है?
    (a) विलियम डिक्सन   - चलचित्र फिल्म
    (b) चार्ल्स बैबेज   - क्रमादेशय कम्प्यूटर
    (c) निकोलस स्टर्न   - निर्माण प्रौद्योगिकी
    (d) ब्रायन ग्रीन   - रज्जु (String) सिद्धान्त

18. निम्नलिखित में से कौन वर्ल्ड वाइड वेब (WWW) का आविष्कारक माना जाता है?
    (a) एडवर्ड केस्नर
    (b) बिल गेट्स
    (c) टिम बर्नर्स-ली
    (d) विनोद धाम

19. ऑर्गेनाइजेशन ऑफ इस्लामिक कॉन्फ्रेन्स (OIC) का मुख्यालय कहाँ अवस्थित है?
    (a) दुबई
    (b) जेद्दा
    (c) इस्लाहामाबाद
    (d) अंकारा

20. तेल का एक बैरल लगभग किसके बराबर है?

   (a) 131 लीटर   (b) 159 लीटर

   (c) 257 लीटर   (d) 321 लीटर

21. निम्नलिखित में से कौन-सा युग्म सुमेलित है?

   (a) नक्काल – बिहार   (b) तमाशा – उड़ीसा

   (c) अंकिया नाट – असम   (d) वाघ – पंजाब

22. निम्नलिखित नृत्यों में से किस एक में एकल नृत्य होता है?

   (a) भरतनाट्यम   (b) कुचिपुड़ी

   (c) मोहिनीअट्टम   (d) ओडिसी

23. 'ईको मार्क' उन भारतीय उत्पादों को दिया जाता है जो

   (a) शुद्ध एवं अनपमिश्रित (unadulterated) है

   (b) प्रोटीन समृद्ध है

   (c) पर्यावरण के लिए अनुकूल है

   (d) आर्थिक रूप से व्यवहार्य है

24. विश्व ऑटिज्म जागरूकता दिवस निम्नलिखित में से किस दिन मनाया जाता है?

   (a) 2 अप्रैल   (b) 30 मार्च

   (c) 3 अप्रैल   (d) 31 मार्च

25. ANTARA किस देश की समाचार एजेंसी है?

   (a) इण्डोनेशिया   (b) सीरिया

   (c) यमन   (d) जोर्डन

26. लोक नृत्य रूपों और राज्यों के निम्नलिखित युग्मों में से कौन-सा एक सही सुमेलित नहीं है?

   (a) कोरकू   :   महाराष्ट्र

   (b) झूमर   :   हरियाणा

   (c) थाली   :   हिमाचल प्रदेश

   (d) मुकना   :   मणिपुर

27. निम्नलिखित युग्मों में से कौन-सा एक सही समुलित नहीं है?

   (a) बाकी इतिहास   :   बादल सरकार

   (b) सीता स्वयंवर   :   विष्णु दास भावे

   (c) ययाति   :   गिरीश कर्नाड

   (d) गिद्धा   :   जब्बार पटेल

28. प्रातःकाल में गाया जाने वाला राग है :

   (a) टोडी   (b) दरबारी

   (c) भोपाली   (d) भीमपलासी

29. WTO का पूर्ववर्ती नाम था :

   (a) UNCTAD   (b) GATT

   (c) UNIDO   (d) OECD

30. बौद्धों की अधिकतम संख्या पायी जाती है :

   (a) बिहार में   (b) कर्नाटक में

   (c) महाराष्ट्र में   (d) उत्तर प्रदेश में

31. विश्व की सबसे ऊँचाई पर स्थिति दूरबीन वेधशाला है :

   (a) कोलम्बिया में   (b) भारत में

   (c) नेपाल में   (d) स्विट्जरलैण्ड में

32. चपचार कुट त्योहार मनाया जाता है :

   (a) अरुणाचल प्रदेश में   (b) असम में

   (c) मिजोरम में   (d) सिक्किम में

33. पद्मश्री पुरस्कार पाने वाली पहली भारतीय अभिनेत्री कौन थी?

   (a) स्मिता पाटिल   (b) नर्गिस दत्त

   (c) मीना कुमारी   (d) मधुबाला

34. बोकारो का तापीय बिजलीघर कहाँ स्थित है?

   (a) बिहार में   (b) छत्तीसगढ़ में

   (c) झारखण्ड में   (d) उड़ीसा में

35. भारत में निम्न में से कहाँ सबसे बड़ा पोत-प्रांगण है ?

   (a) कोलकाता   (b) कोच्चि

   (c) मुम्बई   (d) विशाखापत्तनम्

36. निम्नलिखित में से बाँसुरी के प्रसिद्ध वादक (Exponent of Flute) के रूप में कौन जाने जाते हैं?

   (a) देबू चौधरी   (b) मधुप मुद्गल

   (c) रोनू मजूमदार   (d) शफात अहमद

37. विश्व नो स्मोकिंग दिवस कब मनाया जाता हैं?

   (a) 15 जुलाई   (b) 31 दिसंबर

   (c) 1 जनवरी   (d) 31 मई

38. निम्नलिखित में से कौन-सा एक हिन्दुस्तानी शास्त्रीय गायक है?

   (a) गीता चन्द्रन   (b) लीला सैम्सन

   (c) गंगुबाई हंगल   (d) स्वप्नसुन्दरी

39. निम्नलिखित में से कौन-सा युग्म सही सुमेलित नहीं है?

प्रसिद्ध भारतीय लेखक		भाषा
(a) राजा राव	:	तेलुगू
(b) गोविन्द त्र्यम्बक देशपाण्डे	:	मराठी
(c) सुब्रह्मण्यम भारती	:	तमिल
(d) तारा शंकर जोशी	:	गुजराती

40. निम्नलिखित में से कौन-सा एक युग्म सही सुमेलित है?

   (a) विक्रमशिला मठ   :   उत्तर प्रदेश

   (b) हेमकुण्ड गुरुद्वारा   :   हिमाचल प्रदेश

   (c) उदयगिरि गुफाएँ   :   महाराष्ट्र

   (d) अमरावती बौद्ध स्तूप   :   आन्ध्र प्रदेश

41. केन्द्रीय जल और विद्युत अनुसन्धान केन्द्र कहाँ स्थित है?

   (a) खड़कवासला   (b) सीलेरू

   (c) जामनगर   (d) श्रीसैलम

42. निम्नलिखित में से किसने 'अयोध्या 6 दिसम्बर, 1992' नामक पुस्तक लिखी?
    - (a) चन्द्रशेखर
    - (b) पी.वी. नरसिम्हा राव
    - (c) जसवन्त सिंह
    - (d) अरुण शौरी

43. BRIT (भारत सरकार) निम्नलिखित में से किस एक के साथ कार्यरत है?
    - (a) रेल वैगन
    - (b) सूचना प्रौद्योगिकी
    - (c) समस्थानिक प्रौद्योगिकी
    - (d) सड़क परिवहन

44. भारत के राष्ट्रीय ध्वज में धर्मचक्र में अरों (Spokes) की संख्या कितनी है?
    - (a) 16
    - (b) 18
    - (c) 22
    - (d) 24

45. वर्ष 1953 में, जब आन्ध्र राज्य एक अलग राज्य बना, तब उसकी राजधानी कौन बनी?
    - (a) गुन्टूर
    - (b) कर्नूल
    - (c) नेल्लौर
    - (d) वारंगल

46. निम्नलिखित में से कौन-सा एक लोकसभा का सर्वाधिक बड़ा (क्षेत्रफल के अनुसार) निर्वाचन क्षेत्र है?
    - (a) कांगड़ा
    - (b) लद्दाख
    - (c) कच्छ
    - (d) भीलवाड़ा

47. छः फुट लम्बे व्यक्ति की ऊँचाई नैनोमीटर में कैसे व्यक्त की जाएगी (लगभग)
    - (a) 183×10^6 नैनोमीटर
    - (b) 234×10^6 नैनोमीटर
    - (c) 183×10^7 नैनोमीटर
    - (d) 234×10^7 नैनोमीटर

48. बिम्बावती देवी किस प्रकार के नृत्य के लिए सुविख्यात हैं?
    - (a) मणिपुरी
    - (b) भरतनाट्यम
    - (c) कुचिपुड़ि
    - (d) ओडिसी

49. निम्नलिखित में से किसने ऑटोबायोग्राफी ऑफ मैडम क्यूरी का हिन्दी में अनुवाद किया?
    - (a) अटल बिहारी वाजपेयी
    - (b) लाल बहादुर शास्त्री
    - (c) चौधरी चरण सिंह
    - (d) गोविन्द बल्लभ पन्त

50. निम्नलिखित में से कौन-सी एक औषध/औषधी निर्माता कम्पनी नहीं है ?
    - (a) शेवरोन
    - (b) निकोलस पीरामल
    - (c) फाइजर
    - (d) जाइडस कैडिला

51. 'गोल्डन थ्रेशहोल्ड' नामक कविता संग्रह की रचयिता निम्नलिखित में से कौन हैं?
    - (a) अरुणा आसफ अली
    - (b) एनी बेसेन्ट
    - (c) सरोजिनी नायडू
    - (d) विजयलक्ष्मी पण्डित

52. परमाण्विक ऊर्जा विभाग, निम्नलिखित में से किस प्रशासन के अधीन है?
    - (a) प्रधानमन्त्री कार्यालय
    - (b) मंत्रीमण्डल सचिवालय
    - (c) विद्युत मन्त्रालय
    - (d) विज्ञान और प्रौद्योगिकी मन्त्रालय

53. निम्नलिखित में से किस एक क्षेत्र में असाधारण योगदान के लिए शान्ति स्वरूप भटनागर पुरस्कार प्रदान किया जाता है?
    - (a) साहित्य (Literature)
    - (b) निष्पादन कलाएँ (Performing Arts)
    - (c) विज्ञान (science)
    - (d) समाज सेवा (Social Service)

54. निम्नलिखित भारत के राष्ट्रपतियों में से कौन एक कुछ समय के लिए गुट-निरपेक्ष आन्दोलन के महासचिव भी थे?
    - (a) डॉ. सर्वपल्ली राधाकृष्णन
    - (b) वाराहगिरि वेंकटगिरि
    - (c) ज्ञानी जैल सिंह
    - (d) डॉ. शंकर दयाल शर्मा

55. महान् धार्मिक घटना, महामस्तकाभिषेक निम्नलिखित में से किससे सम्बन्धित है और किसके लिए की जाती है?
    - (a) बाहुबली
    - (b) बुद्ध
    - (c) महावीर
    - (d) नटराज

56. खिलाड़ी सोमा विश्वास सम्बन्धित है-
    - (a) नौका चालन से
    - (b) हॉकी से
    - (c) गोल्फ से
    - (d) खेलकूद (एथलेटिक्स) से

57. ऑस्ट्रेलियाई ओपन लॉन टेनिस टूर्नामेन्ट से प्रारम्भ कर, अन्य तीन बड़े लॉन टेनिस टूर्नामेन्टों का निम्नलिखित में से कौन सा एक कालानुक्रम सही है?
    - (a) फ्रेन्च ओपन – यू. एस. ओपन – विम्बल्डन
    - (b) फ्रेन्च ओपन – विम्बल्डन – यू. एस. ओपन
    - (c) विम्बल्डन – यू. एस. ओपन – फ्रेन्च ओपन
    - (d) विम्बल्डन – फ्रेन्च ओपन – यू. एस. ओपन

58. ओलम्पिक खेलों में से किस खेल के लिए बैल बार्कर कप प्रदान किया जाता है?
    - (a) तैराकी
    - (b) मुक्केबाजी
    - (c) लम्बी कूद
    - (d) ऊँची कूद

59. ओलम्पिक खेलों में भारतीय फुटबॉल टीम के प्रदर्शन के बारे में निम्नलिखित में से कौन सा एक सही है?
    - (a) भारत ने कभी भी ओलम्पिक फुटबॉल टूर्नामेन्ट में भाग नहीं लिया
    - (b) भारत ने केवल प्रथम चरण में ही खेला
    - (c) भारत ने केवल क्वार्टर फाइनल तक ही प्रवेश पाया
    - (d) भारत ने सेमी फाइनल में प्रवेश पाया

60. "प्रॉब्लम ऑफ ह्यूमन ज्याॅग्रफी" पुस्तक के रचयिता कौन थे?
    - (a) एलबर्ट डिमैन्जियन
    - (b) डॉ मॉर्टिन
    - (c) जीन ब्रूश
    - (d) इनमें से कोई नहीं

61. 40° N अक्षांश किस-किस के बीच सीमांकन करता है?
    - (a) उत्तरी और दक्षिणी वियतनाम
    - (b) मिस्र और सूडान
    - (c) उत्तरी और दक्षिणी कोरिया
    - (d) अमेरिका और कनाडा

62. साउथ पोल पहुँचने वाला प्रथम व्यक्ति कौन था?
    - (a) एमण्डसेन
    - (b) पियरी
    - (c) मैगेलन
    - (d) अमेरिगो वेस्पुची

63. 'राष्ट्रीय विज्ञान दिवस' कब मनाया जाता है?
    (a) 5 जनवरी   (b) 28 फरवरी
    (c) 14 मार्च   (d) 2 जून

64. निम्नलिखित में से कौन-सा विमानपत्तन पूरी तरह सौर शक्ति से चालित विश्व का प्रथम विमानपत्तन बन गया है?
    (a) कोचीन अंतरार्ष्ट्रीय विमानपत्तन लि. (केरल)
    (b) अमृतसर अंतरार्ष्ट्रीय विमानपत्तन
    (c) नेताजी सुभाषचंद्र बोस अंतरार्ष्ट्रीय विमानपत्तन
    (d) लोकप्रिय गोपीनाथ बारदोली अंतरार्ष्ट्रीय विमानपत्तन

65. पृथ्वी घण्टे की अवधारणा कब और कहां शुरू हुई?
    (a) जून 2007 में, क्राइस्टचर्च, न्यूजीलैंड में
    (b) अप्रैल 2008 में, टोक्यो जापान में
    (c) मई 2009 में, कोलंबो, श्रीलंका में
    (d) मार्च 2007 में, सिडनी, ऑस्ट्रेलिया

66. दाब के मापन के लिए किस यंत्र का प्रयोग किया जाता है?
    (a) एनिमोमीटर   (b) एनरॉयड बैरोमीटर
    (c) थर्मोमीटर   (d) हाइग्रोमीटर

67. मृदारहित कृषि को क्या कहते हैं?
    (a) अंतराल फसलन   (b) रेशम उत्पादन
    (c) जल संवर्धन   (d) आर्द्रता संवर्धन

68. विश्व के किस देश में चाय की सबसे अधिक पैदावार होती
    (a) श्रीलंका   (b) चीन
    (c) भारत   (d) ब्राजील

69. पारद थर्मामीटर का आविष्कार किसने किया था ?
    (a) गैलीलियो   (b) फॉरेनहाइट
    (c) न्यूटन   (d) प्रीस्टले

70. सूची I और सूची II का मिलान कीजिए और सही उत्तर अंकित कीजिए।
    सूची I (हवाएं)   सूची II(स्थल)
    a. चिनुक   1. आल्प्स
    b. फोएन   2. भारत
    c. सिराको   3. अमेरिका
    d. लू   4. मिश्र
    (a) a = 4, b = 3, c = 1, d = 2
    (b) a = 4, b = 2, c = 1, d = 3
    (c) a = 3, b = 4, c = 2, d = 1
    (d) a = 3, b = 1, c = 4, d = 2

71. निम्नलिखित में से कौन सी पुस्तक ' पर्यावरण' पर केन्द्रित है
    (a) The late, Great Plant Earth
    (b) silent Spring
    (c) Here I Stand
    (d) And Then one Day

72. कुदनकुलम परियोजना किस राज्य में स्थित है
    (a) कर्नाटक   (b) तमिलनाडु
    (c) तेलंगाना   (d) केरल

73. स्वतंत्र भारत की प्रथम राष्ट्रीय न्यूज एजेन्सी कौन-सी थी
    (a) द इण्डियन रिव्यू
    (b) द फ्री प्रेस ऑफ इण्डिया
    (c) द एसोसिएटिड प्रेस ऑफ इण्डिया
    (d) इनमें से कोई नहीं

74. भारत में पहली भाप से चलने वाली ट्रेन कब शुरू की गई?
    (a) 1848   (b) 1853
    (c) 1875   (d) 1880

75. सांता क्लॉज का वास्तविक नाम क्या था
    (a) सेंट क्रिस्टोफर   (b) सेंट पीटर
    (c) सेंट जॉन   (d) सेंट निकोलस

76. इनमें से कौन-सा विश्व विरासत की सूची में नहीं है?
    (a) हम्पी खंडहर   (b) खजुराहो
    (c) नालंदा खंडहर   (d) ताजमहल

77. "ए मिनिस्टर एंड हिज रेस्पॉन्सिबिलिटीज" के लेखक कौन है ?
    (a) मोरारजी भाई देसाई   (b) सुरेन्द्र नाथ बांधोपाध्याय
    (c) थोमस हार्डी   (d) अमृता प्रीतम

78. विश्व मलेरिया दिवस कब मनाया जाता है?
    (a) 21 अप्रैल   (b) 22 अप्रैल
    (c) 23 अप्रैल   (d) 25 अप्रैल

79. कौन-सा देश राष्ट्रमंडल जूडो चैंपियनशिप, 2018 की मेजबानी करेगा?
    (a) भारत   (b) चीन
    (c) रूस   (d) कनाडा

ANSWER KEYS

1	(a)	11	(d)	21	(c)	31	(b)	41	(a)	51	(c)	61	(a)	71	(b)
2	(d)	12	(d)	22	(a)	32	(c)	42	(b)	52	(a)	62	(a)	72	(b)
3	(c)	13	(a)	23	(c)	33	(b)	43	(c)	53	(c)	63	(b)	73	(b)
4	(a)	14	(b)	24	(a)	34	(c)	44	(d)	54	(c)	64	(a)	74	(b)
5	(d)	15	(b)	25	(a)	35	(b)	45	(b)	55	(c)	65	(d)	75	(d)
6	(d)	16	(d)	26	(c)	36	(c)	46	(b)	56	(d)	66	(b)	76	(c)
7	(b)	17	(c)	27	(c)	37	(d)	47	(c)	57	(b)	67	(c)	77	(a)
8	(a)	18	(c)	28	(a)	38	(c)	48	(a)	58	(b)	68	(b)	78	(d)
9	(d)	19	(b)	29	(b)	39	(a)	49	(b)	59	(d)	69	(b)	79	(a)
10	(c)	20	(b)	30	(c)	40	(d)	50	(a)	60	(a)	70	(d)